KB168421

세상의 속도를
따라잡고 싶다면

한 권으로 끝내는 웹 개발 교과서

모던 **자바스크립트**
프로그래밍의 정석

최신 문법부터 네이버·카카오 API를 활용한 실무까지!

마이크로소프트 MVP 고경희 지음

이지스 퍼블리싱

세상의 속도를 따라잡고 싶다면 **Do it!**
변화의 속도를 즐기게 됩니다.

Do it! 모던 자바스크립트 프로그래밍의 정석

초판 발행 • 2022년 12월 5일
초판 2쇄 • 2023년 3월 30일

지은이 • 고경희
펴낸이 • 이지연
펴낸곳 • 이지스퍼블리싱(주)
출판사 등록번호 • 제313-2010-123호
주소 • 서울특별시 마포구 잔다리로 109 이지스빌딩 4층(우편번호 04003)
대표전화 • 02-325-1722 | **팩스** • 02-326-1723
홈페이지 • www.easyspub.co.kr | **페이스북** • www.facebook.com/easyspub
Do it! 스터디룸 카페 • cafe.naver.com/doitstudyroom | **인스타그램** • instagram.com/easyspub_it

기획 및 책임편집 • 한승우 | **IT 2팀** • 박현규, 신지윤 | **베타테스트** • 고병운, 송혜윤, 이연곤, 이하은
교정교열 • 안혜희 | **표지 및 본문 디자인** • 트인글터 | **인쇄** • 보광문화사
마케팅 • 박정현, 한송이, 이나리 | **독자지원** • 박애림, 오경신
영업 및 교재 문의 • 이주동, 김요한(support@easyspub.co.kr)

ISBN 979-11-6303-422-3 13000
가격 36,000원

"먼저 공부한 **Do it!** 독자의 한마디!"

친절해서 쉽게 따라 할 수 있어요!

실습하는 과정을 단계별로 자세하게 알려 줘서 헤매지 않고 쉽게 따라 할 수 있어요. 실습 단계마다 왜 하는지를 알려 주니 진짜 프로그램을 개발하는 기분이에요!

이하은_개발자를 꿈꾸는 취업 준비생

알고 싶은 내용이 다 들어 있어요!

자바스크립트의 기능을 가장 깔끔하고 완벽하게 정리한 책입니다. 소스 코드를 바로바로 웹 브라우저에서 실행해 보면서 차근차근 공부할 수 있다는 점도 좋았어요!

송혜윤_자바스크립트를 좋아하는 컴퓨터공학과 재학생

예제가 많아 혼자 공부하기도 좋아요!

읽기 편하고 예제가 많아 자바스크립트를 독학하는 사람에게 적극 추천합니다! HTML과 CSS를 모르는 저도 소설책처럼 편하게 읽었어요. 제어문같이 조금 복잡한 프로그래밍 개념은 순서도와 삽화로 친절하게 설명해서 이해하는 데 큰 도움이 되었어요.

고병운_IT 업계 종사자이자 'Do it! 시리즈' 프로 독학러

복습까지 저절로 돼요!

틈틈이 '1분 복습하기'로 앞서 배운 문법을 곧바로 공부할 수 있어서 가장 좋았습니다. 정답도 바로 확인할 수 있어서 시간도 절약되고요. 구어체로 친근한 느낌이어서 부담없이 술술 읽었어요!

이연곤_코딩을 가르치는 학교 선생님

한 권으로 끝내는
모던 자바스크립트의 교과서!

웹 개발에 조금이라도 관심이 있는 분이라면 '자바스크립트'가 웹에서부터 서버, 앱 개발에 이르기까지 안 쓰이는 곳이 없다는 것을 알고 있을 것입니다. 그래서 이제는 우스갯소리로 자바스크립트로 무엇을 할 수 있는지가 아니라 무엇을 할 수 없는지 이야기하는 것이 더 빠르다고도 합니다. 이 책은 이제 너무나도 넓어진 자바스크립트의 세계에서 어디부터 공부를 시작해야 할지 몰라 헤매는 독자를 위해 준비했습니다.

"웹 개발 입문자부터 숙련된 개발자에 이르기까지 볼 수 있습니다"

자바스크립트는 해마다 업그레이드되면서 새로운 기능이 계속 추가되었습니다. **최신 기능을 모두 다룰 수는 없지만 웹 개발의 핵심 기능을 최대한 많이 담으려고 했습니다.** 자바스크립트를 처음 시작하는 분이라면 이 책의 처음부터 차근차근 따라 해보고, 중간에 막히는 부분이 있다면 일단 넘어가도 좋습니다. 끝까지 한 번 읽고 나면 자바스크립트 프로그래밍이 어떤 식으로 이루어지는지 감을 잡을 수 있을 것이고, 그때 건너뛰었던 부분을 다시 공부하면 됩니다.

웹 개발 공부를 '리액트React.js'로 시작하든 '노드제이에스Node.js'로 시작하든 그 뿌리는 자바스크립트입니다. 이런 프레임워크를 사용하다 보면 자바스크립트 공부의 필요성을 절실하게 느끼곤 합니다. 이런 분들이라면 이 책의 차례를 살펴보고 필요한 부분부터 먼저 살펴보아도 좋습니다.

"직접 예제와 실습을 풀어 보면서 공부합니다"

프로그래밍은 최대한 많이 작성해 보면서 공부해야 합니다. 이때 직접 코딩하는 것만큼 중요한 것은 없죠. **이 책은 많은 예제를 이용해 문법 개념을 익히고 차근차근 따라갈 수 있는 실습 코너를 많이 준비했습니다.** 이 책에서 다룬 예제를 보지 않고도 직접 작성할 수 있을 정도까지 연습해 보길 권장합니다.

"문법뿐만 아니라 활용까지 다룹니다"

자바스크립트 문법을 다룬 책은 많이 나와 있지만, 문법을 공부하고 나서 어떻게 활용해야 하는지 자세하게 설명한 책이 없어서 답답했을 것입니다. 다른 책에서는 다루지 않은 캔버스^{Canvas}나 웹 스토리지^{Web Storage}, 지오로케이션^{Geolocation} 같은 **웹 API와 공개 API, 공공 데이터 포털을 활용하는 방법도 소개해서 문법과 활용까지** 이 책에서 모두 공부할 수 있습니다.

"에크마스크립트 2015(ES6) 이후의 최신 문법까지 설명합니다"

자바스크립트는 2015년 이후 커다란 변화를 맞이합니다. 웹 브라우저라는 좁은 영역에서 벗어나 웹 개발 전체를 대상으로 하는 프로그래밍 언어로 거듭나기 위해 새로운 개념들이 많이 생겨난 거죠. **이것을 에크마스크립트 2015라고 하고, 줄여서 ES6라고 합니다.**
에크마스크립트 2015 이후 버전은 모던 브라우저(웹 표준을 준수하는 최신 브라우저)에서 사용하므로 '모던 자바스크립트'라고도 합니다. 이 책 이름에 '모던 자바스크립트'를 넣은 이유이기도 하죠. 물론 **2015년 이전의 자바스크립트 문법도 함께 사용할 수 있어서 그 개념도 이 책에서 다룹니다.**

집필을 마무리하며

이 책을 기획하고 출간하는 데 몇 년의 시간이 걸렸습니다. 독자 여러분에게 최대한 가까이 다가갈 수 있도록 구성하려다 보니 편집자 님을 많이 괴롭히기도 했고요. 원고를 끝까지 꼼꼼히 살펴보고 독자들에게 꼭 필요한 책이 될 수 있도록 도와주신 이지스퍼블리싱의 한승우 편집자 님께 정말 감사드립니다.

고경희(funcom@gmail.com)

이 책은 이렇게 공부하세요!

'Do it! 시리즈'는 '직접 해보며 배우기^{learning by doing}' 학습 방법론을 구현해서 중요한 학습 내용을 독자가 직접 실천하면서 배울 수 있습니다. 'Do it! 시리즈'만의 효과적인 학습 설계를 체험해 보세요!

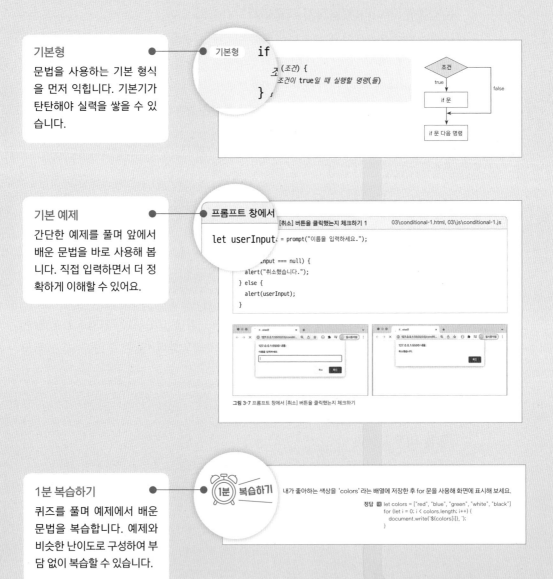

기본형

문법을 사용하는 기본 형식을 먼저 익힙니다. 기본기가 탄탄해야 실력을 쌓을 수 있습니다.

기본 예제

간단한 예제를 풀며 앞에서 배운 문법을 바로 사용해 봅니다. 직접 입력하면서 더 정확하게 이해할 수 있어요.

1분 복습하기

퀴즈를 풀며 예제에서 배운 문법을 복습합니다. 예제와 비슷한 난이도로 구성하여 부담 없이 복습할 수 있습니다.

그림 3-7 프롬프트 창에서 [취소] 버튼을 클릭했는지 체크하기

Do it! 실습 짝수와 홀수를 구별하는 프로그램 만들기

준비 03\even.html 결과 03\even-result.html, 03\js\even-result.js

이 사용자가 입력한 숫자를 userNumber에 할당한 후 짝수인지, 홀수인지 구별하는 예제를 만들어 보겠습니다. 앞에서 공부했던 것들을 떠올려 보면 크게 어렵지 않을 거예요.

먼저 생각해 보세요!

- 사용자가 [취소] 버튼을 클릭했다면 어떻게 해야 할까요? ☐
- 짝수와 홀수는 어떻게 구별할까요? ☐

01 편집기에서 03\js 폴더에 even.js 파일을 만들고 03\even.html에 연결합니다.

 고쌤의 한마디!

조건문에서 중괄호(())의 생략에 대해

if 문이나 else 문에서 명령이 한 줄이면 중괄호(())를 생략해서 좀 더 간단하게 작성하기도 합니다. 좀 더 나아가 if 문이나 else 문의 오른쪽에 명령을 작성할 수도 있고요. 예를 들어 다음의 소스는 모두 똑같습니다.

작성 예 ①
```
if (userInput !== null) {
  alert(userInput);
}
```

작성 예 ②
```
if (userInput !== null)
  alert(userInput);
```

마무리 문제 1 제 1

준비 03\quiz-1.html 정답 03\solution-1.html, 03\js\solution-

.html 문서에는 배열이 주어져 있습니다. 이 배열에서 10보다 큰 값을 찾아서 화면에 표시
3\quiz-1.html

10보다 큰 숫자 찾기
주어진 배열: [1, 3, 5, 7, 9, 11, 13, 15, 17, 19]

10보다 큰 숫자 찾기
주어진 배열: [1, 3, 5, 7, 9, 11, 13, 15, 17, 19]
11, 13, 15, 17, 19.

30일 완성 코스!

매일 정해진 분량을 차근차근 공부해 보세요.
30일이면 자바스크립트를 완전 정복할 수 있습니다!

1일차	2일차	3일차	4일차	5일차
01장 자바스크립트 시작하기	02장 변수와 자료형 살펴보기	03장 연산자와 제어문 (1)	03장 연산자와 제어문 (2)	04장 함수와 스코프 (1)
6일차	**7일차**	**8일차**	**9일차**	**10일차**
04장 함수와 스코프 (2)	05장 DOM의 기초	06장 이벤트와 이벤트 처리기(1)	06장 이벤트와 이벤트 처리기(2)	07장 DOM 활용하기
11일차	**12일차**	**13일차**	**14일차**	**15일차**
08장 자주 사용하는 내장 객체 알아보기	09장 자바스크립트 객체 만들기(1)	09장 자바스크립트 객체 만들기(2)	10장 효율적으로 문자열과 배열 활용하기	11장 배열과 객체, 좀 더 깊게 살펴보기
16일차	**17일차**	**18일차**	**19일차**	**20일차**
12장 HTTP 통신과 JSON (1)	12장 HTTP 통신과 JSON (2)	13장 자바스크립트의 비동기 처리 방식 (1)	13장 자바스크립트의 비동기 처리 방식 (2)	14장 캔버스로 도형, 텍스트, 이미지 그리기(1)
21일차	**22일차**	**23일차**	**24일차**	**25일차**
14장 캔버스로 도형, 텍스트, 이미지 그리기(2)	15장 캔버스로 그래픽 요소 다루기 (1)	15장 캔버스로 그래픽 요소 다루기 (2)	16장 캔버스에서 애니메이션 실행하기 (1)	16장 캔버스에서 애니메이션 실행하기 (2)
26일차	**27일차**	**28일차**	**29일차**	**30일차**
17장 웹 API 활용하기 (1)	17장 웹 API 활용하기 (2)	18장 공개 API 활용하기 (1)	18장 공개 API 활용하기 (2)	18장 공개 API 활용하기 (3)

소스 파일 제공 — 이 책에서 제공하는 완성 소스 파일을 내려받으세요

이 책에 실린 모든 실습의 완성 소스 파일은 이지스퍼블리싱 홈페이지 자료실과 저자 깃허브에서 모두 내려받을 수 있습니다. 실습을 하고 나면 꼭 완성 소스 파일과 비교하며 학습해 보세요.

> - 이지스퍼블리싱 홈페이지: www.easyspub.co.kr → 자료실 → 책 제목 검색
> - 저자 깃허브: github.com/funnycom

이지스 소식지 — 매달 전자책을 한 권씩 볼 수 있어요

이지스퍼블리싱 홈페이지에서 회원 가입을 하여 매달 정기 소식지를 받아 보세요. 신간과 책 관련 이벤트 소식을 누구보다 빠르게 확인할 수 있습니다. 매달 전자책 한 권을 공개하는 이벤트도 진행하고 있답니다.

저자 직강 동영상 제공 — 저자에게 과외받듯이 공부할 수 있어요!

이 책의 핵심 내용을 담은 저자 직강 동영상을 무료로 제공합니다. 책과 함께 시청하면 더욱 쉽게 이해할 수 있어요.

> - 이지스퍼블리싱 유튜브: www.youtube.com/easyspub

Do it! 스터디룸 — 친구와 함께 공부하고 책 선물도 받아 가세요

네이버 카페 'Do it! 스터디룸'에서 같은 고민을 하는 친구들과 함께 공부해 보세요. 내가 잘 이해한 내용은 남을 도와주고 내가 잘 이해하지 못한 내용은 도움을 받으면서 공부하면 복습 효과도 누릴 수 있습니다. 서로서로 코드와 개념 리뷰를 하며 훌륭한 개발자로 성장해 보세요.

> - Do it! 스터디룸: cafe.naver.com/doitstudyroom

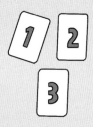

첫째마당

자바스크립트의
기본기 다지기

자바스크립트는 인터넷 초창기부터 지금까지 웹 브라우저에서 꾸준히 사용되어 온 프로그래밍 언어입니다. 특히 인터넷을 기반으로 하는 서비스가 폭발적으로 증가하는 요즘에는 자바스크립트야말로 웹 개발을 위해 꼭 익혀야 하는 언어라고 할 수 있습니다. 자바스크립트에 대한 기본적인 문법을 알고 있다면 '첫째마당'에서 설명하는 내용을 복습 삼아 천천히 살펴보세요. 그리고 자바스크립트를 처음 공부한다면 실습 환경을 설정하는 것부터 간단한 예제라도 직접 코딩해 보세요. 기본적인 문법이 잘 다져져야 이후에 나오는 개념도 좀 더 쉽게 이해할 수 있습니다.

01

자바스크립트 시작하기

본격적으로 자바스크립트 프로그래밍을 시작하기 전에 웹 개발에서 자바스크립트가 왜 생겨났는지, 그리고 역할이 무엇인지 살펴보고 코딩을 위한 기본 환경을 설정해 보겠습니다. 이제 막 자바스크립트 공부를 시작했다면 이 장의 내용부터 차근차근 읽어 보세요.

</>

01-1 자바스크립트를 위한 기본 상식

여러분이 알고 있는 자바스크립트^{JavaScript}는 어떤 언어인가요? 웹 사이트를 제작하는 언어, '복사해서 붙여 넣으면' 원하는 효과를 만들 수 있는 언어, 배우기 쉬운 프로그래밍 언어, 이외에도 자바스크립트에 대해 다양한 이야기를 들었을 것입니다. 이런 이야기는 바로 '정적인 웹'을 개발하던 시대의 자바스크립트 모습입니다.

정적인 웹^{static web}이란, 텍스트나 이미지를 사용해서 사용자에게 정보를 보여 주기만 하는 웹을 가리킵니다. 회사 소개 사이트나 개인 프로필 사이트처럼 화면에 보여 주는 것이 전부인 웹 사이트죠. 정적인 웹에서 자바스크립트는 간단한 애니메이션이나 동적인 효과를 보여 주기 위한 용도로 사용되었어요. 그나마도 인터넷에 널려 있는 소스를 복사해서 붙여넣기만 하면 되었으므로 특별히 공부해야 할 필요성을 못 느꼈습니다.

하지만 이제 세상의 모든 정보가 인터넷으로 옮겨졌고 우리가 필요한 모든 것들을 인터넷에서 찾을 수 있는 시대가 되었습니다. 온라인에서 물건을 구입하고 그날의 날씨를 확인하는 간단한 일부터 시작해서 학교 수업이나 업무 보고를 온라인으로 진행하기도 합니다. 친구가 아무리 멀리 떨어져 있어도 SNS로 모두 연결되어 있죠. 이 모든 것들이 바로 웹 브라우저를 통해 이루어집니다.

인터넷 초창기부터 사용해 왔던 자바스크립트 언어야말로 모든 웹 브라우저에서 사용할 수 있어요. 그래서 점점 더 빨리 진화하는 웹에서 자바스크립트는 꼭 필요한 요소가 되고 있습니다. 웹이 계속 발달할수록 자바스크립트의 역할은 점점 더 커지고 자바스크립트에 새로운 기능도 더 많이 추가되고 있습니다.

세상을 먹어 치우는 자바스크립트

2015년에 웹 기술과 관련된 한 회담에서 '자바스크립트가 세상을 먹어 치우고 있다!^{JavaScript is eating the world!}'는 다소 과격한 이야기가 나왔습니다. 이 말은 웹에서의 자바스크립트의 역할을 가장 잘 보여 주는 표현이라고 할 수 있어요.

자바스크립트와 자바는 다른 언어다

자바스크립트를 공부할 때 '자바스크립트와 자바는 같은 것'이라고 생각하거나, '자바스크립트를 줄여서 자바'라고 부르는 오해를 가장 많이 합니다. 결론부터 말하자면 자바스크립트와 자바는 전혀 다른 언어입니다. 흔히 '붕어빵에는 붕어가 없다'고 하죠? 자바스크립트 안에도 자바는 없습니다.

자바스크립트의 역사를 간단하게 살펴보면 이 말을 좀 더 쉽게 이해할 수 있습니다. 인터넷 초창기에 웹 브라우저 시장을 석권하고 있던 넷스케이프^{Netscape}에서 웹 문서를 좀 더 동적으로 표시하기 위해 라이브스크립트^{LiveScript}를 개발했습니다. 라이브스크립트의 개발 의도는 새로운 기술을 통해서 HTML로는 할 수 없는 기능을 추가하기 위한 것이었죠.

1995년에 썬 마이크로시스템즈^{Sun Microsystems}가 라이브스크립트 개발권을 넘겨받았는데, 그 회사가 바로 자바^{Java}라는 프로그래밍 언어를 만든 회사였습니다. 그래서 그 이름을 따서 '라이브스크립트' 대신 '자바스크립트'라는 이름을 붙이게 되었죠.

자바스크립트는 웹 브라우저에서 실행되는 프로그램이지만, 자바는 자체적으로 실행할 수 있다는 점이 다릅니다. 이와 같이 자바와 자바스크립트는 차이점이 많지만, 이 책에서는 자바에 대해 길게 설명하지 않겠습니다. 여러분은 자바스크립트는 자바와 이름만 비슷할 뿐 전혀 다른 프로그래밍 언어라는 점만 기억하세요.

자바스크립트와 에크마스크립트는 같은 것일까

요즘에는 '자바스크립트'라는 용어 외에도 '에크마스크립트^{ECMAScript}'라는 용어도 많이 사용합니다. 이들 용어는 같은 걸까요, 다른 걸까요? 이것을 이해하려면 자바스크립트의 역사를 간략하게 살펴보아야 합니다.

넷스케이프에서 라이브스크립트를 만들고 이후에 썬 마이크로시스템즈에서 이것을 넘겨받아 '자바스크립트'라는 이름으로 바꾸었다고 앞에서 설명했지요? 1996년 자바스크립트에 자극을 받은 마이크로소프트^{Microsoft}에서도 'Jscript'라는 스크립트 언어를 개발하고 인터넷 익스플로러 3.0부터 지원하기 시작했습니다. 이에 대응해 넷스케이프에서는 자바스크립트 기술 규격을 표준화하기 위해 유럽컴퓨터제조연합^{ECMA; European Computer Manufacturers Association}에 자바스크립트를 제출했습니다. 이후 1997년 6월에 자바스크립트는 스크립트 표준으로 채택되었고 이때 공식적인 이름이 '에크마스크립트'로 정해졌습니다.

에크마스크립트는 새로운 기능이 추가되면서 계속 업그레이드되는데, 그때마다 판^{edition}이 달라졌습니다. 1997년에 에크마스크립트 초판이 채택된 후 'ES2'와 'ES3'처럼 에크마스크립트의 약자인 ES 뒤에 판 번호를 붙여서 구별했어요. 하지만 에크마스크립트 표준이 1년마다 업그레이드되었으므로 에크마스크립트위원회에서는 'ES6'처럼 이름 뒤에 판 번호를 붙이지 않고 '에크마스크립트 2015'처럼 연도를 붙인 것을 공식적인 이름으로 결정했습니다.

그렇다면 에크마스크립트는 자바스크립트와 같다고 할 수 있을까요? 그렇지는 않습니다. **에크마스크립트는 자바스크립트를 기반으로 표준화된 스크립트 언어입니다. 자바스크립트는 에크마스크립트의 표준 사양을 따르는 가장 유명한 언어이지만, 이 외에도 여러 스크립트 언어가 있습니다.** 그래서 '에크마스크립트는 자바스크립트다'라고 단적으로 말할 수 없습니다. 하지만 자바스크립트가 널리 알려진 이름이고 자바스크립트는 에크마스크립트의 표준 사항을 따르므로 자바스크립트를 공부한다는 것은 에크마스크립트를 공부하는 것과 같다고 할 수 있습니다.

> 😊 에크마스크립트는 ECMA-262 표준을 따라 만들어진 언어입니다.

이 책에서 공부할 자바스크립트 문법은 2015년에 발표된 에크마스크립트의 여섯 번째 판^{6th edition}인 에크마스크립트 2015를 기본으로 하고 있습니다. 흔히 'ES6'라고 부르죠. 웹 개발에 새로운 변화가 생기면서 에크마스크립트 2015(ES6)에는 새로운 문법과 개념이 많이 추가되었습니다. 그리고 모던 웹 브라우저들은 대부분 에크마스크립트 2015(ES6)를 지원하고 있습니다.

> 😊 모던 웹 브라우저^{modern web browser}란, 최신 웹 표준을 지원하는 웹 브라우저를 가리키는 말입니다.

01-2 웹 개발에서 자바스크립트의 역할

웹 사이트와 관련된 프로그래밍을 통틀어 '웹 프로그래밍^{web programming}' 또는 '웹 개발^{web development}'이라고 합니다. 그날그날의 날씨를 웹 브라우저 화면에 보여 주는 간단한 애플리케이션에서부터 수많은 상품이 나열되고 사용자의 주문을 처리하는 쇼핑몰과, 전 세계 사용자들이 계속해서 수많은 기록을 남기는 소셜 네트워크 서비스를 만드는 것을 모두 '웹 개발'이라고 부릅니다. 이런 웹 개발 과정에서 자바스크립트는 중요한 역할을 합니다. 그러므로 자바스크립트를 잘 다루려면 웹 개발에 대한 지식이 꼭 필요합니다.

클라이언트와 서버

'웹 사이트'라고 하면 웹 브라우저에 내용이 표시되는 것만 생각하기 쉽습니다. 하지만 웹 사이트의 범위는 웹 브라우저에 보이는 내용뿐만 아니라 눈에 보이지 않는 부분까지도 모두 포함합니다. 간단히 말해서 사용자의 눈에 보이는 부분은 클라이언트^{client}, 눈에 보이지 않는 부분은 서버^{server}라고 생각할 수 있습니다.

웹 개발에서 클라이언트와 서버가 어떻게 동작하는지 간단히 알아보겠습니다. 인터넷에 직접 연결된 컴퓨터는 '서버 컴퓨터^{server computer}', 사용자가 인터넷 정보를 볼 때 사용하는 PC나 노트북, 태블릿, 스마트폰은 '클라이언트 컴퓨터^{client computer}'라고 합니다. 서버 컴퓨터에는 사이트에서 사용하는 텍스트와 이미지, 동영상, 게시판 정보 등 사이트와 관련된 모든 정보가 저장되어 있죠.

😊 좁은 의미로 사용자 컴퓨터에 있는 웹 브라우저를 '클라이언트'라고 부르기도 합니다.

사용자가 쇼핑몰에서 상품 정보를 보려면 클라이언트 컴퓨터에서 서버 컴퓨터로 관련 정보를 요청합니다. 그러면 서버에서는 해당 상품 정보를 찾아서 다시 클라이언트 컴퓨터로 보내 주죠. 웹 브라우저 창에 주소를 입력하거나 링크를 클릭할 때마다 사이트가 동작하는 것은, 서버 컴퓨터와 클라이언트 컴퓨터 간에 정보를 주고받으면서 그 결과를 사용자에게 보여 주기 때문입니다.

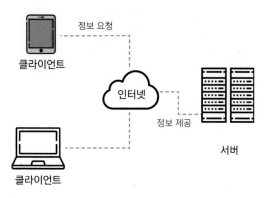

그림 1-1 클라이언트와 서버의 작동 원리

프런트엔드 개발과 자바스크립트

웹 사이트에서는 클라이언트와 서버 간에 정보를 주고받은 과정이 필요합니다. 그래서 '웹 개발'이라고 하면 클라이언트 쪽을 개발하는 '프런트엔드 개발'과 서버 쪽을 개발하는 '백엔드 개발'로 나누어 진행됩니다.

프런트엔드front-end는 앞front에 있어서 사용자에게 보이는 부분을 가리킵니다. 웹 사이트나 애플리케이션에서 내용을 작성하고 화면을 디자인하는 것부터 사용자의 동작에 반응해서 결과를 만드는 것들이 모두 프런트엔드 개발의 역할입니다. 예를 들어 온라인 서점에서 책 목록을 보여 주거나, 구매하기 위해 장바구니에 추가하거나, 결제 금액을 화면에 보여 주는 것들은 프런트엔드 기술로 이루어집니다. 물론 신용카드로 결제하고 구매 기록을 저장하는 것은 백엔드에서 이루어지지만, 일단 화면에 보이는 것은 프런트엔드에서 프로그래밍합니다. 최근의 웹 사이트는 사용자와 실시간으로 정보를 주고받으면서 애플리케이션처럼 동작하므로 그만큼 프런트엔드 개발이 중요합니다. 프런트엔드 개발에서 자바스크립트의 기능도 함께 강력해지고 있습니다. 또한 자바스크립트를 사용하면서도 프런트엔드 개발을 좀 더 쉽게 도와주는 프레임워크framework와 라이브러리library가 많이 등장하고 있습니다.

다음은 프런트엔드 개발에서 많이 사용하는 프레임워크와 라이브러리입니다. 더 많은 기능을 제공한다고 해서 더 좋은 프레임워크는 아니므로 진행할 프로젝트나 필요한 기능에 따라 적합한 것을 선택하세요.

표 1-1 자주 사용하는 자바스크립트 프레임워크와 라이브러리

종류	기능	관련 URL
React	페이스북에서 만든 라이브러리로, 사용자 인터페이스를 만들 수 있습니다.	reactjs.org
Vue.js	사용자 인터페이스를 만들어 주는 프레임워크로, 웹 애플리케이션을 만들 수 있습니다.	vuejs.org
Angular	구글에서 개발한 프레임워크로, 수많은 기능을 지원하므로 큰 규모의 웹 사이트를 개발하는 데 적합합니다.	angular.io

참고로 위키피디아Wikipedia에서 '유명한 웹 사이트에 사용되는 프로그래밍 언어들'이라고 검색해 보면 대부분의 유명한 웹 사이트에서는 자바스크립트로 프런트엔드를 개발하고 있는 것을 알 수 있습니다.

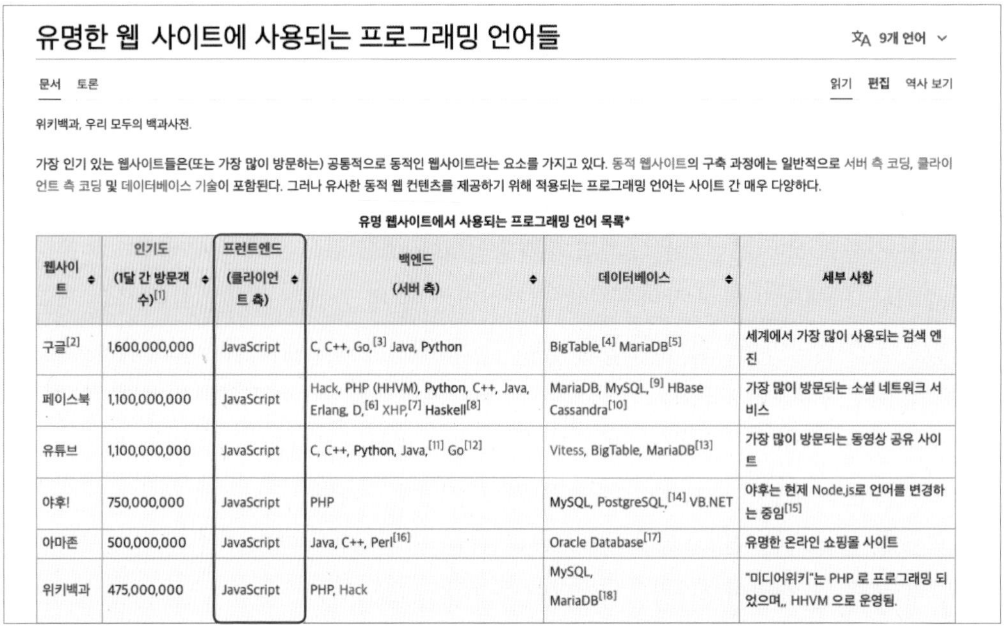

유명한 웹 사이트에 사용되는 프로그래밍 언어들

文A 9개 언어

문서 토론 읽기 편집 역사 보기

위키백과, 우리 모두의 백과사전.

가장 인기 있는 웹사이트들은(또는 가장 많이 방문하는) 공통적으로 동적인 웹사이트라는 요소를 가지고 있다. 동적 웹사이트의 구축 과정에는 일반적으로 서버 측 코딩, 클라이언트 측 코딩 및 데이터베이스 기술이 포함된다. 그러나 유사한 동적 웹 컨텐츠를 제공하기 위해 적용되는 프로그래밍 언어는 사이트 간 매우 다양하다.

유명 웹사이트에서 사용되는 프로그래밍 언어 목록*

웹사이트	인기도 (1달 간 방문객 수)[1]	프런트엔드 (클라이언트 측)	백엔드 (서버 측)	데이터베이스	세부 사항
구글[2]	1,600,000,000	JavaScript	C, C++, Go,[3] Java, Python	BigTable,[4] MariaDB[5]	세계에서 가장 많이 사용되는 검색 엔진
페이스북	1,100,000,000	JavaScript	Hack, PHP (HHVM), Python, C++, Java, Erlang, D,[6] XHP,[7] Haskell[8]	MariaDB, MySQL,[9] HBase Cassandra[10]	가장 많이 방문되는 소셜 네트워크 서비스
유튜브	1,100,000,000	JavaScript	C, C++, Python, Java,[11] Go[12]	Vitess, BigTable, MariaDB[13]	가장 많이 방문되는 동영상 공유 사이트
야후!	750,000,000	JavaScript	PHP	MySQL, PostgreSQL,[14] VB.NET	야후는 현재 Node.js로 언어를 변경하는 중임[15]
아마존	500,000,000	JavaScript	Java, C++, Perl[16]	Oracle Database[17]	유명한 온라인 쇼핑몰 사이트
위키백과	475,000,000	JavaScript	PHP, Hack	MySQL, MariaDB[18]	"미디어위키"는 PHP 로 프로그래밍 되었으며,, HHVM 으로 운영됨.

그림 1-2 유명한 웹 사이트에서 사용하는 프로그래밍 언어(ko.wikipedia.org/wiki/유명한_웹사이트에_사용되는_프로그래밍_언어들)

백엔드 개발과 자바스크립트

백엔드back-end는 뒤back에 있어서 사용자에게 보이지 않는 부분을 말합니다. 클라이언트 쪽에서 어떤 요청을 하면 서버에서는 요청을 처리하기 위한 프로그램을 실행하는데, 이때 서버에서 실행할 프로그램을 만드는 것이 백엔드 개발입니다.

백엔드 개발에는 자바를 비롯하여 C#, PHP 등의 언어를 사용하고 있지만, 요즘에는 자바스크립트를 비롯해 파이썬^{Python}, Go 등의 언어도 많이 사용합니다. 백엔드 개발에 어떤 언어를 사용할지는 진행하는 프로젝트에 따라 달라집니다. 하지만 데이터베이스에서 데이터를 조회하고 수정하는 간단한 작업이나, 서버에서 처리한 결과를 클라이언트로 보내는 프로그램이라면 자바스크립트를 사용하는 것이 유리할 수 있습니다.

자바스크립트를 사용해서 백엔드를 개발할 때는 'Node.js'라는 프레임워크를 사용합니다. Node.js를 사용하면 서버에서 파일을 읽고 쓰는 것뿐만 아니라 데이터베이스 작업도 할 수 있죠. 또한 동시에 여러 사용자의 요청을 처리할 수 있는 네트워크 애플리케이션을 만들 수도 있습니다. 즉, 자바스크립트는 한 번 배우면 프런트와 백엔드에서 모두 개발할 수 있다는 점이 매우 중요한 장점입니다.

> 프런트엔드 개발과 백엔드 개발을 모두 할 수 있는 개발자를 '풀스택 개발자$^{full-stack developer}$'라고 합니다.

자바스크립트와 타입스크립트

프로그래밍 언어를 사용해 봤다면 자료형$^{data type}$에 대해 알 것입니다. 자바스크립트는 다른 프로그래밍 언어와 달리 자료형이 자유로운 언어입니다. 예를 들어 숫자를 저장했던 곳에 숫자가 아닌 다른 값을 넣어도 오류가 발생하지 않습니다.

자료형이 자동으로 바뀌는 기능은 편리할 수 있지만, 의도치 않게 자료형이 바뀌어도 자바스크립트에서 오류로 인식하지 않아 나중에 프로그램을 실행할 때 문제가 발생할 수 있습니다. 이런 문제가 발생하지 않도록 다른 프로그래밍 언어처럼 자료형을 강하게 제한해서 중간에 바꿀 수 없게 만든 언어가 타입스크립트 TypeScript입니다. 타입스크립트는 수많은 편의 기능과 오류 처리 능력을 제공하여 개발할 때 효율적인 언어이기도 합니다. 타입스크립트 문법을 사용해서 프로그램을 작성해도 최종 결과는 자바스크립트 소스가 된다는 특징도 가지고 있습니다.

콘솔 창에서 자바스크립트 사용하기

웹 브라우저에는 자바스크립트 소스를 실행할 수 있는 자바스크립트 엔진이 포함되어 있어서 웹 브라우저 창의 콘솔 창을 통해 간단한 자바스크립트 소스를 실행할 수 있습니다.

> 자바스크립트 오류가 발생했을 때 콘솔 창에서 오류 내용을 살펴볼 수도 있습니다.

이 책에서는 자바스크립트를 학습하면서 간단한 소스를 직접 입력하고 결과를 확인할 수 있도록 콘솔 창에서 연습합니다. 직접 소스를 입력하고 오류를 확인하는 과정을 익히다 보면 머릿속에 더욱 오래 기억할 수 있습니다. 그러므로 꼭 직접 소스를 입력하면서 따라해 보세요.

크롬 웹 브라우저에서 콘솔 창을 열려면 웹 브라우저 창의 오른쪽 위에 있는 ⋮를 클릭하고 [도구 더보기 → 개발자 도구]를 선택합니다. 웹 브라우저 창의 메뉴보다는 단축키 Ctrl + Shift + I(윈도우)나 Option + Command + I(맥)를 많이 사용합니다.

웹 브라우저 창의 아래쪽에 콘솔 창이 열리면 주소 표시줄에 'about:blank'를 입력하고 Enter를 누릅니다.

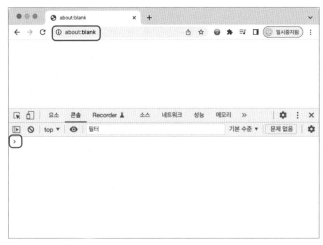

그림 1-3 콘솔 창 열기

콘솔 창에서 〉 기호의 오른쪽에 다음과 같이 간단한 수식을 입력하고 Enter를 누르세요. 그러면 바로 다음 줄에 계산 결괏값이 나타납니다.

```
10 + 20
```

한 가지 더 입력해 볼까요?

```
console.log("안녕하세요?")
```

console.log()는 콘솔 창에 무엇인가를 표시하기 위해 자바스크립트에서 사용하는 명령인데, 이 명령도 웹 브라우저에서 즉시 처리해서 결괏값을 보여 줍니다.

😀 콘솔 창에 'undefined'라고 표시되어도 너무 걱정하지 마세요. 자바스크립트에서는 실행 결과를 기본적으로 화면에 표시하지만, console.log() 명령은 표시할 결괏값이 없으므로 'undefined'라고 표시됩니다.

```
⚓ ⬚    요소    콘솔    Recorder ⬚    소스    네트워크    성능    메모리    »    |    ⚙    ⋮    ✕
▶ ⊘    top ▾    👁    필터                                    기본 수준 ▾    문제 없음    ⚙
> 10 + 20
⟨ 30      '30' 출력
> console.log("안녕하세요?")
  안녕하세요?    '안녕하세요?' 출력                                            VM593:1
⟨ undefined
>
```

그림 1-4 console.log( ) 실행하기

고쌤의
한마디!

개발자 도구 창을 한글로 표기하기

크롬 개발자 도구 창은 기본적으로 영문으로 표기되지만, 한글로 바꿔서 사용할 수 있습니다. 개발자 도구 창의 오른쪽 위에 있는 ⚙를 클릭하면 설정 창이 나타납니다. 'Language' 항목에서 기본값 'English (UK) - English (UK)'를 'Korean - 한국어'로 바꾼 후 설정 창을 닫습니다. 이후에 [Reload DevTools]를 클릭하거나 웹 브라우저를 다시 시작합니다.

그림 1-5 개발자 도구 창 언어를 한글로 변경하기

01-3 코드 작성을 위한 편집기 설정하기

자바스크립트는 웹 브라우저와 소스 코드 편집기만 있으면 언제든지 코딩을 시작할 수 있습니다. 웹 편집기에서 소스를 작성한 후 웹 브라우저에서 결과를 확인할 수 있어요. 웹 브라우저는 자바스크립트의 실행 결과를 확인하기 위한 프로그램이고 웹 편집기는 자바스크립트 소스를 작성하기 위한 프로그램입니다. 자바스크립트 소스를 작성하고 실행하려면 이들 두 가지 프로그램이 꼭 필요합니다.

비주얼 스튜디오 코드 알아보기

HTML과 CSS를 공부하면서 이미 사용하고 있는 웹 편집기가 있다면 해당 편집기에서 자바스크립트 소스를 작성할 수 있습니다. 아직 웹 편집기를 사용해 보지 않았다면 윈도우와 맥, 리눅스에서 모두 무료로 사용할 수 있는 비주얼 스튜디오 코드^{Visual Studio Code} 편집기를 추천합니다.

웹 브라우저에서 'code.visualstudio.com/download'에 접속하면 사용자의 시스템에 따라 비주얼 스튜디오 코드 설치 파일을 다운로드할 수 있습니다. 자신에게 맞는 파일을 다운로드해서 설치하면 따로 신경쓰지 않아도 필요할 때마다 프로그램이 자동으로 업데이트됩니다.

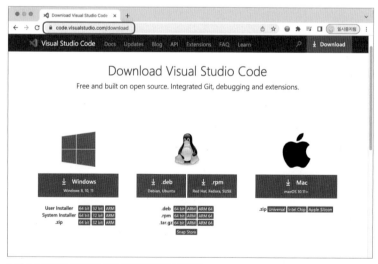

그림 1-6 비주얼 스튜디오 코드 다운로드해서 설치하기

웹 편집기에서 작성한 코드의 결과를 확인하려면 웹 브라우저가 필요합니다. 이미 HTML5를 공부했다면 여러분의 컴퓨터에는 모던 웹 브라우저가 설치되어 있을 것입니다. 이 책에서는 크롬 브라우저를 사용하지만, 파이어폭스^{Firefox}나 엣지^{Edge} 브라우저를 사용해도 됩니다.

비주얼 스튜디오 코드 설정 화면 열기

소스를 작성하다 보면 개인적인 코딩 스타일이 있어서 비주얼 스튜디오 코드의 환경을 바꾸고 싶을 때가 있습니다. 그리고 팀 프로젝트를 진행한다면 다른 개발자들과 소스 스타일을 맞춰야 합니다.

비주얼 스튜디오 코드에서 코딩 환경을 바꾸려면 왼쪽의 사이드바 아래쪽에 있는 [관리(⚙️)→ 설정]을 선택합니다.

😊 단축키 Ctrl + . (윈도우)나 Command + . (맥)를 사용할 수도 있습니다.

D2Coding 글꼴 설치하기

소스를 작성하다 보면 알파벳 소문자 엘(l)과 알파벳 대문자 아이(I), 숫자 일(1)을 구별하기가 쉽지 않습니다. 또한 알파벳 대문자 오(O)와 숫자 영(0)도 마찬가지입니다. 그래서 소스에서 각 문자를 잘 구별할 수 있도록 코딩 전용 글꼴을 사용합니다. 비주얼 스튜디오 코드에서 사용하는 글꼴은 영문 전용 코딩 글꼴이므로 한글도 보기 좋게 표시해 주는 글꼴을 사용하면 좋겠죠?

한글에 맞는 코딩 글꼴은 D2Coding을 많이 사용하는데, 'github.com/naver/d2codingfont'에서 가장 최신 글꼴을 다운로드한 후 설치합니다.

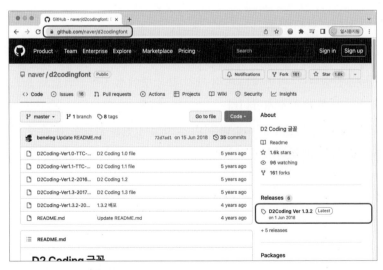

그림 1-7 D2Coding 글꼴 설치하기

D2Coding 글꼴 지정하고 탭 크기 조절하기

이제 설치한 글꼴을 지정하고 들여쓰기 간격도 조절해 보겠습니다. 비주얼 코드 설정 화면에서 'Editor: Font Family' 부분에 'D2Coding'이라고 지정하면 앞으로 D2Coding 글꼴을 사용해서 소스를 표시합니다.

😀 설정 화면에서 특정 항목을 찾으려면 설정 화면의 위에 있는 검색 창에 '글꼴'처럼 원하는 항목을 입력해서 검색하세요.

소스에서 들여쓰기가 필요할 때는 자동으로 4칸씩 들여쓰기됩니다. 그런데 4칸씩 들여썼을 때 소스가 길면 가로로 너무 길어지므로 들여쓰기를 2칸 정도로 지정하는 것이 좋습니다. 그러므로 설정 화면의 'Editor: Tab Size'에서 기본값 '4'를 '2'로 수정합니다.

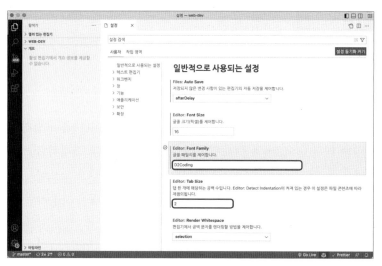

그림 1-8 글꼴과 탭의 크기 바꾸기

편리하게 개발하기 위한 확장 설치하기

비주얼 스튜디오 코드^{Visual Studio Code}는 다양한 확장^{extensions}을 제공하므로 필요한 기능을 추가해서 더욱 편리하게 사용할 수 있습니다. 이번에는 여러 가지 확장 중에서 자바스크립트 소스를 작성할 때 도움이 되는 몇 가지 확장을 소개합니다.

비주얼 스튜디오 코드의 사이드바에서 ▦를 클릭하면 이미 설치되어 있는 확장을 볼 수도 있고, 새로운 확장을 검색할 수도 있습니다.

그림 1-9 확장 검색하기

설치했던 확장을 더 이상 사용하지 않으려면 확장 사이드바의 '설치됨' 목록에서 사용하지 않을 확장을 선택하고 [사용 안 함] 버튼을 클릭해서 사용을 중지하거나, [제거] 버튼을 클릭해서 완전히 삭제할 수 있습니다.

😀 [사용 안 함] 버튼의 오른쪽에 있는 🔽를 클릭하고 '사용 안 함(작업 영역)'을 선택하면 현재 작업 영역에서만 중지합니다.

그림 1-10 확장 사용을 안 하거나 제거하기

라이브 서버

라이브 서버^{Live Server}는 웹 개발에서 자주 사용하는 확장 중 하나로, 비주얼 스튜디오 코드에서 웹 문서를 수정하면 웹 브라우저 창에 즉시 결과가 표시됩니다.

그림 1-11 라이브 서버 확장 설치하기

프리티어

프리티어^{Prettier}는 흔히 '코드 포매터^{code formatter}'라고 하는 확장으로, 작성한 소스를 보기 좋게 정리할 수 있습니다. 정리할 소스 코드를 선택하고 [보기 → 명령 팔레트 → 선택 영역 서식]을 선택하면 소스 코드가 정리됩니다.

😀 윈도우에서는 Ctrl + Shift + P를, 맥에서는 Shift + Command + P를 누르면 명령 팔레트가 나타납니다.

그림 1-12 프리티어 확장 설치하기

😀 여는 괄호와 닫는 괄호를 같은 색으로 표시해 주는 '브래킷 페어 컬러라이저^{Bracket Pair Colorizer}'라는 확장이 있었는데, 이 확장은 VS Code에 포함되었습니다. 따라서 기존에 설치되었던 브래킷 페어 컬러라이저는 자동으로 제거됩니다.

머티리얼 테마

비주얼 스튜디오 코드에서 기본적으로 색 테마를 제공하지만, 머티리얼 테마^{Material Theme} 확장을 설치하면 더 많은 색 테마를 선택할 수 있습니다. 확장을 설치한 후 사이드바의 아래쪽에 있는 [관리(⚙️)→ 색 테마]를 선택하면 다양한 색 테마를 고를 수 있습니다.

그림 1-13 머티리얼 테마 확장 설치하기

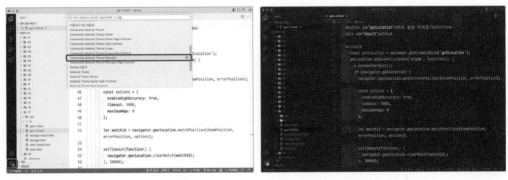

그림 1-14 색 테마 선택하여(왼쪽) 테마 변경하기(오른쪽)

머티리얼 아이콘 테마

머티리얼 아이콘 테마^{Material Icon Theme} 확장은 파일 목록에서 파일의 종류에 따라 아이콘을 붙여 주는 확장입니다. 확장을 설치한 후 사이드바의 아래쪽에 있는 [관리(⚙️)→ 파일 아이콘 테마 → Material Icon Theme]를 선택하면 선택한 테마에 따라 파일명의 왼쪽에 아이콘이 나타납니다.

그림 1-15 머티리얼 아이콘 테마 확장 설치하기

그림 1-16 [Material Icon Theme]를 선택하여(왼쪽) 아이콘 테마 변경하기(오른쪽)

작업 폴더 추가하기

비주얼 스튜디오 코드를 사용하려면 가장 먼저 작업 폴더를 추가해야 합니다. 작성하는 소스 코드가 있는 폴더를 작업 폴더로 지정해야 전체 파일을 살펴보면서 파일을 열거나 수정할 수 있습니다.

01 이지스퍼블리싱 홈페이지 자료실(www.easyspub.co.kr → 자료실)에서 이 책의 실습 파일을 내려받습니다. 내려받은 파일의 압축을 풀고 그 안에 있는 doit-js 폴더를 원하는 위치로 옮겨놓으세요. 여기에서는 맥 컴퓨터의 데스크톱에 옮겨두었는데, 윈도우의 '바탕 화면' 폴더나 D 드라이브와 같은 별도의 하드디스크에 옮겨도 됩니다.

02 비주얼 스튜디오 코드를 실행합니다. 앞에서 원하는 위치로 옮겨놓은 doit-js 폴더를 비주얼 스튜디오 코드 화면으로 드래그하여 이동하세요.

🙂 비주얼 스튜디오 코드 메뉴 중에서 [파일 → 폴더 열기]를 선택한 후 doit-js 폴더를 선택해도 됩니다.

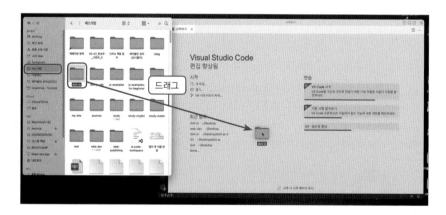

03 왼쪽 탐색기 창에 doit-js 폴더 안에 있는 내용이 나타나는데, 여기에서는 장별로 나누어진 폴더들이 보이고 01 폴더를 클릭하면 바로 아래에 01장에서 사용할 실습 파일들이 나타날 것입니다. 01 폴더의 아래쪽에 있는 internal.html 파일을 클릭하면 오른쪽 편집 창에 해당 파일의 소스가 보이죠? 이 편집 창에서 소스를 살펴보거나, 필요할 경우에는 소스를 수정하고 저장할 수 있습니다. 편집 창에서 마우스 오른쪽 버튼을 클릭한 후 바로가기 메뉴에서 [Open with Live Server]를 선택하세요.

04 웹 브라우저 창이 실행되면서 문서 내용이 표시됩니다. 라이브 서버 확장을 사용할 경우 웹 브라우저 창의 주소 표시줄에 나타난 주소는 127.0.0.1:5500으로 시작합니다. 여러분의 컴퓨터를 임시 서버로 사용했다는 뜻이죠.

C를 클릭해서 문서를 새로 불러오면 그때마다 문서의 배경색이 달라지는 것을 볼 수 있습니다.

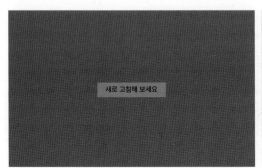

01-4 간단한 스크립트부터 시작하기

웹 문서는 기본적으로 HTML로 내용을 작성하고 CSS로 문서의 레이아웃이나 디자인을 결정합니다. 여기에 자바스크립트를 이용하면 동적인 효과를 추가할 수 있습니다.

웹 문서에서 스크립트 소스 작성하기

자바스크립트 처리기는 웹 브라우저에 포함되어 있으므로 자바스크립트 소스는 웹 문서에 삽입해야 합니다. 이때 <script> 태그를 사용하는데, 웹 문서에 직접 작성할 수도 있고, 자바스크립트 소스만 따로 파일로 저장한 후 서로 연결해서 사용할 수도 있습니다.

인라인 스크립트

HTML 태그 안에 직접 작성하는 자바스크립트를 '인라인 스크립트^{inline script}'라고 합니다. 팝업 창을 열고 닫거나, 알림 메시지를 표시할 때처럼 간단한 명령을 처리할 경우 인라인 스크립트를 자주 사용합니다.

다음은 버튼을 클릭했을 때 알림 창을 표시하는 예제입니다.

버튼을 클릭해서 알림 창 표시하기	01\inline.html

```
<button onclick = "alert('알림 메시지가 표시됩니다.')">클릭!</button>
```

그림 1-17 [클릭!] 버튼을 클릭해서 알림 창 표시하기

내부 스크립트

내부 스크립트^{internal script}는 웹 문서에서 <script> 태그와 </script> 태그를 사용해 자바스크립트 소스만 모아 두는 스크립트입니다. <script> 태그는 웹 문서에서 모든 곳에 위치할 수 있고 삽입된 위치에서 바로 스크립트가 실행되는데, 한 문서 안에 여러 개의 <script> 태그를 사용할 수 있습니다.

문서에 있는 버튼을 클릭했을 때 실행하는 소스이거나 웹 문서 내용을 변경하는 소스라면 웹 문서가 모두 로딩된 다음에 실행해야 합니다. 즉, <script> 소스는 웹 요소를 모두 로딩한 후에 삽입되어야 하죠. 그래서 대부분의 경우 웹 문서 내용이 끝나는 </body> 태그 직전에 자바스크립트 소스를 삽입합니다.

다음은 텍스트를 클릭했을 때 글자색을 바꾸는 예제로, </body> 태그의 앞에 자바스크립트 소스를 작성했습니다.

> 😀 자바스크립트에서는 영문자의 대소문자를 구별하므로 소스를 작성할 때 주의해야 합니다. 예를 들어 sum이나 Sum, SUM은 모두 다르게 인식하므로 변수 이름이나 함수를 지정할 때 정확하게 구별해야 합니다.

내부 스크립트를 작성해 무작위로 문서의 배경색 바꾸기　　　　　　　01\internal.html

```html
<body>
  <p>새로 고침해 보세요</p>

  <script>
    function random(number) {
      return Math.floor(Math.random() * number);
    }

    function bgChange() {
      const rndCol = 'rgb(' + random(255) + ',' + random(255) + ',' + random(255) + ')';
      document.body.style.backgroundColor = rndCol;
    }
    bgChange();
  </script>
</body>
```

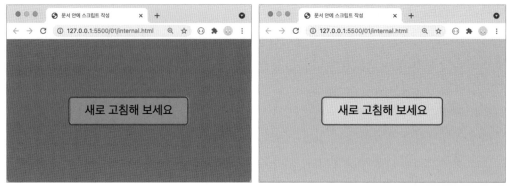

그림 1-18 버튼을 클릭할 때마다 무작위로 배경색 바꾸기

인라인 스크립트와 내부 스크립트 소스의 단점

이렇게 HTML 문서에 자바스크립트 소스를 함께 사용하면 웹 문서에서 자바스크립트 소스를 함께 확인할 수 있다는 장점이 있습니다. 하지만 단점도 있죠. 우선 HTML 태그와 자바스크립트 소스가 함께 뒤섞여 있으므로 웹 문서의 소스가 복잡해집니다. 그래서 태그나 자바스크립트를 수정해야 할 때 필요한 소스를 한눈에 알아보기가 쉽지 않습니다.

같은 자바스크립트 소스를 여러 웹 문서에서 사용해야 할 경우에도 필요한 문서마다 똑같은 소스를 반복해서 삽입해야 합니다. 만약 여러 페이지에 삽입한 자바스크립트 소스를 수정해야 한다면 이 소스가 포함된 모든 문서를 다 찾아다니면서 하나씩 모두 수정해야 합니다. 이것은 생각만 해도 머리가 아픈 일이죠. 그래서 자바스크립트 소스를 작성할 때 외부 스크립트 파일로 저장해서 링크하는 방법을 많이 사용합니다.

외부 스크립트 파일 링크하기

자바스크립트 소스를 따로 파일로 저장한 후 링크해서 사용하면 웹 문서에는 직접 자바스크립트 소스가 드러나지 않아서 웹 문서 소스를 훨씬 깔끔하게 사용할 수 있습니다. 외부 스크립트 파일을 이용하면 내용을 수정할 경우에도 간단하게 js 파일만 수정하여 링크한 모든 HTML 문서에 곧바로 적용할 수 있습니다.

외부 스크립트 파일을 작성할 때는 `<script>` 태그와 `</script>` 태그 없이 자바스크립트 소스만 작성하고 확장자가 .js인 파일로 저장합니다. 그리고 HTML 문서에서 `<script>` 태그의 src 속성을 이용해 자바스크립트 파일을 링크할 수 있고, 이렇게 링크한 자바스크립트 소스는 웹 문서에 직접 작성한 자바스크립트 소스처럼 사용할 수 있습니다.

외부 스크립트 파일도 `</body>` 태그의 앞에 추가해서 웹 문서 요소를 모두 가져온 후에 실행해야 합니다.

기본형   `<script src="스크립트 파일 경로"></script>`

최근에는 `<script>` 태그의 안에 **defer**라는 속성을 추가해서 무조건 문서를 다 가져온 후에 스크립트 소스를 실행하도록 지정하기도 합니다. 단, `defer` 속성은 외부 스크립트 파일을 링크하는 경우에만 사용할 수 있습니다.

기본형   `<script defer src="스크립트 파일 경로"></script>`

01\external-2.html

```
<head>
    ⋮
  <title>문서 안에 스크립트 작성</title>
  <link rel="stylesheet" href="css/main.css">
  <script defer src="js/changeBg.js"></script>
</head>
```

앞에서 설명한 배경색을 바꾸는 예제 소스를 다시 살펴보겠습니다. 여기에서는 자바스크립트 소스를 01\js 폴더에 changeBg.js라는 파일로 저장했는데, 스크립트 파일은 스크립트 파일끼리 별도의 폴더에 저장하는 것이 좋습니다. 스크립트 파일을 만들었으면 웹 문서에서 `<script>` 태그를 이용해 링크합니다.

> `<script>` 태그로 연결할 파일을 먼저 지정해 놓고 해당 파일 이름에 맞는 스크립트 파일을 만들어도 됩니다.

별도로 외부 스크립트 파일 저장하기   01\js\changeBg.js

```javascript
function random(number) {
  return Math.floor(Math.random() * number);
}

function bgChange() {
  const rndCol = 'rgb(' + random(255) + ',' + random(255) + ',' + random(255) + ')';
  document.body.style.backgroundColor = rndCol;
}

bgChange();
```

```
<body>
  <p>새로 고침해 보세요</p>

  <script src="js/changeBg.js"></script>
</body>
```

파일 경로를 읽는 방법

이미 외부 파일을 연결해서 사용해 본 적이 있다면 파일 경로가 낯설지 않을 겁니다. 하지만 이제 막 프로그래밍을 공부했다면 파일 경로 지정이 어렵게 느껴질 수 있으므로 한번 더 정리하고 넘어갈게요.

파일 경로에 있는 슬래시(/)는 폴더를 구분하고, 마침표(.)는 현재 폴더를, 마침표 2개(..)는 상위 폴더를 가리킵니다. 이들 세 가지 기호를 기억하고 현재 소스를 작성 중인 파일과 링크하려는 외부 파일의 관계만 잘 생각하면 됩니다. 예를 들어 다음과 같은 구조의 TEST 폴더가 있다고 가정해 보겠습니다. index.html 파일이 있고, 이 파일을 기준으로 하위 폴더 css와 images, js 폴더가 있는데, 이것은 웹을 개발할 때 볼 수 있는 가장 일반적인 형태죠. index.html 파일에서 js 폴더에 있는 script.js 파일을 연결하려면 다음과 같이 작성합니다.

그림 1-19 가장 일반적인 파일 형태와 폴더 구조

```
<script src="js/script.js">
```

또는

```
<script src="./js/script.js">
```

그렇다면 css/style.css 파일에서 images/bg-1.jpg 파일에 접근하려면 어떻게 할까요? 기준이 되는 파일은 css 폴더에 있는 style.css 파일입니다. 이 파일에서 images 폴더는 한 단계 위로 올라갔다가 다시 내려가야 합니다.

그림 1-20 css/style.css 파일에서 images/bg-1.jpg 파일에 접근하기

css/style.css 파일에서 배경 이미지를 지정할 때는 다음과 같은 경로를 사용합니다.

```
background-image:url('../images/bg-1.jpg');
```

웹 문서에서 이미지가 보이지 않거나 스크립트 소스 파일이 동작하지 않는다면 연결한 파일 경로가 정확한지 확인하세요.

웹 브라우저에서 스크립트를 해석하는 과정

웹 문서에 스크립트 소스가 포함되어 있을 때 웹 브라우저에서는 어떤 과정으로 해석하고 그 결과를 화면에 보여 주는 것일까요? 앞에서 살펴본 01\external-1.html 파일의 소스를 통해서 살펴보겠습니다.

```
                                    01\external-1.html
<!DOCTYPE html>
<html lang="ko">
<head>
  <meta charset="UTF-8">
              ⋮
  <link rel="stylesheet" href="css/main.
  css">
  <style>...</style>
</head>
<body>
  <p>새로 고침해 보세요</p>

  <script src="js/changeBg.js"></script>
</body>
</html>
```

```
                                    01\js\changeBg.js
function random(number) {
             ⋮
}

function bgChange() {
             ⋮
}

bgChange();
```

❶ external-1.html에서 첫 번째 줄에 있는 `<!DOCTYPE html>` 소스를 보고 웹 브라우저는 현재 문서가 웹 문서라는 사실을 알게 됩니다. 그래서 `<html>` 태그와 `</html>` 태그 사이의 내용을 HTML 표준에 맞춰 읽기 시작합니다.

❷ 웹 문서에서 HTML 태그의 순서와 포함 관계를 확인합니다. `<head>`…`</head>` 태그 사이에는 어떤 태그가 있는지, `<body>`…`</body>` 태그 사이에는 어떤 태그가 있는지, 그리고 태그 간의 관계는 어떤지 등을 분석합니다.

❸ 태그 분석이 끝나면 외부 스타일 시트나 문서 안의 스타일 정보를 분석하면서 화면에 표시합니다.

❹ `<script>` 태그를 만나면 자바스크립트 해석기로 스크립트 소스를 넘깁니다. 내부 스크립트이면 `<script>` 태그와 `</script>` 태그 사이의 소스를 해석하고, 외부 파일이 연결되어 있으면 외부 파일의 소스를 해석합니다.

❺ 스크립트 파일이 실행되어 문서의 배경색이 바뀝니다.

use strict 사용하기

간혹 다른 사람의 소스를 보면 맨 위에 use strict라는 소스가 포함된 경우가 있는데, 이 것을 '엄격 모드' 또는 '스트릭트 모드strict mode' 라고 합니다.

그림 1-21 GitHub.com의 자바스크립트 소스 중 일부에 use strict 소스가 포함된 경우

앞에서 설명했던 것처럼 자바스크립트는 초창기 웹 브라우저부터 사용해 왔고 웹 환경이 달라지면서 조금씩 기능이 추가되었습니다. 그래서 자바스크립트는 이전 버전을 사용해서 작성해도 현재 웹 브라우저에서 실행하는 데 아무 문제가 없는데, 이것을 '하위 호환성'이라고 합니다. 하지만 최근에 에크마스크립트 2015(ES6)가 등장하면서 상황이 조금 달라졌습니다. 에크마스크립트 2015 이후 버전에는 새로운 기능이 추가되었을 뿐만 아니라 기존에 있던 기능이 변경되기도 했습니다.

기본적으로 자바스크립트는 엄격하지 않은 모드, 즉 느슨한 모드sloppy mode로 동작합니다. 따라서 옛날 방식으로 사용해도 되고 새로운 기능에 맞추어서 작성해도 되죠. 이 책에서는 자바스크립트에 대해 전반적으로 다루고 있으므로 기본 모드인 느슨한 모드를 그대로 두었습니다.

느슨한 모드를 해제하고 최신 버전에 맞는 소스를 작성하려면 스크립트 소스의 맨 위에 use strict라고 작성합니다. 스크립트 소스를 엄격 모드로 작성하면 이전에는 오류가 아니었던 소스를 깐깐하게 오류로 처리하고, 자바스크립트 엔진을 최적화하는 데 문제가 있는 소스는 걸러냅니다. 엄격 모드로 사용할 때 어떤 것들을 오류로 처리하는지에 대해서는 'developer.mozilla.org/en-US/docs/Web/JavaScript/Reference/Strict_mode/Transitioning_to_strict_mode'를 참고하세요.

02

프로그래밍의 기본,
변수와 자료형 살펴보기

이 장에서는 프로그래밍의 가장 기본이 되는 개념을 배워봅니다. 우선 변수를 비롯해서
자바스크립트에서 데이터를 분류하고 저장하는 방법부터 살펴볼 것입니다. 이 개념은
조금 지루하고 재미없을 수도 있지만, 프로그래밍 언어를 공부할 때 꼭 이해하고 넘어
가야 하므로 잘 익혀 두어야 합니다. 이미 다른 프로그래밍 언어를 공부한 경험이 있다
면 학습했던 언어와 자바스크립트의 차이점이 무엇인지 비교하면서 살펴보세요. 그러
면 자바스크립트를 좀 더 쉽게 이해할 수 있을 것입니다.

‹/›

02-1 프로그램에서 입력받고 출력하는 방법

아직 자바스크립트 문법을 공부하지 않았지만, 사용자에게 간단한 값을 입력받거나 작성한 스크립트가 제대로 동작하는지 알아보려면 입·출력을 위한 몇 가지 명령을 기억해야 합니다. 자, 그러면 기본적인 명령을 먼저 살펴보겠습니다.

alert()와 confirm(), prompt()로 팝업 창 표시하기

자바스크립트 소스의 결과를 확인하거나 사용자에게 값을 입력받을 때는 웹 브라우저 창에 대화 창을 표시하는 alert() 함수와 confirm(), prompt() 함수를 사용합니다. 웹 브라우저 창에서 콘솔 창을 열고 예제 소스를 입력하면서 연습해 보세요.

😀 'alert 문'과 'confirm 문', 'prompt 문'이라고 부르기도 합니다.

alert() 함수

alert 문은 알림 창을 표시하는데, alert() 함수의 소괄호 안에 메시지를 입력하거나 변수를 사용하면 알림 창에 텍스트나 변숫값을 표시할 수 있습니다.

> 기본형 **alert(*내용*)**

알림 창에 내용을 표시하려면 alert() 함수의 소괄호 안에 큰따옴표나 작은따옴표와 함께 내용을 작성합니다.

다음은 알림 창에 '안녕하세요?'를 표시하는 예제로, 알림 창에 나타난 [확인] 버튼을 클릭하면 알림 창이 닫힙니다.

```
alert("안녕하세요?")
```

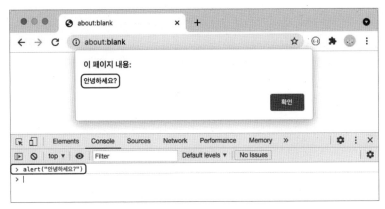

그림 2-1 알림 창에 메시지 표시하기

만약 a라는 변수에 숫자 10을 저장했다면 alert() 함수의 소괄호 안에 변수 이름을 지정해서 변숫값을 표시할 수 있습니다.

```
a = 10
alert(a)
```

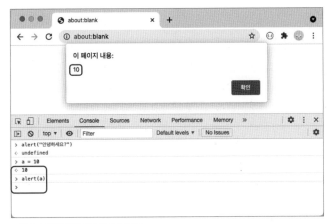

그림 2-2 알림 창에 변숫값 표시하기

 복습하기   알림 창에 여러분의 이름을 출력하는 소스를 작성해 보세요.

정답 **예** alert("고경희")

confirm() 함수

단순히 내용만 보여 주는 것이 아니라 [확인] 버튼과 [취소] 버튼이 있어서 사용자가 어떤 버튼을 클릭했는가에 따라 다르게 동작하도록 할 수 있습니다. 이런 창을 '확인 창'이라고 하는데, 확인 창을 표시할 때는 confirm() 함수를 사용합니다.

> **기본형** confirm(*내용*)

다음의 예제 소스를 콘솔 창에 입력하면 확인 창이 나타납니다. 여기에서 [취소] 버튼을 클릭하면 false가 나타나는 것을 볼 수 있습니다. 이렇게 나타나는 값을 '반환값$^{return value}$'이라고 하는데, 사용자가 [확인] 버튼을 클릭했을 때와 [취소] 버튼을 클릭했을 때 서로 다른 값을 반환합니다. 따라서 반환값을 확인하면 사용자가 어떤 버튼을 선택했는지 알 수 있습니다.

```
confirm("프로그램을 종료하겠습니까?")
```

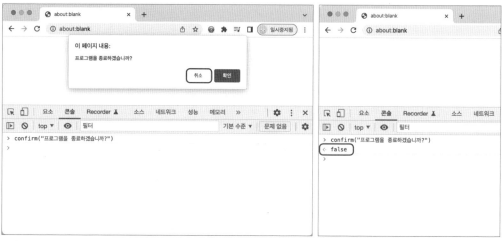

그림 2-3 확인 창 표시하기

 복습하기 콘솔 창에 confirm() 함수의 예제 소스를 다시 입력한 후 [확인] 버튼을 클릭하면 어떤 값이 나오는지 확인해 보세요.

콘솔 창 지우기

콘솔 창에 소스를 입력하다 보면 콘솔 창에 소스가 가득차게 되고, 소스가 길어지면 콘솔 창에 스크롤 막대가 생기면서 소스를 계속 입력할 수 있습니다. 스크롤하기 번거롭거나 깨끗한 화면에서 소스를 작성하고 싶다면 콘솔 창의 왼쪽 위에 있는 [Clear console] 아이콘(◎)을 클릭하여 콘솔 창에 있던 소스를 깨끗하게 지울 수 있습니다. 이전에 입력했던 소스는 화면에서 보이지 않을 뿐, 웹 브라우저 창을 닫지 않는 한 계속 그 값이 유지됩니다.

그림 2-4 콘솔 창 지우기

prompt() 함수

prompt() 함수로 만드는 프롬프트 창은 사용자가 간단한 값을 입력할 수 있는 창입니다. 프롬프트 창에 사용자가 입력한 값을 가져와 프로그램에서 처리할 수 있으므로 프로그램 실행에 필요한 간단한 값을 입력받을 때 자주 사용합니다.

프롬프트 창을 만들 때 기본값을 지정하지 않으면 빈 텍스트 필드로 표시됩니다.

> **기본형**   prompt(*내용*)

프롬프트 창에 다음과 같이 입력해 보세요.

```
prompt("이름을 입력하세요.")
```

프롬프트 창에 메시지와 함께 사용자가 값을 입력할 수 있는 텍스트 필드가 나타납니다.

그림 2-5 기본값이 없는 프롬프트 창 표시하기

프롬프트 창에 이름을 입력하고 [확인] 버튼을 클릭하거나 Enter 를 누르면 입력했던 값이 즉시 콘솔 창에 표시됩니다. 그 결과, `prompt()`의 반환값은 사용자가 입력한 내용이 되어 이 반환값을 프로그램에 사용할 수 있죠.

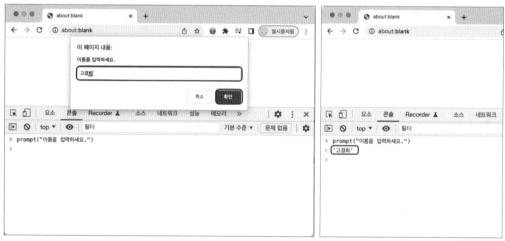

그림 2-6 prompt( ) 함수의 반환값 확인하기

사용자가 입력할 때 도움이 되도록 기본값을 지정할 수도 있습니다. 대부분의 사용자들이 입력할 것 같은 값을 기본값으로 사용하면 사용자는 [확인] 버튼만 클릭하면 되므로 편리합니다.

prompt(*내용, 기본값*)

다음과 같이 콘솔 창에 입력해 보세요.

```
prompt("컨퍼런스 참석 여부(예/아니오)", "예")
```

프롬프트 텍스트 필드에 기본값 '예'가 표시될 것입니다. 사용자는 이 기본값을 그냥 사용해 도 되고 기본값을 지운 후 다른 내용을 입력해도 됩니다.

그림 2-7 기본값이 있는 프롬프트 창 표시하기

사용자가 프롬프트 창에 값을 입력하지 않고 그대로 [취소] 버튼을 클릭하면 어떻게 될까요? 사용자가 값 입력을 취소하는 경우에는 null이 반환됩니다.

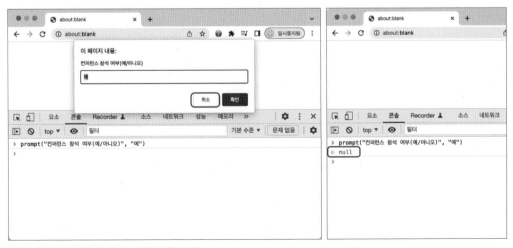

그림 2-8 [취소] 버튼을 클릭했을 때 반환값 확인하기

프로그램을 작성하면서 prompt() 함수를 사용할 때 사용자가 값을 입력했는지 확인하려면 prompt() 반환값이 null인지의 여부를 확인하면 됩니다. 이 방법을 사용한 프로그램은 차차 배울 것입니다.

콘솔 창에 자꾸 undefined가 나타나요

콘솔 창에서 alert 문을 실행했을 때는 undefined가, confirm 문이나 prompt 문을 실행했을 때는 반환값이 나타납니다. 이들 문 외에도 콘솔 창에서 소스를 실행하면 가끔 undefined가 나타날 때가 있습니다. undefined가 나타나는 이유는, 콘솔 창에서 실행한 명령이 반환하는 값이 없기 때문입니다. confirm 문은 사용자가 [확인] 버튼이나 [취소] 버튼을 클릭했을 때 true나 false 값을 반환하고, prompt 문은 사용자가 입력한 이름이 나타납니다. 하지만 alert 문은 소괄호 안의 내용을 그대로 알림 창에 표시할 뿐 반환하는 값이 없습니다. 아직 '반환'이라는 개념이 낯설겠지만, 지금은 이 정도로 이해하세요. 나중에 함수를 공부하다 보면 좀 더 정확하게 알 수 있을 것입니다.

console.log()로 간단한 결과 확인하기

앞에서 콘솔 창을 통해 간단한 명령을 실행해 보았습니다. 콘솔 창은 웹 브라우저 개발 도구에 포함되어 있는데, 이 콘솔 창을 통해 자바스크립트를 실행해 볼 수도 있습니다. 또한 실행한 소스에 오류가 발생하면 콘솔 창에 오류를 표시해 주기도 합니다. 그래서 자바스크립트 소스를 작성하면서 중간중간에 프로그램이 제대로 동작하는지 확인하는 용도로 자주 사용합니다. 콘솔 창에 결과를 보여 주는 명령은 다양하지만, 간단하게 텍스트로 보여 주는 명령은 console.log()입니다. 이번에는 소괄호 안에 변수를 사용해서 원하는 결괏값이 나오는지 확인해 볼게요.

기본형	console.log(*내용*)
	console.log(*변수*)

예를 들어 콘솔 창에 메시지를 표시하려면 큰따옴표 안에 메시지를 입력해야 합니다.

```
console.log("자바스크립트를 공부 중입니다.")
```

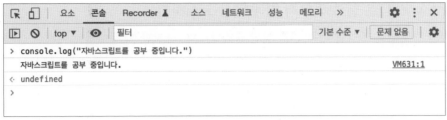

그림 2-9 콘솔 창에 메시지 표시하기

 복습하기 콘솔 창에 '자바스크립트를 좋아합니다.'라고 표시해 보세요.

정답 console.log("자바스크립트를 좋아합니다.")

변수와 함께 내용을 연결해서 표시할 수도 있습니다. 이 경우에는 연결 연산자(+)를 사용해도 되고, '템플릿 리터럴'이라는 새로운 문법을 사용해도 됩니다. 연결 연산자와 템플릿 리터럴 에 대해서는 차차 설명할 것입니다. 그러므로 일단 콘솔 창에는 어떤 것이든지 모두 표시할 수 있다는 것만 기억해 두세요.

```
name = "도레미"
console.log(name + "님은 자바스크립트를 공부 중입니다.")
```

그림 2-10 콘솔 창에 변수와 내용을 연결해서 표시하기

 복습하기 name에 여러분의 이름을 넣고 콘솔 창에 'OOO님은 자바스크립트를 좋아합니다.'라고 표 시해 보세요.

정답 예 name="홍길동"
console.log(name +"님은 자바스크립트를 좋아합니다.")

document.write()로 웹 브라우저 창에 내용 표시하기

변수나 간단한 결괏값을 확인할 때는 콘솔 창이 편리합니다. 하지만 이 책에서는 예제를 실행한 후 결과를 확인할 때 document.write() 함수를 사용하기도 합니다. document.write()는 소괄호 안의 내용을 웹 브라우저 창에 표시해 주죠. 실제 웹 브라우저 창에 내용을 표시할 때는 DOM을 이용해서 원하는 위치를 지정해야 하는데, 아직 이 부분을 공부하지 않았으므로 웹 브라우저 창에 결과를 표시할 때는 document.write() 함수를 사용하겠습니다.

doument.write() 함수는 console.log()에서와 마찬가지로 연결 연산자(+)를 사용할 수도 있고, 템플릿 리터럴을 사용할 수도 있습니다. 콘솔 창에 다음과 같이 document.write() 함수를 사용하면 웹 브라우저 창에 결과가 나타납니다.

😀 띄어쓰기가 필요할 경우에는 큰따옴표로 표시된 메시지 안에서 표현해야 합니다.

```
name = "도레미"
document.write("제 이름은 " + name + "입니다.")
```

그림 2-11 document.write() 함수를 사용해 실행 결과 표시하기

02-2 프로그램과 친해지려면 변수부터 익히자

사람과 사람 사이에서는 말이나 눈짓, 손짓 등 다양한 방법을 이용해서 소통합니다. 하지만 컴퓨터에서 프로그램과 사람 사이의 소통은 데이터로만 가능합니다. 그리고 데이터를 다루기 위해 가장 먼저 알아 두어야 할 것은 바로 '변수' 개념입니다.

변수는 값을 담아 놓는 바구니

변수^{variable}란, '프로그램에서 사용하기 위해 값을 담아 놓는 바구니'라고 생각하면 쉽습니다. 예를 들어 날씨 정보를 알려 주는 프로그램이라면 지역이나 날짜와 같은 값이 달라질 수 있으므로 변수에 담아 프로그램에서 처리합니다. 일반적으로 변수는 프로그램 안에서 값이 달라질 수 있는 데이터를 가리킵니다. 하지만 자바스크립트에서는 프로그램 안에서 계속 값이 바뀌지 않더라도 변수로 만들어서 사용합니다.

😀 값이 바뀌지 않는 변수를 일반적으로 '상수 constant'라고 합니다.

변수 이름 지정하기

변수를 사용하려면 우선 변수를 서로 구별할 수 있도록 변수마다 다른 이름을 붙여 주어야 합니다. 변수 이름을 지정하는 것은 값을 저장해 놓은 메모리 공간에 문패를 붙이는 것과 같습니다. 그러므로 프로그램 안에서 사용할 값이 메모리의 어느 위치에 저장되어 있는지 신경쓰지 않고 문패 이름, 즉 값을 넣어 놓은 변수 이름만 기억해 놓으면 됩니다. 그러면 변수 이름을 쉽게 가져와서 사용할 수도 있고, 다시 같은 위치에 바뀐 값을 저장할 수도 있어요. 따라서 변수 이름은 서로 다르게 만들어야 합니다.

자바스크립트에서 변수 이름을 지정할 경우 다음과 같은 몇 가지 규칙이 있습니다.

❶ 변수 이름은 숫자로 시작할 수 없고 이름 안에 공백이 포함되어 있으면 안 됩니다.

```
current, _current, $current    // 사용 가능
25current, curr ent, current*  // 사용 불가능
```

😀 자바스크립트 변수 이름에 유니코드 문자(*, ? 등)를 사용할 수 있지만, 인코딩할 때 문제가 발생할 수 있으므로 사용하지 않는 것을 권장합니다.

❷ 자바스크립트는 영문자의 대소문자를 구별합니다. 따라서 current와 Current, CURRENT는 모두 다른 이름입니다.

❸ 자바스크립트에서 한 단어로 이루어진 변수를 사용할 때는 주로 영문자의 소문자를 사용하고, 두 단어 이상으로 이루어진 변수를 사용할 때는 total_area처럼 언더바로 연결하거나 totalArea처럼 중간에 영문자의 대문자를 섞어 사용합니다.

❹ let 등 자바스크립트에서 미리 정해 놓은 예약어는 변수 이름으로 사용할 수 없습니다.

❺ 무의미한 변수 이름은 피합니다.

😃 첫 번째 단어는 영문자의 소문자로, 두 번째 단어는 영문자의 대문자로 표기하는 것을 '카멜 표기법camel case'이라고 합니다.

자바스크립트 프로그래밍에서는 수십 개의 변수를 사용하므로 각 변수의 역할을 일일이 기억하기가 어렵습니다. 대신 변수 이름을 정할 때 변수의 의미를 짐작할 수 있도록 정한다면 프로그램 소스를 이해하기가 쉽습니다. 예를 들어 학생들의 시험 점수의 합계를 저장하는 변수는 total, 평균 점수는 average라고 지정하여 누구나 쉽게 변수를 이해할 수 있게 하는 것이 좋습니다.

변수 선언하고 값 할당하기

프로그램에서 사용할 변수의 이름을 지정하는 것은 '변수를 선언한다', 변수에 값을 넣는 것은 '변수에 할당한다'라고 합니다.

변수 선언하기

자바스크립트에는 값을 변경할 수 있는 '변수'와 값이 바뀌지 않는 '상수'가 있습니다. 자바스크립트에서는 상수도 변수에 포함시켜서 사용하는데, 변수라면 예약어 let을, 상수라면 const 예약어를 쓰고 뒤에 변수 이름을 적으면 됩니다.

> 기본형   let *변수명*
>
> const *변수명*

변수에 값 할당하기

사용할 변수를 선언하고 나면 = 기호를 사용해서 변수에 값을 저장할 수 있는데, 이것을 '변수에 값을 할당한다'라고 합니다.

> 기본형   *변수 = 값*

변수를 선언한 후 값을 따로 선언할 수도 있고, 변수를 선언하면서 값을 동시에 할당할 수도 있습니다.

```
let sum;
sum = 10;
```

```
let sum = 10;
```

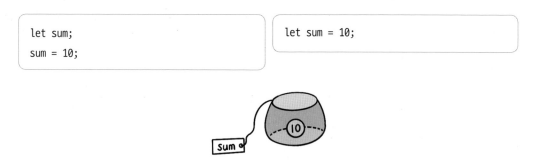

그림 2-12 변수 선언하고 값 할당하기

let 예약어를 사용해서 result 변수를 선언하고 10이라는 값을 할당해 보겠습니다. 변수에 값을 할당한 후 result라고 입력하면 변수에 저장된 값이 표시됩니다. 이어서 result에 20이라는 값을 다시 할당하면 어떻게 될까요? let 변수는 값을 수정할 수 있으므로 새로운 값이 할당됩니다. 콘솔 창에 result를 입력해서 결과를 확인하면 마지막에 할당된 값이 나타날 것입니다.

😊 콘솔 창에 표시되는 undefined는 변수를 할당하기만 할 뿐 반환할 값이 없다는 의미입니다.

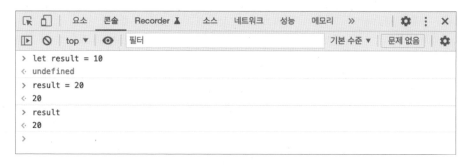

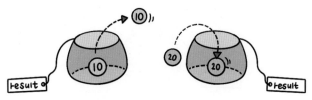

그림 2-13 변수에 새로운 값 할당하기

이번에는 number라는 상수를 선언하면서 10이라는 값을 할당해 보겠습니다. 우선 const 예약어를 사용하고 숫자 10을 입력합니다. 콘솔 창에 number라고 입력하면 number 변수에 할당된 값 10이 표시됩니다.

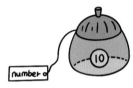

그림 2-14 상수 선언하고 값 할당하기

number 변수에 20이라는 값을 할당해 보세요. const는 한 번 값이 저장되면 그 값이 바뀌지 않으므로 오류가 발생합니다.

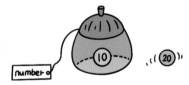

그림 2-15 새로운 값을 할당할 수 없는 상수

 복습하기   number 변숫값에 100을 더한 후 result 변수에 할당해 보세요.

정답   result = number + 100

변수를 선언할 상수가 필요한 이유

앞에서 상수를 선언할 때 const라는 예약어를 사용한다고 했죠? 값이 바뀌지 않는 게 상수인데, 프로그래밍에서 왜 상수를 사용하는지 궁금할 것입니다.

나이를 계산하는 프로그램을 생각해 볼게요. 다음은 올해에서 태어난 해를 뺀 후 1을 더해서 age라는 변수에 나이를 저장하는 프로그램입니다. 이때 올해 연도를 따로 currentYear 상수로 저장해 두면 프로그램에서 올햇값을 사용할 때마다 currentYear 값을 가져와서 사용할 수 있습니다. 프로그램에서 같은 값을 여러 번 사용할 경우 아예 상수에다가 값을 할당해 놓고 그 상수를 가져와서 사용하는 것이죠.

```
const currentYear = 2022;   // 현재 연도
let birthYear = parseInt(prompt("태어난 해를 입력하세요."));   // 태어난 연도
let age = currentYear - birthYear + 1;   // 나이
```

var와 변수 호이스팅

에크마스크립트 2015 이전에는 변수를 선언할 때 var 예약어를 사용했습니다. 지금도 var 예약어를 사용하지만, 변수에 이 예약어를 사용한 경우에는 '호이스팅hoisting'이라는 개념을 조심해야 합니다. 호이스팅은 '끌어올린다'는 뜻인데, 상황에 따라 변수의 선언 부분을 스코프의 가장 위쪽으로 끌어올리는 것입니다. 끌어올린다고 해서 실제로 소스 코드를 끌어올리는 것은 아니고 소스를 이런 식으로 해석한다는 의미입니다. 말로는 이해하기 어려울 수 있으므로 예제로 살펴보면서 빠르게 이해해 볼게요.

다음 예제의 소스를 실행하면 x 값은 10, y 값은 20이라고 표시됩니다. y 변수가 선언되기 전에 x + y가 실행되는데, 오류가 발생하지 않고 sum은 y 값이 결정되기 전에 실행되므로 NaN이라고 표시됩니다.

😀 NaN은 Not A Number를 가리킵니다.

변수 호이스팅 이해하기	02\hoisting-1.html, 02\js\hoisting-1.js

```
var x = 10;
var sum = x + y;
var y = 20;
console.log(sum)
```

이런 결과가 나타난 이유는 바로 변수 호이스팅 때문입니다. 자바스크립트 해석기가 함수 소스를 훑어보면서 변수는 따로 기억해 둡니다. 즉, 변수를 사용하기 전에라도 '이런 변수가 있구나!' 하고 기억해 두므로 선언한 것과 같은 효과를 가지는데, 이것이 바로 호이스팅입니다. 그래서 앞의 소스 코드는 다음과 같은 방식으로 처리됩니다.

실제로는 소스 코드가 이렇게 바뀌는 것이 아니라 자바스크립트 해석기가 이와 같이 이해하는 것이므로 소스 코드에는 변화가 없습니다. 변수 y가 선언되기만 하고 값이 할당되지 않은 상태로 sum에서 사용하므로 결괏값은 NaN이 되는 것이죠.

```
var x = 10;
var sum = x + y;
var y = 20;
console.log(sum)
```

→

```
var x = 10;
var y;
var sum = x + y;
y = 20;
console.log(sum)
```

let이나 const를 사용할 경우에는 변수를 선언하기 전에 사용하면 오류가 발생합니다. 그래서 변수 선언보다 변수 사용 소스가 먼저 오는 상황을 고칠 수 있죠.

02\hoisting-2.html, 02\js\hoisting-2.js

```
let x = 10;
let sum = x + y;
let y = 20;
console.log(sum);
```

그림 2-16 변수를 선언하기 전에 변수를 사용하면 오류가 발생하는 let과 const

하지만 var를 사용했을 경우 호이스팅이 발생하면 오류 없이 결괏값이 예상한 것과 다르게 나타나므로 오류를 찾기가 어려워집니다. 이것이 바로 변수를 선언할 때 var를 사용하지 말아야 하는 이유입니다.

변수 재선언하고 재할당하기

var를 사용한 변수는 재선언과 재할당을 할 수 있습니다. 자, 그러면 재선언과 재할당이 무엇인지 예제로 살펴보겠습니다.

다음 예제에서는 add(10, 20)을 실행한 결괏값이 sum 변수에 할당됩니다. 그래서 처음에 30이 출력되죠. 그런데 다시 sum 변수를 선언하면 기존 값이 사라지면서 sum 변수가 새롭게 만들어집니다. 즉, 변수를 재선언하고 새로운 값을 재할당한 것입니다.

var 변수 재선언하고 재할당하기	02\variable-1.html, 02\js\variable-1.js

```
function add(a, b) {
  return a + b;
}

var sum = add(10, 20);
console.log(sum);    // 30
var sum = 100;       // var 변수는 재선언, 재할당 가능
console.log(sum);    // 100
```

간단한 소스라면 변수를 모두 기억할 수 있지만, 수천 줄이나 수만 줄의 소스를 작성하다 보면 실수로 같은 이름을 가진 변수를 다시 선언할 수도 있습니다. 이러한 작업을 여러 사람과 공동으로 작업한다면 더욱 위험해질 것입니다. 그래서 let이나 const 예약어를 사용한 변수에서는 오류가 발생하므로 변수 재선언을 허용하지 않습니다. let 변수는 값을 변경할 수 있으므로 재할당이 가능하지만, const 변수는 재선언도, 재할당도 불가능합니다.

```
const myNumber = 10;
function add(a, b) {
  return a + b;
}

let sum = add(10, 20);
console.log(sum);
let sum = 100;    // let 변수는 재선언 불가능, 재할당 가능
```

그림 2-17 재선언을 할 수 없는 let 변수

변수를 선언하는 각 예약어의 특징을 정리하면 다음과 같습니다.

표 2-1 예약어의 특징

예약어	선언하지 않고 사용할 경우	재선언	재할당
var	오류 없음(호이스팅 발생)	○	○
let	오류 발생	×	○
const	오류 발생	×	×

02-3 컴퓨터가 세상을 보는 방법, 자료형

자료형^data type이란, 프로그램에서 처리할 자료의 형태를 말합니다. 3이라는 숫자를 숫자로 처리하는지, 문자열로 처리하는지에 따라 결괏값이 달라집니다.

자료형이란

사람은 10이나 −15를 보면 숫자라는 것을 알 수 있고, '안녕하세요?'를 보면 문자열이라는 것을 금방 알 수 있습니다. 하지만 컴퓨터에게 일을 시킬 때는 이것은 숫자이니 더하거나 빼야 하고, 저것은 문자열이니 더하거나 뺄 수 없다는 것을 따로 알려 주어야 합니다. 이렇게 숫자나 문자열처럼 프로그램에서 처리할 자료의 유형을 지정해야 하는데, 이러한 자료의 형태를 '자료형'이라고 합니다.

😀 자료형은 '데이터 유형'이나 '데이터 타입'이라고도 합니다.

자바스크립트의 자료형은 크게 '원시 유형^primitive type'과 '객체^object'로 나뉘어집니다. 원시 유형은 하나의 값만 저장하는 자료형으로, 숫자와 문자열, 논리형, undefined, null, symbol 유형이 있습니다. 그리고 원시 유형 외에는 모두 객체입니다.

typeof() 함수

자료형을 자세하게 살펴보기 전에 typeof() 함수를 먼저 알아보겠습니다. typeof() 함수는 자바스크립트에 미리 만들어져 있는 함수로, 소괄호 안에 값이나 변수를 넣으면 어떤 자료형인지 알려 줍니다.

> **기본형** typeof(*값 또는 변수*)

콘솔 창에 다음과 같이 입력하면 data 변수에 저장된 값이 숫자라는 것을 알 수 있습니다.

```
let data = 5
typeof(data)   // "number"
```

숫자형

숫자형은 모든 프로그램에서 가장 기본이 되는 자료형입니다. C나 자바 같은 프로그래밍 언어에서는 정수와 실수를 명확히 구별하고 정수도 크기에 따라 다른 자료형을 사용합니다. 하지만 자바스크립트에서는 정수와 실수를 함께 묶어서 '숫자형'이라고 합니다.

자바스크립트에서는 큰따옴표 없이 입력하면 숫자로 인식합니다. 하지만 숫자라고 해도 큰따옴표로 묶으면 문자열로 인식하므로 주의해야 합니다. 콘솔 창에 다음과 같이 입력한 후 **typeof** 문으로 확인해 보면 하나는 숫자이고 나머지 하나는 문자열임을 확인할 수 있습니다.

```
typeof(10)      // 'number'
typeof("10")    // 'string'
typeof(3.145)   // 'number'
```

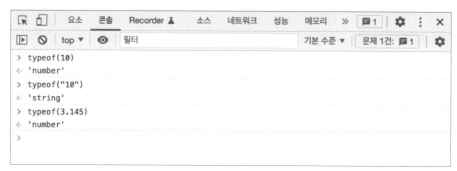

그림 2-18 숫자형

자바스크립트는 정밀한 실수 계산에 적합하지 않아요

자바스크립트에서 실수를 계산할 때 의도하지 않은 값이 나올 때가 있습니다. 예를 들어 수식 0.1 + 0.2는 평범하게 0.3이라는 값이 나올 것이라고 생각하지만, 실제로 자바스크립트에서 계산해 보면 결괏값은 0.30000000000000004입니다. 이것은 자바스크립트에서 실수를 저장하는 방법 때문에 생기는 문제이므로 복잡하거나 정밀한 계산에서는 자바스크립트를 사용하지 않는 것이 좋습니다.

문자열

문자열 또는 string 자료형은 작은따옴표(')나 큰따옴표(")로 묶은 데이터를 의미합니다. 단, 큰따옴표이든, 작은따옴표이든 문자열의 앞뒤에 붙이는 따옴표는 같아야 합니다.

만약 큰따옴표로 묶은 문자열 안에 다른 문자열을 포함시켜야 할 때는 어떻게 해야 할까요? 이 경우에는 큰따옴표가 중복되지 않도록 안에 포함되는 문자열은 작은따옴표로 묶어 표현해야 합니다. 따옴표만 있고 내용이 없어도 문자열인데, 이러한 문자열을 '빈 문자열'이라고 합니다.

```
typeof("안녕하세요?")      // 'string'
typeof("10")              // 'string'
typeof("")                // 'string', 빈 문자열
```

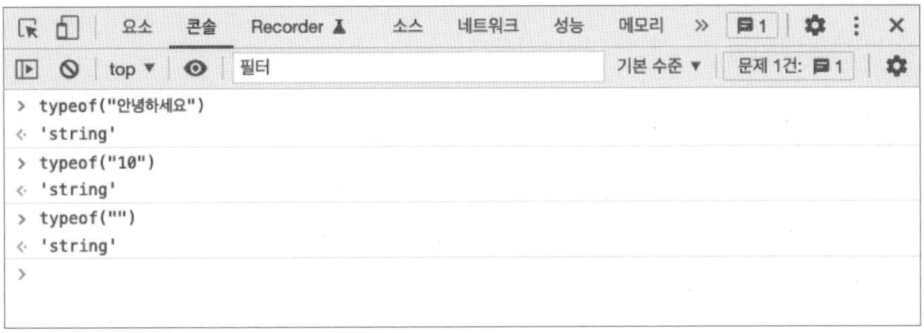

그림 2-19 문자열 자료형

특수 기호 표시하기

문자열에는 종종 이스케이프 문자나 특수 문자가 포함되곤 합니다. 이스케이프 문자란, 화면에는 표시되지 않지만 줄 바꿈이나 탭처럼 문서에서 기능을 수행하는 문자를 말합니다. 예를 들어 문자열 데이터를 표시하기 위해 큰따옴표(")를 사용하는 것이 아니라 특수 문자로서 화면에 큰따옴표를 표시하려면 백슬래시(\) 다음에 큰따옴표를 적어야 합니다. 즉, 특수 문자를 표시하려면 백슬래시 다음에 입력해야 합니다. 자주 사용하는 이스케이프 문자는 다음과 같습니다.

표 2-2 이스케이프 문자 목록

이스케이프 문자	설명
\ddd(여기서 d는 숫자)	8진수 문자
\xddd	16진수 문자

이스케이프 문자	설명
\\	백슬래시 문자
\'	작은따옴표 문자
\"	큰따옴표 문자
\b	백스페이스 문자
\f	폼 피드 문자
\n	줄 바꿈 문자
\r	캐리지 리턴 문자
\t	탭 문자

콘솔 창에 다음과 같이 입력하면 문자열 안에 큰따옴표나 탭 문자를 표시할 수 있습니다.

```
console.log('I\'m studying now.')
console.log('탭 \t 포함 ')
```

그림 2-20 문자열 안에 큰따옴표나 탭 문자 표시하기

템플릿 리터럴

템플릿 리터럴^template literal^은 문자열과 변수, 식을 섞어서 하나의 문자열을 만드는 표현 형식입니다. 템플릿 리터럴 이전에는 문자열 부분을 큰따옴표로 묶은 후에 연결 연산자인 +를 사용해서 식이나 변수와 연결했습니다. 하지만 변수나 식이 많아질수록 오타가 나올 확률이 높습니다.

템플릿 리터럴은 백틱(``)을 사용해 문자열을 만듭니다. 백틱은 작은따옴표(')와 다른 기호로, 키보드에서 함수의 아래쪽에 있습니다. 즉, 윈도우 키보드에서는 Esc의 아래쪽에, 맥 OS에서는 ₩의 아래쪽에 있는 기호입니다.

😀 백틱을 눌렀는데 ₩로 표시된다면 영문 상태로 바꾸고 입력하세요.

템플릿 리터럴 안에 변수나 식이 들어간다면 ${}로 묶고 태그나 띄어쓰기, 이스케이프 문자를 그대로 표시할 수 있으므로 사용이 편리합니다.

다음은 변수와 태그, 줄 바꿈이 포함된 문자열을 화면에 표시하는 예제입니다. 우선 기존 방법을 사용해 볼까요? 결과에서 띄어쓸 부분이 있으면 미리 신경 써서 문자열에 빈 공백을 넣어야 합니다.

```
let name = "도레미"
let classroom = 201
console.log(name + "님, " + classroom + "호 강의실로 입장하세요.")
```

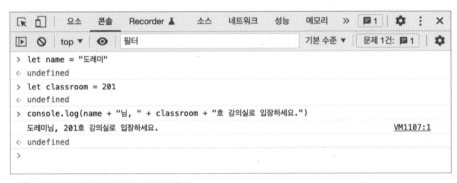

그림 2-21 연결 연산자를 사용해 문자열 연결하기

이번에는 템플릿 리터럴을 사용해 작성해 볼까요? 같은 결과지만 변수 부분만 ${}로 묶어 주고 원하는 결과 문자열을 그대로 사용하면 되므로 소스를 입력하는 게 편리합니다.

```
name = "백두산"
classroom = 205
console.log(`${name}님, ${classroom}호 강의실로 입장하세요.`)
```

그림 2-22 템플릿 리터럴을 사용해 문자열 연결하기

특히 템플릿 리터럴에서는 사용자가 소스에 줄을 바꿔 입력하면 출력 결과에서도 줄이 바뀌어 표시됩니다. 따라서 '\n' 같은 줄 바꿈 기호를 별도로 넣지 않아도 됩니다.

```
console.log(
  `${name}님,
  ${classroom}호 강의실로 입장하세요.`
)
```

그림 2-23 줄 바꿈이 편리한 템플릿 리터럴

 복습하기   prompt 문을 사용해서 사용자 이름을 받은 후 userName 변수에 저장하고, 템플릿 리터럴을 사용해 '고경희님, 반갑습니다!' 처럼 사용자 이름과 함께 콘솔 창에 표시해 보세요.

정답   let userName = prompt("사용자 이름을 입력하세요.");
console.log(`${userName}님, 반갑습니다!`);

논리형

논리형은 참^{true}이나 거짓^{false} 값을 표현하기 위한 데이터 유형으로, '불리언^{Boolean} 유형'이라고도 합니다. 논리형에서 사용할 수 있는 값은 true와 false이고, 논리형 값은 지정한 조건에 맞는지의 여부를 확인하는 조건식에서 많이 사용합니다.   😀 조건식에서의 논리형 값은 '3장. 연산자와 제어문'에서 자세히 설명합니다.

콘솔 창에 다음과 같이 입력하면 10이 2보다 크므로 true 값이 나타납니다.

```
10 > 2   // true
```

 복습하기 false 값이 나타날 수 있는 식을 만들어 보세요.

정답 예 10 < 2

truthy, falsy

논리형 값은 true와 false뿐이지만 일반 값에서도 'true로 인정할 수 있는 값'과 'false로 인정할 수 있는 값'이 있습니다. 이것을 'truthy하다', 'falsy하다'라고 이야기합니다.
다음은 falsy로 인정하는 값입니다. 그리고 falsy 외의 값은 truthy한 값이 됩니다.

```
0      // 숫자 0
""     // 빈 문자열
NaN
undefined
null
```

위의 값에서 NaN은 숫자가 아님^{Not a Number}을 나타냅니다. 변수를 선언만 하고 값이 할당되지 않은 상태에서 그 변수를 더하거나 빼는 연산에 사용하면 NaN이 됩니다.

undefined, null

undefined는 값이 할당되지 않았을 때 변수의 초깃값입니다. undefined는 값이면서 동시에 자료형이죠. 예를 들어 다음의 소스처럼 변수를 선언만 하고 값을 할당하지 않은 상태에서 프로그램에 사용하면 초깃값 undefined가 나타납니다.

```
let userName
console.log(userName)   // undefined
```

null도 값이면서 동시에 자료형입니다. 여기까지만 보면 undefined와 비슷해 보이지만 구별해서 생각해야 하는 개념입니다. null은 값이 없거나 유효하지 않은 값이라는 의미입니다. 이에 비해 undefined는 빈 값인지, 유효한 값인지 정할 수 없는 상태죠.

앞에서 프롬프트 창을 공부할 때 [취소] 버튼을 클릭하면 null 값이 반환된다고 했죠? 프롬프트 창에 입력한 값을 가져와야 하는데, 그 값이 없으므로 null이 반환됩니다.

null은 사용자가 직접 할당할 수도 있습니다. 다음과 같이 입력하면 age 변수에 일단 값이 할당되지만, 그 값이 유효하지 않은 값이라는 의미입니다.

```
let age = null;
```

정리하자면 undefined는 변수를 만들기만 하고 값을 할당하지 않았을 때 자바스크립트에서 자동으로 부여하는 초깃값입니다. 그리고 null은 변수에 값이 없거나 유효하지 않다는 의미로, 자바스크립트에서 반환하거나 사용자가 할당할 수 있는 값입니다. 자바스크립트 프로그램에서는 값이 있는지의 여부를 확인할 때 변수의 값이 null인지, 아닌지 체크합니다.

😀 undefined는 사용자가 실수로 값을 지정하지 않을 때의 값이고, null은 사용자가 일부러 유효하지 않은 값을 지정한 것이라고 이해하세요.

객체

자바스크립트에서 객체^{object}란, 여러 개의 원시 유형을 하나로 묶어 놓은 것이라고 생각할 수 있습니다. 자바스크립트는 배열이나 함수도 객체로 취급합니다.

객체 정의하기

객체는 '11장. 배열과 객체, 좀 더 깊게 살펴보기'에서 좀 더 자세히 설명할 것이므로 여기에서는 객체의 형태만 간단하게 살펴보겠습니다. 객체는 하나의 변수에 다양한 정보가 포함되어 있는 자료형입니다. 객체는 중괄호({}) 안에 모든 정보를 담는데, 키^{key}와 값^{value}으로 하나 또는 여러 개의 쌍을 만들 수 있습니다. 그리고 객체 안에서는 여러 개의 '키 : 값' 쌍을 쉼표(,)로 구분합니다.

😀 '키 : 값' 쌍을 객체의 프로퍼티^{property}라고 합니다.

> **기본형**   *객체명 = {*
>   *키 : 값,*
>   *키 : 값,*
>   ⋮
>   *}*

예를 들어 책 정보를 프로그램에서 사용한다면 책 제목과 출간일, 쪽수, 다 읽었는지 등과 같은 여러 정보를 하나의 객체로 만들 수 있습니다.

다음의 소스에서 gitBook이라는 객체는 title과 pubDate, pages, finished라는 키와 각 키의 값을 사용해서 정보를 구성하고 있습니다. 여기서 키는 문자열이어도 큰따옴표를 사용하지 않지만, 값에서는 문자열일 경우 큰따옴표를 사용해야 합니다.

```
let gitBook = {
  title : "깃&깃허브 입문",     // 문자열
  pubDate : "2019-12-06",      // 문자열
  pages : 272,            // 숫자
  finished : true     // 논릿값
}
```
문자열이지만 큰따옴표 사용하지 않음

위의 **gitBook** 객체를 다음과 같이 한 줄로 표시해도 됩니다.

```
gitBook = { title : "깃&깃허브 입문", pubDate : "2019-12-06", pages : 272, finished : true }
```

객체의 값에 접근하기

객체에 있는 여러 개의 프로퍼티 중 원하는 프로퍼티값을 가져오려면 다음과 같은 형식을 사용합니다. 주로 마침표를 사용한 첫 번째 형식을 많이 사용합니다.

> **기본형** *객체명.키 이름*
> *객체명["키 이름"]*

콘솔 창에 **gitBook** 객체 소스를 입력한 후 다음과 같이 입력하면 책 제목이나 책을 다 읽었는지의 여부를 알 수 있습니다.

```
gitBook.title          // title 값 가져오기
gitBook["finished"]    // finished 값 가져오기
```

그림 2-24 객체를 만들고 프로퍼티에 접근하기

 복습하기   눈 앞에서 있는 사물 중 하나를 선택해서 객체로 만들어 보세요.

정답   例 let monitor = {size : 32, brand : "LG", curved : false}

배열

배열도 하나의 변수에 여러 개의 값을 저장할 수 있는 유형이므로 역시 객체입니다. 배열은 '11장. 배열과 객체, 좀 더 깊게 살펴보기'에서 자세히 살펴볼 것이므로 여기에서는 어떤 형태인지만 알아보겠습니다.

배열은 대괄호([])로 묶고 그 안에 값을 나열하는데, 각 값은 쉼표(,)로 구분합니다. 대괄호 안에 아무 값이 없으면 '빈 배열'이라고 하는데, 이것도 배열입니다.

> **기본형**   *배열명* = [*값*, *값*, ...]

다음은 다양한 형태의 배열 예제입니다.

```
emptyArr = []    // 빈 배열
colors = ["red", "blue", "green"]  // 문자열 배열
arr = [10, "banana", true]      // 여러 자료형으로 구성된 배열
```

 복습하기   '바나나', '사과', '포도'라는 값이 있는 fruits 배열을 만들어 보세요.

정답   fruits = ["바나나", "사과", "포도"]

콘솔 창에서 다음과 같이 입력해서 season 배열을 만들어 보세요.

```
season = ["봄", "여름", "가을", "겨울"]
```

콘솔 창에 season에 저장된 4개의 값이 나타납니다. 이때 숫자 (4)의 왼쪽에 있는 ▶을 클릭하면 0~3까지 숫자와 함께 배열의 값이 나열되고 length라는 식별자에 4가 표시됩니다.

그림 2-25 season 배열 만들기

콘솔 창에서 배열을 확인했을 때 배열값의 왼쪽에 있는 숫자를 '인덱스^{index}'라고 합니다. 배열은 여러 개의 값으로 구성되므로 배열 인덱스는 값을 저장한 방 번호라고 생각하면 쉽습니다. season 변수에 값이 4개 있으므로 0~3까지의 인덱스가 있습니다. 이때 인덱스가 0부터 시작된다는 것에 주의해야 합니다.

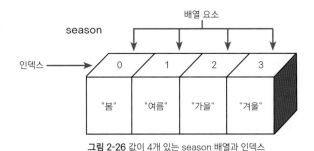

그림 2-26 값이 4개 있는 season 배열과 인덱스

예를 들어 season 변수의 세 번째 값을 알고 싶으면 다음과 같이 사용합니다.

```
season[2]
```

그리고 배열에 모두 몇 개의 값이 있는지 알고 싶으면 length 프로퍼티를 사용합니다.

```
season.length
```

그림 2-27 season 변수의 세 번째 값과 배열의 개수 구하기

 복습하기   fruits라는 배열에서 두 번째 값을 가져오는 식을 작성해 보세요.

정답   fruits[1]

심벌

심벌^{symbol}은 에크마스크립트 2015에 새롭게 추가된 원시 유형의 자료형으로, 지금까지 살펴본 자료형과 다른 특성을 가지고 있습니다. 심벌의 가장 큰 특징은 유일성을 보장한다는 것입니다. 특히 심벌은 객체 프로퍼티의 키^{key}로 사용할 수 있다는 특징이 있습니다.

예를 들어 자바스크립트 프로그램에서 오픈 소스를 가져와 사용하거나 다른 팀원이 만든 객체들을 함께 사용할 경우 객체의 키 이름이 중복될 수 있습니다. 이런 경우에 키 이름을 심벌로 지정하면 서로 충돌하지 않습니다.

😊 아직 심벌이 많이 사용되지는 않지만, 이런 자료형이 있다는 것을 알아 두는 것이 좋습니다.

심벌 만들기

Symbol() 함수를 사용하면 심벌을 만들 수 있습니다. 심벌은 한 번 만들면 변경할 수도 없고, 같은 값을 가진 심벌을 만들 수도 없습니다.

> 기본형   **Symbol()**

예를 들어 다음과 같이 2개의 심벌을 만들어 보겠습니다. 소스를 보면 var1과 var2는 똑같아 보입니다. 하지만 심벌은 유일한 값이므로 비교해 보면 var1과 var2는 같지 않습니다.

```
let var1 = Symbol()
let var2 = Symbol()
var1 === var2   // false
```

다음은 member라는 객체에서 id라는 고유한 키를 만드는 예제입니다. 소스에서 보는 것처럼 심벌을 키로 사용할 때는 [키]처럼 대괄호로 묶어서 표현합니다. 그리고 심벌키에 접근할 때도 마침표를 사용하지 않고 대괄호([])를 사용합니다.

```
let id = Symbol()    // id를 심벌로 지정합니다.
const member = {
  name : "Kim",
  [id] : 12345       // 심벌을 키로 지정할 때 대괄호를 사용합니다.
}
member       // {name: "Kim", Symbol(): 12345}
member[id]   // 12345
```

만약 member 객체에 다음과 같이 id라는 프로퍼티를 다시 지정하면 어떻게 될까요?

```
member.id = 6789
```

member 객체를 확인해 보면 기존의 심벌 id는 그대로 유지되면서 새로운 id가 추가되었습니다. 이렇게 심벌을 프로퍼티의 키로 사용하면 실수, 또는 다른 객체와 중복되어 키의 값이 변경되는 것을 방지할 수 있습니다.

```
member   // {name: "Kim", id: 6789, Symbol(): 12345}
```

심벌에 설명 추가하기

앞의 소스에서 심벌을 키로 사용한 member 객체를 확인해 보면 심벌을 사용한 부분은 Symbol()
이라고만 표시되었습니다. 하나의 객체에 여러 개의 심벌을 사용했다면 자신이 만든 심벌이
어떤 것이었는지 기억하기가 어려울 것입니다. 그래서 심벌을 쉽게 구별할 수 있도록 심벌에
설명을 붙이기도 합니다. 이렇게 하면 프로그래밍에 영향을 주지 않고 단지 작성자의 확인 용
도로만 심벌 설명을 사용할 수 있습니다. 마치 소스 코드에 붙이는 주석처럼 말이죠.

> 기본형   Symbol(*설명*)

예를 들어 앞에서 살펴본 member 객체에 회원 등급을 나타내는 grade라는 키를 심벌로 만들
려면 "grade"라고 함께 지정할 수 있습니다. 이렇게 하면 나중에 이 심벌이 등급을 표시한다
는 것을 알 수 있습니다.

```
let grade = Symbol("grade")
member[grade] = "VIP"
member    // {name: "Kim", id: 6789, Symbol(): 12345, Symbol(grade): "VIP"}
```

심벌은 '11장. 배열과 객체, 좀 더 깊게 살펴보기'에서 자세히 알아보겠습니다. 지금까지 살펴
본 자료형을 한눈에 정리하면 다음과 같습니다.

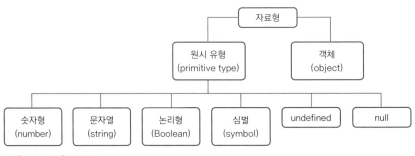

그림 2-28 자료형의 관계

02-4 자바스크립트의 장점이자 단점, 자료형 변환

자바스크립트는 다른 언어와 다르게 프로그램 실행 중에 자료형이 변환되는 언어입니다. 특히 자동으로 형이 변환될 때도 있죠. 따라서 자동으로 형이 바뀌는 경우를 미리 알아 두지 않으면 오류가 발생하기도 하고 처음에 예상했던 것과 다른 결과가 나올 수도 있습니다. 이번에는 자바스크립트에서 자동으로 변환하거나 직접 자료형을 변환하는 방법을 알아볼게요.

자바스크립트 자료형의 특징

자바스크립트는 변수를 선언할 때 따로 자료형을 지정하지 않습니다. 다른 프로그래밍 언어를 공부했다면 이런 점이 이상하게 느껴질 수도 있습니다. 자료형과 관련해서 자바스크립트에는 다른 프로그래밍 언어와 구별되는 특징이 있습니다.

강력한 자료형 체크와 느슨한 자료형 체크

C 언어나 자바에서는 변수를 선언할 때 변수의 자료형을 미리 결정합니다. 그리고 그 유형에 맞는 값만 변수에 저장할 수 있죠. 이렇게 자료형을 제한하면 프로그램의 오류를 방지할 수 있는데, 이런 방식을 '강력한 자료형 체크strong data type check'라고 합니다.

```
int num = 20        // 정수형 변수 num
char *name = "John"  // 문자형 변수 name
```

자바스크립트는 미리 변수의 자료형을 지정하지 않습니다. 변수에 값을 할당하면 그 값에 따라 자료형이 결정되는데, 이런 방식을 '느슨한 자료형 체크weak data type check'라고 합니다. 이 방법은 편리하지만, 같은 변수에 다른 유형의 값을 잘못 입력해도 체크할 수 없고, 여러 사람이 프로젝트를 진행할 경우에는 변수를 일관성 있게 유지하기가 어렵습니다.

```
num = 20        // 숫자형
num = "John"    // 문자열
```

자동 형 변환

자바스크립트에서는 연산을 위해 자료형이 자동으로 바뀌는 자동 형 변환을 조심해야 합니다. 문자열을 사칙연산에 사용할 때는 자동으로 숫자형으로 변환되고, 숫자와 문자열을 연결하면 숫자가 자동으로 문자열로 변환됩니다. 😀 자동 형 변환을 '묵시적 형 변환'이라고도 합니다.

간단한 예를 들어보겠습니다. one 변수에는 문자열 "20"을, two 변수에는 숫자 10을 할당한 후 덧셈과 뺄셈을 해 보겠습니다.

```
one = "20"    // 문자열
two = 10      // 숫자형
```

자바스크립트에서는 + 기호를 더하기 연산자로도 사용하고 연결 연산자로도 사용합니다. 그래서 + 기호의 앞이나 뒤에 문자열이 있으면 + 기호는 연결 연산자가 되죠. + 기호를 사용해서 숫자와 문자열을 더하면 숫자가 자동으로 문자열로 바뀌면서 2개의 문자열을 연결해서 보여 줍니다.

앞에서 만든 one과 two 변수를 더해 볼까요? two 변수에 저장된 숫자 10이 자동으로 "10"이라는 문자열로 변환되면서 2개의 문자열을 연결한 값이 표시됩니다.

```
one + two    // "2010"
```

하지만 − 연산자를 사용하면 상황이 달라집니다. 뺄셈을 비롯해서 곱하고 나누는 것은 숫자끼리만 계산할 수 있으므로 문자열을 숫자로 바꿔서 인식합니다. 그래서 이번에는 one 변수에 저장되어 있는 문자열 "20"이 숫자 20으로 자동 변환된 후 계산됩니다.

```
one - two    // 10
```

직접 숫자형으로 변환하기

자동으로 숫자로 변환되는 경우도 있지만, 소스를 작성하면서 직접 숫자가 아닌 값을 숫자로 변환할 수도 있습니다. 숫자로 변환하는 몇 가지 함수를 살펴보겠습니다.

Number() 함수

Number() 함수는 소괄호 안에 값을 넣어 주면 숫자로 변환할 수 있습니다. "10"처럼 숫자 문자열을 10이라는 숫자로 바꿔 줄 뿐만 아니라 null과 undefind를 포함해서 모든 자료형을 숫자로 변환할 수 있습니다

Number() 함수의 변환 규칙은 다음과 같습니다.

😀 NaN은 'Not a Number'의 약자로, 숫자가 아닌 값을 가리킵니다.

표 2-3 Number() 함수의 변환 규칙

기존 유형	변환 결과
true	1
false	0
숫자	숫자
null	0
undefined	NaN
정수 문자열	정수(맨 앞에 0이 있으면 제거)
실수 문자열	실수(맨 앞에 0이 있으면 제거)
16진수 문자열	10진수
빈 문자열	0
기타	NaN

```
Number(true)    // 1
Number("20")    // 20
Number("Hi?")   // NaN
```

parseInt() 함수와 parseFloat() 함수

parseInt() 함수는 소괄호 안의 값을 정수로, parseFloat() 함수는 소괄호 안의 값을 실수로 변환합니다.

프롬프트 창에서 사용자 입력을 받아 10을 곱하는 프로그램을 예로 들어 보겠습니다. 프롬프트 창은 텍스트 필드에서 값을 입력받으므로 사용자가 숫자를 입력해도 프롬프트 창에 입력한 내용은 문자열로 취급합니다. 콘솔 창에 숫자를 입력해서 확인해 보세요.

```
let userInput = prompt("아무 숫자나 입력하세요.")
typeof(userInput)   // 'string'
```

그림 2-29 문자열로 인식하는 프롬프트 창의 입력값

프롬프트 창에서 가져온 값에 10을 곱하면 자동으로 형 변환되면서 userInput에 들어 있는 값이 숫자형으로 바뀌고, 결괏값은 예상한 값이 나옵니다. 하지만 이것은 10을 곱하는 식에서만 임시로 숫자로 변환된 것일 뿐 userInput 값은 계속 문자열인 상태입니다.

```
userInput * 10   // 1000
userInput        // '100'
```

프로그램에서 숫자를 사용하기 위해 프롬프트 창에서 입력받았다면 입력값을 숫자로 바꾼 후에 사용하는 것이 좋습니다. userInput 변수의 값을 정수로 바꾸려면 parseInt() 함수를 사용합니다.

```
parseInt(userInput)    // 100
```

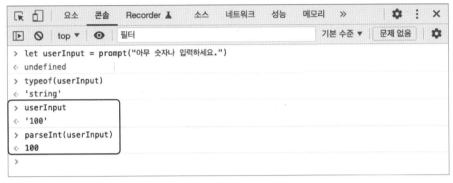

그림 2-30 문자열을 정수로 변환하기

프롬프트 창에 실수를 입력했을 때 해당 값을 실수인 숫자로 변환하려면 parseFloat() 함수를 사용합니다.

```
let bodyHeat = prompt("현재 체온은?")
parseFloat(bodyHeat)    // 36.4
```

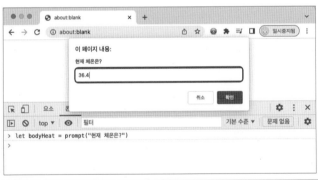

그림 2-31 문자열을 실수로 변환하기

문자열로 변환하기

문자열이 아닌 값을 문자열로 변환할 때는 toString() 함수나 String() 함수를 사용합니다.

toString() 함수

toString() 함수는 null 자료형과 undefined 자료형을 제외한 나머지 자료형을 문자열 데이터로 변환합니다. 이 함수는 원래 값 뒤에 마침표를 붙이고 함수 이름을 적습니다. 숫자를 문자열로 변환할 경우에는 기본값을 사용해 10진수인지, 2진수인지 지정할 수 있습니다. 기본값을 지정하지 않으면 기본적으로 10진수로 변환합니다. 2진수나 8진수 형태의 문자열로 바꾸려면 함수의 소괄호 안에 2나 8을 지정합니다.

> 기본형   *값*.toString()
> *값*.toString(*기본값*)

다음은 다양한 형태의 값을 문자열로 변환한 예제입니다.

```
num = 10              // 원래 값 숫자형
isEmpty = true        // 원래 값 논리형
num.toString()        // '10', 10진수 문자열
num.toString(2)       // '1010', 2진수 문자열
isEmpty.toString()    // 'true'
```

String() 함수

String() 함수는 null 자료형과 undefined 자료형까지 모두 포함해서 문자열로 변환합니다.

> 기본형   String(*값*)

원래 데이터가 null이면 'null'로, undefined이면 'undefined'로 변환합니다. 그리고 그 외에는 toString() 함수와 같습니다.

```
isFull = false        // 원래 값 논리형
initValue = null      // 원래 값 null형
String(isFull)        // 'false'
String(initValue)     // 'null'
```

간단하게 숫자나 문자열로 변환하기

앞에서 설명한 함수를 사용하지 않고도 자동 형 변환 기능을 활용해 간단하게 숫자나 문자열로 변환할 수 있습니다. 값의 앞에 + 기호를 붙이면 자동으로 문자열이 숫자로 변환되고, 숫자에 빈 문자열을 연결하면 숫자가 문자열로 변환됩니다.

```
let userInput = "20";      // 문자열 "20"
userInput = +userInput;    // 숫자 20

let userAge = 20;          // 숫자 20
userAge = userAge + "";    // 문자열 "20"
```

논리형으로 변환하기 — Boolean() 함수

Boolean() 함수를 이용하면 다른 유형의 데이터를 논리형 데이터로 변환할 수 있습니다. 이 함수는 소괄호 안에 원래 값을 넣어 줍니다.

> **기본형**   Boolean(값)

원래 값을 논리형으로 변환할 때는 일정한 규칙이 있습니다. 즉, 값이 0이거나 비어 있으면 false로, 그 외의 값이면 true로 변환하는데, 좀 더 자세한 변환 규칙은 다음과 같습니다.

표 2-4 원래 값을 논리형으로 변환할 때의 규칙

	true 값이 되는 데이터	false 값이 되는 데이터
숫자형	0이 아닌 값	0
문자열	빈 문자열이 아닌 모든 문자열	빈 문자열
undefined	-	undefined

다음은 여러 형태의 값을 논리형으로 변환한 예제입니다.

```
Boolean(5 * 4)      // true
Boolean("Hi?")      // true
Boolean(undefined)  // false
```

Do it! 실습 ▶ 화씨온도를 섭씨온도로 변환하기

준비 02\convert.html 결과 02\convert-result.html, 02\js\convert-result.js

지금까지 공부한 변수와 자료형을 활용해 간단한 프로그램을 작성해 보겠습니다. 아직은 사용할 수 있는 문법이 맞지 않으므로 멋있어 보이거나 효율적으로 동작하는 것보다 원하는 방식으로 동작하는지에만 주목하세요.

> **먼저 생각해 보세요!**
> • 화씨온도를 섭씨온도로 변환하는 공식은 무엇일까요? ☐
> • 프롬프트 창에서 받은 값을 정수로 변환할까요, 실수로 변환할까요? ☐

01 우선 화씨온도($°F$)를 섭씨온도($°C$)로 변환하는 공식을 알고 있어야겠죠? 공식 중에서 1.8로 나누는 부분이 있으니 결괏값도 소숫점이 있는 실수라는 것을 짐작할 수 있습니다.

```
섭씨온도 = (화씨온도 - 32) / 1.8
```

02 비주얼 스튜디오 코드에서 02\convert.html 문서를 열고 02\js 폴더에서 마우스 오른쪽 버튼을 클릭한 후 바로가기 메뉴에서 [새 파일]을 선택합니다. 그리고 새 파일 이름을 convert. js로 지정하세요.

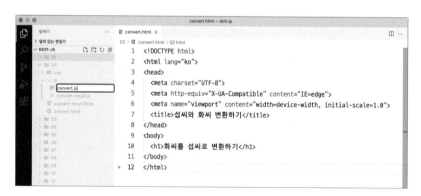

03 웹 문서에 방금 만든 스크립트 파일을 연결해야겠죠? 비주얼 스튜디오 코드 화면의 위쪽에 있는 [convert.html] 탭의 오른쪽에 [convert.js] 탭이 생기면 [convert.html] 탭을 클릭해서 HTML 소스를 표시한 후 스크립트 파일을 연결합니다.

02\convert.html

```
<body>
  <h1>화씨를 섭씨로 변환하기</h1>
  <script src="js/convert.js"></script>
</body>
```

04 이제 [convert.js] 탭을 클릭해서 스크립트를 작성해 보겠습니다. 프롬프트 창을 통해 화씨온도를 입력할 것인데, 프롬프트 창에 입력한 값은 문자열이므로 parseFloat() 함수를 사용해서 실수로 변환하겠습니다. 그리고 미리 확인해 놓은 공식을 사용해 섭씨온도로 바꿔서 화면에 표시합니다. 이렇게 화면에 표시할 때 템플릿 리터럴을 사용해서 좀 더 친절하게 표시하는 것이 좋겠죠?

😀 document.write()는 웹 브라우저 창에서 소괄호 안의 내용을 표시하는 함수입니다.

02\js\convert.js

```
// 섭씨: celsius, 화씨: fahrenheit

let fah = parseFloat(prompt("변환할 화씨온도"));
let cel;

cel = ((fah - 32) / 1.8);
alert(`화씨 ${fah}도는 섭씨 ${cel}도입니다.`);
```

😀 ℉나 ℃와 같은 특수 문자는 🏴+⎏ 또는 Ctrl+Command+Spacebar를 눌러 선택할 수 있습니다.

05 스크립트 파일을 저장한 후 [convert.html] 탭의 화면으로 되돌아와서 마우스 오른쪽 버튼을 클릭하고 바로가기 메뉴에서 [Open with Live Server]를 선택합니다.

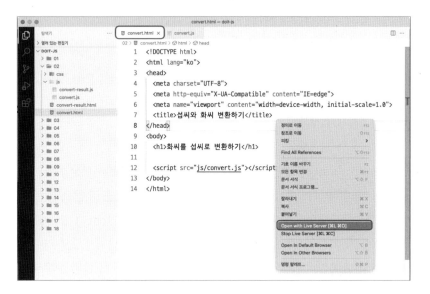

06 프롬프트 창에 다양한 값을 입력하면서 섭씨온도로 바뀌는지 확인해 보세요. 이렇게 값을 확인하다 보면 소숫점 이하 자리가 너무 많이 나타나는 경우가 있으므로 쉽게 알아볼 수 있도록 소숫점 이하 자릿수를 고정해 보겠습니다.

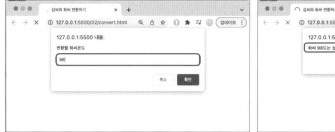

07 자바스크립트에서 실수의 소수점 자릿수를 고정하려면 **toFixed()** 함수를 사용해야 합니다. 이 함수는 자바스크립트에 미리 내장되어 있으므로 **toFixed(1)**이나 **toFixed(2)**처럼 소괄호 안에 자릿수만 지정하면 됩니다. 비주얼 스튜디오 코드의 [convert.js] 탭의 화면으로 되돌아와서 결괏값의 소숫점 자릿수를 한 자리로 지정한 후 저장합니다.

> **수정 전**

```
cel = ((fah - 32) / 1.8);
```

> **수정 후**

```
cel = ((fah - 32) / 1.8).toFixed(1);
```

08 웹 브라우저 창에서 다시 확인해 보면 소숫점 이하 첫째 자리까지만 표시되는 것을 볼 수 있습니다.

마무리 문제 1

왼쪽의 식과 오른쪽의 값을 맞게 연결해 보세요.

식
① 4 + 10
② 4 + "10"
③ parseInt(10 + 0.5)
④ "10" + 0.5
⑤ 10 + 0.5
⑥ parseFloat("10" + 0.5)

값
ⓐ "100.5"
ⓑ 10.5
ⓒ "410"
ⓓ 14
ⓔ 10
ⓕ 100.5

☞ 길라잡이

- ① - ⓓ, ② - ⓒ, ③ - ⓔ, ④ - ⓐ, ⑤ - ⓑ, ⑥ - ⓕ

마무리 문제 2

준비 02\quiz-2.html 정답 02\solution-2.html, 02\js\solution-2.js

02-4절에서 공부한 '화씨온도를 섭씨온도로 변환하기' 소스 코드를 참고해서 인치^{inch} 단위를 센티미터^{cm} 단위로 변환하는 프로그램을 작성해 보세요.

☞ 길라잡이

- 1인치 = 2.54센티미터

03

연산자와 제어문

자바스크립트에서 자료를 저장하는 변수와 자료형에 대해 살펴보았으니 이제부터 프로그래밍을 시작해 볼까요? 사용할 자료가 준비되었다면 숫자를 사용해 연산을 하거나, 문자열을 연결하는 것처럼 자료를 가공할 수 있습니다. 이때 바로 연산자를 사용합니다. 그리고 프로그램에서 여러 개의 명령을 어떤 순서로 처리할지 결정하는 소스를 '제어문'이라고 합니다. 예를 들어 10보다 큰 값만 표시하거나 같은 작업을 5번 반복하려면 제어문을 사용해야 하죠. 이 장에서는 연산자와 제어문에 대해 하나씩 살펴보겠습니다.

</>

03-1 프로그램 동작을 가리키는 기호, 연산자

연산자^{operator}란, 프로그램에서 특정한 동작을 하도록 지시하는 기호를 말합니다. 프로그래밍에서 '연산'이란, 숫자끼리 더하거나, 빼거나, 곱하거나, 나누는 사칙연산은 물론, 문자열과 문자열을 연결해서 새로운 문자열을 만들거나 크기를 비교하는 등 여러 가지 동작을 함께 가리키는 말입니다. 그리고 이런 연산을 하도록 지시하는 기호가 바로 연산자입니다.

산술 연산자

산술 연산자^{arithmetic operator}는 이미 우리가 알고 있는 수학적인 계산을 위해 사용하는 연산자입니다. 연산자의 왼쪽이나 오른쪽에 있는 연산 대상을 '피연산자'라고 하는데, 대부분의 산술 연산자는 피연산자가 2개이지만, 증가 연산자와 감소 연산자는 피연산자가 1개입니다. 그리고 나누기 연산자와 나머지 연산자가 서로 다른 연산자 라는 것을 꼭 기억해 두세요.

> 😀 피연산자가 하나인 연산자를 '단항 연산자' 라고도 합니다.

표 3-1 산술 연산자와 사용 예

연산자	기능	사용 예
+	2개의 피연산자값을 더합니다.	c = a + b
-	첫 번째 피연산자값에서 두 번째 피연산자값을 뺍니다.	c = a - b
*	2개의 피연산자값을 곱합니다.	c = a * b
/	첫 번째 피연산자를 두 번째 피연산자값으로 나눕니다.	c = a / b
%	첫 번째 피연산자값을 두 번째 피연산자값으로 나눈 나머지를 구합니다.	c = a % b
++	피연산자값을 1 증가시킵니다.	a++
--	피연산자값을 1 감소시킵니다.	b--

산술 연산자는 콘솔 창에서 즉시 결과를 확인할 수 있습니다.

```
let x = 10, y = 4, result   // 변수 선언
result = x / y              // 나누기 연산자
result = x % y              // 나머지 연산자
```

산술 연산자 중에서 눈에 띄는 연산자는 증가 연산자(++)와 감소 연산자(--)입니다. 증가 연산자는 변수의 앞이나 뒤에 붙여서 변숫값을 1 증가시키고, 감소 연산자는 변수값을 1 감소시킵니다.

```
let a = 10;
a = ++a;    // 11
```

그런데 증가 연산자나 감소 연산자를 사용할 때 연산자가 어느 위치에 있는가에 따라 처리 결과가 달라집니다. 예를 들어 다음과 같은 소스를 계산하면 x 값 10과 y 값 4를 더한 후 y 값을 1 감소시킵니다. 그래서 result 값은 원래 y를 더한 14가 되고 y 값은 3이 됩니다.

```
result = x + y--    // 14
y                   // 3
```
```
result = x + y
y = y - 1
```

이번에는 x 앞에 증가 연산자를 붙여 볼까요? 이렇게 하면 뺄셈을 하기 전에 x 값이 1 증가되어 11이 되고, 여기에서 y 값 3을 빼므로 결괏값은 8이 됩니다. x 값도 확인해 보세요.

```
result = ++x - y    // 8
x                   // 11
```
```
x = x + 1
result = x + y
```

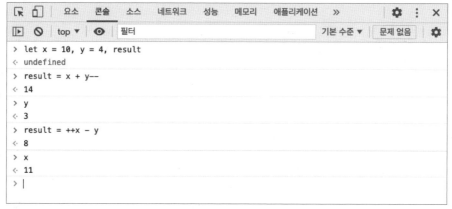

그림 3-1 증감 연산자를 붙이는 위치에 따라 달라지는 연산 결과

연결 연산자

연결 연산자는 문자열과 다른 자료형 또는 2개의 문자열을 합해서 하나의 문자열로 만드는 연산자입니다. 연산자 기호는 더하기 연산자와 똑같은 + 기호를 사용합니다. + 연산자의 피연산자가 모두 숫자형이라면 더하기 연산자가 되고, 피연산자 중 하나라도 문자열이 있으면 연결 연산자로 동작합니다.

> 연결 연산자는 문자열끼리 연결한다고 해서 '문자열 연산자'라고도 합니다.

다음 소스 코드를 살펴보면 연결 연산자를 사용해서 name 변수에 담긴 내용과 문자열을 연결해 콘솔 창에 표시하고 있습니다.

```
let name = "도레미"
console.log(name + "님, 안녕하세요?")
```

그림 3-2 변수와 문자열을 연결하는 연결 연산자

 자신의 나이를 age 변수에 저장한 후 콘솔 창에 '나는 OO세입니다.'라고 표시해 보세요.

> 정답 let age = "20"
> console.log("나는 " + age + "세입니다.")

할당 연산자

할당 연산자^{assignment operator}는 연산자 오른쪽의 실행 결과를 연산자 왼쪽에 할당하는 연산자로, '대입 연산자'라고도 합니다. 변수에 값을 지정할 때, 또는 연산 결과를 변수에 저장할 때 할당 연산자를 사용합니다.

기본적인 할당 연산자는 = 기호를 사용합니다. 그런데 산술 연산자와 할당 연산자를 함께 묶어서 사용할 수 있는 경우도 있습니다. y = y + x 같은 식에서는 y에 x를 더해서 다시 y에 할당합니다. 이 경우 할당 연산자와 산술 연산자를 합쳐 하나의 할당 연산자로 표시할 수 있습니다.

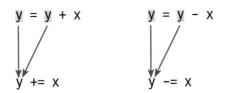

그림 3-3 할당 연산자와 산술 연산자를 합쳐서 하나의 연산자로 표시하기

자바스크립트에서 사용하는 할당 연산자는 다음과 같습니다.

표 3-2 할당 연산자와 사용 예

연산자	기능	사용 예
=	연산자 오른쪽의 값을 왼쪽 변수에 할당합니다.	y = x + 3
+=	y = y + x	y += x
-=	y = y - x	y -= x
*=	y = y * x	y *= x
/=	y = y / x	y /= x
%=	y = y % x	y %= x

비교 연산자

비교 연산자^{comparison operator}는 2개의 값을 비교해서 참이나 거짓으로 결괏값을 반환하는 연산자로, 값이 같은지, 같지 않은지, 또는 큰지, 작은지를 비교합니다. 2개의 값을 비교하는 비교 연산자는 주로 조건을 체크할 때 사용합니다.

표 3-3 비교 연산자와 사용 예

연산자	기능	사용 예	
==	피연산자값이 같으면 true	3 == "3"	true
===	피연산자값과 데이터 유형이 모두 같으면 true	a === "3"	false
!=	피연산자값이 같지 않으면 true	3 != "3"	false
!==	피연산자값과 데이터 유형이 모두 같지 않으면 true	3 !== "3"	true
<	왼쪽 피연산자값이 오른쪽 피연산자값보다 작으면 true	3 < 4	true
<=	왼쪽 피연산자값이 오른쪽 피연산자값보다 작거나 같으면 true	3 <= 4	true
>	왼쪽 피연산자값이 오른쪽 피연산자값보다 크면 true	3 > 4	false
>=	왼쪽 피연산자값이 오른쪽 피연산자값보다 크거나 같으면 true	3 >= 4	false

==와 ===, !=와 !==는 어떻게 다를까

비교 연산자 중에서 같은지를 비교하는 ==와 ===, 그리고 같지 않은지를 비교하는 !=와 !== 연산자를 주의 깊게 보아야 합니다. == 연산자와 != 연산자는 비교하는 피연산자의 자료형을 자동으로 변환해서 비교합니다. 숫자 3과 문자열 "3"을 비교하면 문자열로 변환해서 비교하므로 2개의 값이 같다고 인식합니다.

```
3 == "3"    // true
3 != "3"    // false
```

반면 === 연산자와 !== 연산자는 값뿐만 아니라 데이터 유형까지 비교합니다. 자동으로 자료형이 변환되지 않죠. 그래서 프로그램에서 값을 비교할 때는 ==, != 연산자보다 ===, !== 연산자를 사용하는 것이 좋습니다.

```
3 === "3"    // false
3 !== "3"    // true
```

문자열끼리 비교하기

비교 연산자는 숫자만 비교하는 것이 아니라 문자열끼리도 비교할 수 있습니다. 피연산자가 숫자라면 크기를 비교하기 쉽지만, 피연산자가 문자열일 경우에는 문자열에 있는 문자들의 아스키코드$^{\text{ASCII code}}$값을 비교해서 결정합니다.

😀 아스키코드란, 컴퓨터나 통신 장비에서 사용하기 위해 알파벳 대소문자와 숫자, 특수 문자, 제어 문자들을 특정 값으로 인코딩한 모드입니다.

숫자보다는 문자의 아스키코드값이, 영문자의 대문자보다는 소문자의 아스키코드값이 더 큽니다. 그리고 문자열 안의 문자가 여러 개일 경우에는 맨 앞에서부터 하나씩 문자를 비교해 갑니다. 양쪽 문자열에서 첫 번째 문자의 아스키코드값이 같으면 두 번째 아스키코드값을 비교하고, 그것도 같으면 세 번째 문자의 아스키코드값을 비교하는 순으로 진행합니다.

```
"A" > "B"                  // false
"Javascript" > "JAVASCRIPT"  // true
```

😀 각 문자의 아스키코드는 'www.ascii-code.com'을 참고하세요.

논리 연산자

논리 연산자$^{\text{logical operator}}$는 참^{true}과 거짓^{false}을 피연산자로 하는 연산자로, 참과 거짓을 사용해 조건을 체크할 때 많이 사용합니다. 논리 연산자는 '불리언^{Boolean} 연산자'라고도 하는데, 자바스크립트에서 사용하는 세 가지 논리 연산자는 다음과 같습니다.

표 3-4 논리 연산자의 종류

연산자		기능
!	NOT 연산자	피연산자값과 반대의 값을 가집니다.
&&	AND 연산자	피연산자값이 모두 true일 경우에만 true가 됩니다.
||	OR 연산자	피연산자값 중 하나만 true여도 true가 됩니다.

논리 연산자는 다음에 배울 조건문에서 좀 더 자세히 살펴보겠습니다.

03-2 프로그램 흐름을 자유롭게 조절하는 조건문

지금까지 살펴본 내용은 간단한 명령을 처리하는 소스였지만, 실제로 프로그램에서 처리하는 소스는 훨씬 복잡합니다. 특히 어떤 조건에 따라 명령 실행 순서를 바꾸거나 특정한 부분만 계속해서 반복하려면 조건문이나 반복문을 사용해야 합니다. 조건문은 명령을 실행하기 위해 조건을 체크하는 문statement으로, 앞에서 공부한 논릿값, 비교 연산자 등이 중요하게 사용됩니다.

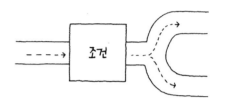

그림 3-4 조건문의 흐름

if 문, if...else 문

프로그램 소스는 작성된 순서대로 명령을 실행하는 것이 아니라 조건에 따라 명령을 실행하는 경우가 많습니다. 그래서 프로그래밍에서 조건문은 자주 사용하게 되죠.

if 문

if 문은 if 다음에 소괄호를 사용해서 조건을 표기합니다. 그리고 조건을 체크한 후 결괏값이 true이면 if 문에 있는 명령(들)을, false이면 if 문에 있는 명령은 건너뛰고 그 다음 명령을 실행합니다. if 문이란, if 예약어의 다음에 오는 중괄호({ })로 묶은 명령을 가리킵니다.

😀 만약 조건에 숫자 연산식을 사용했을 경우 결괏값이 0이면 false로, 0 이외의 값이면 true로 인식합니다.

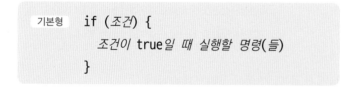

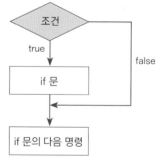

그림 3-5 if 문의 흐름

콘솔 창에 다음과 같이 입력해 보세요. if 문에서 x > 5가 true인지 체크합니다. 지금 x의 값, 10은 5보다 크므로 if 문에 있는 {와 } 사이의 명령을 실행하겠죠? 그래서 콘솔 창에 'x는 5보다 큽니다.'라고 표시합니다.

```
let x = 10
if (x > 5) {
  console.log("x는 5보다 큽니다.")
}
```

if 문의 조건이 true가 아닐 경우에는 if 문을 건너뛰고 다음 명령을 실행합니다. 다음 소스 코드에서 y < 5 조건을 만족하지 않으므로 if 문의 {와 } 사이의 명령은 건너뛰고 if 문의 바로 다음 명령인 y -= 5를 실행합니다.

```
let y = 10
if ( y < 5) {
  console.log("y는 5보다 작습니다.")
}
y -= 5
```

if...else 문

조건을 체크한 후 true일 때 처리할 명령과 false일 때 처리할 명령이 따로 있다면 if 문과 else 문을 사용합니다. 또한 if...else 문 안에 또 다른 if 문이나 if...else 문을 사용할 수도 있습니다.

기본형
```
if (조건) {
    조건이 true일 때 실행할 명령(들)
} else {
    조건이 false일 때 실행할 명령(들)
}
```

또는

기본형
```
if (조건) {
    조건이 true일 때 실행할 명령(들)
}
else {
    조건이 false일 때 실행할 명령(들)
}
```

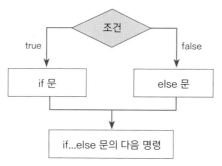

그림 3-6 if...else 문의 흐름

다음은 프롬프트 창에 사용자 이름을 입력한 후 해당 이름을 알림 창에 표시하는 예제입니다. 사용자가 [취소] 버튼을 클릭하면 취소했다고 알려 주고, [취소] 버튼을 클릭하지 않고 입력하면 입력한 이름을 알림 창에 표시합니다.

프롬프트 창에서 [취소] 버튼을 클릭했는지 체크하기 1	03\conditional-1.html, 03\js\conditional-1.js

```javascript
let userInput = prompt("이름을 입력하세요.");

if(userInput === null) {
  alert("취소했습니다.");
} else {
  alert(userInput);
}
```

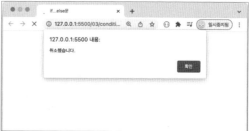

그림 3-7 프롬프트 창에서 [취소] 버튼을 클릭했는지 체크하기

만약 [취소] 버튼을 클릭했을 때 특별히 처리해야 할 명령이 있는 게 아니라, 단지 사용자가 값을 입력했는지의 여부를 확인하기 위한 것이라면, 일반적으로 사용자 입력값이 null이 아닐 경우를 체크합니다. 그러면 소스 코드가 훨씬 간단해질 것입니다.

프롬프트 창에서 [취소] 버튼을 클릭했는지 체크하기 2	03\conditional-2.html, 03\js\conditional-2.js

```javascript
let userInput = prompt("이름을 입력하세요.");

if (userInput !== null) {
  alert(userInput);
}
```

1개의 값을 여러 조건으로 체크해야 할 때는 if 문과 else if 문을 사용하고, 앞에서 제시한 어떤 조건에도 맞지 않을 경우를 고려해 마지막에 else 문을 사용할 수도 있습니다. 이때 마지막의 else는 필수가 아니라 선택 사항입니다.

기본형
```
if (조건1) {
    조건1이 맞을 때 실행할 명령
} else if (조건2) {
    조건2가 맞을 때 실행할 명령
}
        ⋮
else {
    어떤 조건에도 맞지 않을 때 실행할 명령
}
```

또는

기본형
```
if (조건1) {
    조건1이 맞을 때 실행할 명령
}
else if (조건2) {
    조건2가 맞을 때 실행할 명령
}
        ⋮
else {
    어떤 조건에도 맞지 않을 때 실행할 명령
}
```

다음은 프롬프트 창에서 입력한 점수를 받아서 90점 이상이면 A 학점을, 80점 이상이면 B 학점을, 그 외의 점수는 C 학점을 주는 예제입니다. 프롬프트 창에서 [취소] 버튼을 클릭했을 경우를 대비해서 입력값이 null이 아닐 때만 실행하도록 작성했습니다.

학점 계산하기	03\conditional-3.html, 03\js\conditional-3.js

```javascript
let score = prompt("프로그래밍 점수 : ");

if (score != null) {    // 값을 입력했을 경우에만 실행합니다.
  if (parseInt(score) >= 90) {
    alert("A 학점");
  } else if (parseInt(score) >= 80) {
    alert("B 학점");
  } else {
    alert("C 학점");
  }
}
```

그림 3-8 중첩된 if ... else 문으로 학점 계산하기

조건문에서 중괄호({})의 생략에 대해

if 문이나 else 문에서 명령이 한 줄이면 중괄호({})를 생략해서 좀 더 간단하게 작성하기도 합니다. 좀 더 나아가 if 문이나 else 문의 오른쪽에 명령을 작성할 수도 있고요. 예를 들어 다음의 소스 코드는 모두 똑같습니다.

작성 예 ①
```javascript
if (userInput !== null) {
  alert(userInput);
}
```

작성 예 ②
```javascript
if (userInput !== null)
  alert(userInput);
```

작성 예 ③
```javascript
if (userInput !== null) alert(userInput);
```

하지만 소스 코드가 길어지고 여러 문장이 섞여 있다 보면 소스 코드의 구조가 한눈에 들어오지 않을 때가 많습니다. 그러므로 if 문이나 else 문의 명령이 단 한 줄이라도 중괄호를 사용하는 것이 좋습니다.

조건 연산자

조건이 복잡하지 않고 true와 false가 명확할 경우 if 문을 사용하지 않고 조건 연산자만으로
조건을 체크할 수도 있습니다. 조건 연산자 ?와 :을 사용해서 조건과 실행할 명령을 지정하는
데, 소스 코드를 간결하게 만들어 주므로 조건을 체크할 때 매우 유용합니다.

> **기본형** *(조건)* **?** *true일 때 실행할 명령* **:** *false일 때 실행할 명령*

😀 조건 연산자는 피연산자가 3개여서 '삼항 연산자'라고도 합니다.

예를 들어 2개의 값에서 작은 값을 small 변수에 할당할 때 if...else 문을 사용하면 다음과
같이 작성합니다.

```
if (num1 < num2 ) {
  small = num1;
} else {
  small = num2;
}
```

이것을 조건 연산자로 작성하면 간단하게 한 줄로 표현할 수 있습니다.

```
small = (num1 < num2) ? num1 : num2;
```

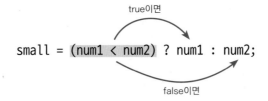

그림 3-9 조건 연산자를 이용해 조건문을 한 줄로 작성하기

준비 03\even.html 결과 03\even-result.html, 03\js\even-result.js

이번에는 사용자가 입력한 숫자를 userNumber에 할당한 후 짝수인지, 홀수인지 구별하는 예제를 만들어 보겠습니다. 앞에서 공부했던 것들을 떠올려 보면 크게 어렵지 않을 거예요.

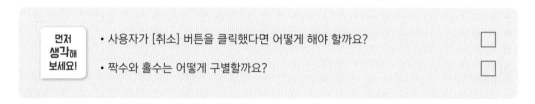

01 편집기에서 03\js 폴더에 even.js 파일을 만들고 03\even.html 문서에 연결합니다.

03\even.html

```
<body>
  <script src="js/even.js"></script>
</body>
```

02 이 프로그램에서는 가장 먼저 사용자가 [취소] 버튼을 클릭했는지 확인하고 클릭하지 않았을 경우에만 짝수인지, 홀수인지 체크해야 합니다. 프롬프트 창에서 [취소] 버튼을 클릭하면 변수에는 null이 저장됩니다. null이 아닐 경우에는 사용자 입력값을 숫자로 변환합니다.

```
                                                                                      03\js\even.js
let userNumber = prompt("숫자를 입력하세요.");

if (userNumber !== null) {
  userNumber = parseInt(userNumber);    // null이 아니면 정수로 변환합니다.
}
```

03 숫자가 짝수인지, 홀수인지 구별하는 가장 간단한 방법은 숫자를 2로 나누고 나머지가 0인지의 여부를 체크하는 것입니다. **if** 문에 조건 연산자를 사용해 다음과 같이 작성하세요.

```
                                                                                      03\js\even.js
let userNumber = prompt("숫자를 입력하세요.");

if (userNumber !== null) {
  userNumber = parseInt(userNumber);
  (userNumber % 2 === 0) ? alert (`${userNumber} : 짝수`) : alert(`${userNumber} : 홀수`);
}
```

switch 문

체크해야 할 조건값이 많을 경우에는 여러 개의 **if...else** 문을 사용하는 것보다 **switch** 문이 더 편리합니다. **switch** 문 안에 있는 **case** 문에서 각 값에 따라 실행할 명령을 따로 구분하면 됩니다.

switch 문에 있는 조건은 **case** 중 하나에만 일치하고, **case**를 실행한 후에는 완전히 **switch** 문을 빠져나옵니다. 지정해 놓은 **case** 문에 맞지 않으면 **default** 문에 있는 문장을 실행합니다. 다음 기본형을 살펴보면 **default** 문에는 **break** 문이 없다는 것을 알 수 있어요.

😀 case 문에서 값을 지정할 때 식을 사용할 수 없다는 점에 주의하세요.

```
기본형    switch (조건)
          {
              case 값: 문장
                break;
              case 값: 문장
                break;
                   ⋮
              default : 문장
          }
```

다음은 사용자가 3개의 값 중에서 하나를 선택하여 입력한 후 switch 문에서 입력한 값을 체크하는 예제입니다.

신청 과목 체크하기	03\subject.html, 03\js\subject.js

```javascript
let subject = prompt("신청할 과목을 선택하세요. 1-HTML, 2-CSS, 3-Javascript");

if (subject !== null) {
  switch(subject) {
    case "1" : document.write("HTML을 신청했습니다.");
      break;
    case "2" : document.write("CSS를 신청했습니다.");
      break;
    case "3" : document.write("Javascript를 신청했습니다.");
      break;
    default : document.write("잘못 입력했습니다. 다시 입력해 주세요.")
  }
}
```

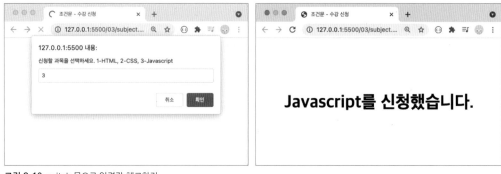

그림 3-10 switch 문으로 입력값 체크하기

2개 이상의 조건 체크하기

2개 이상의 조건을 체크해야 할 경우에는 앞에서 살펴본 논리 연산자를 사용해 조건식을 만들어야 합니다. 둘 다 true일 경우, 또는 둘 중의 하나만 true일 경우와 같이 여러 경우의 수를 따질 때 논리 연산자를 사용합니다.

- **OR 연산자**: 연산자 기호는 ||를 사용하고, 2개의 피연산자 중 하나라도 true가 있으면 결괏값은 true가 됩니다.
- **AND 연산자**: 연산자 기호는 &&를 사용하고, 2개의 피연산자 중 false가 하나라도 있으면 결괏값은 false가 됩니다.
- **NOT 연산자**: 연산자 기호는 !를 사용하고, 피연산자의 값과 정반대의 값을 갖습니다.

표 3-5 논리 연산자를 사용한 조건식과 값

op1	op2	op1 || op2	op1 && op2	!op1
false	false	false	false	true
false	true	true	false	true
true	false	true	false	false
true	true	true	true	false

다음은 입력한 2개의 숫자가 모두 짝수인지 체크하는 예제입니다. 2개의 값이 모두 **true**가 되어야 하므로 && 연산자를 사용합니다.

입력한 숫자가 모두 짝수인지 체크하기 03\logical.html, 03\js\logical.js

```
const num1 = parseInt(prompt("첫 번째 양의 정수 : "));   // 입력값을 양의 정수로 변환합니다.
const num2 = parseInt(prompt("두 번째 양의 정수 : "));   // 입력값을 양의 정수로 변환합니다.
let str;

// AND 연산. 둘다 true여야 결괏값이 true입니다.
if (num1 % 2 === 0 && num2 % 2 === 0) {
  str = "두 수 모두 짝수입니다." ;
} else {
  str = "짝수가 아닌 수가 있습니다.";
}
alert(str);
```

그림 3-11 조건 연산자를 사용해 조건 체크하기

단축 평갓값 활용하기

조건식은 왼쪽에서 오른쪽으로 진행하면서 처리합니다. 이 경우 첫 번째 조건만 보고도 true
인지, false인지 결정할 수 있다면 좀 더 빠르게 조건식을 처리할 수 있겠죠? 그러므로 두 가지
이상의 조건을 함께 체크하는 조건식을 만들 때는 첫 번째 조건을 보고 빠르게 판단할 수 있도
록 작성하는 것이 좋습니다.

AND 연산자(&&)는 하나만 false여도 최종 결괏값이 false가 되므로 첫 번째 조건식이 false이
면 뒤에 오는 조건식은 체크하지 않고 곧바로 false 결과값을 만듭니다. 그래서 AND(&&) 연산
자를 사용해서 조건을 체크할 경우에는 false가 될 확률이 높은 조건을 첫 번째 조건식으로 사
용하는 게 좋습니다. 마찬가지로 OR(||) 연산자는 두 가지 이상의 조건식 중에서 하나만 true
여도 최종 결괏값이 true가 되므로 true가 될 확률이 높은 조건식을 첫 번째 조건식으로 사용
하는 게 좋습니다.

😀 이런 사용법을 '단축 평갓값 short circuit evaluation' 이라고 합니다.

예를 들어 다음의 소스 코드에서 x 값과 y 값을 사용해서 조건식을 만들 때 AND 연산에서는
x > 15가 false이므로 뒤에 오는 조건식 y > 15를 실행하지 않아도 최종 결괏값은 false가 됩
니다. 반면 OR 연산에서는 y > 15가 true이므로 뒤에 오는 조건식을 실행하지 않고도 최종 결
괏값은 true가 됩니다. 되도록 빨리 결과를 알 수 있는 연산식을 조건식의 앞에 배치하면 그만
큼 실행 시간을 줄일 수 있습니다.

```
let x = 10
let y = 20
if (x > 15 && y > 15) alert("둘 다 15보다 큽니다.")      // y > 15는 실행하지 않습니다.
if (y > 15 || x > 15) alert("둘 중 하나는 15보다 큽니다.")   // x > 15는 실행하지 않습니다.
```

03-3 같은 동작을 손쉽게 반복하는 반복문

반복문은 같은 동작을 여러 번 실행하기 위해 사용하는 문입니다. 반복문을 사용하면 불필요하게 여러 명령을 늘어놓지 않아도 명령을 반복 실행할 수 있습니다. 그만큼 소스 코드도 깔끔해지고 프로그램 실행도 더 빨라지겠죠?

for 문

자바스크립트에서 가장 많이 사용하는 반복문은 for 문입니다. for 문은 조건에 들어가는 값이 일정하게 커지면서 명령을 반복 실행할 때 편리하죠. for 문에서는 몇 번 반복했는지 기록하기 위해 카운터를 사용하고 for 문의 첫 번째 항에서 카운터 변수를 지정합니다.

> **기본형**　for (*초깃값*; *조건*; *증가식*) { ... }

❶ **초깃값**: 몇 번 반복할지 지정하기 위해 카운터 변수를 사용하는데, 이 항목에서 카운터 변수를 선언하고 초기화합니다. 초깃값은 0이나 1부터 시작합니다.

❷ **조건**: 문장을 반복하기 위해 체크할 조건 부분입니다. 이 조건을 만족해야 for 문에 있는 명령을 반복할 수 있습니다.

❸ **증가식**: 문장을 실행한 후 카운터 변수를 증가시키는 부분입니다. 보통 카운터값을 하나 더 증가시키는 용도로 사용합니다.

for 문을 공부할 때 실행 순서가 헷갈리기 쉽습니다. 그러므로 초깃값은 처음에 한 번만 할당하고 조건 체크와 명령 실행, 증가식을 계속 반복한다고 기억하세요.

다음은 for 문을 사용해서 배열에 있는 값을 하나씩 가져오는 예제입니다. for 문에서 반복 횟수를 알기 위해 배열의 개수를 알아야겠죠? length 프로퍼티를 살펴보면 배열에 몇 개의 요소가 있는지 알 수 있습니다. 다음 예제에서는 0부터 시작해서 students.length까지 반복합니다.

😀 students.length는 4입니다.

```javascript
const students = ["Park", "Kim", "Lee", "Kang"];

for (let i = 0; i < students.length; i++) {
  document.write(`${students[i]}. `);
}
```

반복되는 순서를 차례대로 계산해 보면 다음과 같습니다.

표 3-6 for 문의 반복 순서 생각해 보기

할 일	소스	결과
초깃값 실행	i = 0	i = 0
조건 체크	i < students.length	true
실행	document.write(`${students[i]}. `);	"Park"
카운터 증가	i++	i = 1
조건 체크	i < students.length	true
실행	document.write(`${students[i]}. `);	"Kim"
카운터 증가	i++	i = 2
조건 체크	i < students.length	true
실행	document.write(`${students[i]}. `);	"Lee"
카운터 증가	i++	i = 3
조건 체크	i < students.length	true
실행	document.write(`${students[i]}. `);	"Kang"
카운터 증가	i++	i = 4
조건 체크	i < students.length	false

for 문 빠져나옴

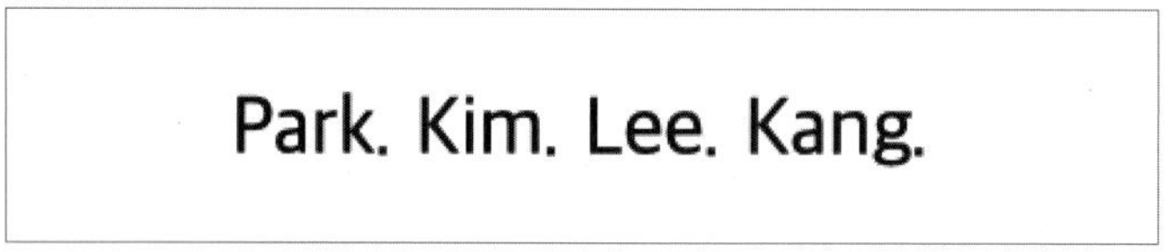

Park. Kim. Lee. Kang.

그림 3-12 for 문으로 배열 요소 표시하기

forEach 문

앞에서 for 문을 사용해 배열의 값을 가져왔는데, 배열에서는 forEach 문을 사용해서 좀 더 편리하게 반복할 수 있습니다.

> **기본형**   *배열명.*forEach(*콜백 함수*) { ... }

😀 콜백 함수란, 다른 함수의 인수로 사용할 수 있는 함수를 가리킵니다.

단순히 배열 요소만 가져와서 보여 준다면 for 문과 forEach 문 사이에 큰 차이가 없습니다. 하지만 프로그램 중에서 배열의 길이가 바뀌어 정확하게 배열의 크기를 알 수 없을 때, 또는 배열의 요소를 가져와서 함수를 실행해야 할 때 forEach 문을 편리하게 사용할 수 있죠. 여기에서는 간단히 forEach 문의 사용법만 살펴보겠습니다.

다음은 forEach 문에서 students 배열에 있는 각 요소를 student라고 정해 놓고 student 값을 화면에 표시하는 예제입니다. 이때 student 대신 다른 이름을 사용해도 되지만, 보통 배열 변수 이름은 복수형[students]으로, 각 요소는 단수형[student]으로 사용합니다.

다음 예제에서는 forEach 문에서 함수를 정의하고 실행하는데, 아직 함수를 공부하지 않았으므로 '함수는 여러 명령을 묶어 놓은 것'이라고 생각하면 됩니다.

😀 forEach 문에 값이 아니라 function(student)라는 함수를 정의했는데, 이렇게 인자처럼 사용하는 함수를 '콜백 함수[callback function]'라고 합니다. 콜백 함수는 04-3절에서 자세히 설명합니다.

---

forEach 문으로 배열값 가져오기 03\foreach.html, 03\js\foreach.js

```javascript
const students = ["Park", "Kim", "Lee", "Kang"];


students.forEach(function(student) {
  document.write(`${student}. `)
});
```

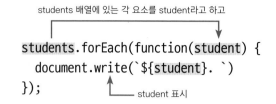

students 배열에 있는 각 요소를 student라고 하고

```
students.forEach(function(student) {
    document.write(`${student}. `)
});
```

student 표시

Park. Kim. Lee. Kang.

그림 3-13 forEach 문으로 배열 요소 표시하기

 좋아하는 과일 이름이 들어 있는 'fruits' 라는 배열을 만들고 fruits의 값을 표시해 보세요.

정답 예 const fruits = ["apple", "banana", "cherry", "grape", "orange"]
fruits.forEach(function(fruit) {
  document.write(`${fruit}, `);
}

for...in 문

배열에서만 반복되는 반복문이 forEach 문이라면 for...in 문은 반복해서 객체의 값을 가져와서 처리할 수 있게 합니다.

😀 배열도 객체이므로 배열에 for...in 문을 사용할 수 있습니다.

기본형 **for (변수 in 객체) { ... }**

for...in 문은 객체의 키만 가져올 수 있으므로 해당 키의 값에 접근하려면 대괄호([])를 사용합니다. for...in 문은 앞으로 자주 사용할 것이므로 여기에서는 다른 반복문과 어떤 차이가 있는지 정도만 이해하고 넘어가세요.

---

for...in 문으로 키와 값 가져오기　　　　　　　　03\forin.html, 03\js\forin.js

```
const gitBook = {
  title : "깃&깃허브 입문",
  pubDate : "2019-12-06",
  pages : 272,
  finished : true
}


for(key in gitBook) {
  document.write(`${key} : ${gitBook[key]}<br>`);
}
```

```
title : 깃&깃허브 입문
pubDate : 2019-12-06
pages : 272
finished : true
```

그림 3-14 for...in 문으로 객체의 값 표시하기

 1분 복습하기   주변에 보이는 하나의 사물을 선택해서 객체로 정의한 후 for...in 문을 사용해서 키와 값을
화면에 표시해 보세요.

정답 예 const pen = {size : 0.5, color : "검정", type : "볼펜"}
for (key in pen) {
  document.write(`${key} : ${pen[key]}, `);
}

for...of 문

for...of 문은 문자열이나 배열과 같은 반복 가능^{literable} 자료에서 사용하는 반복문입니다. 앞
에서 forEach 문을 사용해서 작성했던 소스 코드를 다음과 같이 for...of 문으로도 작성할
수 있습니다.

---

for...of 문으로 배열값 가져오기   03\forof.html, 03\js\forof.js

```
const students = ["Park", "Kim", "Lee", "Kang"];

// students에 student가 있는 동안 계속 반복합니다.
for (student of students) {
  document.write(`${student}. `);
}
```

---

while 문과 do...while 문

while 반복문은 조건이 참(true)인 동안 문장을 반복합니다. while 문은 조건부터 체크한 후
true일 경우에만 문장을 반복합니다. 조건이 false라면 문장은 한 번도 실행되지 않을 수 있습
니다.

while (*조건*) {
     실행할 명령
    }

while 문과 달리 do...while 문은 조건이 맨 뒤에 붙습니다. do...while 문은 일단 문장을 한 번 실행한 후 조건을 체크합니다. 그러므로 조건이 false라고 해도 일단 문장이 최소한 한 번은 실행됩니다.

do {
    실행할 명령
  } while (*조건*)

다음은 while 문과 do...while 문을 사용해 지정한 횟수만큼 화면에 * 기호를 표시하는 예제입니다.

---

while 문으로 조건에 따라 별 표시하기　　　　　　　　　03\while.html, 03\js\while.js

```javascript
let stars = parseInt(prompt("별의 개수 : "));

while(stars > 0) {
  document.write('*');
  stars--;
}
```

---

do...while 문으로 조건에 따라 별 표시하기　　　　03\dowhile.html, 03\js\dowhile.js

```javascript
let stars = parseInt(prompt("별의 개수 : "));

do {
  document.write('*');
  stars--;
} while(stars > 0)
```

stars 값을 5로 지정하면 while 문과 do...while 문에서 모두 5개의 * 기호가 표시됩니다.

그림 3-15 5개의 * 기호 표시하기

stars 값을 0으로 지정하면 어떻게 될까요? while 문에서는 조건을 먼저 체크하므로 아무것도 표시되지 않습니다. 하지만 do...while 문에서는 일단 *를 표시한 후 조건을 체크하므로 화면에 *가 나타납니다.

그림 3-16 while 문에서 stars = 0일 때   **그림 3-17** do...while 문에서 stars = 0일 때

while 문과 do...while 문은 초깃값이나 반복 횟수 없이 조건만 주어졌을 때 많이 사용합니다. 어떤 조건을 만족하는 동안 계속 반복하게 되는 것입니다. while 문과 do...while 문은 조건을 체크하기 전에 문장을 한 번 실행하느냐, 안 하느냐의 차이뿐이므로 프로그램의 환경에 따라 둘 중의 하나를 선택해서 사용하면 됩니다.

break 문과 continue 문
반복문은 지정한 횟수만큼 명령을 반복하지만, 조건에 따라 반복문을 중간에 끝낼 수 있습니다. 이때 break 문과 continue 문을 사용합니다.
앞에서 살펴본 for 문이나 while 문과 같은 반복문은 주어진 조건에 따라 문장을 반복하기 때문에 종료 조건이 되면 반복을 끝냅니다. 하지만 종료 조건이 되기 전에 반복문을 빠져나와야 할 경우도 있는데, 이때 break 문을 사용합니다. 앞에서 switch 문으로 조건을 체크할 때 break 문을 사용했던 것을 기억하면 쉽게 이해할 수 있을 것입니다.

> **기본형** **break**

continue 문은 조건에 해당되는 값을 만났을 때 실행하던 반복 문장을 건너뛰고 반복문의 맨 앞으로 되돌아가서 다음 반복 과정으로 넘어가도록 합니다. 쉽게 말해서 반복 과정을 한 차례 건너뛰게 하는 것입니다.

continue 문을 어떻게 활용하는지 실습을 통해 확인해 보겠습니다.

Do it! 실습 ▸ 소수인지의 여부 확인하기

준비 03\prime.html 결과 03\prime-result.html, 03\js\prime-result.js

수학에서 소수^{prime number}란, 1과 자기 자신으로만 나눌 수 있는 숫자를 가리킵니다. 예를 들어 2, 3, 5, 7과 같은 숫자가 소수에 해당됩니다. 1은 소수가 아니죠. 이번에는 사용자가 입력한 숫자가 소수인지의 여부를 확인하는 프로그램을 작성해 보겠습니다.

> **먼저 생각해 보세요!**
> • 소수를 따질 때 제외해야 하는 숫자가 있을까요?　☐
> • 어떤 반복문을 사용해서 어디부터 어디까지 반복해야 할까요?　☐

01 js 폴더에 prime.js 파일을 만들고 prime.html 문서에 스크립트 파일을 연결합니다.

```
<body>
  <script src="js/prime.js"></script>
</body>
```

02 사용자가 입력한 변수는 `number`에 저장하고 소수인지의 여부를 체크하는 변수는 `isPrime`으로 지정합니다.

03\js\prime.js

```
const number = parseInt(prompt("자연수를 입력하세요."));
let isPrime;        // 소수인지의 여부를 지정합니다. true 또는 false
```

03 소수가 아닌 수를 '합성수^{composite number}'라고 하는데, 숫자 1은 소수도, 합성수도 아닙니다. 그리고 숫자 2는 1과 자기 자신 2로 나누어 떨어지므로 당연히 소수입니다. 따라서 number 값이 3 이상인 자연수만 소수인지 체크하면 됩니다.

실전에서 사용한다면 정확하게 자연수가 입력되었는지도 체크해야 하지만, 여기에서는 number에 자연수가 입력되었다고 전제하고 설명합니다.

03\js\prime.js

```javascript
if (number === 1) {
  document.write(`${number}은(는) 소수도, 합성수도 아닙니다.`);
} else if (number === 2) {
  isPrime = true;   // 숫자 2는 당연히 소수입니다.
} else {

}
```

04 소스의 작성 방법을 모르겠으면 실제로 값을 사용해서 어떤 식으로 실행할지 미리 생각해 봅니다. 예를 들어 사용자가 숫자 5를 입력했다면 입력한 숫자가 1도, 2도 아니므로 소수를 체크할 수 있습니다. 자, 그러면 다음의 순서로 소수인지 확인해 볼게요.

❶ 2로 나누어 봅니다. 2로 나누어떨어지지 않습니다.
❷ 3으로 나누어 봅니다. 3으로 나누어떨어지지 않습니다.
❸ 4로 나누어 봅니다. 4로 나누어떨어지지 않습니다.
❹ 5로 나누어 봅니다. 5로 나누어떨어집니다.
❺ 사용자가 입력한 숫자(5)는 1과 자기 자신만으로 나누어떨어지므로 소수입니다.

실행 단계를 보면서 규칙을 생각할 수 있습니다. 사용자가 5를 입력했을 때 2부터 시작해서 4까지 반복하면서 나누어떨어지지 않아야 소수입니다. 중간에 나누어떨어지는 값이 있다면 소수가 아니죠. 자, 이것을 소스 코드로 옮겨 보겠습니다.

05 else 문에 소스 코드를 작성하는데, 2부터 시작해서 number보다 1 작은 수까지 순서대로 나누어 보면서 나누어떨어지는지 확인합니다. 나누어떨어지는 수가 있다면 isPrime 변숫값을 false로 지정하여 for 문을 빠져나오고, 없다면 isPrime을 true로 지정합니다.

03\js\prime.js

```javascript
if (number === 1) {
  document.write(`${number}은(는) 소수도, 합성수도 아닙니다.`);
} else if (number === 2) {
  isPrime = true;
```

```
  } else {
    for (let i = 2; i < number; i++) {
      if (number % i === 0) {   // 나누어떨어지는 수가 있다면
        isPrime = false;        // 소수가 아닙니다.
        break;                  // for 문을 빠져나옵니다.
      }
      else {                    // 나누어떨어지는 수가 없다면
        isPrime = true;         // 소수입니다.
      }
    }
  }
}
```

06 이제 isPrime 값에 따라 true이면 소수라고, false이면 소수가 아니라고 표시합니다.

03\js\prime.js

```
if (number === 1) {
  document.write(`${number}은(는) 소수도, 합성수도 아닙니다.`);
} else if (number === 2) {
  document.write(`${number}은(는) 소수입니다.`);
} else {
    ⋮
}

if (isPrime) {
    document.write(`${number}는 소수입니다.`);
  } else {
    document.write(`${number}는 소수가 아닙니다.`);
  }
}
```

마무리 문제 1

준비 03\quiz-1.html 정답 03\solution-1.html, 03\js\solution-1.js

03\quiz-1.html 문서에는 배열이 주어져 있습니다. 이 배열에서 10보다 큰 값을 찾아서 화면에 표시해 보세요.

10보다 큰 숫자 찾기	10보다 큰 숫자 찾기
주어진 배열 : [1, 3, 5, 7, 9, 11, 13, 15, 17, 19]	주어진 배열 : [1, 3, 5, 7, 9, 11, 13, 15, 17, 19] 11, 13, 15, 17, 19,

☞ 길라잡이

- 배열 요소의 개수만큼 for 문을 반복합니다.
- if 문을 사용해서 요소의 값과 10을 비교합니다.
- document.write 문을 사용해서 화면에 표시합니다.

마무리 문제 2

준비 03\quiz-2.html 정답 03\solution-2.html, 03\js\solution-2.js

사용자에게 1보다 큰 수를 입력하게 한 후 입력한 숫자까지 짝수만 더하는 프로그램을 작성해 보세요.

주어진 수에서 짝수만 더하기

```
2 ----- 2
4 ----- 6
6 ----- 12
8 ----- 20
10 ----- 30
12 ----- 42
14 ----- 56
16 ----- 72
18 ----- 90
20 ----- 110
```

☞ 길라잡이

- 사용자가 입력한 숫자가 null이 아니고 1보다 클 경우에만 실행합니다.
- 입력한 숫자까지 반복하면 현재 숫자가 홀수인지, 짝수인지 구별합니다(숫자를 2로 나누어 나머지가 1이면 홀수, 아니면 짝수).
- 홀수이면 화면에 표시하는 명령을 건너뛰고 짝수일 경우에만 현재 값과 더한 값을 표시합니다.

04

프로그래밍 한발 더 나가기,
함수와 스코프

자바스크립트로 작성한 프로그램은 작성한 소스에 따라 많은 명령을 순서대로 하나씩 처리합니다. 이때 프로그래머가 처리해야 할 과제를 처리하면서 기능별로 다양한 명령을 묶어 놓은 것을 '함수'라고 합니다. 함수를 만들기 위해서는 논리적인 사고가 필요하므로 자바스크립트 프로그래밍이 처음이라면 여기서부터는 조금씩 어려워질 것입니다. 그러므로 이 장에서 설명하는 함수를 자주 연습하고 직접 만들어 보면서 내용을 완전히 이해하고 넘어가기 바랍니다.

</>

04-1 프로그래밍의 꽃, 함수

자바스크립트 프로그램은 단순히 하나의 동작만 하는 게 아니라
여러 가지 동작이 연결되어 실행됩니다. 동작해야 할 목적대로 여
러 개의 명령을 묶는 것을 '함수function'라고 합니다. 소스를 함수로
분리해 놓으면 필요할 때마다 원하는 기능만 따로 실행할 수도 있
고, 같은 기능이 필요한 다른 곳에서 다시 사용할 수도 있습니다.

함수를 사용하는 이유

프로그래밍을 시작할 때 문제를 분석하는 것이 가장 중요합니다. 주어진 문제를 여러 개의 작은
문제로 나눈 후 이들 문제를 하나씩 해결하면서 최종적으로 주어진 문제를 끝내는 것이죠.
우리가 지금까지 살펴본 소스 코드는 아주 간단한 기능만 처리하므로 스크립트 안에 한꺼번
에 작성했습니다. 하지만 문제가 좀 더 복잡해지거나 처리해야 할 기능이 많다면 이것을 기능
별로 나누는 것이 좋습니다.
예를 들어 웹 브라우저에서 할 일 목록을 작성하는 투두리스트todo list 프로그램을 생각해 보겠습
니다. 투두리스트 프로그램에서는 폼에 내용을 입력하고 [추가] 버튼을 클릭하면 추가한 내용
이 화면에 표시됩니다. 또한 내용의 오른쪽에 [완료] 버튼과 [삭제] 버튼도 추가해서 [완료] 버
튼을 클릭하면 취소선이 그려지고 [삭제] 버튼을 클릭하면 목록에서 삭제되도록 작성합니다.

😀 이 프로그램은 '17장. 웹 API'에서 직접 만들어 볼 것입니다.

그림 4-1 투두리스트의 기능 생각해 보기

투두리스트 프로그램에는 처리해야 할 기능이 많지만, 함수 없이 작성한다면 사용자가 내용을 입력할 때마다 같은 명령을 계속 반복해야 합니다. 하지만 기능별로 함수를 따로 만들어 둔다면 필요할 때마다 적절한 함수를 사용해서 함수별로 실행할 수 있습니다.

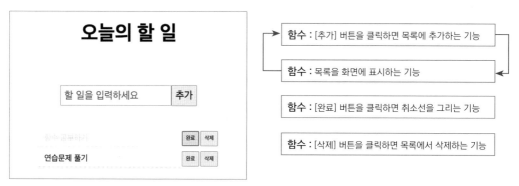

그림 4-2 프로그램에서 함수가 필요한 이유

함수 선언하고 호출하기

02-1절에서 alert() 함수를 사용했는데 기억하나요? alert()가 바로 자바스크립트에 포함되어 있는 함수입니다. alert() 함수의 내부가 어떻게 되어 있는지, 어떤 방식으로 동작하는지 알 필요 없이 alert() 함수의 소괄호 안에 내용만 지정하면 곧바로 알림 창을 표시할 수 있죠. 이와 같이 자바스크립트에는 다양한 함수들이 미리 만들어져 있으므로 개발자는 해당 함수를 가져와서 사용만 하면 됩니다.

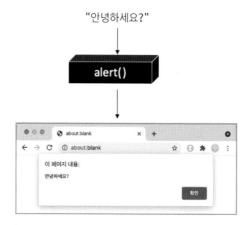

그림 4-3 자바스크립트에 미리 만들어져 있는 alert() 함수 사용하기

프로그램에서 여러 개의 명령을 묶어 함수로 만드는 경우에는 다양한 방법이 있습니다. 이 중에서 가장 기본적인 방법은 명령들을 묶어 함수로 선언해 두었다가 필요할 때마다 함수를 실행하는 것입니다.

함수를 선언할 때는 function이라는 예약어를 사용하고 함수 이름을 적은 후 중괄호 안에 실행할 여러 개의 명령을 묶습니다. 함수 이름을 적는 이유는 나중에 이름을 사용해서 함수를 실행하기 위해서입니다. 이렇게 함수 이름을 지정하고 실행할 명령들을 묶는 것을 '함수를 선언한다'라고 합니다.

```
function 함수명() {
    명령(들)
}
```

미리 선언해 놓은 함수를 실행할 때는 다음과 같이 함수 이름을 사용하는데, 이것을 '함수를 호출한다'라고 합니다. 함수를 호출할 때는 함수 이름 뒤에 꼭 소괄호(())를 붙여야 한다는 것을 기억하세요.

😀 매개변수가 필요한 함수도 있는데, 이런 함수는 뒤에서 자세히 설명합니다.

```
함수명()
```

간단히 1부터 10까지 더하는 프로그램을 생각해 보겠습니다. 숫자를 모두 더한 후 결괏값을 화면에 표시하는 프로그램인데, 쉽게 작성할 수 있겠죠? 1부터 10까지 더하는 기능을 calcSum()이라는 이름의 함수로 선언해 놓고 필요할 때 함수 이름을 사용해서 호출하면 함수가 실행됩니다.

1부터 10까지 더하는 함수 실행하기	04\add-1.html, 04\js\add-1.js

```
function calcSum() {    // 함수 선언
  let sum = 0;
  for(let i = 1; i <= 10; i++) {
    sum += i;
  }
  console.log (`1부터 10까지 더하면 ${sum}입니다.`);
}


calcSum();    // 함수 실행
```

그림 4-4 1부터 10까지 더하는 함수 실행하기

함수 선언 소스는 어디에 넣어도 상관없습니다. 하지만 웹 브라우저에서 자바스크립트 소스를 해석할 때 변수 선언이나 함수 선언 부분을 가장 먼저 해석하므로 보통 함수를 선언하는 소스를 실행 소스보다 앞에 넣습니다.

😀 함수 선언 소스를 실행 소스보다 뒤에 두면 함수에서도 호이스팅hoisting이 발생해서 선언 부분을 앞으로 끌어당겨 해석합니다.

매개변수와 인수, return 문

04\js\add-1.js에 있는 calcNum() 함수 선언 부분을 살펴보면 for 문을 사용해서 1부터 10까지 더하고 있습니다. 이 함수는 몇 번을 실행해도 1부터 10까지 더한 값만 보여 줍니다.

이와 같은 방법으로 1부터 50까지, 또는 1부터 100까지 더하려면 어떻게 해야 할까요? 이 경우 함수를 선언할 때와 호출할 때 각각 변수를 사용해야 하는 데, 이것을 '매개변수parameter'와 '인수argument'라고 합니다.

😀 이렇게 하나의 함수를 여러 가지 상황에서 사용하는 것을 '함수의 재사용성'이라고 합니다.

매개변수

함수를 선언할 때 외부에서 값을 받는 변수를 '매개변수'라고 하고, 함수 이름 옆의 소괄호 안에 매개변수 이름을 넣어줍니다. 매개변수에 이름을 붙이는 방법은 일반적인 변수 이름을 붙이는 방법과 같습니다. 매개변수는 선언된 함수에서만 사용하고, 함수에 여러 개의 매개변수가 필요할 때는 매개변수 사이에 쉼표(,)를 넣으면서 나열하면 됩니다.

예를 들어 다음 예제에서는 두 수를 더하는 sum()이라는 함수를 선언하면서 언제든지 다른 2개의 값을 받을 수 있도록 매개변수 a와 b를 사용했습니다.

```
function sum(a, b) {    // a, b: 매개변수
  let result = a + b;
  alert(`두 수의 합 : ${result}`)
}
```

인수

함수 선언이 끝났다면 이제 함수를 실행하라고 호출해야 합니다. 이렇게 매개변수가 있는 함수를 호출할 때 실제로 값을 넣어 넘겨주는 것을 '인수'라고 합니다.

😀 매개변수의 인수를 통틀어서 '인자'라고 부르기도 합니다.

sum() 함수를 실행할 때는 함수 이름의 뒤에 소괄호를 붙여서 sum()이라고 지정합니다. 그런데 매개변수가 있는 함수라면 해당 매개변수에 넘겨줄 값을 함께 넣어 주어야 합니다. 예를 들어 10과 20을 더하겠다면 다음과 같이 실행합니다. 그러면 sum() 함수를 실행하면서 10은 a 변수로, 20은 b 변수로 넘겨집니다.

```
sum(10, 20);   // 10, 20: 인수
```

이제 앞에서 살펴보았던 calcSum() 함수에도 매개변수를 넣어서 수정해 보겠습니다. 1부터 n 까지 더하기 위해서 함수를 선언할 때 n이라는 매개변수를 사용했습니다. 그리고 calcSum() 함수를 실행할 때 1부터 10까지 더하려면 calcSum(10)처럼 실행하면 되는데, 이때 넘겨주는 값 10이 인수가 됩니다. 자, 그러면 자바스크립트에서 함수가 어떤 순서로 실행되는지 살펴보겠습니다.

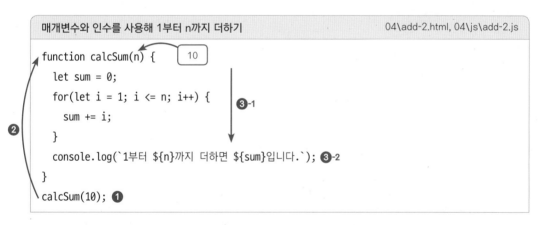

매개변수와 인수를 사용해 1부터 n까지 더하기　　　　　　　04\add-2.html, 04\js\add-2.js

```
function calcSum(n) {   10
  let sum = 0;
  for(let i = 1; i <= n; i++) {
    sum += i;
  }
  console.log(`1부터 ${n}까지 더하면 ${sum}입니다.`);  ❸-2
}
calcSum(10);  ❶
```

그림 4-5 매개변수와 인수를 사용해 1부터 n까지 더하는 함수 실행하기

자바스크립트는 function이라는 예약어를 만나면 함수를 선언한다는 것을 알고 일단 메모리의 어딘가에 calcSum() 함수의 내용을 저장해 둡니다. 당장 함수를 실행하지 않고 기억만 해두는 것이죠. 그리고 함수 선언 다음에 오는 calcSum(10) 명령을 만나면 caclSum() 함수를 실행합니다. 이때 소괄호 안에 있는 값 10은 함수를 선언할 때 지정한 매개변수 n으로 넘겨지고 그 값을 사용해서 함수에 있던 명령을 차례대로 실행합니다.

return 문

함수에서 실행한 후 결과까지 처리할 수도 있지만, 함수의 실행 결과를 받아 또 다시 처리해야 할 경우도 많습니다. 이 경우에는 함수의 실행 결과를 함수를 실행한 시점으로 넘겨주어야 하는데, 이것을 '함숫값을 반환한다^{return}'라고 합니다. 함수의 결괏값을 반환할 때는 예약어 return 다음에 넘겨줄 값이나 변수를 지정하면 됩니다.

caclSum() 함수를 계속 사용해 보겠습니다. 앞에서 살펴본 calcSum() 함수는 1부터 n까지 더한 후 화면에 표시하는 것까지 포함합니다. 하지만 calcSum() 함수에서 결괏값을 함수 밖으로 넘겨준다면 좀 더 자유롭게 사용할 수 있습니다.

| return 문을 사용해 재사용할 수 있는 함수 만들기 | 04\add-3.html, 04\js\add-3.js |

```
function calcSum(n) {    // n: 매개변수
  let sum = 0;
                              ┌──────┐
                              │ num  │
                              └──────┘
❸-1 for(let i = 1; i <= n; i++) {
    sum += i;
  }
❸-2 return sum;
  }


❶ let num = parseInt(prompt("몇까지 더할까요?"));
  document.write(`1부터 ${num}까지 더하면 ${calcSum(num)}`);   // num: 인수
                                        ❷
```

이 프로그램이 어떻게 동작하는지 잠깐 살펴볼까요?

- num 변수에 사용자 입력값을 저장합니다.
- document.write 문을 실행하는 도중에 num 값과 함께 calcSum() 함수를 호출합니다.
- calcSum() 함수를 실행합니다.
- 넘겨받은 num 값을 n으로 넣고 1부터 n까지 숫자를 더합니다.
- return 문을 만나면 sum 값을 원래 호출했던 자리(❷)로 반환합니다.
- 실행 결괏값을 받아서 화면에 표시합니다.

그림 4-6 return 문을 사용해 1부터 n까지 더하는 함수 실행하기

 복습하기 두 수를 받아서 곱하고 결괏값을 반환하는 함수를 만든 후 10과 20을 곱한 결괏값을 콘솔 창에 표시하는 소스를 작성해 보세요.

정답 04\example-1.html, 04\js\example-1.js

기본 매개변수

에크마스크립트 2015부터는 매개변수가 있는 함수를 선언할 때 매개변수의 기본값을 지정하는 기능도 생겼습니다. 예를 들어 다음과 같이 매개변수가 3개인 multiple() 함수를 정의하고 실행할 때 2개나 1개의 매개변수만 지정하면 어떻게 될까요? 안타깝게도 오류가 발생하지는 않습니다. 하지만 값을 전달받지 못한 매개변수의 값은 undefined가 되어 결괏값은 NaN이 됩니다.

😀 오류가 발생하지 않아서 안타깝다고 한 것은 매개변수 때문에 프로그램에 문제가 발생해도 찾는 게 쉽지 않기 때문입니다.

```
function multiple(a, b, c) {
  return a * b + c;
}

multiple(2, 4, 8)    // a = 2, b = 4, c = 8, 결괏값 16
multiple(2, 4)       // a = 2, b = 4, c = undefined, 결괏값 NaN
```

에크마스크립트 2015에는 기본 매개변수가 있어서 함수를 정의할 때 매개변수의 기본값을 지정할 수 있습니다. 이 경우 함수를 실행할 때 인수가 부족하면 기본값을 사용합니다.

```javascript
function multiple(a, b = 5, c = 10) {
  return a * b + c;
}


console.log(multiple(5, 10, 20));      // a = 5, b = 10, c = 20
console.log(multiple(10, 20));         // a = 10, b = 20, c = 10(default)
console.log(multiple(10));             // a = 10, b = 5(default), c = 10(default)
```

⌕ ⧉	요소	콘솔	Recorder ▲	소스	네트워크	성능	메모리	»	▣ 1	⚙	⋮	✕

▶	⊘	top ▼	◉	필터			기본 수준 ▼	문제 1건: ▣ 1	⚙

```
70                                                    multiple.js:5
210                                                   multiple.js:6
60                                                    multiple.js:7
>
```

그림 4-7 매개변수의 기본값을 사용해 함수 실행하기

Do it! 실습 ▶ **웹 개발자 도구 창의 디버깅 기능 살펴보기**

웹 개발자 도구 창에는 소스를 차례대로 실행해 보면서 명령이 어떤 순서로 진행되는지, 각 변
수에는 어떤 값이 차례로 저장되는지를 직접 확인할 수 있는 기능이 있습니다. 그래서 프로그
램의 결과가 예상했던 것과 다르게 나왔을 때 순서대로 하나씩 진행해 보면서 오류를 찾아낼
수 있는데, 이것을 '디버깅^{debugging}'이라고 합니다. 여기에서는 앞에서 살펴본 add-2.js 소스를
살펴보면서 for 문이 어떻게 실행되는지, 각 변수의 값은 어떻게 달라지는지 알아보겠습니다.

01 VS Code에서 04\add-2.html 문서를 열고 마우스 오른쪽 버튼을 클릭한 후 바로가기
메뉴에서 [Open with Live Server]를 선택합니다. 그러면 라이브 서버로 웹 문서를 열 수 있
어요.

02 웹 개발자 도구 창에서 [소스] 탭을 클릭하면 현재 문서와 연결된 파일과 폴더가 표시됩
니다. 자바스크립트 소스를 살펴볼 것이므로 왼쪽 창에서 js 폴더 앞에 있는 ▶을 클릭하고
add-2.js 파일을 선택합니다. 그러면 바로 오른쪽에 스크립트 소스가 나타납니다.

03 소스에서 중간 실행 결괏값이나 변숫값을 확인하기 위해 원하는 위치를 표시해 두는데, 이것을 '중단점'이나 '브레이크포인트breakpoint'라고 합니다. 여기에서는 소스를 1줄씩 실행하면서 어떻게 값이 달라지는지 확인하려고 합니다. add-2.js에서 맨 마지막에 있는 calcSum(10) 명령에 중단점을 만들어 보겠습니다. 줄 번호에서 9라는 숫자를 클릭하면 ████9처럼 표시되면서 해당 줄에 중단점이 생깁니다.

😀 중단점은 여러 개를 지정할 수 있습니다.

04 중단점을 지정한 후에는 소스를 다시 실행해야 하므로 웹 브라우저 창에서 [새로 고침] 버튼(⟳)을 클릭합니다. '디버거에서 일시중지됨'이라는 메시지와 함께 디버깅을 시작할 준비가 되었으면 웹 개발자 도구 창의 오른쪽에 있는 디버깅 영역을 참고하면서 디버깅이 진행됩니다.

05 소스 창의 오른쪽에 있는 디버깅 영역의 맨 위에 있는 버튼 중에서 함수 선언 부분을 건너뛰고 디버깅하려면 ⟳을, 함수 선언 안에 있는 명령까지 디버깅하려면 ⬇을 클릭합니다. 여기에서는 calcSum() 함수에 있는 for 문을 살펴볼 것이므로 ⬇을 클릭합니다.

😀 중단점을 지정한 후 ▶를 클릭하면 소스를 일일이 확인하지 않고 각 중단점의 결괏값이나 변수를 확인할 수 있습니다.

디버깅 영역의 '범위' 또는 'Scope' 항목을 살펴보면 n이라는 변수에 10이 들어가 있습니다. 9번 줄에서 calcSum(10)을 실행하면 calcSum() 함수로 넘어가면서 n에 10이라는 인수를 넘깁니다. 가운데 스크립트 소스에서도 현재 위치가 let sum = 0;이라는 것을 보여 줍니다. 아직 sum 변수에 값이 할당되기 전이어서 디버깅 영역의 '범위' 또는 'Scope' 영역에서 sum 변수에 undefined 값이 들어 있습니다.

06 다시 한 번 ⬍을 클릭하면 sum 변수에 값이 할당되면서 드디어 for 문으로 들어갑니다. ⬍을 클릭할 때마다 '범위' 영역에 있는 i 값이나 sum 값이 바뀌는 것을 볼 수 있습니다. 가운데 있는 for 문에서도 현재 위치를 볼 수 있죠. 이와 같이 i 값을 1 증가시킨 후 조건을 비교하는 과정을 하나하나 눈으로 직접 확인할 수 있습니다.

07 마지막에 i 값이 11이 되면 i <= 10 조건에 맞지 않으므로 for 문을 빠져나오면서 콘솔 창에 결과를 표시합니다.

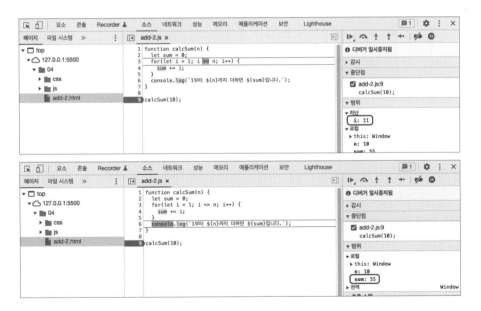

04-2 변수의 유효 범위, 스코프

자바스크립트에서 함수와 변수를 사용할 때 스코프를 주의 깊게 살펴보아야 합니다. 스코프는 선언한 변수가 어느 범위까지 영향을 미치는지를 나타내는 것으로, 스코프를 정확히 이해하지 못하면 예상하지 못한 결과나 오류가 발생할 수 있습니다.

스코프

본격적으로 프로그래밍을 시작했다면 변수와 함수를 사용하게 되는데, 이때 가장 주의해야할 것이 바로 스코프입니다. 스코프scope란, 선언한 변수의 적용 범위를 가리킵니다. 다시 말해서 어느 위치에서 변수를 접근할 수 있는지를 가리키죠. 프로그램에서 변수를 선언하면 자바스크립트 해석기에서 소스를 읽어내려가면서 변수에 대한 스코프를 만듭니다.

자바스크립트가 처음 나왔을 때는 변수를 선언할 때 var라는 예약어를 사용했는데, var로 선언한 변수는 크게 '지역 스코프local scope'와 '전역 스코프global scope'를 가집니다.

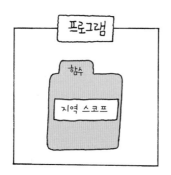
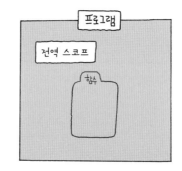

지역 스코프

변수를 특정 영역에서만 사용할 수 있을 때 '지역 스코프를 가지고 있다'고 말하고, 이런 변수를 '지역 변수'라고 합니다. 에크마스크립트 2015 이전에 사용했던 var 예약어를 사용해서 변수를 선언하면 해당 변수는 함수 스코프를 가집니다. 함수 스코프는 변수를 선언한 함수에서만 해당 변수를 사용할 수 있다는 의미로, 결국 함수 안에서만 사용할 수 있는 지역 스코프가 되죠. 간단한 예를 살펴보겠습니다. 04\scope-1.html 문서를 열고 콘솔 창을 살펴보면 result라는 변수가 정의되어 있지 않다는 ReferenceError 오류가 발생합니다.

04\scope-1.html, 04\js\scope-1.js

```
function sum(a, b) {
  var result = a + b;
}
console.log(result);
```

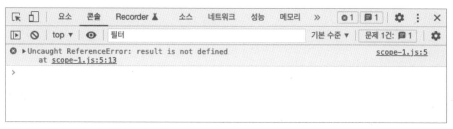

그림 4-8 지역 스코프를 가진 변수에 접근했을 때 발생하는 ReferenceError 오류

이것은 result 변수가 sum 함수에서 선언되었으므로 result 변수는 함수 스코프를 가지고, 함수를 벗어나는 순간 result 변수의 스코프는 사라집니다. 그 결과, 함수 밖에서 result 변수를 사용하려면 정의되어 있지 않다는 ReferenceError 오류가 발생하는 것입니다.

전역 스코프

전역 스코프는 프로그램의 시작 부분에서 변수를 선언하면 프로그램 전체에서 사용할 수 있는 스코프입니다. 전역 스코프를 가지는 변수를 '전역 변수'라고 합니다. 예를 들어 다음 예제에서 hi 변수는 프로그램의 시작 부분에서 선언하고 있으므로 프로그램의 모든 곳에 사용할 수 있습니다. 또한 greeting() 함수에서도 전역 변수 hi를 사용할 수 있죠.

전역 변수 사용하기 1 04\scope-2.html, 04\js\scope-2.js

```
var hi = "hello";   // 전역 변수

function greeting() {
  console.log(hi);
}


greeting();
```

전역 변수는 함수의 어디에서나 값을 변경할 수 있습니다. 이러한 특징을 잘 활용해서 여러 함수에서 사용할 변수를 전역 변수로 지정해 놓으면 편리할 수도 있습니다. 하지만 여러 사람이 공동 작업하는 프로그램일 경우 다른 함수에서 전역 변수를 수정하면 예상하지 못한 결과가 나올 수도 있으므로 주의해야 합니다.

전역 변수 사용하기 2	04\scope-3.html, 04\js\scope-3.js

```javascript
var hi = "hello";    // 전역 변수

function change() {
  hi = "bye";        // 함수에서 전역 변수를 수정할 수 있습니다.
}
console.log(hi);   // "hello"
change();
console.log(hi);   // "bye"
```

함수에서 변수를 선언할 때 변수 이름의 앞에 var 예약어를 붙이지 않으면 자바스크립트는 전역 변수로 인식합니다. 이것은 자바스크립트 초기에 var 예약어를 사용해 변수를 선언할 때부터 가지고 있던 특징입니다. 함수에서 var를 사용해 선언하면 함수에서만 사용하는 지역 변수가 되고, var 없이 선언하면 프로그램 전체에서 사용할 수 있는 전역 변수가 되죠. 실수로 예약어 없이 변수를 선언한다면 프로그램의 어디에서든지 수정 가능한 전역 변수가 되어 엉뚱한 결과가 발생할 수 있다는 것을 꼭 기억하세요.

전역 변수 사용하기 3	04\scope-4.html, 04\js\scope-4.js

```javascript
function greeting() {
  hi = "hello";     // 전역 변수로 인식합니다.
}
greeting();
console.log(hi);    // 함수 밖에서 사용할 수 있습니다.
```

지금까지 살펴본 것처럼 전역 변수는 어디에서든지 값을 수정할 수 있고, 실수로 var 예약어 없이 선언하면 의도하지 않아도 전역 변수가 되므로 조심해서 사용해야 합니다. 따라서 가능하다면 전역 변수를 사용하지 않는 것이 가장 좋습니다.

let이나 const를 사용한 변수도 프로그램의 맨 앞에 선언하면 프로그램 전체에서 사용할 수 있습니다. 하지만 이 경우에는 '전역 스코프를 가진다'고 하지 않고 '스크립트 스코프를 가진다'고 합니다.

블록 스코프

프로그램을 사용해 문제를 해결할 때 커다란 하나의 문제를 여러 개의 작은 단위로 나눠서 하나씩 해결합니다. 그러다 보면 여러 개의 함수가 필요하고 하나의 함수에도 여러 개의 블록이 만들어지죠. 자바스크립트에서 이야기하는 블록은 중괄호({ })로 둘러싸인 영역을 가리키는데, 블록별로 변수의 유효 범위가 결정되는 것을 '블록 스코프^{block scope}'라고 합니다.

let이나 const를 사용해 만든 변수는 기본적으로 변수가 선언된 블록 안에서만 유효합니다. 이것을 '블록 스코프를 가진다'라고 하고, 블록 스코프를 가진 변수를 간단히 '블록 변수'라고 합니다.

자, 그러면 예제를 통해 블록 스코프를 확인해 보겠습니다. 다음 예제에는 함수를 선언한 블록과 함수를 실행하는 블록이 있고, 3개의 변수 factor, num, result가 선언되어 있습니다. factor 변수는 모든 블록의 바깥쪽에서 선언했으므로 모든 블록에서 사용할 수 있습니다. 반면 num 변수와 result 변수는 두 번째 블록에서 선언했으므로 두 번째 블록을 벗어나면 사용할 수 없죠. 그래서 첫 번째 블록인 calc() 함수에서 두 번째 블록에 있는 num 변수를 사용할 수 없습니다. 웹 브라우저 창에서 콘솔 창을 확인해 보면 calc() 함수에서 num 변수가 정의되어 있지 않다는 오류가 발생합니다.

블록 스코프 오류 확인하기 04\scope-5.html, 04\js\scope-5.js

```
const factor = 5;

function calc() {
  return num * factor;    // num 변수에 접근할 수 없습니다.
}
{
  const num = 10;
  let result = calc();
  document.write(`result : ${result} `);
}
```

그림 4-9 외부에서 블록 변수에 접근했을 때 발생하는 오류 메시지

블록 스코프를 고려해서 앞의 소스를 다음과 같이 수정할 수 있습니다. 예제에서 구하려는 값은 num이 아니라 num과 factor를 곱한 값이므로 num 값을 함수의 매개변수로 선언했습니다. 함수의 매개변수는 함수를 정의하는 블록에 대해서만 스코프를 가집니다. 소스에서 factor 변수는 프로그램 전체에서, num 변수는 calc() 함수에서, result 변수는 두 번째 블록에서 사용할 수 있습니다.

블록 스코프를 고려해서 작성하기 04\scope-6.html, 04\js\scope-6.js

```javascript
const factor = 5;

function calc(num) {
  return num * factor;
}

{
  let result = calc(10);
  document.write(`result : ${result} `);
}
```

자바스크립트 변수, 이렇게 사용하세요

자바스크립트는 매우 유연한 언어여서 다양하게 사용할 수 있는 부분이 많습니다. 하지만 이렇게 편리하므로 프로그램이 커질수록 가독성이나 디버깅이 어려워집니다. 이번에는 자바스크립트 문법을 벗어나지 않으면서 가독성을 높이고 디버깅이 쉽도록 변수를 사용하는 방법을 정리해 보겠습니다.

① var 변수보다 let, const 변수를 사용합니다.

var 변수는 다시 선언할 수 있어서 실수로 같은 변수를 다시 선언해도 오류가 발생하지 않습니다. 심지어 변수를 먼저 실행한 후에 나중에 선언해도 오류가 발생하지 않습니다. 여러 사람이 함께 진행하는 프로젝트라면 변수를 재선언할 수 없으므로 호이스팅이 없는 let이나 const 변수를 사용하는 것이 안전합니다.

② 전역 변수는 최소한으로 사용합니다.

전역 변수는 프로그램의 모든 곳에서 접근할 수 있어서 편리하게 사용할 수 있습니다. 하지만 이것을 바꿔 말하면 어디에서든지 값을 변경할 수 있으므로 예상하지 못한 곳에서 값이 달라질 수 있으므로 그만큼 오류가 발생할 확률이 높아지는 것입니다. 그러므로 가능하면 전역 변수의 사용을 줄이고, 프로그램에서 값이 변하지 않는다면 const로 선언하는 것이 좋습니다.

③ 객체 선언은 const를 사용합니다.

객체를 선언할 때는 프로그래밍 도중에 객체 자체가 바뀌지 않도록 const를 사용해서 선언합니다. 객체를 const로 선언해도 객체 안에 있는 프로퍼티는 얼마든지 수정할 수 있습니다.

Do it! 실습 ▶ 웹 개발자 도구 창에서 스코프 확인하기

준비 04\scope.html, 04\js\scope.js 결과 04\scope-result.html, 04\js\scope-result.js

---

아직까지 변수의 스코프가 헷갈린다면 웹 개발자 도구 창을 통해서 변수들의 스코프를 확인해 볼 수 있습니다. 여기에 있는 내용이 아직 어렵다고 느껴진다면 이 부분은 건너뛰었다가 나중에 스코프에 대해 좀 더 알고 싶을 때 다시 공부해도 됩니다.

😀 크롬의 웹 개발자 도구 창은 영문이나 한글로 표시할 수도 있는데, 여기에서는 한글로 설명합니다.

var 변수의 전역 스코프와 지역 스코프

01 VS Code에서 04\scope.html 문서를 열어 보세요. 이 문서에 연결된 04\js\scope.js의 변수들은 모두 var 예약어를 사용한다는 것을 기억하고 라이브 서버를 실행해 보세요.

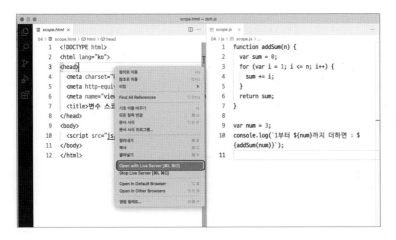

02 크롬 웹 브라우저에서 Ctrl + Shift + I 또는 Option + Command + I 를 눌러 웹 개발자 도구 창을 열고 [소스] 탭을 클릭한 후 js 폴더에서 scope.js 파일을 선택합니다. 9번 줄에 중단점을 만들고 웹 브라우저 창에서 [새로 고침] 버튼(C)을 클릭해서 문서를 다시 불러옵니다. 이제부터 한 줄씩 실행하면서 오른쪽 디버깅 영역 중 '범 위' 항목을 살펴보겠습니다.

> 영문으로 된 개발자 도구 창에는 'Scope' 라고 표시될 것입니다.

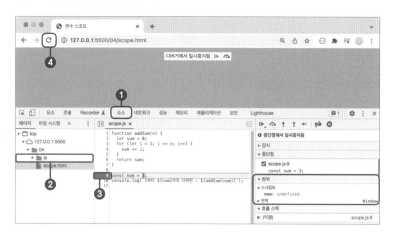

03 디버깅 영역에서 클릭해서 9번 줄을 실행하고 '범위' 항목을 살펴보면 전역 변수인 num의 값이 아직 보이지 않을 거예요. '범위' 항목에 있는 '전역'을 펼쳐보면 영문 개발자 도구 창에는 Global이라고 표시되는데, 이것을 펼쳐보세요.

자바스크립트의 전역 변수는 window 객체의 프로퍼티로 저장됩니다. 아직 window 객체에 대해 배우지 않았지만 자바스크립트에서 가장 상위에 있는 객체라고 생각하면 됩니다.

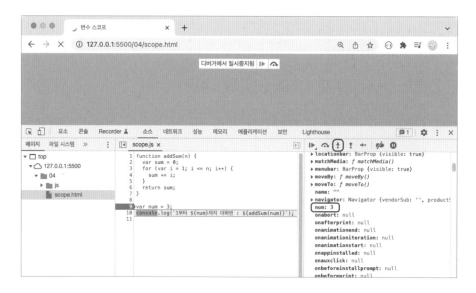

04 ⬍을 한 번 더 클릭하면 addSum() 함수로 이동합니다. 이때 num 값을 인수로 넘겨주겠죠? 디버깅 영역의 '범위' 부분을 살펴보면 '로컬' 항목에 i 변수와 n 변수, sum 변수가 보일 것입니다. addSum() 함수에서 선언한 변수이므로 지역 스코프를 갖습니다.

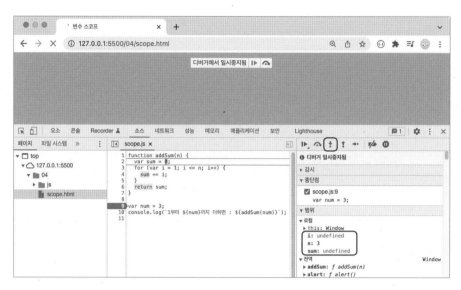

05 ⬍을 클릭할 때마다 함수 안의 명령이 실행되면서 변수 i와 sum 값이 바뀌는 것을 확인할 수 있습니다. for 문이 끝나고 return sum까지 실행되면 '로컬' 항목에 반환되는 값까지 표시됩니다.

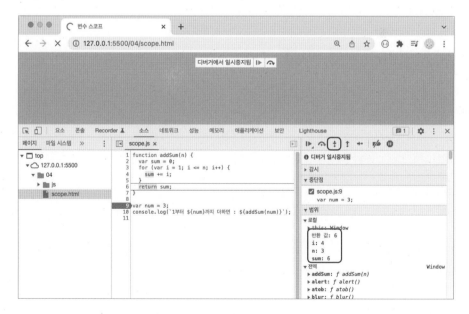

06 ⬍을 한 번 더 클릭해서 함수가 끝나면 '로컬'에 있던 지역 변수들도 변수의 생명이 끝나면서 모두 사라집니다. 하지만 전역 변수는 계속 남아 있습니다. 중단점이 있는 9번 줄의 줄 번호 '9'를 한 번 더 클릭해서 중단점을 없애고 디버깅 영역의 ▶을 클릭하여 디버깅을 마칩니다.

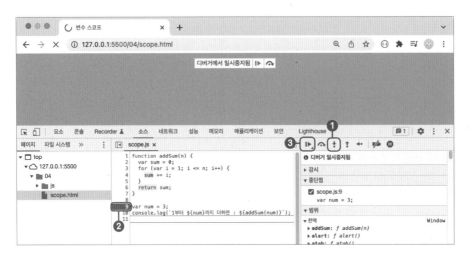

let, const 변수의 스크립트 스코프와 블록 스코프

07 var 예약어 대신 let과 const를 사용하면 스코프가 어떻게 바뀔까요? VS Code에서 04\js\scope.js 파일을 열고 다음과 같이 소스를 수정한 후 저장합니다.

```
function addSum(n) {
  let sum = 0;
  for (let i = 1; i <= n; i++) {
    sum += i;
  }
  return sum;
}

const num = 3;
console.log(`1부터 ${num}까지 더하면 : ${addSum(num)}`);
```

08 04\scope.html 문서는 따로 수정할 내용이 없으므로 원래 문서에서 마우스 오른쪽 버튼을 클릭하고 바로가기 메뉴에서 [Open with Live Server]를 선택해 웹 브라우저 창에 표시합니다.

09 앞에서와 똑같이 js 파일에서 9번 줄의 줄 번호 '9'를 클릭하여 중단점을 만들고 [새로 고침] 버튼(⟳)을 클릭해 문서를 다시 불러옵니다. 벌써 차이점이 보이나요? '범위' 항목을 보면 '스크립트'라는 항목이 생기고 여기에 num 변수가 있습니다. 그리고 const나 let을 사용해 전역 변수로 사용하면 num 변수는 스크립트에서만 사용합니다. 반면 **03** 과정에서 살펴본 것처럼 var를 사용한 전역 변수는 스크립트를 넘어서서 자바스크립트의 최상위 객체인 window 객체에 저장되었습니다.

10 ⬍을 클릭하면 num에 3이라는 값이 할당되고, 한 번 더 클릭하면 console.log()에 있는 addSum(num)을 실행하기 위해 addNum() 함수로 이동합니다. '범위' 항목에 '로컬' 항목이 생기면서 변수 n과 sum이 보이는데, 이들 변수는 함수에서 선언한 지역 변수이면서 블록 변수이기도 합니다.

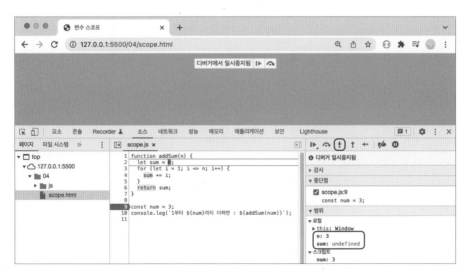

11 ⬍을 클릭해서 for 문으로 들어가면 어떻게 될까요? '범위' 항목에 '차단'이라는 항목이 생기면서 i 변수가 이곳에 나타납니다. 여기에서 '차단'은 block을 잘못 번역한 것으로 보이는데, 블록 스코프를 나타내는 것이라고 생각하세요. 즉, i 변수는 for 문에 있는 블록({})에서만 사용할 수 있는 변수입니다.

12 ⬍을 클릭하면서 for 문을 실행합니다. i 값이 4가 되면 조건에 맞지 않으므로 for 문을 빠져나오는데, for 문이 끝나면 '차단' 항목에 있던 i가 사라집니다. 블록 변수가 i 하나이므로 '차단' 항목도 함께 사라지는 것입니다. 😊 '차단'은 '블록'으로 이해하세요.

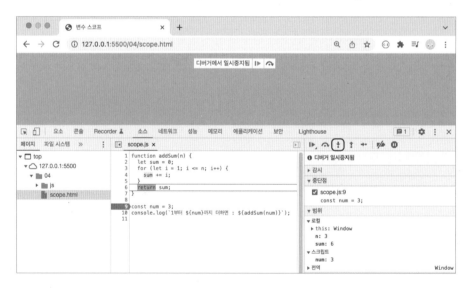

13 ⬍을 클릭하면 sum 값이 반환되고 한 번 더 클릭하면 함수가 끝나면서 '로컬' 항목도 함께 사라집니다. 이와 같이 지역 변수는 함수에서만 사용할 수 있습니다.

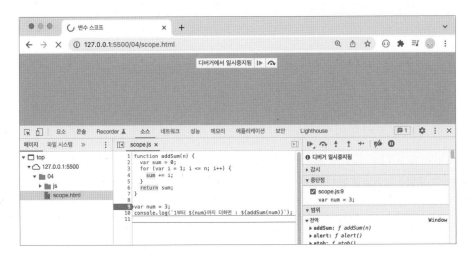

14 지금까지 살펴본 변수와 스코프에 대해 정리해 볼게요. var 예약어를 사용할 경우에는 '전역 변수'와 '지역 변수'로만 나뉘고, 전역 변수는 자바스크립트의 최상위 객체인 window 객체에 저장됩니다. 앞에서 살펴본 간단한 소스의 경우에도 불필요하게 window 객체를 끌어들이게 되죠. 반면 const나 let 예약어를 사용한 변수는 전역으로 사용할 때 스크립트에서 사용하는 스크립트 스코프를 가집니다. 블록 안에서 선언한 변수는 블록 안에서만 사용할 수 있습니다.

04-3 이름 없이 사용하는 함수 표현식

앞에서 살펴본 함수 사용 방법은 함수를 선언한 후 함수 이름을 사용해서 함수를 호출했습니다. 함수 이름만 알고 있으면 어디서든지 항상 호출해서 실행할 수 있으므로 많이 사용하는 방법입니다. 하지만 함수 이름을 지정하지 않고 함수를 실행할 수도 있고, 프로그램에서 한 번만 사용할 함수라면 함수 선언과 동시에 실행하는 방법도 있습니다. 이런 함수는 식처럼 동작하므로 '함수 표현식'이라고 합니다.

익명 함수

'익명 함수'는 이름에서도 알 수 있듯이 함수 이름이 없는 함수입니다. 이름이 없다는 점만 빼면 앞에서 살펴본 함수를 선언하는 것과 같습니다. 이름이 없다면 함수를 어떻게 호출할까요? 그리고 왜 이런 함수를 사용할까요?

변수에 할당해서 사용하는 익명 함수

앞에서는 함수에 이름을 붙이고 그 이름을 사용해서 함수를 실행했는데, 함수에 이름이 없다면 어떻게 실행해야 할까요? 이름이 없는 함수의 경우에는 함수를 변수에 할당해서 사용할 수 있습니다.

다음은 두 수를 더하는 함수를 sum이라는 변수에 할당한 예제입니다. 이렇게 변수에 저장된 함수는 함수 이름 대신 변수를 이용해서 함수를 실행할 수 있습니다.

익명 함수 선언 및 실행하기	04\add-4.html, 04\js\add-4.js

```
let sum = function(a, b) {
  return a + b;
}
console.log(`함수 실행 결과 : ${sum(10, 20)}`)
```

자바스크립트에서는 함수를 마치 하나의 값처럼 사용할 수 있습니다. 그래서 함수를 변수에 할당할 수도 있고, 함수를 다른 함수의 매개변수로 넘길 수도 있죠. 이런 점 때문에 자바스크립트 함수를 '1급^first-class 시민' 또는 '1급 함수'라고 합니다. 결국 함수를 익명 함수로 선언하는 이유는 변수처럼 사용하기 위해서입니다.

즉시 실행 함수

지금까지 살펴본 함수들은 미리 함수를 정의해 놓고 필요할 때마다 실행하는 방법을 사용했습니다. 이 방법을 사용하면 필요할 때마다 여러 번 실행할 수 있어서 매우 편리합니다. 하지만 한 번만 실행하는 함수일 경우 함수를 정의하면서 동시에 실행할 수도 있는데, 이런 함수를 '즉시 실행 함수'라고 합니다.

즉시 실행 함수의 기본 형식은 다음과 같습니다. 함수를 식 형태로 선언하므로 마지막에 세미콜론(;)을 붙입니다.

```
(function() {
  ⋮
}) ();
```

또는

```
(function(매개변수) {
  ⋮
}) (인수);
```

두 수를 더하는 함수를 즉시 실행 함수로 사용하려면 다음과 같이 작성할 수 있습니다.

즉시 실행 함수	04\add-5.html, 04\js\add-5.js

```
(function(a, b) {
  let sum = a + b;
  console.log(`함수 실행 결과 : ${sum}`)
}) (100, 200);
```

화살표 함수

에크마스크립트 2015 버전부터는 => 표기법(화살표 표기법)을 사용해 함수를 좀 더 간단하게 선언할 수 있습니다. 간단히 '화살표 함수' 또는 '애로 펑션arrow function'이라고 부르는데, 화살표 함수는 표현식을 사용해 함수를 정의할 경우에만 사용할 수 있습니다.

화살표 함수의 기본 형식은 매개변수와 함수 내용으로 구성됩니다.

기본형 (매개변수) => {함수 내용}

매개변수가 없을 때

매개변수가 없을 때는 매개변수가 들어가는 소괄호 부분을 비워 둡니다. 예를 들어 매개변수 없이 간단한 인사말을 화면에 표시하는 함수는 다음과 같이 작성할 수 있습니다. 이때 함수에서 실행할 명령이 한 줄뿐이라면 중괄호({})를 생략할 수 있습니다. 그리고 한 줄 명령

에 return 문이 포함되어 있다면 return도 생략할 수 있습니다. 자, 이제 함수가 훨씬 간단
해졌죠?

```
let hi = function() {
  return `안녕하세요?`;
}
hi();
```

⬇

```
let hi = () => { return `안녕하세요?` };
hi();
```

⬇

```
let hi = () => `안녕하세요?`;
hi();
```

매개변수가 1개일 때

매개변수가 1개일 경우 매개변수의 소괄호를 생략해서 사용할 수 있습니다. 다음은 화살표
함수를 hi 변수에 할당하고 실행한 예제입니다.

```
let hi = function(user) {
  console.log(`${user}님, 안녕하세요?`);
}
hi("홍길동");
```

⬇

```
let hi = user => console.log(`${user}님, 안녕하세요?`);
hi("홍길동");
```

매개변수가 2개 이상일 경우

매개변수가 2개 이상이면 (매개변수) => { ... }처럼 사용합니다. 다음은 두 수를 더하는 함
수를 화살표 표기법으로 작성한 후 sum 변수에 할당하고 실행한 예제입니다.

```
let sum = function(a, b) {
  return a + b;
}
sum(10, 20);
```

```
let sum = (a, b) => a + b;
sum(10, 20);
```

 화살표를 사용해 두 수를 받아서 곱하는 함수를 정의한 후 10과 20을 곱한 결괏값을 콘솔 창에 표시해 보세요.

정답 04\example-2.html, 04\js\example-2.js

콜백 함수

자바스크립트의 또 다른 함수 형태 중 하나는 콜백 함수^{callback function}입니다. 콜백 함수는 다른 함수의 인수로 사용하는 함수를 가리킵니다. 지금까지는 간단한 프로그램만 작성했기 때문에 콜백 함수를 사용할 일이 없었습니다. 하지만 앞으로 프로그램이 점점 더 복잡해지면 콜백 함수를 자주 사용할 것입니다.

함수 이름 사용해 콜백 함수 실행하기

다음은 버튼을 클릭했을 때 알림 창을 표시하는 예제입니다. 아직까지 공부하지 않은 내용이지만, 지금은 소스의 흐름만 살펴보세요.

웹 문서의 버튼을 가져와서 변수 `bttn`에 저장하고 `bttn`을 클릭했을 때 무엇을 할지 지정하기 위해 `addEventListener()` 함수를 사용합니다. `addEventListerner()` 함수에서는 미리 선언한 `display()` 함수를 인수로 사용하고 있습니다. 이렇게 다른 함수의 인수가 되는 함수를 '콜백 함수'라고 합니다. `addEventListener()` 함수 안에 `display()` 함수를 넣을 때 함수 이름 `display` 다음에 소괄호가 없다는 것에 주의하세요.

😀 함수 이름의 뒤에 소괄호를 넣으면 함수를 실행하는 것입니다.

```
const bttn = document.querySelector("button");   // 버튼 요소를 가져옵니다.

function display() {
  alert("클릭했습니다.");
}

bttn.addEventListener("click", display);   // 버튼을 클릭하면 display 함수를 실행합니다.
```

이렇게 콜백 함수를 사용합니다. 함수를 즉시 실행하지 않고 어떤 조건이 되었을 때 실행하도록 하기 위해 앞 소스의 경우에는 버튼을 클릭했을 때 display() 함수를 실행합니다.

그림 4-10 콜백 함수 사용하기

함수에 직접 작성해서 콜백 함수 실행하기

앞에서는 addEventListener() 함수에 미리 선언해 둔 display() 함수를 인수로 사용했습니다. 함수 이름은 필요할 때마다 여러 번 사용해서 실행하거나 콜백 함수로 사용할 수 있습니다. 하지만 딱 한 번만 함수를 실행한다면 따로 함수를 선언하지 않고 함수에 직접 콜백 함수를 작성할 수도 있습니다.

```
const bttn = document.querySelector("button");   // 버튼 요소를 가져옵니다.

bttn.addEventListener("click", () => {   // 버튼을 클릭하여 alert를 실행합니다.
  alert("클릭했습니다.");
});
```

Do it! 실습 ▸ 입력값을 표시하는 콜백 함수 만들기

준비 04\callback.html 결과 04\callback-result.html, 04\js\callback-result.js

앞으로 콜백 함수를 많이 사용하겠지만, 개념을 제대로 이해하기 위해 간단한 콜백 함수를 만들어 보겠습니다. 이 소스는 단지 콜백 함수를 연습해 보기 위한 것일 뿐, 효율성은 떨어진다는 점을 참고하세요.

- 프롬프트 창에서 값을 입력받아 알림 창을 표시하는 함수를 작성하려면 어떻게 해야 할까요? ☐

- 함수를 인수로 받는 또 하나의 함수를 정의하고 그 안에서 콜백 함수를 실행해 볼까요? ☐

01 04\js 폴더에 callback.js 파일을 만들고 04\callback.html 문서에 연결합니다.

04\callback.html

```
<script src="js/callback.js"></script>
```

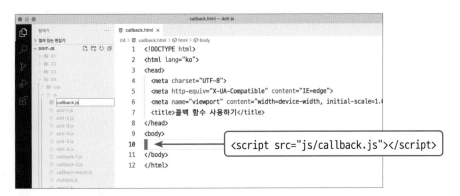

02 이제부터 callback.js에 작성해 보겠습니다. 이름과 나이를 받아 알림 창에 표시하는 showData() 함수를 선언합니다.

04\js\callback.js

```
function showData(name, age) {
  alert(`안녕하세요? ${name}님. 나이가 ${age}살이군요.`);
}
```

03 이번에는 프롬프트 창에서 값을 받는 getData() 함수를 선언해 보겠습니다. getData() 함수의 매개변수는 콜백 함수인데, 여기에서는 callback이라는 이름을 사용할 거예요. callback 대신 다른 이름을 사용해도 되지만, 보통 콜백 함수를 매개변수로 할 때는 callback 을 사용합니다.

04\js\callback.js

```javascript
function getData(callback) {
  let userName = prompt("이름을 입력하세요.");
  let userAge = prompt("나이를 입력하세요.");
  callback(userName, userAge);
}
```

04 2개의 함수를 선언했으므로 실행 명령을 작성해 보겠습니다. getData() 함수에서 userName 과 userAge 값을 받아오고 그 값을 사용해 callback을 실행합니다. getData() 함수에서 실행 할 콜백 함수 showData()를 지정합니다.

04\js\callback.js

```javascript
getData(showData)
```

05 지금까지 작성한 소스의 흐름을 살펴보면 다음과 같습니다.

```javascript
function showData(name, age) {
  alert(`안녕하세요? ${name}님. 나이가 ${age}살이군요.`);
}

function getData(callback) {
  let userName = prompt("이름을 입력하세요.");
  let userAge = prompt("나이를 입력하세요.");
  callback(userName, userAge);
}       ❷ showData(userName, useAge)

getData(showData)
```

❸ userName과 userAge를 인수로 넘깁니다.

❶ 콜백 함수를 인수로 넘깁니다.

06 웹 브라우저 창에서 사용자 이름과 나이를 입력하면 알림 창에 내용이 표시되면서 인수로 넘겼던 showData() 함수가 제대로 실행되는지 확인하세요.

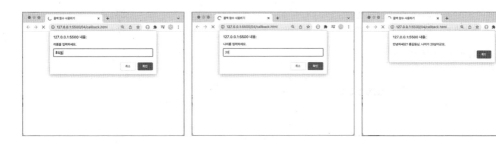

자바스크립트 함수는 1급 시민

프로그래밍을 공부하다 보면 '1급 시민first-class citizen'이라는 말을 들을 것입니다. 1급 시민이란, 다음과 같은 조건을 만족하는 것을 말합니다.

❶ 변수에 할당할 수 있어야 합니다.
❷ 다른 함수의 인자로 사용할 수 있어야 합니다.
❸ 다른 함수에서 반환값으로 반환할 수 있어야 합니다.

자바스크립트의 경우 '함수'가 바로 1급 시민이고 코틀린Kotlin 같은 언어에서는 객체가 1급 시민입니다. 여기에서는 1급 시민인 함수를 중심으로 살펴보겠습니다.

자바스크립트에서 함수가 1급 시민이라고 해서 함수를 꼭 이런 식으로 작성해야 한다는 뜻이 아니라 프로그래밍에 익숙해지면 함수를 더욱 유연하게 사용할 수 있다는 의미입니다. 다른 스크립트 소스에서 이런 소스를 만났을 때 어떤 의미인지, 왜 이렇게 사용할 수 있는지 이해할 수 있으면 됩니다.

변수에 함수 할당하기

앞에서 함수 선언을 공부할 때 다음과 같은 소스를 살펴보았습니다. 이 소스에서는 sum이라는 변수에 함수를 할당한 후 변수 이름을 함수 이름처럼 사용했습니다.

변수에 함수 할당하기	04\citizen-1.html, 04\js\citizen-1.js

```
let sum = (a, b) => a + b;
sum(2, 10);
```

다음과 같이 함수를 사용할 수도 있어요. 여기에서는 sum 변수에 add() 함수를 할당할 때 소괄호(())를 사용하지 않았습니다. 함수 이름의 뒤에 괄호를 붙이면 함수를 실행한다는 의미이기 때문입니다.

```
function add(a, b) {
  return a + b;
}
let sum = add;
sum(2, 10);
```

함수를 다른 함수로 전달하기

함수를 다른 함수의 인수로 사용하는 것도 가능합니다. 예를 들어 hello() 함수를 미리 정의해 놓고 login() 함수를 실행할 때 fn 매개변수에 hello() 함수를 인수로 넘겨줄 수 있습니다.

함수를 다른 함수로 전달하기	04\citizen-2.html, 04\js\citizen-2.js

```
function hello() {
  return "안녕하세요?";
}
function bye() {
  return "안녕히 가세요.";
}

function userCheck(name, fn) {    // fn 함수를 전달받아서 실행합니다.
  console.log(`${name}님`, fn());
}

userCheck("홍길동", hello);    // 홍길동, 안녕하세요?
userCheck("도레미", bye);      // 도레미, 안녕히 가세요.
```

함수에서 다른 함수 반환하기

함수는 값이므로 함수에서 다른 함수를 반환할 수 있습니다. 앞으로 좀 더 복잡한 소스를 작성할 경우 이 방법을 이용하면 함수를 더욱 간단하고 편리하게 사용할 수 있어요.

다음은 init() 함수에서 두 수 사이의 차이를 계산하는 함수를 반환하는 예제입니다.

init() 함수에서 다른 함수 반환하기 04\citizen-3.html, 04\js\citizen-3.js

```
let init = () => {
  return function(a, b) {
    return a - b > 0 ? a - b : b - a;
  }
}
```

이렇게 작성하고 `init(30, 20)`을 실행하면 `init()` 함수 안의 함수가 반환됩니다.

```
console.log(`init(30, 20) : ${init(30, 20)}`);
```

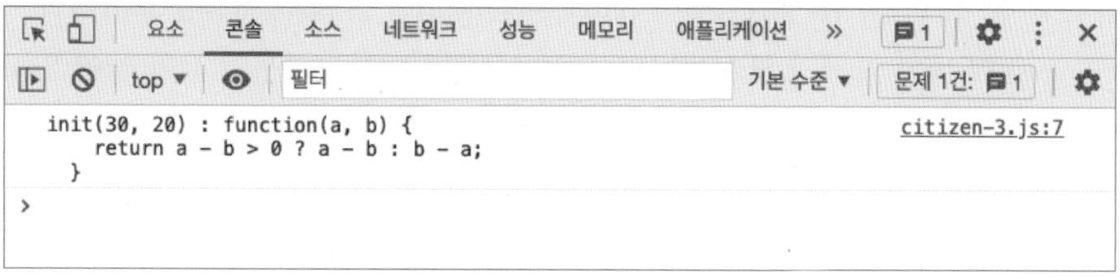

요소
콘솔
소스
네트워크
성능
메모리
애플리케이션
top
필터
기본 수준
문제 1건: 1
init(30, 20) : function(a, b) {
return a - b > 0 ? a - b : b - a;
}
citizen-3.js:7

그림 4-11 init() 함수 안의 다른 함수 반환하기

반환하는 함수에서 2개의 값을 처리하려면 다음과 같이 소괄호를 추가합니다.

```
console.log(`init()(30, 20) : ${init()(10, 20)}`);
```

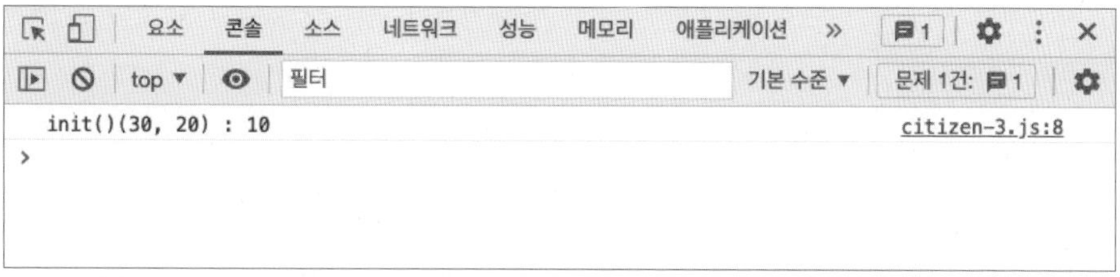

요소
콘솔
소스
네트워크
성능
메모리
애플리케이션
top
필터
기본 수준
문제 1건: 1
init()(30, 20) : 10
citizen-3.js:8

그림 4-12 소괄호를 추가해 반환된 함수 실행하기

04-4 전개 구문

전개 구문^{spread syntax}은 배열처럼 값이 다양한 자료를 한꺼번에 인수로 넘겨주거나 배열과 배열을 합할 때처럼 배열을 하나의 덩어리로 처리해야 할 때 아주 유용합니다.

전개 구문의 작성 방법

전개 구문이란, 말 그대로 '값을 펼쳐 주는' 구문입니다. 일단 간단한 예를 들어 볼게요. 웹 브라우저 창의 콘솔 창에 다음과 같이 입력해서 fruits라는 배열을 만들고 배열을 표시해 보세요. 그러면 콘솔 창에 배열 자체가 표시됩니다. 인덱스 0부터 2까지 3개의 값이 들어 있고 length 프로퍼티에도 3이 저장되어 있습니다.

```
fruits = ["apple", "banana", "grape"]
console.log(fruits)
```

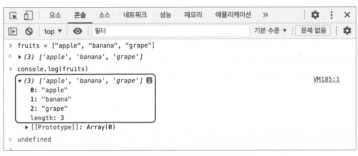

그림 4-13 배열 요소 확인하기

전개 구문에서는 3개의 마침표를 이용해 '...' 기호를 사용합니다. 이번에는 다음과 같이 입력해 보세요. 그러면 오로지 배열에 있는 값만 꺼내 펼쳐서 보여 줍니다.

```
console.log(...fruits)
```

그림 4-14 전개 구문을 사용해서 배열 요소 확인하기

문자열이나 배열, 객체처럼 여러 개의 값을 담고 있는 자료형에서 다른 정보는 필요 없고 그 안의 값만 꺼내 사용하려고 할 때 전개 구문은 매우 유용합니다.

나머지 매개변수

전개 구문은 함수를 선언할 때 사용할 수도 있습니다. 함수를 선언하면서 나중에 몇 개의 인수를 받게 될지 알 수 없는 경우가 있어요. 이때 전개 구문을 사용해서 매개변수를 만드는데, 이것을 '나머지 매개변수'라고 합니다.

간단한 예를 들어 보겠습니다. 이제 2개의 숫자를 더하는 함수는 간단히 만들 수 있으므로 이 함수를 정의한 후 4개의 인수를 넘겨주면 어떻게 될까요? 앞에서 2개의 인수만 사용하고 나머지 인수들은 버립니다.

```
function addNum(a, b) {
  return a + b;
}


addNum(1, 3);        // 4
addNum(1, 3, 5, 7);  // 4
```

addNum() 함수를 실행할 때 인수의 개수와 상관없이 넘겨주는 값을 모두 더하려면 전개 구문을 사용해서 매개변수를 하나의 이름으로 선언해야 합니다. 이렇게 하면 매개변수로 넘어온 값을 모두 펼쳐서 사용하게 됩니다. 위의 함수를 나머지 매개변수를 사용해 다음과 같이 정의하면 인수의 개수와 상관없이 숫자를 더할 수 있습니다.

인수의 개수와 상관없이 숫자를 더하는 프로그램   04\rest-1.html, 04\js\rest-1.js

```javascript
function addNum(...numbers) {
  let sum = 0;

  for (let number of numbers)
    sum += number;

  return sum;
}

console.log(addNum(1, 3));        // 4
console.log(addNum(1, 3, 5, 7));  // 16
```

함수를 실행하면서 넘겨주는 인수의 일부분은 변수로 받고, 그 외에는 나머지 매개변수로 받을 수 있습니다.

다음은 좋아하는 과일을 받아서 화면에 표시하는 함수를 선언한 후 실행할 때 넘겨주는 인수 중 첫 번째 인수만 first로 받고, 나머지는 변수 favs로 받아서 화면에 표시하는 예제입니다. 이때 나머지 매개변수는 마지막에 써야 한다는 것에 주의하세요.

인수의 일부분만 나머지 매개변수로 받기   04\rest-2.html, 04\js\rest-2.js

```javascript
function displayFavorites(first, ...favs) {
  let str = `가장 좋아하는 과일은 "${first}"군요`;
  return str;
}

console.log(displayFavorites("사과", "포도", "토마토"));
```

그림 4-15 인수의 일부분만 나머지 매개변수로 받기

 다음의 소스를 보고 콘솔 창에 어떤 내용이 표시될지 예상해 보세요.

```javascript
const user = ["His", "name", "is", "Hong"];
console.log(user);
console.log(...user);
```

정답   ["His", "name", "is", "Hong"]
His name is Hong

04-5 시간을 고려하는 타이머 함수

자바스크립트에는 특정 시간이 되었을 때 함수를 실행하거나 특정 시간 동안 함수를 반복하기 위해서 시간을 재는 함수가 있는데, 이것을 '타이머 함수^{timer function}'라고 합니다. 타이머 함수는 실행할 함수와 시간을 지정하는 함수로, 타이머 함수에 실행할 함수를 인수로 받기 때문에 콜백 함수를 매개변수로 사용합니다.

일정 시간마다 반복하기 — setInterval()

setInterval() 함수는 일정한 시간마다 함수를 반복해서 실행하는 함수로, 시간은 밀리초 단위로 사용합니다.

> setInterval(*콜백 함수, 시간*)

😊 1,000밀리초는 1초에 해당합니다.

예를 들어 2초마다 콘솔 창에 인사말을 표시하려면 다음과 같이 작성합니다. 다음 소스와 같이 greeting() 함수를 먼저 선언한 후 콜백 함수로 사용할 때는 setInterval(greeting, 2000)처럼 콜백 함수에 괄호 없이 사용한다는 점에 주의하세요. 왜냐하면 콜백 함수를 직접 실행하는 것이 아니라 setInterval() 함수에서 인수로 사용하기 때문입니다.

😊 2초를 나타내려면 2,000밀리초로 지정합니다.

2초마다 인사말 표시하기	04\timer-1.html, 04\js\timer-1.js

```
function greeting() {
  console.log("안녕하세요?");
}

setInterval(greeting, 2000);
```

앞에서처럼 greeting()이라는 함수를 따로 선언해서 사용하기도 하고, 다음 소스처럼 setInterval() 함수에 직접 함수 표현식을 사용해 원하는 함수를 선언하면서 동시에 실행하기도 합니다. 다음은 앞의 소스에서 greeting()이라는 함수 이름이 있던 위치에 화살표 함수를 넣은 예제입니다.

04\timer-1.html, 04\js\timer-1.js

```
setInterval(() => {
  console.log("안녕하세요?")
}, 2000);
```

웹 브라우저 창에서 04\timer-1.html 문서를 열고 콘솔 창을 열어 보세요. 그러면 '안녕하세요?' 앞에 계속 숫자가 커지는 것을 볼 수 있습니다. 콘솔 창에서는 같은 내용을 표시하는 대신 내용의 앞에 숫자를 표시합니다.

그림 4-16 2초마다 인사말 표시하기

반복 실행 멈추기 — clearInterval()

setInterval() 함수는 한 번 실행하면 웹 브라우저를 종료하기 전까지는 문서를 새로 고침하거나 다른 페이지로 이동해도 계속 실행됩니다. 함수를 계속 반복하는 것이 아니라 특정 조건이 되었을 경우 반복 실행을 멈추려면 setInterval() 함수와 함께 clearInterval() 함수를 사용해야 합니다. clearInterval() 함수는 setInterval() 함수로 시작한 타이머를 종료하는 함수입니다.

```
clearInterval(타이머)
```

setInterval() 함수를 실행하면 타이머가 시작되는데, 타이머에 이름을 지정해 주면 그 이름을 사용해서 타이머를 멈출 수 있습니다. 예를 들어 앞에서 살펴보았던 2초마다 인사말을 표시하는 타이머의 이름을 timer로 정하려면 다음과 같이 타이머 이름을 지정합니다.

```
let timer = setInterval(() => {
  console.log("안녕하세요?")
}, 2000);
```

반복해서 인사말을 표시하는 것을 멈추려면 clearInterval() 함수를 사용해서 타이머를 정지시킵니다.

```
clearInterval(timer)
```

이 소스 코드에 인사말을 5번 표시하면 타이머를 멈추는 소스를 추가해 보겠습니다. counter라는 변수를 만들어서 화면에 표시되는 횟수를 체크하고, 타이머에 timer라는 이름도 지정했습니다. 인사말을 표시할 때마다 counter 값을 1씩 증가시킨 후 counter가 5가 되면 clearInterval() 함수에서 timer를 종료합니다.

타이머 종료하기	04\timer-2.html, 04\js\timer-2.js

```
let counter = 0;

let timer = setInterval(() => {    // 타이머를 시작합니다.
  console.log("안녕하세요?")
  counter++;    // 인사말 표시 횟수가 1 증가합니다.
  if (counter === 5)
    clearInterval(timer);    // counter = 5이면 타이머를 종료합니다.
}, 2000 );
```

콘솔 창에서 확인해 보면 '안녕하세요?'라는 문자열 앞에 숫자가 늘어나다가 5가 되면 더 이상 늘어나지 않습니다.

그림 4-17 인사말을 5회 표시한 후 멈추기

특정 시간 이후에 실행하기 — setTimeout()

setInterval() 함수는 일정한 시간마다 콜백 함수를 반복하지만, setTimeout() 함수는 지정한 시간이 지난 후에 콜백 함수를 실행합니다.

```
setTimeout(콜백 함수, 시간)
```

다음은 3초 후에 인사말을 표시하는 예제입니다. 정확히 3초가 맞는지 확인하려면 웹 브라우저 창에서 04\timer-3.html 문서를 열고 콘솔 창까지 열어 둔 상태에서 [새로 고침] 버튼(C)을 클릭하여 다시 한번 실행해 보세요. 그러면 정확히 3초 후에 콘솔 창에 인사말이 나타납니다.

3초 후에 인사말 표시하기   04\timer-3.html, 04\js\timer-3.js

```javascript
setTimeout(() => {
  console.log("안녕하세요?")
}, 3000);
```

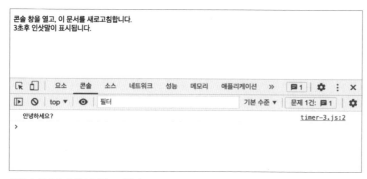

그림 4-18 3초 후에 인사말 표시하기

마무리 문제 1

준비 04\quiz-1.html 정답 04\solution-1.html, 04\js\solution-1.js

사용자가 프롬프트 창에 숫자를 입력했을 때 그 숫자를 함수로 넘겨주고, 함수에서는 숫자가 양수인지, 음수인지, 또는 0인지 판단해서 알림 창에 보여 주는 프로그램을 작성해 보세요.

🖘 길라잡이

- 숫자를 받아서 양수, 음수, 0을 판단하고 알림 창에 표시하는 함수를 선언합니다.
- parseInt() 함수를 사용해 프롬프트 창에 입력한 내용을 숫자로 변환합니다.
  (프롬프트 창에 입력한 내용이 숫자가 아니면 parseInt() 함수는 NaN을 반환합니다.)
- 반환값이 숫자일 경우에만 함수를 실행합니다.

마무리 문제 2

준비 04\quiz-2.html 정답 04\solution-2.html, 04\js\solution-2.js

2개의 숫자를 입력받아 두 수의 최대공약수를 구하는 함수를 작성하고 테스트해 보세요. 예를 들어 4와 12의 최대공약수는 4가 됩니다. 즉, 두 수 모두 나누어떨어지는 수 중에서 가장 큰 값이 최대공약수입니다.

길라잡이

• 주어진 두 수 중에서 어떤 수가 큰 수인지 확인합니다.
• 두 수가 모두 나누어떨어져야 하므로 두 수 중에서 큰 수까지 반복하면서 작은 수도 나누어떨어지고, 큰 수도 나누어떨어지는 숫자를 찾습니다.
• 찾을 때마다 변수에 할당합니다. 반복이 모두 끝나면 변수에는 가장 마지막에 할당된 약수만 남습니다.

웹 문서와
자바스크립트

'둘째마당'에서는 자바스크립트를 활용하기 위해 기본적으로 알아야 하는 문서 객체 모델DOM에 대해 살펴보겠습니다. 자바스크립트는 웹 문서를 동적으로 만들기 위해 개발된 언어입니다. 즉, 사용자가 버튼을 클릭했을 때 메뉴가 나타나거나, 기존에 안 보이던 내용을 보여 주는 등의 움직임을 구현하기 위해서입니다. 이렇게 사용자의 동작에 따라 반응하는 웹 문서를 만들기 위해 HTML에는 DOM이라는 시스템이 있습니다. 자바스크립트를 사용해 DOM에 접근하면 웹 문서에 사용자가 입력한 값을 가져오거나 스타일을 수정하는 등 웹 문서를 동적으로 만들 때 필요한 작업을 쉽게 할 수 있습니다.

05

DOM의 기초

HTML에서는 웹 문서를 보여 주는 웹 브라우저 창을 비롯해서 문서 안의 텍스트나 이미지, 표 등 모든 요소를 각각 서로 다른 객체로 인지하고 처리합니다. 이렇게 웹 문서를 객체로 다루는 시스템을 'DOM'이라고 하는데, 자바스크립트야말로 문서 객체 모델을 다루기에 가장 최적화된 프로그래밍 언어입니다. 이 장에서는 DOM이 무엇인지 살펴보고 DOM으로 웹 문서 요소에 접근하는 방법을 알아보겠습니다.

</>

05-1 DOM과 DOM 트리

문서 객체 모델^{DOM; Document Object Model}은 웹 브라우저에서 웹 문서를 분석하고 인식할 때 필요한 가장 기본적인 개념입니다. 먼저 DOM과 DOM 트리가 무엇인지부터 살펴보겠습니다.

DOM이란

웹에서 자바스크립트를 사용하는 가장 큰 이유는, 어떤 조건에 맞거나 사용자 동작이 있을 때 웹 문서 전체 또는 일부분이 동적으로 반응하기 때문입니다. 이렇게 하려면 웹 문서에 담겨 있는 모든 요소를 따로 제어할 수 있어야 합니다. 예를 들어 텍스트와 이미지가 있는 웹 문서이면 '하나의 텍스트 단락이 있고 내용은 무엇이다.', '하나의 이미지가 포함되어 있고 이미지의 크기와 경로는 이렇다.' 등을 웹 브라우저에서 기본적으로 알고 있어야 합니다. 그리고 텍스트 요소와 이미지 요소를 각각 제어하기 위해 따로 구별해서 인식해야 합니다. 여러 개의 요소를 사용한 웹 문서라면 요소 사이의 포함 관계도 알고 있어야 하고요. 이런 정보를 자바스크립트로 가져와서 프로그램에 사용해야 하는데, 이때 DOM이 등장합니다.

DOM이란, 자바스크립트 같은 프로그래밍 언어로 웹 문서에 접근하고 제어할 수 있도록 웹 문서를 체계적으로 정리하는 방법을 말합니다. DOM에서는 웹 문서를 하나의 객체로 정의하고, 웹 문서를 이루는 텍스트나 이미지, 표 등 모든 요소도 각각 객체로 정의합니다. 예를 들어 웹 문서 전체는 document 객체로, 웹 문서에 삽입된 이미지는 image 객체로 나타냅니다. 이렇게 웹 문서와 그 안의 요소들을 객체로 인식하고 조절하므로 '문서 객체 모델'이라고 합니다. 웹 문서 객체들도 객체이므로 프로퍼티^{property}와 메서드^{method}를 가지고 있습니다.

DOM 트리

웹 문서는 여러 가지 태그가 서로 포함 관계를 가지고 있습니다. 예를 들어 <head> 태그 안에 <title> 태그가 들어 있는 때처럼 말이죠. 이런 포함 관계 때문에 각 태그 간에는 '부모'와 '자식' 관계가 생깁니다. 이때 밖에 있는 요소는 부모 요소, 안에 포함된 요소는 자식 요소로 생각합니다.

DOM에서 웹 문서를 구조화하려면 먼저 웹 문서 구조를 부모 요소와 자식 요소로 구분해서 포함 관계를 나타내야 합니다. 예를 들어 다음과 같은 간단한 소스를 생각해 봅시다.

```
<!DOCTYPE html>
<html lang="ko">
<head>
  <title>DOM Tree 알아보기</title>
</head>
<body>
  <h1>Do it!</h1>
  <img src="images/doit.jpg"  alt="공부하는 이미지">
</body>
</html>
```

html 요소는 head 요소와 body 요소의 부모 요소가 되고, body 요소는 다시 h1 요소와 img 요소의 부모 요소가 됩니다. 따라서 h1 요소와 img 요소 입장에서 보면 body 요소의 자식 요소가 되겠죠?

DOM은 여기에서 한 단계 더 나아가 문서의 요소뿐만 아니라 각 요소에서 사용한 속성과 내용도 각 요소의 자식으로 표시합니다. 예를 들어 h1 요소의 내용인 Do it!은 h1의 자식이 되는 것이죠.

😀 HTML 소스를 코딩할 때 들여쓰기를 잘 하면 태그 소스만 보고도 HTML DOM 계층 구조를 머릿속에 그릴 수 있습니다.

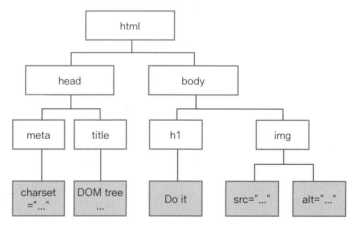

그림 5-1 웹 문서에서 DOM의 계층 구조(DOM 트리)

이렇게 DOM을 활용해 웹 문서의 요소를 부모와 자식으로 구분해서 표시하다 보면 마치 나무처럼 모양이 나타나서 이것을 'DOM 트리^{DOM tree}'라고 부릅니다. 그리고 DOM 트리에서 가지가 갈라져 나가는 부분은 노드^{node}, DOM 트리의 시작 부분인 html 노드는 나무의 뿌리에 해당하는 '루트^{root} 노드'라고 합니다. 루트 노드를 시작으로 웹 문서에서 사용된 각 요소들은 계층 구조를 이루고 있어서 각 노드 사이의 관계를 부모와 자식, 형제 간으로 표현할 수 있습니다. 부모^{parent} 노드에는 자식^{child} 노드가 있고 같은 부모 노드를 가진 노드들을 '형제^{sibling} 노드'라고 합니다.

DOM에서 이런 구조로 웹 문서를 해석한다는 것을 기억해야 자바스크립트를 사용해 어떻게 접근하고, 원하는 부분을 어떤 방식으로 수정할지 이해할 수 있습니다.

05-2 웹 요소에 접근하기

자바스크립트에서 웹 문서에 있는 이미지나 텍스트, 표 등 특정 요소를 찾아가는 것을 '웹 요소에 접근한다'라고 합니다. 이렇게 웹 요소에 접근하면 해당 요소의 내용이나 값을 가져오거나 수정할 수 있습니다.

하나만 콕 집어내는 querySelector() 함수

먼저 웹 요소에 접근할 때 자주 쓰는 CSS 선택자에 대해 가볍게 살펴보겠습니다. id 선택자와 class 선택자, 타입 선택자를 비롯해 하위 선택자descendant selector, 자식 선택자child selector 등을 자주 사용합니다.

표 5-1 CSS 선택자의 종류

선택자	기능	사용 예
타입 선택자	특정 태그를 사용한 모든 요소	p { ... }
class 선택자	클래스명을 사용하는 특정 부분	.accent { ... }
id 선택자	id명을 사용하는 특정 부분	#container { ... }
하위 선택자	A 요소의 하위에 있는 모든 B 요소	form input { ... }
자식 선택자	A 요소의 하위에 있는 요소 중 자식 레벨의 B 요소	ul > li { ... }

선택자를 사용해 웹 요소에 접근할 때는 querySelector() 함수나 querySelectorAll() 함수를 사용하는데, 이 함수들은 document 객체에 포함되어 있습니다. 객체에 포함된 함수를 '메서드method'라고도 하는데, 여기에서는 '함수'로 부르겠습니다.

querySelector() 함수를 사용하면 지정한 선택자를 사용한 요소 중에서 첫 번째 요소에 접근할 수 있습니다.

기본형 **document.querySelector(*선택자*)**

예를 들어 id="container"를 사용한 요소에 접근하려면 다음과 같이 사용합니다. id 선택자는 문서에서 한 번만 사용되므로 가져오는 요소도 하나입니다.

```
document.querySelector("#container")
```

querySelector() 함수에서 class 선택자나 타입 선택자(태그 선택자)를 사용할 경우에는 약간 다릅니다. 웹 문서에서는 class 선택자나 타입 선택자를 여러 번 사용할 수 있죠? 그런데 앞에서 살펴본 것처럼 querySelector()는 1개의 요소만 가져옵니다. 그래서 querySelector() 함수에서 class 선택자나 타입 선택자를 사용하면 적용된 여러 개의 요소 중에서 첫 번째 요소만 가져옵니다.

직접 웹 문서에서 요소를 찾아볼까요? 웹 브라우저 창에서 05\index.html 문서를 열고 웹 개발자 도구 창도 함께 열어 놓으세요. [요소] 탭을 클릭하면 05\index.html 문서의 소스를 볼 수 있고, 소스 부분을 클릭하면 웹 문서에서 어느 부분을 가리키는지 알 수 있습니다. 이 문서는 맨 위에 h1 요소가 있고, #profile 요소 안에 img와 #desc 요소가 있으며, #desc 요소 안에는 3개의 p 요소가 있네요.

그림 5-2 웹 개발자 도구 창에서 웹 요소 확인하기

😀 크롬 개발자 도구 창은 영문으로 나타나지만 한글로 바꿀 수 있으므로 여기에서는 한글 버전으로 설명합니다.

개발자 도구 창에서 [콘솔] 탭을 클릭해서 콘솔 창으로 이동합니다. 다음과 같이 소스를 작성하면 문서의 h1 요소에 접근할 수 있습니다. 문서에 여러 개의 h1 요소가 있어도 그중에서 첫 번째 요소만 가져옵니다.

```
document.querySelector("h1")
```

profile이라는 id 선택자가 적용된 요소, 즉 id="profile"이 있는 요소에 접근하려면 다음과 같이 작성합니다.

```
document.querySelector("#profile")
```

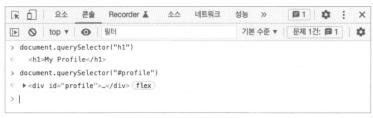

그림 5-3 id 값을 사용해 요소에 접근하기

 복습하기 desc라는 id 선택자를 사용한 요소에 접근하는 소스를 작성해 보세요.

정답 document.querySelector("#desc")

프로필 이미지에 접근하려면 어떻게 할까요? 이미지에 id나 class 속성이 없다면 다음과 같이 img 타입 스타일을 사용해서 접근할 수 있습니다.

```
document.querySelector("img")
```

여기에서 좀 더 생각해 볼 부분이 있습니다. 즉, 웹 문서에 여러 개의 이미지를 사용할 수도 있겠죠? 이런 점을 고려한다면 단순히 img 타입 스타일로 접근할 것이 아니라 다음과 같이 하위 선택자를 사용해서 좀 더 구체적으로 접근하는 것이 좋습니다.

```
document.querySelector("#profile img")
```

모든 요소를 가져오는 querySelectorAll( ) 함수

id 선택자를 제외한 다른 선택자들은 문서에서 여러 번 사용할 수 있으므로 한꺼번에 여러 개의 요소에 접근할 수 있습니다. querySelectorAll( ) 함수는 여러 개의 요소를 가져올 때 사용합니다.

> **기본형**   document.querySelectorAll(*선택자*)

05\index.html 문서에는 user라는 클래스 선택자를 사용한 3개의 요소가 있습니다.

```
<p class="user">이름 : 도레미</p>
<p class="user">주소 : somewhere</p>
<p class="user">연락처 : 1234-5678</p>
```

querySelectorAll( ) 함수에서 클래스 선택자를 사용하면 같은 클래스 이름을 사용하는 요소를 모두 가져와서 노드 리스트 형태로 저장하죠.

😀 노드 리스트는 여러 개의 노드를 한꺼번에 저장한 것으로, 배열과 비슷하다고 생각하면 됩니다.

콘솔 창에 다음과 같이 입력하면 NodeList(3)과 같이 나타나는데, 이것은 3개의 요소가 저장된 노드 리스트라는 의미입니다. 그리고 NodeList 앞에 있는 ▶을 클릭하면 어떤 요소가 저장되었는지 확인할 수 있습니다.

```
document.querySelectorAll(".user")
```

```
▶  ⊘  top ▼  ◉   필터                              기본 수준 ▼   문제 1건: 📭 1    ⚙
> document.querySelectorAll(".user")
< ▼NodeList(3) [p.user, p.user, p.user] 🛈
     ▶ 0: p.user
     ▶ 1: p.user
     ▶ 2: p.user
       length: 3
     ▶ [[Prototype]]: NodeList
>
```

그림 5-4 querySelectorAll( ) 함수의 결과인 노드 리스트

노드 리스트에 저장된 요소들은 배열에서처럼 인덱스를 사용해서 접근할 수 있습니다. 예를 들어 .user 클래스를 사용하는 요소들 중에서 세 번째 요소에 접근하려면 다음과 같이 사용합니다.

```
document.querySelectorAll(".user")[2]
```

(1분) **복습하기**   05\index.html에서 '주소 : somewhere'에 접근하는 소스를 작성하세요.

정답 document.querySelectorAll(".user")[1]

고쌤의
한마디!

getElement* 메서드

앞에서 웹 요소에 접근하기 위한 querySelector() 메서드와 querySelectorAll() 메서드를 소개했는데, 이들 메서드가 나오기 전에는 getElement로 시작하는 메서드를 사용했습니다.

표 5-2 getElement* 메서드의 종류

메서드명	기능
getElementById(id명)	id 선택자를 기준으로 접근합니다.
getElementsByClassName(class명)	class 선택자를 기준으로 접근합니다.
getElementsByTagName(태그명)	태그 이름을 기준으로 접근합니다.

요즘은 querySelector() 메서드나 querySelectorAll() 메서드를 많이 사용합니다. 하지만 아직 getElement* 메서드도 많이 사용해서 웹 문서에서 자주 보게 되므로 기억해 두면 좋습니다. 그리고 이들 세 가지 메서드 중에서 getElementsByClassName() 메서드와 getElementsByTagName() 메서드는 -Elements-처럼 이름 중간에 복수형을 뜻하는 s가 들어갔다는 것을 꼭 기억해 두세요.

웹 요소의 내용을 가져오고 수정하기

자바스크립트를 이용하면 웹 요소에 접근한 후 내용을 가져오거나 수정할 수 있습니다. 이때 자바스크립트 객체의 **innerText** 프로퍼티나 **innerHTML** 프로퍼티, **textContent** 프로퍼티를 사용합니다.

> 😀 프로퍼티property는 자바스크립트 객체에서 속성을 나타내는 용어입니다. 여기에서는 CSS의 속성attribute과 구별하기 위해 원래 용어인 프로퍼티로 사용하겠습니다.

웹 요소의 내용 가져오기

먼저 웹 요소에 접근해서 내용을 가져오는 방법을 살펴보겠습니다. 이 경우에는 세 가지 프로퍼티를 사용할 수 있는데, 프로퍼티마다 약간의 차이점이 있습니다.

> **기본형** *웹 요소*.innerText
> *웹 요소*.innerHTML
> *웹 요소*.textContent

05\js-content-1.html 문서의 소스를 보면 다음과 같이 #desc 요소 안에 3개의 p 태그가 있습니다. 그런데 두 번째와 세 번째 p 태그는 display:none을 사용해서 화면에서 감추었으므로 웹 브라우저 창에는 이미지 옆에 텍스트 단락 하나만 나타나죠.

웹 요소의 내용 가져오기	05\js-content-1.html

```html
<div id="desc">
  <p class="user">이름 : 도레미</p>
  <p class="user" style="display:none">주소 : somewhere</p>
  <p class="user" style="display:none">연락처 : 1234-5678</p>
</div>
```

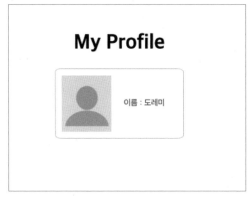

그림 5-5 p 태그 하나만 표시되는 웹 문서

웹 브라우저 창에 05\js-content-1.html 문서를 열고 콘솔 창에서 세 가지 프로퍼티를 비교해 보겠습니다. 먼저 innerText 프로퍼티부터 살펴볼까요? innerText 프로퍼티는 웹 브라우저 창에 보이는 내용만 가져옵니다. display:none을 사용해서 화면에서 감춘 요소의 내용도 가져오지 않고, 소스에 공백이 여러 개 입력되어 있어도 웹 브라우저 창에 보이는 대로 공백 1칸만 가져옵니다.

```
document.querySelector("#desc").innerText
```

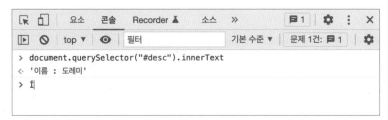

그림 5-6 innerText 프로퍼티로 내용 가져오기

그렇다면 innerHTML 프로퍼티는 어떨까요? innerHTML은 #desc 요소 안에 있는 태그와 내용을 함께 가져와서 보여 줍니다. 웹 브라우저 창에 어떻게 보이는지와는 상관없이 소스에 있는 대로 가져오죠. 콘솔 창에 다음과 같이 입력해 보세요. 콘솔 창의 결과에서 '\n'은 줄이 바뀐 위치를 나타냅니다.

```
document.querySelector("#desc").innerHTML
```

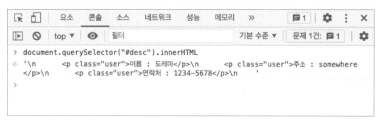

그림 5-7 innerHTML 프로퍼티로 내용과 태그 가져오기

마지막으로 textContent 프로퍼티는 요소의 내용을 가져오되, 웹 브라우저 창에 보이는 대로가 아니라 소스에 있는 대로 가져옵니다. 웹 문서에는 화면에 보이는 것보다 많은 내용이 포함되어 있고 상황에 따라 일부를 화면에서 감추기도 합니다. 이렇게 감춰진 요소들까지 가져와서 프로그래밍에 사용할 경우에는 textContent 속성이 편리하죠.
콘솔 창에 다음과 같이 입력하면 display:none으로 감췄던 텍스트 내용도 보여 주고, 여러 칸의 공백도 그대로 표시합니다.

```
document.querySelector("#desc").textContent
```

그림 5-8 textContent 프로퍼티로 내용 가져오기

정리하자면 웹 요소의 내용을 가져올 경우에는 innerText나 textContent 프로퍼티를 사용하고, 웹 브라우저 창에 표시되지 않는 내용까지 모두 가져오려면 textContent 프로퍼티를 사용해야 합니다. 그리고 요소 안에 있는 태그까지 함께 가져오려면 innerHTML 프로퍼티를 사용해야 합니다.

웹 요소의 내용 수정하기

앞에서 살펴본 innerText와 innerHTML, textContent 프로퍼티는 웹 요소의 내용을 바꿀 때도 사용합니다. innerText와 textContent는 텍스트 내용을 바꿀 때, innerHTML는 HTML 태그가 포함된 내용을 바꿀 때 사용합니다.

😀 innerHTML 프로퍼티를 사용해서 태그 없이 내용만 수정할 수도 있습니다.

> **기본형** *웹 요소*.innerText = *내용*
> *웹 요소*.innerHTML = *내용*
> *웹 요소*.textContent = *내용*

이미지 요소에 접근한 후 src 속성값을 바꾸면 이미지를 변경할 수 있습니다. 이때 src 속성은 이미지 객체의 src 프로퍼티로 접근하면 됩니다.

> **기본형** *이미지 요소*.src = *이미지 파일*

예를 들어 웹 문서에서 제목 부분을 클릭하면 한글로 '프로필'이라고 표시하고 이름 부분을 클릭하면 다른 이름으로 굵게 표시하는 소스를 작성해 보겠습니다. 그리고 프로필 이미지를 클릭하면 원래 프로필 이미지(images\pf.png)를 images\pf2.png로 바꾸는 소스도 만들어 볼게요.

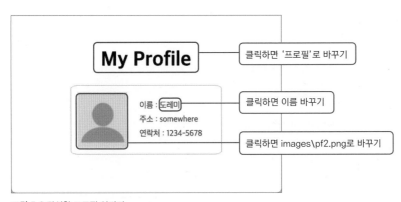

그림 5-9 작성할 프로필 이미지

제목을 클릭했을 때 어떤 동작을 하게 하는 방법을 아직 배우지 않았으므로 여기에서는 어떤 방식으로 사용하는지만 간단히 살펴보겠습니다.

제목 부분을 가져와서 변수로 저장한 후 다음과 같은 형태로 함수를 연결해서 사용합니다.

```
변수.onclick = 함수
```

예를 들어 title을 클릭했을 때 title의 내용을 '프로필'로 바꾸려면 다음과 같이 작성할 수 있습니다.

```
title.onclick = function () {
  title.innerText = "프로필";
}
```

그리고 이것을 화살표 함수로 표현하면 간단하게 줄일 수 있죠.

```
title.onclick = () => title.innerText = "프로필";
```

😀 onclick은 '6장. 이벤트와 이벤트 처리기'에서 자세히 설명합니다.

이번에는 문서의 제목과 이름이 있는 부분, 그리고 프로필 사진이 있는 부분을 가져와서 각각 변수로 저장한 후 '**변수**.onclick = **함수**' 형식으로 작성해 보겠습니다.

DOM 요소 내용과 속성 수정하기	05\js-content-2.html, 05\js\js-content-2.js

```
const title = document.querySelector("#title");        // 제목 부분을 가져옵니다.
const userName = document.querySelector("#desc p");     // 이름 부분을 가져옵니다.
const pfImage = document.querySelector("#profile img"); // 프로필 이미지를 가져옵니다.

title.onclick = () => title.innerText = "프로필";
userName.onclick = () => userName.innerHTML = `이름 : <b>민들레</b>`;
pfImage.onclick = () => pfImage.src = "images/pf2.png";
```

그림 5-10 클릭했을 때 텍스트와 이미지 바꾸기

05-3 자바스크립트로 스타일 수정하기

자바스크립트를 이용하면 스타일 속성의 값을 가져오거나 원하는 값으로 수정할 수 있습니다. 자바스크립트를 사용해서 스타일을 자유롭게 수정할 수 있으므로 웹 문서에서 다양한 효과를 만들 수 있습니다.

CSS 속성에 접근하고 수정하기

자바스크립트를 사용해 각 요소의 스타일 정보를 가져올 수도 있고, 원하는 스타일 속성을 바꿀 수도 있습니다. 이렇게 하려면 CSS 속성에 접근해야겠지요? CSS 속성에 접근하려면 요소에 접근한 후 예약어 `.style`과 CSS 속성을 사용해야 합니다.

> **기본형**   요소.`style`.속성명

예를 들어 글자색에 접근하려면 `style.color`를, 배경색에 접근하려면 `style.backgroundColor`를 사용합니다. `background-color` 속성처럼 두 단어 이상으로 이루어진 속성에 접근할 때는 중간에 대시(−) 없이 연결해서 사용하는데, 첫 번째 글자는 소문자로, 두 번째 글자는 대문자로 시작합니다.

다음은 문서에서 제목 부분을 클릭했을 때 글자색과 글자의 배경색을 바꾸는 예제입니다.

CSS 속성 수정하기   05\js-css.html, 05\js\js-css.js

```
const title = document.querySelector("#title");   // #title 요소를 가져옵니다.

title.onclick = () => {
  title.style.backgroundColor = "black";   // title 요소의 배경색을 수정합니다.
  title.style.color = "white";             // title 요소의 글자색을 수정합니다.
}
```

그림 5-11 제목을 클릭해서 제목 글자색과 배경색 변경하기

 복습하기 '이름:도레미' 부분을 클릭하면 글자색이 red로 바뀌는 소스를 작성해 보세요.

정답 05\js-css-2.html, 05\js\js-css-2.js 참고

classList 프로퍼티 살펴보기

자바스크립트로 CSS 속성을 조절하는 기능은 다양하게 활용할 수 있습니다. 그중에서도 classList는 DOM에서 자주 사용하는 프로퍼티입니다.

CSS를 공부했으면 웹 요소에 2개 이상의 클래스 스타일을 적용할 수 있다는 것을 알 것입니다. 예를 들어 다음과 같이 `<p>` 태그에 `user`와 `clicked`라는 클래스 스타일을 동시에 적용할 수 있어요.

```
<p class="user clicked">이름 : 도레미</p>
```

`user` 스타일은 글자색을 보라색으로, `clicked` 스타일은 배경색을 노란색으로 지정합니다. 두 가지 클래스 스타일을 적용하면 다음 그림과 같은 결과 화면을 볼 수 있습니다.

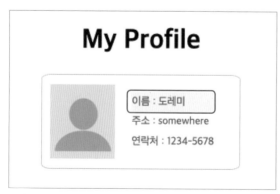

그림 5-12 두 가지 클래스 스타일을 적용한 텍스트

자바스크립트를 사용하면 클래스 스타일을 추가 또는 삭제하면서 다양한 효과를 만들 수 있는데, 이것은 classList라는 프로퍼티 때문입니다. classList는 요소에 적용한 클래스 스타일을 모두 모아 놓은 프로퍼티입니다.

다음 예제를 통해 classList 프로퍼티를 살펴보겠습니다. 05\classlist-0.html 문서에는 다음과 같은 소스가 있습니다. <div> 태그 안에 3개의 <p> 태그가 있는데, 각 요소에서 사용하는 클래스 스타일은 classList라는 프로퍼티에 저장되어 있습니다.

---

classList 프로퍼티 살펴보기　　　　　　　　　　　　　　　　　　05\classlist-0.html

```
<div id="desc">
  <p class="user clicked">이름 : 도레미</p>
  <p class="user">주소 : somewhere</p>
  <p class="user">연락처 : 1234-5678</p>
</div>
```

웹 브라우저 창에서 05\classlist-0.html 문서를 열고 콘솔 창에 다음과 같이 입력해 보세요. 그러면 첫 번째 p 태그에 적용된 클래스 스타일이 표시됩니다. 현재 user라는 클래스 스타일과 clicked라는 클래스 스타일을 사용하고 있다는 것을 알 수 있어요.

```
document.querySelector("#desc p").classList
```

querySelector()를 사용했으므로 첫 번째 p 요소만 가져옵니다.

그림 5-13 첫 번째 텍스트(이름 : 도레미)의 클래스 리스트 살펴보기

클래스 스타일 추가하고 삭제하기

자바스크립트를 사용하면 필요할 때마다 classList에 클래스 스타일을 추가하거나 삭제하면서 여러 가지 효과를 지정할 수 있습니다. 이때 추가할 스타일은 미리 만들어져 있어야 합니다. 클래스 스타일을 추가할 때는 add() 함수를, 삭제할 때는 remove() 함수를 사용합니다.

> 기본형 *요소*.classList.add(*클래스명*)
> *요소*.classList.remove(*클래스명*)

클래스 스타일을 추가하는 add() 함수

앞에서 살펴본 05\js-css.js에서 제목 텍스트를 클릭했을 때 `background-color` 속성과 `color` 속성값을 변경했는데, `classList`를 사용해서 같은 예제를 만들어 보겠습니다.

제목 텍스트를 클릭했을 때 적용할 스타일을 미리 `.clicked`라는 이름으로 만들어 둡니다. 그리고 제목 텍스트를 클릭하면 `classList`의 add() 함수를 사용해 `.clicked` 스타일을 추가합니다.

클릭했을 때 적용할 .clicked 스타일 만들기   05\css\style.css

```css
h1 {
  font-size:2rem;
  margin-bottom:20px ;
}
.clicked {
  background-color:yellow;
  color:blue;
}
```

클래스 스타일 추가하기   05\classlist-1.html, 05\js\classlist-1.js

```javascript
const title = document.querySelector("#title");

title.onclick = () => {
  title.classList.add("clicked");
}
```

결과는 같지만 소스를 작성하는 방법이 다르죠? 05\js-css.js에서는 자바스크립트를 통해 `title.style.color`와 `title.style.backgroundColor` 값을 변경했습니다. 하지만 05\js\ classlist-1.js 파일에서는 클릭했을 때의 클래스 스타일을 미리 만들어 두고 제목을 클릭하면 미리 만들어 둔 클래스 스타일을 적용하죠. 이런 방식으로 클릭했을 때 스타일만 바뀐다면 보통 후자의 방법을 많이 사용합니다.

특정 클래스 스타일이 있는 요소를 찾아 주는 contains( ) 함수

앞에서 살펴본 예제에서는 제목을 클릭했을 때 배경색과 글자색은 바뀌지만, 원래대로 되돌아가는 기능은 없습니다. 소스를 좀 더 발전시켜 볼게요. 제목을 클릭하여 `.clicked` 스타일을 적용한 상태에서 제목 텍스트를 다시 클릭하면 원래대로 되돌아가도록 작성해 보겠습니다. 이때 클래스 리스트에 특정 클래스가 있는지 확인하는 contains( ) 함수를 유용하게 사용할 수 있습니다.

> **기본형**　요소.classList.contains(클래스명)

contains( ) 함수를 활용해서 `.clicked` 스타일이 있는지 확인한 후 없으면 `.clicked`를 추가하고, 있으면 `.clicked`를 삭제합니다. 앞에서 작성했던 소스를 다음과 같이 수정하면 제목 텍스트를 클릭할 때마다 배경색과 글자색이 바뀌었다가 원래대로 되돌아가는 과정을 반복합니다.

클래스 스타일 추가하고 삭제하기　　　　　05\classlist-2.html, 05\js\classlist-2.js

```
const title = document.querySelector("#title");

title.onclick = () => {
  if(!title.classList.contains("clicked")){    // clicked 스타일이 없으면
    title.classList.add("clicked");            // clicked 스타일을 추가합니다.
  } else {                                     // clicked 스타일이 있으면
    title.classList.remove("clicked");         // clicked 스타일을 제거합니다.
  }
}
```

클래스 스타일 토글하기

지금까지 살펴본 예제처럼 클릭할 때마다 특정 클래스를 추가하거나 삭제하기를 반복할 경우에는 classList의 toggle() 함수를 사용하는 것이 더 편리합니다.

😊 스타일 토글^{toggle}이란, 전기 스위치를 켰다 껐다^{on/off}하는 것처럼, 반복적으로 스타일을 적용하거나 적용하지 않는 상태를 말합니다.

> **기본형** *요소*.classList.toggle(*클래스명*)

앞에서 contains() 함수와 add(), remove() 함수를 사용해서 작성했던 소스를 toggle() 함수로 간단히 바꿀 수 있습니다.

> **클릭할 때마다 클래스 스타일 토글하기**   05\classlist-3.html, 05\js\classlist-3.js
>
> ```
> const title = document.querySelector("#title");
>
> title.onclick = () => {
>   title.classList.toggle("clicked");
> }
> ```

 복습하기 style.css 파일에는 .blue-italic 스타일도 정의되어 있으므로 '이름:도레미' 부분을 클릭할 때마다 이 스타일을 토글시키는 소스를 작성해 보세요.

정답 05\classlist-4.html, 05\js\classlist-4.js 참고

버튼을 클릭했을 때 문서의 배경색과 글자색을 바꿔서 다크 모드를 만드는 예제도 살펴보겠습니다. 버튼을 클릭할 때마다 다크 모드로 바뀌거나 원래 상태로 되돌아오겠죠? 그래서 다크 모드에 적용할 .dark 스타일은 미리 만들어 두어야 합니다.

> **다크 모드에 적용할 .dark 스타일 미리 만들기**   05\darkmode.css
>
> ```css
> .dark {
>   background-color:#222;
>   color:#eee;
> }
> ```

웹 문서에서 버튼 요소를 가져와서 **bttn** 변수로 저장한 후 **onclick**을 사용해 함수를 연결합니다. 그리고 함수에서 .dark 스타일을 토글시킵니다.

버튼을 클릭해서 다크 모드로 바꾸기　　　　　　　　05\darkmode.html, 05\js\darkmode.js

```
const bttn = document.querySelector("button");    // 버튼 요소를 가져옵니다.

bttn.onclick = function() {
  document.body.classList.toggle("dark");    // 버튼 클릭할 때마다 .dark 스타일을 토글합니다.
}
```

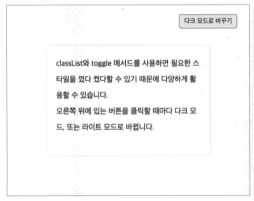 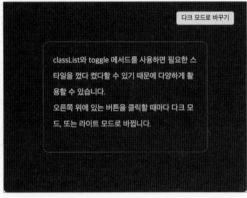

그림 5-14 버튼으로 다크 모드 스타일 토글하기

05-4 DOM에서 폼 다루기

회원 가입이나 주문서 등 웹 문서에서 사용자가 정보를 입력할 수 있게 만들어 놓은 웹 요소를 '폼form'이라고 합니다. 그리고 사용자가 폼에 내용을 입력했을 때 해당 내용을 가져오거나 수정하는 작업뿐만 아니라 입력한 내용이 미리 정한 형식에 맞는지 확인하는 작업은 자바스크립트로 처리하죠. 여기에서는 폼 요소를 다루는 자바스크립트에 대해 알아보겠습니다.

폼 요소에 접근하고 값을 가져오는 방법

웹 문서의 폼 요소에는 사용자가 내용을 입력하는 텍스트 필드뿐만 아니라 라디오 버튼이나 체크 박스와 같이 클릭하는 요소가 있습니다. 또한 선택 목록처럼 여러 항목에서 원하는 것을 선택하는 요소도 있습니다. 이번에는 이렇게 다양한 요소에 접근하는 방법에 대해 살펴보겠습니다.

id나 class 속성값을 사용해 폼 요소에 접근하기

앞에서 살펴보았던 것처럼 id나 class 값을 사용해 폼 요소에 접근할 수 있습니다. 예를 들어 웹 브라우저에서 주문서 폼이 있는 05\order.html 문서를 열고 '이름' 항목에 입력한 값을 가져온다고 가정해 보겠습니다.

웹 개발자 도구 창에서 [요소] 탭을 클릭한 후 '이름' 항목에 사용된 **id** 값을 확인합니다. 여기에서는 order-name이라는 **id**를 사용했어요.

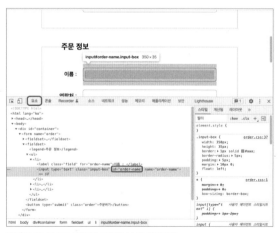

그림 5-15 텍스트 필드에 사용한 id 값 확인하기

콘솔 창에 다음과 같이 입력하면 '이름' 텍스트 필드에 접근할 수 있죠.

```
document.querySelector("#order-name")
```

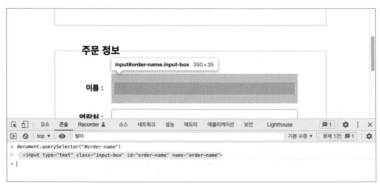

그림 5-16 id 값으로 텍스트 필드에 접근하기

텍스트 필드에 입력한 값 가져오기

자바스크립트에서 value 프로퍼티를 사용하면 폼 요소 중 텍스트 필드나 이메일 필드에서 사용자가 입력한 값을 가져올 수 있습니다.

> 기본형   요소.value

이번에는 '이름' 필드에 이름을 입력한 후 콘솔 창에 다음과 같이 입력해 보세요. '이름' 항목에 사용자가 입력한 내용을 가져올 수 있습니다.

```
document.querySelector("#order-name").value
```

그림 5-17 id 선택자를 사용해 텍스트 필드에 접근하고 입력한 내용 가져오기

복습하기 05\order.html 문서에서 '상품' 항목에 내용을 입력한 후 자바스크립트를 사용해 입력한
내용을 가져오는 소스를 콘솔 창에 작성해 보세요.

정답 document.querySelector("#product").value

name 속성값을 사용해 폼 요소에 접근하기

폼 요소에 id나 class 속성이 없고 name 속성만 있으면 name 식별자를 사용해 폼 요소에 접근
할 수 있습니다. 요즘은 대부분 폼 요소에 id나 class를 사용하지만, CSS가 등장하기 전에는
name을 사용해 폼에 접근했습니다. 혹시 다른 사람이 작성해 놓은 폼 소스에 name 속성만 있
다면 name 속성으로도 폼 요소에 접근할 수 있습니다.

name 속성을 사용해 폼 요소에 접근하려면 <form> 태그부터 시작해서 원하는 폼 요소까지 계
층을 따라가면서 name을 지정해야 합니다. 그래서 <form> 태그뿐만 아니라 <form> 태그 안의
폼 요소에도 name 속성이 있어야 합니다.

앞에서 사용한 05\order.html 문서를 계속 사용해서 연습해 보겠습니다. 이 문서에서 '상품'
항목에 입력한 상품 이름을 가져온다고 가정해 보겠습니다. <form> 태그와 <input> 태그에
모두 name 속성이 있습니다.

```
name 속성이 있는 폼에 접근하기                                              05\order.html

<form name="order">
  <fieldset>
    <legend>상품 정보</legend>
      <ul>
<li>
    <label class="field" for="product">상품 : </label>
    <input type="text" class="input-box" id="product" name="product">
</li>
    ⋮
</form>
```

웹 브라우저 창에서 05\order.html 문서를 열고 '상품' 항목에 내용을 입력합니다. 그리고 콘솔
창에 다음과 같이 입력해 보세요. name 속성을 이용해서도 폼 요소의 값을 가져올 수 있습니다.

```
                    ┌─ input의 name
document.order.product.value
        └─ form의 name
```

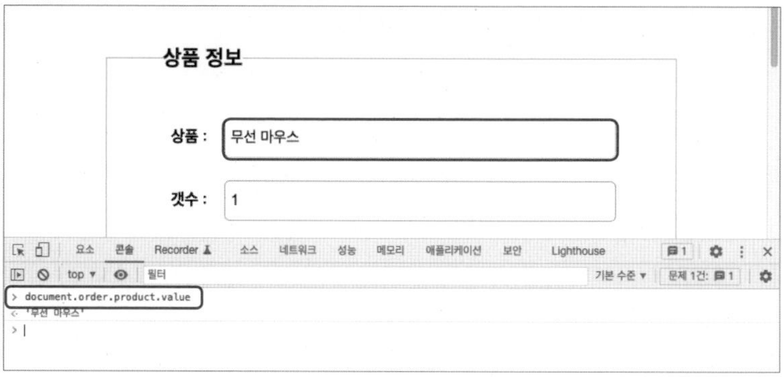

그림 5-18 name 속성값을 사용해 폼 요소에 접근하기

폼 배열을 사용해 폼 요소에 접근하기

폼 요소에 id나 class 속성뿐만 아니라 name 속성도 없다면 난감한데, 이런 경우에는 폼 배열을 사용할 수 있습니다.

document의 속성 중 forms 속성은 문서에 있는 <form> 태그를 가져와서 배열과 비슷한 형태로 저장합니다. 문서에 폼이 2개 이상 있을 수 있으므로 배열처럼 여러 개의 값으로 저장하는 것이죠. 그리고 <form> 태그 안에 있는 요소에 접근할 때는 해당 폼 안에 있는 모든 요소를 가져오는 elements 속성을 사용합니다.

```
기본형    document.forms                // 모든 form을 가져옵니다.
         document.forms[0].elements    // 첫 번째 form에 있는 폼 요소를 모두 가져옵니다.
```

직접 소스에서 확인해 볼까요? 웹 브라우저 창에서 05\login.html 문서를 열면 간단한 로그인 화면이 보입니다. 이 문서의 소스를 보면 1개의 <form> 태그를 사용하고 각 폼 요소에 id나 class, name 속성이 없습니다. 자, 그러면 폼 배열을 사용해 폼 요소에 접근하는 방법을 함께 살펴볼게요.

폼 배열을 사용해 폼 요소에 접근하기	05\login.html

```
<form>
  <div id="login_input">
    <input type="text" autofocus placeholder="아이디">
    <input type="password" placeholder="비밀번호">
  </div>
  <div id="login_bttn">
    <button type="submit" class="order">로그인</button>
  </div>
</form>
```

웹 브라우저 개발 도구의 콘솔 창에 다음과 같이 입력해 보세요.

```
document.forms
```

콘솔 창에 HTMLCollection이라고 표시됩니다. HTMLCollection 앞의 ▼을 클릭하면 1개의 form 요소가 담겨 있습니다. 현재 문서에 <form> 태그가 하나뿐이어서 1개만 저장된 것입니다. 그리고 0: form 앞에 있는 ▼을 클릭하면 폼 안에 있는 요소들이 다시 배열 형태로 저장되어 있습니다.

😀 HTMLCollection은 저장 형태나 사용할 수 있는 함수들이 배열의 형태와 비슷합니다.

그림 5-19 폼 배열을 사용해 폼에 접근하기

폼에 접근한 후 그 안에 있는 요소들은 elements 속성을 사용하면 됩니다. 콘솔 창에 다음과 같이 입력해 보세요. 웹 문서에 폼이 하나뿐이므로 forms[0].elements를 사용하면 폼에 있는 모든 요소를 가져올 수 있습니다.

```
document.forms[0].elements
```

자, 이제 05\login.html 문서에서 '아이디' 필드에 접근하려면 '아이디' 필드가 폼에서 첫 번째 요소이므로 다음과 같이 작성해야 합니다.

```
document.forms[0].elements[0]
```

 복습하기 05\login.html 문서에서 '아이디' 필드에 있는 값을 가져오는 소스를 작성해 보세요.

정답 document.forms[0].elements[0].value

선택 목록과 항목에 접근하기

폼에는 텍스트 필드뿐만 아니라 다양한 요소들이 있는데, 그중에서 `<select>` 태그를 사용한 목록을 '선택 목록'이라고 합니다. 선택 목록은 `<option>` 태그를 사용해서 여러 개의 항목을 한꺼번에 지정한 후 목록을 펼쳐서 원하는 항목을 선택할 수 있습니다.

😊 선택 목록은 '팝업 메뉴', 'select 메뉴', 'select 목록' 이라고도 합니다.

선택 목록에 접근하기

선택 목록에서 사용자가 어떤 항목을 선택했는지에 따라 다르게 동작하게 하려면 가장 먼저 사용자가 선택한 항목을 알아내야 합니다.

05\getForm.html 문서를 열어 보면 선택 목록을 구현한 소스가 들어 있습니다.

선택 목록을 구현한 소스 확인하기	05\getForm.html

```
<label class="reg" for="class">학과</label>
<select name="major" id="major">
  <option>---- 학과 선택 ----</option>
  <option value="archi">건축공학과</option>
  <option value="mechanic">기계공학과</option>
  <option value="indust">산업공학과</option>
  <option value="elec">전기전자공학과</option>
  <option value="computer">컴퓨터공학과</option>
  <option value="chemical">화학공학과</option>
</select>
```

선택 목록에 id 값이 있으므로 querySelector() 함수를 사용해 선택 목록에 접근할 수 있습니다.

```
document.querySelector("#major")
```

선택 목록에는 여러 개의 옵션 항목이 있죠? 이 항목에 접근하려면 options 프로퍼티를 사용합니다. 웹 브라우저 창에 05\getForm.html 문서를 열어 놓고 콘솔 창에 다음과 같이 입력해 보세요.

```
document.querySelector("#major").options
```

HTMLOptionsCollection(7)이라고 나타나지요? 이것은 7개의 옵션 항목이 배열 형태로 저장되어 있다는 의미입니다. HTMLOptionsCollection(7) 앞에 있는 ▼을 클릭해 배열을 펼쳐보면 인덱스 0부터 6까지 옵션 항목이 들어 있습니다. length 속성에는 옵션 항목의 개수가, selectedIndex에는 사용자가 선택한 옵션의 인덱스값이 저장됩니다. 아직은 선택한 항목이 없으므로 selectedIndex에는 첫 번째 항목을 가리키는 0이 기본값으로 들어 있습니다.

그림 5-20 선택 목록의 옵션 항목 살펴보기

웹 개발자 도구 창의 위에 보이는 '학과'의 선택 목록에서 '산업공학과'를 선택한 후 콘솔 창에 다시 같은 소스를 입력해 보세요. HTMLOptionsCollection(7) 앞에 있는 ▼을 클릭하여 확인해 보면 selectedIndex에 '산업공학과'에 해당하는 인덱스 3이 들어 있습니다.

😀 콘솔 창에서 ↑를 누르면 이전에 입력했던 소스가 나타나므로 그대로 Enter 를 눌러도 됩니다.

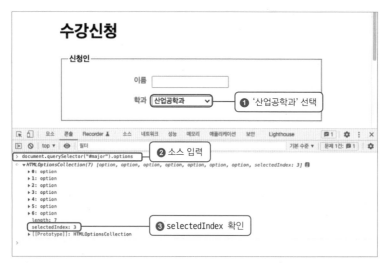

그림 5-21 선택 목록에서 값을 골랐을 때 selectedIndex 값 확인하기

알림 창에 선택한 항목 표시하기

선택 메뉴의 항목에 접근하는 방법을 배웠으니 이제 선택 목록에서 항목을 선택하면 해당 내용을 알림 창에 표시해 보겠습니다.

선택 메뉴에서 몇 번째 항목을 선택했는지는 selectedIndex 값을 살펴보면 알 수 있습니다. 그리고 선택한 항목의 내용을 가져올 때는 innerText 프로퍼티를 사용하면 됩니다.

선택 목록에 함수를 연결할 때는 onclick이 아닌 onchange를 사용합니다. click이나 change를 '이벤트'라고 하는데, 버튼처럼 클릭할 때는 click 이벤트를, 선택 목록에서는 change 이벤트를 사용한다고 기억해 두세요. 선택 목록에서 값이 바뀔 때 displaySelect() 함수를 실행해 보겠습니다.

> 🙂 이벤트는 '6장. 이벤트와 이벤트 처리기'에서 자세히 설명합니다.

선택 메뉴에서 선택한 항목의 내용 가져오기	05\js\getForm.js

```
const selectMenu = document.querySelector("#major");    // 선택 목록을 가져옵니다.

function displaySelect() {
  let selectedText = selectMenu.options[selectMenu.selectedIndex].innerText;
  alert(`[${selectedText}]를 선택했습니다.`);
}
selectedMenu.onchange = displaySelect;
```

웹 브라우저 창에서 05\getForm.html 문서를 열고 선택 목록에서 아무 항목이나 선택하면 알림 창에 해당 내용이 표시됩니다.

그림 5-22 알림 창에 선택 목록에서 선택한 항목 내용 표시하기

라디오 버튼과 체크 박스에 접근하기

여러 가지 항목 중에서 원하는 항목을 선택하는 폼 요소에는 라디오 버튼과 체크 박스가 있습니다. 라디오 버튼은 여러 가지 항목 중에서 하나만 선택할 수 있고, 체크 박스는 여러 개를 선택할 수 있는 것이 다릅니다.

05\getForm.html 문서에는 3개의 라디오 버튼과 3개의 체크 박스가 있습니다. 라디오 버튼이나 체크 박스는 각 항목들의 **name** 값이 모두 같습니다. 이것은 라디오 버튼이나 체크 박스가 하나의 그룹 안에서 항목을 선택하므로 그룹별로 같은 **name**을 붙였기 때문입니다.

```
                                                            05\getForm.html
<form name="testForm">
        ⋮
  <fieldset>
    <legend>신청 과목</legend>
    <p>이 달에 신청할 과목을 선택하세요.</p>
    <label><input type="radio" name="subject" value="speaking">회화</label>
    <label><input type="radio" name="subject" value="grammar">문법</label>
    <label><input type="radio" name="subject" value="writing">작문</label>
  </fieldset>
  <fieldset>
    <legend>메일링</legend>
    <p>메일로 받고 싶은 뉴스 주제를 선택해 주세요.</p>
    <label><input type="checkbox" id="new" name="mailing" value="news">해외 단신</label>
    <label><input type="checkbox" id="dialog" name="mailing" value="dialog">5분 회화
</label>
    <label><input type="checkbox" id="pops" name="mailing" value="pops">모닝팝스</label>
  </fieldset>
</form>
```

라디오 버튼에 접근하기

라디오 버튼은 여러 가지 항목이 있어도 '신청 과목'이라는 하나의 덩어리이므로 name 속성을 사용해서 접근합니다. 웹 브라우저 창에 05\getForm.html 문서를 열고 콘솔 창에 다음과 같이 입력해 보세요.

```
document.testForm.subject
```

라디오 버튼은 같은 name 값을 가진 요소가 여러 개이므로 RadioNodeList라는 노드 리스트 형태로 저장됩니다. RadioNodeList 앞에 있는 ▼을 클릭하면 어떤 값이 들어 있는지 확인할 수 있습니다. 선택한 항목의 값은 value 속성에 저장되는데, 아직 아무 항목도 선택하지 않았으므로 비어 있습니다.

그림 5-23 라디오 버튼에 접근하기

이번에는 라디오 버튼 중 아무 항목이나 선택한 후 콘솔 창에 똑같은 소스를 입력해 보세요.

```
document.testForm.subject
```

value 항목에 선택한 항목의 value 값이 들어 있을 것입니다. 예를 들어 '문법' 항목을 선택했으면 HTML 소스에서 지정한 value 값인 grammar가 저장됩니다.

```
<label><input type="radio" name="subject" value="grammar">문법</label>
```

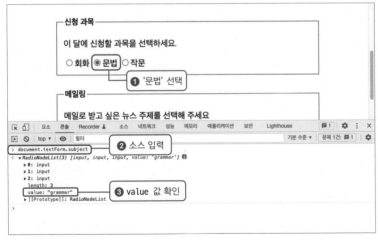

그림 5-24 라디오 버튼을 선택했을 때 노드 리스트의 value 값 확인하기

체크 박스에 접근하기

체크 박스는 라디오 버튼과 달리 여러 개의 항목을 선택할 수 있지만, '메일링'이라는 하나의 주제로 묶을 수 있으므로 역시 각 항목의 name 값을 똑같이 만들어야 합니다. 체크 박스에 접근하려면 라디오 버튼과 마찬가지로 name을 사용합니다. 예를 들어 05\getForm.html 문서에서 체크 박스에 접근하려면 다음과 같이 작성합니다.

```
document.testForm.mailing
```

체크 박스 중 첫 번째 박스의 내용을 가져오려면 다음과 같이 작성할 수 있습니다. 콘솔 창에서 확인해 보세요.

```
document.testForm.mailing[0].value    // 'news'
```

checked 속성을 사용해 선택한 항목에 접근하기

라디오 버튼이나 체크 박스에는 checked 속성이 있습니다. checked 속성은 선택하거나 선택하지 않거나, 이렇게 두 가지 값만 가지므로 논리형 값으로 표현합니다. 특정 항목을 선택하면 그 항목의 checked 속성값은 true가 되죠. 선택하지 않았을 때 항목의 checked 속성값은 false입니다. 그래서 사용자가 라디오 버튼이나 체크 박스 중에서 어떤 항목을 선택했는지 알고 싶으면 각 항목 중에서 checked 속성이 있는 것을 찾아야 합니다. 예를 들어 '신청 과목' 주제에서 '회화'라는 라디오 버튼을 선택하면 해당하는 <input> 태그에 checked 속성이 추가됩니다.

웹 브라우저 창에서 05\getForm.html 문서를 열고 '회화'를 선택한 상태에서 콘솔 창에 name="subject"인 요소 중에서 선택된 것을 찾는 소스를 입력해 보세요.

```
document.querySelector("input[name='subject']:checked")
```

'회화'에 해당하는 요소에 접근할 수 있습니다.

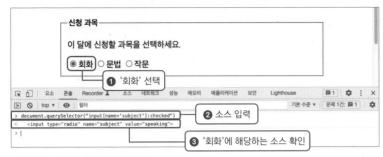

그림 5-25 선택한 라디오 버튼 확인하기

이와 같은 방법으로 사용자가 선택한 체크 박스에도 접근할 수 있습니다. 단, 체크 박스는 2개 이상 선택할 수 있으므로 querySelector() 함수 대신 querySelectorAll() 함수를 사용해야 합니다.

이번에는 '메일링' 항목에서 체크 박스를 2개 이상 선택한 후 콘솔 창에 다음과 같이 입력해 보세요.

```
document.querySelectorAll("input[name='mailing']:checked")
```

노드 리스트 형태로 선택한 항목들이 저장됩니다.

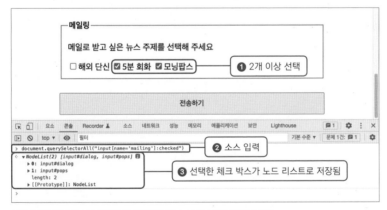

그림 5-26 체크 박스를 2개 이상 선택했을 때 노드 리스트로 저장된 경우

마무리 문제 1

준비 05\quiz-1.html 정답 05\solution-1.html, 05\js\solution-1.js

05\quiz-1.html 문서에는 [상세 설명 보기 / 닫기] 버튼이 있는데, 이 버튼을 클릭할 때마다 상세 설명이 나타나거나 사라지도록 소스를 작성해 보세요.

길라잡이

- 상세 설명이 있는 영역을 가져와서 변수로 저장합니다.
- 버튼을 가져와서 변수로 저장합니다.
- 문서에는 `.hidden { display: none; }` 스타일이 만들어져 있습니다.
- 버튼을 클릭할 때마다 클래스 리스트의 `toggle()` 함수를 사용해 `.hidden` 스타일이 토글되도록 합니다.

마무리 문제 2

준비 05\quiz-2.html 정답 05\solution-2.html, 05\js\solution-2.js

4장의 **마무리 문제 2**에서 '두 수의 최대공약수 구하기' 문제를 풀어보았습니다. 이번에는 4장에서 작성한 함수를 그대로 사용하면서 화면에 2개의 값을 입력한 후 [계산하기] 버튼을 클릭했을 때 함수를 실행하고 함수의 실행 결과는 '결과' 항목에 표시해 보세요.

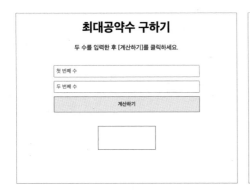

🖝 길라잡이

- 4장의 **마무리 문제 2**에서 사용한 최대공약수를 구하는 getGCD() 함수를 사용합니다.
- 숫자를 입력하는 텍스트 필드를 가져와서 변수에 저장합니다.
- 버튼 요소와 결과 영역을 가져와서 변수에 저장합니다.
- 버튼을 클릭했을 때 실행할 함수를 작성합니다.
- getGCD() 함수가 결괏값을 반환하므로 해당 값을 받아서 결과 영역에 표시합니다.
- 변수를 만들어서 반환값을 받고 변수를 결과 영역에 표시해도 됩니다.

06

이벤트와 이벤트 처리기

여러분의 함수는 정의하자마자 실행되지 않고 버튼을 클릭하거나 목록에서 항목을 선택했을 때 실행됩니다. 버튼을 클릭하거나 항목을 선택하는 것은 '이벤트', 이벤트가 생겼을 때 그 이벤트를 처리하는 것은 '이벤트 처리기' 또는 '이벤트 핸들러'라고 합니다. 이 장에서는 이벤트와 이벤트 처리기에 대해 살펴보겠습니다.

</>

06-1 이벤트 알아보기

메인 메뉴를 클릭하면 서브 메뉴가 펼쳐지는 사이트도 있고, 페이지 로딩이 끝나면 배경 화면이 움직이는 사이트도 있습니다. 이런 효과는 웹 브라우저에 '이벤트'라는 개념을 사용해서 함수를 실행했을 때 연출할 수 있습니다. 자, 그러면 이벤트가 무엇인지부터 알아볼까요?

이벤트란

이벤트event란, 웹 브라우저나 사용자가 실행하는 어떤 동작을 말합니다. 예를 들어 웹 문서에서 키보드의 키를 누르는 것도 이벤트이고, 웹 브라우저 창에 웹 페이지를 불러오는 것도 이벤트입니다. 하지만 웹 브라우저에서 어떤 동작이 이루어진다고 해서 모두 이벤트가 되지는 않습니다. 이벤트는 웹 페이지를 읽어 오거나 링크를 클릭하는 것처럼 웹 문서 영역에서 이루어지는 동작만을 말합니다. 따라서 사용자가 웹 문서 영역을 벗어나서 클릭하는 행위는 이벤트가 아닙니다. 예를 들어 웹 브라우저 창의 맨 위에 있는 제목 표시줄을 클릭하는 것은 이벤트라고 하지 않습니다.

자바스크립트 이벤트는 주로 마우스나 키보드를 사용할 때, 웹 문서를 불러올 때, 폼form에 입력할 때 발생합니다. 이제 자주 사용하는 이벤트를 알아보겠습니다.

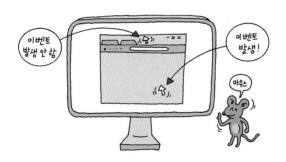

문서 로딩 이벤트

문서 로딩 이벤트는 서버에서 웹 문서를 가져오거나 위아래로 스크롤하는 등 웹 문서를 웹 브라우저 창에 보여 주는 것과 관련된 이벤트입니다.

표 6-1 문서 로딩 이벤트의 종류

이벤트	이벤트가 발생하는 순간
abort	웹 문서가 완전히 로딩되기 전에 불러오기를 멈추었을 때
error	문서가 정확히 로딩되지 않았을 때
load	문서 로딩이 끝났을 때
resize	문서 화면의 크기가 바뀌었을 때
scroll	문서 화면이 스크롤되었을 때
unload	문서를 벗어날 때

예를 들어 문서를 불러오자마자 알림 창을 표시하려면 다음과 같이 **load** 이벤트와 함수를 연결합니다. 이벤트와 함수를 연결하는 다양한 방법에 대해서는 앞으로 설명할 것입니다.

06\js\event-0.js

```
window.onload = alert("안녕하세요?");
```

😀 06\event-0.html 문서에서 확인해 보세요.

마우스 이벤트

마우스 이벤트는 마우스에서 버튼이나 휠 버튼을 조작할 때 발생하는 이벤트입니다.

표 6-2 마우스 이벤트의 종류

이벤트	이벤트가 발생하는 순간
click	사용자가 HTML 요소를 클릭했을 때
dblclick	사용자가 HTML 요소를 더블클릭했을 때
mousedown	사용자가 요소에서 마우스 버튼을 눌렀을 때
mousemove	사용자가 요소에서 마우스 포인터를 움직일 때
mouseover	마우스 포인터를 요소 위로 옮길 때
mouseout	마우스 포인터가 요소를 벗어날 때
mouseup	요소 위에 올려놓은 마우스 버튼에서 손을 뗄 때

다음은 버튼을 클릭했을 때 문서의 배경색을 바꾸는 예제입니다.

😀 06\js\event-2.html 문서에서 확인해 보세요.

06\js\event-2.js

```
const button = document.querySelector("button");

button.onclick = function() {
  document.body.style.backgroundColor = "green";
}
```

키보드 이벤트

키보드 이벤트는 키보드에서 특정 키를 조작할 때 발생하는 이벤트입니다.

표 6-3 키보드 이벤트의 종류

이벤트	이벤트가 발생하는 순간
keydown	키를 누르는 동안
keypress	키를 눌렀을 때
keyup	키에서 손을 뗄 때

다음은 키보드에서 키를 눌렀을 때 어떤 키인지 알아내는 예제입니다.

😀 06\js\keycode.html 문서에서 확인해 보세요.

06\js\keycode.js

```
const body = document.body;
const result = document.querySelector("#result");

body.addEventListener("keydown", (e) => {
  result.innerText = `
  code : ${e.code},
  key : ${e.key}
  `;
});
```

😀 이 소스는 06-3절에서 자세히 설명합니다.

폼 이벤트

폼form이란, 로그인이나 검색, 게시판, 설문 조사처럼 사용자가 데이터(정보)를 입력하는 모든 요소를 가리킵니다. 따라서 폼 이벤트는 폼 요소에 내용을 입력하면서 발생할 수 있는 다양한 이벤트입니다.

표 6-4 폼 이벤트의 종류

이벤트	이벤트가 발생하는 순간
blur	폼 요소에 포커스를 잃었을 때
change	목록이나 체크 상태 등이 변경되었을 때 (⟨input⟩, ⟨select⟩, ⟨textarea⟩ 태그에서 사용)
focus	폼 요소에 포커스를 놓았을 때 (⟨label⟩, ⟨select⟩, ⟨textarea⟩, ⟨button⟩ 태그에서 사용)
reset	폼이 리셋되었을 때
submit	[submit] 버튼을 클릭했을 때

다음은 선택 목록에서 옵션을 선택하면 change 이벤트가 발생하고 change 이벤트에 display Select() 함수를 연결한 예제입니다.

😊 06\getForm.html 문서에서 확인해 보세요.

06\js\getForm.js

```javascript
const selectMenu = document.querySelector("#major");

function displaySelect() {
  let selectedText = selectMenu.options[selectMenu.selectedIndex].innerText;
  alert(`[${selectedText}]를 선택했습니다.`);
}

selectMenu.onchange = displaySelect;
```

😊 폼 이벤트 소스는 '5장. DOM의 기초'에서 공부했습니다.

이 외에도 자바스크립트에는 많은 이벤트가 있으므로 자세한 이벤트 목록을 알려면 'https://developer.mozilla.org/en-US/docs/Web/Events'를 참고하세요.

06-2 이벤트 처리하기

버튼을 클릭했을 때 어떤 동작이 실행되거나 폼 목록에서 항목을 선택했을 때 특정 페이지로 연결되는 것처럼, 이벤트가 발생하면 그에 따른 연결 동작이 있어야 합니다. 이렇게 이벤트를 처리하는 것을 '이벤트 처리기' 또는 '이벤트 핸들러 event handler'라고 합니다.

HTML 태그에 함수 연결하기

이벤트를 처리하는 가장 간단한 방법은 이벤트가 발생한 HTML 태그에 직접 함수를 연결하는 것입니다. 이 방법은 자바스크립트의 초기 버전부터 사용해 왔고 지금도 많이 사용하고 있어요. HTML 태그에 이벤트 처리기를 연결하기 위한 속성을 추가하는데, 속성 이름은 'on이벤트명'으로 표현하고 그 뒤에 함수를 연결하는 것입니다. 예를 들어 어떤 요소를 클릭했을 때 함수를 실행하려면 태그 안에 `onclick` 속성을 사용해서 함수를 지정합니다.

> 기본형   *<태그 on이벤트명 = "함수명">*

다음은 버튼을 클릭했을 때 알림 창을 표시하는 예제입니다.

06\event-1.html

```
<button onclick="alert('클릭!')">Click</button>
```

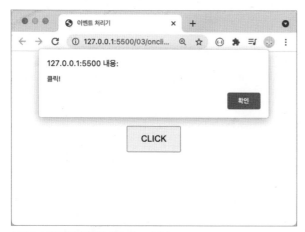

그림 6-1 버튼을 클릭하여 알림 창 표시하기

이 방법은 HTML 태그에 스크립트를 함께 사용하므로 스크립트 소스에서 함수 이름이 바뀌거나 변경 내용이 있을 경우 HTML 소스도 함께 수정해야 합니다. 즉, HTML 소스와 자바스크립트 소스를 함께 사용하므로 스크립트 부분을 수정하려면 HTML 소스를 다 뒤져야 하죠. 그래서 이벤트가 발생했을 때 스크립트 파일에서 이벤트를 처리하는 방법을 많이 사용하는데, 지금부터 이 방법을 알아보겠습니다.

웹 요소에 함수 연결하기

스크립트 소스를 변경해도 HTML 마크업에는 영향을 주지 않게 하려면 이벤트 처리기도 스크립트 소스에서 처리하는 것이 좋습니다. 따라서 DOM을 사용해 웹 요소를 가져온 후 프로퍼디로 함수를 연결해야 하는데, 이 방법은 이 책을 공부하면서 지금까지 사용해 왔습니다.

> 기본형   *요소*.on*이벤트명* = *함수*

예를 들어 버튼 요소를 가져온 후 버튼을 클릭했을 때 문서의 배경색을 바꾸려면 다음과 같은 형식으로 사용합니다.

버튼을 클릭해서 문서의 배경색 바꾸기 1	06\event-2.html, 06\js\event-2.js

```
const button = document.querySelector("button");


button.onclick = function() {
  document.body.style.backgroundColor = "green";
}
```

함수를 미리 만들어 두었다면 간단히 함수 이름만 지정해도 됩니다. 이때 실행할 함수 이름 뒤에 소괄호(( ))를 사용하지 않습니다.

다음은 문서의 배경색을 바꾸기 위해 changeBackground() 함수를 따로 정의해 놓고 onclick에 연결한 예제입니다. 결과는 위의 소스(06\event-2.html)와 같습니다.

버튼을 클릭해서 문서의 배경색 바꾸기 2	06\event-3.html, 06\js\event-3.js

```
function changeBackground() {
  document.body.style.backgroundColor = "green";
}
const button = document.querySelector("button");
button.onclick = changeBackground;
```

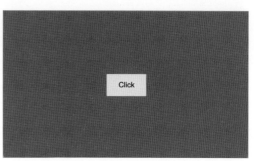

그림 6-2 버튼을 클릭해서 문서의 배경색 바꾸기

 복습하기 06\js\event-3.js 파일을 참고해서 [Click] 버튼을 클릭했을 때 문서의 배경색은 #222 로, 글자색은 #fff로 변경하는 소스를 작성해 보세요. 이때 웹 문서에 약간의 텍스트가 있어 야 글자색이 바뀌는 것을 확인할 수 있는데, 문서의 텍스트는 직접 입력하세요.

정답 06\ex-1.html, 06\js\ex-1.js 참고

지금까지 살펴본 방법은 간단하지만, 이벤트가 발생했을 때 두 가지 이상의 함수를 실행할 경우에는 문제가 발생합니다. 예를 들어 버튼을 클릭했을 때 '클릭'이라는 알림 창이 나타나면서 동시에 문서 배경색이 바뀌도록 작성해 보겠습니다.

다음은 <button> 태그 안에서 onclick 프로퍼티에 알림 창 표시 함수를 연결하고, 스크립트 소스에서 버튼 요소에 onclick 프로퍼티를 사용해 배경색을 바꾸는 함수를 연결한 예제입니다. 즉, 버튼에 두 가지 이벤트 처리기가 연결된 것이죠.

06\event-4.html

```
<button onclick="alert('클릭!')">Click</button>
<script src="js/event-4.js"></script>
```

06\js\event-4.js

```
const button = document.querySelector("button");

button.onclick = function() {
  document.body.style.backgroundColor = "green";
}
```

웹 문서를 열고 [Click]이라는 버튼을 클릭하면 알림 창은 나타나지 않고 문서의 배경색만 바뀝니다. 이것은 웹 요소에서 'on이벤트명' 프로퍼티를 하나만 사용할 수 있기 때문입니다. 만약 이 프로퍼티를 <button> 태그에서도 사용하고 스크립트 소스에서도 사용한다면 가장 마지막에 사용한 onclick 프로퍼티만 적용됩니다. 따라서 하나의 이벤트에 여러 함수를 연결하려면 지금부터 설명하는 addEventListener()를 사용해야 합니다.

이벤트 리스너로 이벤트 처리하기

이벤트를 처리할 때 이벤트 리스너^{event listener}를 자주 사용합니다. 이벤트 리스너는 모든 DOM 요소에서도 사용할 수 있고, 모든 함수에서도 실행할 수 있습니다. 이벤트 리스너를 사용해 이벤트를 처리할 때는 addEventListener() 메서드(함수)를 사용합니다.

😀 addEventListener()의 끝에는 세미콜론(;)을 붙여야 합니다.

> 기본형 요소.addEventListener(*이벤트, 함수, 캡처 여부*);

- **요소:** 이벤트가 발생한 요소입니다.
- **이벤트:** 이벤트 유형입니다. 단, 여기에서는 이벤트 이름 앞에 on을 붙이지 않고 click이나 keypress처럼 이벤트 이름을 그대로 사용합니다.
- **함수:** 이벤트가 발생했을 때 실행할 함수를 지정합니다. 기존에 있는 함수를 사용해도 되고 직접 익명 함수를 작성해도 됩니다. 익명 함수로 실행할 때는 event 객체를 사용해서 다양한 것들을 처리할 수 있습니다.
- **캡처 여부:** 이벤트를 캡처링하는지의 여부를 지정합니다. 즉, true이면 캡처링을, false이면 버블링을 한다는 의미로, 선택 사항이며 기본값은 false 입니다.

😀 이벤트 캡처링에 대한 자세한 내용은 06-4절을 참고하세요.

이벤트 리스너를 사용해 문서 배경색 바꾸기

addEventListener() 함수를 사용해서 함수를 실행하는 방법은 앞에서 설명했던 방법과 비슷합니다. 예를 들어 버튼을 클릭했을 때 문서의 배경색을 바꾸는 changeBackground() 함수가 있다면 이 함수를 연결해서 사용할 수 있습니다.

```
// 이미 만든 함수를 연결합니다.
function changeBackground() {
  document.body.style.backgroundColor = "green";
}

button.addEventListener("click", changeBackground);
```

앞의 소스에서 changeBackground라는 함수 이름이 있는 자리에 익명의 함수로 작성해도 됩니다.

```
// 익명 함수 사용
button.addEventListener("click", function() {
  document.body.style.backgroundColor = "green";
});
```

물론 화살표 함수^{arrow function}를 사용해서 함수를 좀 더 간단하게 표현할 수 있죠.

```
// 화살표 함수 사용
button.addEventListener("click", () => {
  document.body.style.backgroundColor = "green";
});
```

 addEventListener() 함수를 사용해서 버튼을 클릭했을 때 문서의 배경색과 글자색을 토글하는 소스를 작성해 보세요.

정답 06\ex-2.html, 06\js\ex-2.js 참고

텍스트 필드에 입력한 글자 수 알아내기

텍스트 필드에 단어를 입력했을 때 단어의 길이인 글자 수를 화면에 표시하는 프로그램을 작성해 보겠습니다. 문자열의 길이는 length 프로퍼티에 들어 있다는 것을 기억하세요.

| 입력한 단어의 길이 알아내기 | 06\event-5.html, 06\js\event-5.js |

```
const button = document.querySelector("#bttn");

button.addEventListener("click", () => {
  const word = document.querySelector("#word").value;    // 텍스트 필드의 내용
  const result = document.querySelector("#result");      // 결괏값을 표시할 영역
  let count = word.length;            // 문자열의 길이

  result.innerText = `${count}`;  // 결괏값 표시
});
```

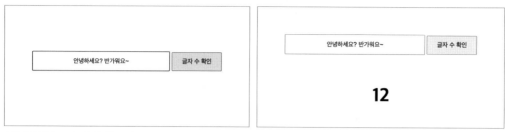

그림 6-3 텍스트 필드에 입력한 글자 수 알아내기

Do it! 실습 ▶ 모달 박스 만들기

준비 06\modal.html, 06\css\modal.css 결과 06\modal-result.html, 06\css\modal-result.css, 06\js\modal-result.js

모달 박스^{modal box}란, 화면에 내용이 팝업되면서 기타 내용은 블러 처리되어 팝업된 내용에만 집중할 수 있게 해 주는 창입니다. 이번에는 [프로필 보기]를 클릭했을 때 모달 박스에 프로필 정보를 보여 주는 소스를 작성해 보겠습니다.

> **먼저 생각해 보세요!**
> • 문서 안에 포함된 모달 박스 내용을 어떻게 모달 박스처럼 꾸며야 할까요? ☐
> • classList.toggle()을 사용하기 위해 적용하거나 감출 스타일을 어떻게 정의해야 할까요? ☐

01 06\modal.html 문서에는 `<div id="modal-box">` ~ `</div>` 사이에 모달 박스에 표시할 내용이 미리 준비되어 있습니다. 웹 브라우저 창에서 이 문서를 확인해 보면 버튼과 프로필 내용이 함께 표시되어 있는데, 버튼을 클릭할 때마다 프로필을 보여 주거나 감추는 문서로 바꿔 보겠습니다.

😃 모달 박스에 들어갈 내용은 웹 문서에 함께 들어 있어야 합니다.

```
<body>
  <button id="open">프로필 보기</button>

  <div id="modal-box">
    <div id="modal-contents">
      <button id="close">&times;</button>
      <h1 id="title">My Profile</h1>
      <div id="profile">
        <img src="images/pf.png" alt="도레미">
        <div id="desc">
          <p class="user">이름 : 도레미</p>
          <p class="user">주소 : somewhere</p>
          <p class="user">연락처 : 1234-5678</p>
        </div>
      </div>
    </div>
  </div>

</body>
```

02 먼저 프로필 내용을 모달 박스 형태로 만들어야 합니다. 06\css\modal.css 파일을 열고 다음의 소스를 추가하세요. 소스 위치는 **button** 스타일 다음이 좋습니다.

```
                                                              06\css\modal.css
button {
  ⋮
}


#modal-box {
  position:fixed;
  top:0;
  left:0;                    ─── 모달 박스의 위치 고정하기
  bottom:0;
  right:0;
  background-color: rgba(0,0,0,0.6);
  display:flex;
  justify-content: center;   ─── 화면의 가운데에 모달 박스 배치하기
  align-items: center;
}
```

03 CSS 파일을 저장한 후 웹 브라우저 창에서 06\modal.html 문서를 다시 한번 확인해 보면 모달 박스 형태로 표시될 것입니다.

04 모달 박스가 제대로 만들어졌나요? 그렇다면 처음에는 화면에서 감추었다가 버튼을 클릭할 때 표시해 보겠습니다. 앞에서 설명했던 classList.toggle()을 사용하기 위해 #modal-box 스타일에서 display 속성을 none으로 바꿉니다. 그러면 처음에 웹 문서를 불러올 때 모달 박스는 화면에 보이지 않습니다. 이렇게 감춘 모달 박스는 버튼을 클릭했을 때 화면에 표시해야 하므로 화면에 보여 주는 스타일을 따로 만들어야 합니다. 여기서는 이것을 .active라는 새로운 클래스 스타일로 만듭니다.

```
                                                          06\css\modal.css
button {
    ⋮
}

#modal-box {
  position:fixed;
  top:0;
  left:0;
  bottom:0;
  right:0;
  background-color: rgba(0,0,0,0.6);
  display:none;
  justify-content: center;
  align-items: center;
}

#modal-box.active {
  display:flex;
}
```

😊 이렇게 수정하고 웹 브라우저 창에서 06\modal.html 문서를 확인하면 프로필 내용은 사라지고 버튼만 보입니다.

05 이제 06\js 폴더에 새로운 스크립트 파일을 만들고 웹 문서에 연결하는 것은 간단하죠? 06\js 폴더에 modal.js 파일을 만들고 06\modal.html 문서에 스크립트 파일을 연결합니다.

```
                                                            06\modal.html
<body>
  <button id="open">프로필 보기</button>
```

```
  <div id="modal-box">
    ⋮
  </div>

  <script src="js/modal.js"></script>
</body>
```

06 [프로필 보기] 버튼을 가져와서 open이라는 변수에 저장하고 모달 박스는 **modalBox** 변수로 저장합니다. 모달 박스에서 [닫기] 버튼을 클릭했을 때 모달 박스가 사라져야 하므로 모달 박스의 [닫기] 버튼도 **close** 변수로 저장합니다. [열기] 버튼을 클릭하면 **.active** 스타일이 추가되었다가 [닫기] 버튼을 클릭하면 **.active**가 삭제되도록 지정하면 됩니다. 06\js\modal.js 파일에 다음의 소스를 작성하고 저장합니다.

06\js\modal.js

```
const open = document.querySelector("#open");
const modalBox = document.querySelector("#modal-box");
const close = document.querySelector("#close");

open.addEventListener("click", () => {
  modalBox.classList.toggle("active");    // 클릭하면 .active 스타일을 토글합니다.
});
```

07 웹 브라우저 창에서 06\modal.html 문서를 확인해 보세요. [프로필 보기] 버튼을 클릭하면 모달 박스가 나타나고, 모달 박스의 [닫기] 버튼(⊠)을 클릭하면 모달 박스가 사라질 것입니다.

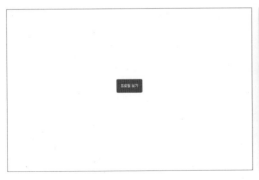

06-3 event 객체

DOM에는 웹 문서에 발생하는 이벤트 정보를 저장하는 **event** 객체가 있습니다. event 객체에는 어떤 요소에서 이벤트가 발생했는지, 어떤 종류의 이벤트가 발생했는지 등의 정보가 포함됩니다.

event 객체의 프로퍼티와 메서드

웹 문서에 이벤트가 발생하면 자동으로 이벤트와 관련된 객체가 만들어집니다. **event** 객체에는 이벤트 이름이나 발생 위치, 발생한 시간 등 이벤트와 관련된 다양한 정보가 포함되어 있습니다. 그래서 자바스크립트에서 이벤트를 처리할 때는 **event** 객체를 자주 사용합니다. **event** 객체에 담긴 정보, 즉 프로퍼티[property]는 다음과 같습니다. 그리고 event 객체에서 사용할 수 있는 메서드는 **preventDefault()**뿐입니다.

표 6-5 event 객체의 프로퍼티

프로퍼티	기능
altKey	이벤트가 발생했을 때 Alt 를 누르고 있었는지의 여부를 확인하고 불리언[Boolean]값을 반환합니다.
button	마우스 키값을 반환합니다.
charCode	keypress 이벤트가 발생했을 때 어떤 키가 눌렸는지 유니코드값으로 반환합니다.
clientX	이벤트가 발생한 가로 위치를 반환합니다.
clientY	이벤트가 발생한 세로 위치를 반환합니다.
ctrlKey	이벤트가 발생했을 때 Ctrl 을 누르고 있었는지의 여부를 확인하고 불리언값을 반환합니다.
pageX	현재 문서를 기준으로 이벤트가 발생한 가로 위치를 반환합니다.
pageY	현재 문서를 기준으로 이벤트가 발생한 세로 위치를 반환합니다.
screenX	현재 화면을 기준으로 이벤트가 발생한 가로 위치를 반환합니다.
screenY	현재 화면을 기준으로 이벤트가 발생한 세로 위치를 반환합니다.
shiftKey	이벤트가 발생했을 때 Shift 를 누르고 있었는지의 여부를 확인하고 불리언값을 반환합니다.
target	이벤트가 발생한 대상을 반환합니다.
timeStamp	이벤트가 발생한 시간을 밀리초 단위로 반환합니다.

프로퍼티	기능
type	발생한 이벤트 이름을 반환합니다.
which	키보드와 관련된 이벤트가 발생했을 때 키의 유니코드값을 반환합니다.

표 6-6 event 객체의 메서드

메서드	기능
preventDefault	(취소할 수 있을 경우) 기본 동작을 취소합니다.

event 객체에서 사용하는 프로퍼티와 메서드 전체 목록을 확인하려면 'developer.mozilla. org/ko/docs/Web/API/Event'를 참고하세요.

마우스 이벤트에서 클릭 위치 알아내기

마우스에서 click 이벤트가 발생했을 때 클릭한 위치가 어디인지 알아야 할 경우가 있습니다. 이때 event 객체를 이용하면 이벤트가 발생한 위치를 알 수 있습니다.

다음은 사각형 내부를 클릭했을 때 알림 창에 click 이벤트의 발생 위치를 표시하는 예제입니다. 함수의 인수로 e를 사용했는데, 여기서 e는 이벤트 객체입니다. 변수 이름은 모든 이름을 사용할 수 있지만, 이벤트라는 것을 쉽게 알 수 있도록 주로 e나 event라는 이름을 많이 사용합니다. event 객체를 함수로 넘겨주면 함수에서 event 객체의 pageX와 pageY 프로퍼티를 사용해서 클릭한 위치를 알아냅니다.

click 이벤트가 발생했을 때 클릭 위치 알아내기	06\event-6.html, 06\js\event-6.js

```
const box = document.querySelector("#box");

box.addEventListener("click", (e) => {
  alert(`이벤트 발생 위치 : ${e.pageX}, ${e.pageY}`);
});
```

그림 6-4 마우스 이벤트를 클릭한 위치 알아내기

복습하기 06\js\event-6.js 파일을 참고하여 사각형 영역에서 마우스를 움직일 때, 즉 mousemove 이벤트가 발생했을 때 이벤트의 발생 위치를 콘솔 창에 보여 주는 소스를 작성해 보세요.

정답 06\ex-3.html, 06\js\ex-3.js

키보드 이벤트에서 키값 알아내기

프로그램을 사용하다 보면 키보드에서 사용자가 누른 키를 알아내야 할 때가 종종 있습니다. 예를 들어 Enter 를 눌렀을 때 무엇인가를 처리하거나, 키보드의 키를 이용해서 좌우로 이동 하거나 점프하는 등 키보드로 제어하는 간단한 게임을 만들 수 있죠. 이 경우 키값이 필요한 데, 키값 역시 event 객체에 담겨 있습니다.

키보드와 관련된 키값은 다양한 형태로 제공되지만, event.code와 event.key를 가장 많이 사용합니다. 이전에는 event.keyCode를 사용했지만, 이 프로퍼티는 이제 폐기되어 event. code로 바뀌었습니다.

😀 키값의 전체 목록을 확인하려면 'https://developer.mozilla.org/en-US/docs/Web/API/KeyboardEvent/key/Key_Values' 를 참고하세요.

기본형	event.code
	event.key

다음은 키보드에서 키를 누를 때마다 어떤 키를 눌렀는지 알아내는 예제입니다. 키 코드를 알 려면 event.code를, 키 이름을 알려면 event.key를 사용하는데, 소스에서는 event 객체를 변 수 이름 e로 사용했습니다.

😀 키보드 이벤트는 영문을 기준으로 만들어졌으므로 영문으로 테스트하세요.

키보드 이벤트에서 키값 알아내기	06\keycode.html, 06\js\keycode.js

```
const body = document.body;
const result = document.querySelector("#result");

body.addEventListener("keydown", (e) => {
  result.innerText = `
  code : ${e.code},
  key : ${e.key}
  `;
});
```

키보드의 아무 키나 눌러보세요	키보드의 아무 키나 눌러보세요
code : KeyA, key : a	code : Digit6, key : 6

그림 6-5 키보드 이벤트에서 키값 알아내기

Do it! 실습 ▶ 자바스크립트로 캐러셀 만들기

준비 06\carousel.html 결과 06\carousel-result.html, 06\js\carousel-result.js

웹에서 캐러셀^{carousel}이란, 이미지나 콘텐츠를 슬라이드 쇼처럼 보여 주는 요소입니다. 캐러셀을 만드는 방법은 다양하지만, 방금 공부한 이벤트 객체를 사용해 화면의 특정 부분에 캐러셀을 만들어 보겠습니다. 이 소스를 활용하면 웹 페이지의 위쪽에 상품 소개 캐러셀이나 홍보 배너 등을 만들 수 있습니다.

01 웹 편집기에서 06\carousel.html 문서를 열면 #container 부분이 캐러셀을 표시할 영역으로, 그 안에 있는 유니코드를 사용해서 왼쪽 화살표(〈)와 오른쪽 화살표(〉)를 삽입했습니다. 소스를 자세히 보면 왼쪽 화살표인지, 오른쪽 화살표인지 구분하기 위해 id 값을 left와 right로 사용한 것을 알 수 있죠.

```
<div id="container">
    <div class="arrow" id="left">&lang;</div>       ── 왼쪽(이전) 화살표
    <div class="arrow" id="right">&rang;</div>      ── 오른쪽(이후) 화살표
</div>
```
── 캐러셀 영역

02 웹 브라우저 창에서 06\carousel.html 문서를 열면 다음과 같은 모습입니다. 아직 아무 이미지도 없고 화살표만 보이죠? 이제 여기에 이미지를 삽입한 후 화살표를 클릭해서 이미지를 좌우로 슬라이딩해 보겠습니다.

좌우 화살표를 눌러 보세요

03 비주얼 스튜디오 코드의 왼쪽 사이드바에서 06\js 폴더에 carousel.js라는 새로운 스크립트 파일을 만들고 06\carousel.html 문서에 연결합니다.

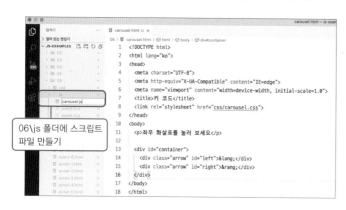

06\js 폴더에 스크립트 파일 만들기

06\carousel.html

```
<body>
    ⋮
  <script src="js/carousel.js"></script>
</body>
```

04 06\carousel.css 파일에서 캐러셀 영역의 크기를 600×300으로 지정했으므로 이미지도 해당 크기에 맞게 준비합니다. 여기에서는 images 폴더에 pic-1.jpg부터 pic-5.jpg까지 모두 5개의 이미지를 준비했습니다. 그리고 마크업과 분리해서 이미지를 언제든지 변경할 수 있도록 스크립트 파일에서 배열 형태로 저장합니다. 이때 배열의 첫 번째 이미지가 캐러셀 영역에 보이도록 지정합니다.

```
const container = document.querySelector("#container");    // 캐러셀 영역

// 이미지 배열
const pics = ["pic-1.jpg", "pic-2.jpg", "pic-3.jpg", "pic-4.jpg", "pic-5.jpg"];

// 첫 번째 이미지를 기본으로 표시합니다.
container.style.backgroundImage = `url(images/${pics[0]})`;
```

05 웹 브라우저 창에서 여기까지 저장한 캐러셀을 확인하면 첫 번째 이미지가 보일 것입니다.

06 화살표 요소를 가져와서 **arrows**로 저장한 후 **click** 이벤트가 발생하면 왼쪽 화살표인지, 오른쪽 화살표인지 확인해야 합니다. **event** 객체의 **target** 프로퍼티가 이벤트가 발생한 대상을 가리키므로 이 프로퍼티를 사용합니다. 즉, 화살표를 클릭하면 화살표와 관련된 소스가 반환되죠. 이때 소스에 있는 **id** 값이 **left**인지, **right**인지에 따라 화살표를 구별할 수 있습니다.

id 값이 **left**이면 이미지를 이전 이미지로 이동하고, **right**이면 다음 이미지로 이동합니다. 이때 한 가지 더 고려할 것이 있습니다. 첫 번째 이미지에서 왼쪽 화살표를 클릭하면 더 이상 진행할 이전 이미지가 없으므로 마지막 이미지로 이동해야 합니다. 마찬가지로 마지막 이미지에서 오른쪽 화살표를 클릭하면 첫 번째 이미지로 되돌아가게 하는 게 자연스럽겠죠? 자, 그러면 앞의 소스에 이어서 다음의 소스를 추가해 보세요.

```
const arrows = document.querySelectorAll(".arrow");   // 화살표
let i = 0;   // 배열 인덱스

arrows.forEach( arrow => {
  arrow.addEventListener("click", (e) => {
    if(e.target.id === "left") {   // 왼쪽 화살표를 클릭한 경우
      i--;                         // 이전 이미지로 이동합니다.
      if (i < 0) {                 // 첫 번째 이미지인 경우
        i = pics.length - 1;       // 마지막 이미지로 이동합니다.
      }
    }
    else if (e.target.id == "right") {   // 오른쪽 화살표를 클릭한 경우
      i++;                               // 다음 이미지로 이동합니다.
      if ( i >= pics.length ) {          // 마지막 이미지인 경우
        i = 0;                           // 첫 번째 이미지로 이동합니다.
      }
    }
    container.style.backgroundImage = `url(images/${pics[i]})`;   // 현재 이미지를 표시합니다.
  });
});
```

07 웹 브라우저 창에서 완성된 캐러셀을 확인해 보세요. 화살표를 클릭할 때마다 이전 이미지, 또는 다음 이미지로 이동할 것입니다.

고쌤의 한마디!

웹 문서에서 마우스 오른쪽 버튼 비활성화시키기

웹 브라우저뿐만 아니라 대부분 컴퓨터 프로그램에서는 마우스 오른쪽 버튼을 클릭하면 바로가기 메뉴가 표시되는데, 이것을 '콘텍스트 메뉴^{context menu}'라고도 하죠. 그리고 마우스 오른쪽 버튼을 클릭하면 contextmenu 이벤트가 발생하고 이 이벤트는 웹에서 마우스 오른쪽 버튼을 사용하지 못하게 할 때 자주 사용합니다.

다음은 웹 문서 전체에서 마우스 오른쪽 버튼을 클릭하면 바로가기 메뉴를 표시하는 기본 기능을 취소하고 알림 창을 보여 주는 예제입니다.

```
window.addEventListener("contextmenu", e => {
  e.preventDefault();
  alert("오른쪽 버튼을 사용할 수 없습니다.")
});
```

06-4 이벤트 전파

웹 요소에서 이벤트가 발생했을 때 해당 요소에서만 이벤트가 처리되는 것이 아니라 해당 요소를 감싸고 있는 부모 요소, 그리고 그 요소의 부모 요소에서도 똑같이 이벤트가 처리되는데, 이것을 '이벤트 전파^{event propagation}'라고 합니다. 이벤트 전파는 크게 '버블링'과 '캡처링'이라는 두 가지 형태로 나뉩니다.

이벤트 버블링

이벤트 버블링이란, 특정 요소에서 이벤트가 발생했을 때 그 이벤트가 해당 요소뿐만 아니라 그 요소의 부모 요소, 부모 요소의 부모 요소에도 똑같이 발생한 것으로 간주하는 것입니다. 예를 들어 살펴보는 것이 이해가 쉽겠죠? 06\bubbling.html 문서의 구조가 다음과 같다고 가정해 보겠습니다.

```
                                                          06\bubbling.html

<html>
<head> ... </head>
<body>
  BODY
  <div onclick = "console.log('div')">
    DIV
    <section onclick = "console.log('section')">
      SECTION
      <p onclick = "console.log('p')">P</p>
    </section>
  </div>
</body>
```

가장 바깥쪽에는 html 요소가, 가장 안쪽에는 p 요소가 있는데, 이것을 그림으로 그리면 다음의 포함 관계를 가지고 있을 것입니다.

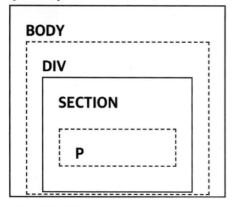

그림 6-6 웹 문서의 구조 살펴보기

😀 웹 브라우저 창에서 확인했을 때 가장 바깥쪽의 (HTML)은 화면에 보이지 않습니다. 여기에서는 개념을 잘 이해할 수 있게 임의로 (HTML)을 추가했습니다.

자, 그러면 어떻게 이벤트가 전달되는지 확인해 보겠습니다. 웹 브라우저 창에서 06\bubbling. html 문서를 열고 콘솔 창도 함께 열어 놓으세요. 가장 안쪽에 있는 'P'를 클릭하면 콘솔 창에 무엇이 표시될까요? 'P'뿐만 아니라 'SECTION'과 'DIV'를 클릭하면 나타나는 내용도 함께 표시됩니다.

이것은 P 요소에서 발생한 `click` 이벤트가 `section` 요소를 거쳐 `div` 요소로 전달되면서 해당 요소들의 이벤트 처리기가 함께 실행되었기 때문입니다. `body` 요소와 `html` 요소에도 이벤트가 전달되었지만, 이들 요소에는 따로 이벤트 처리기가 연결되어 있지 않으므로 아무 결과도 나오지 않았습니다.

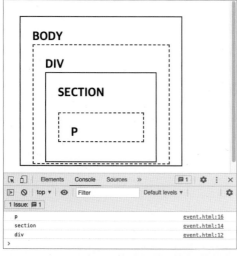

그림 6-7 P 요소에서 발생한 이벤트가 계속 부모 요소로 전파되는 이벤트 버블링

이렇게 이벤트가 발생한 요소에서부터 부모 요소로, 다시 그 요소의 부모 요소로 이벤트가 전달되는 것을 '이벤트 버블링^{event bubbling}'이라고 합니다. 비누거품이 위로 퍼져나가는 것이 연상되지요? 모던 웹 브라우저에서 대부분의 이벤트는 버블링됩니다.

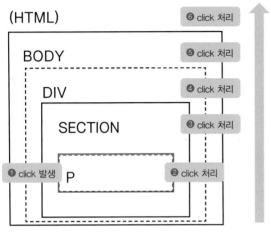

그림 6-8 이벤트 버블링에서 이벤트가 전파되는 모습

 화면에서 section 요소를 클릭했을 때 이벤트가 어떻게 전파될지 미리 상상해 보고 직접 클릭해서 콘솔 창을 확인해 보세요.

event.target과 event.currentTarget

이벤트가 발생하면 해당 이벤트와 관련된 정보는 event 객체에 담겨집니다. event 객체의 프로퍼티 중에서 이벤트 전파와 관련이 있는 프로퍼티는 target 프로퍼티와 currentTarget 프로퍼티입니다.

이번에는 예제를 통해 이름이 비슷한 이들 프로퍼티를 확인해 보겠습니다. 예제 소스 코드의 구조는 앞에서 살펴보았던 구조와 같습니다.

06\propagation.html

```
<html>
<head> ... </head>
<body>
  BODY
  <div>
    DIV
    <section>
      SECTION
```

```
      <p>P</p>
    </section>
  </div>

  <script src="js/event-propa.js"></script>
</body>
```

06\js\propagation.js

```
// 모든 요소를 가져와서 elements에 저장합니다.
const elements = document.querySelectorAll('*');

// 모든 요소를 순회하면서
// click 이벤트가 발생하면
// event.target인 태그 이름과 event.currentTarget인 태그 이름을 출력합니다.
for (let element of elements) {
  element.addEventListener("click", e =>
  console.log(`event.target : ${e.target.tagName}, event.currentTarget : ${e.current
  Target.tagName}`));
}
```

웹 브라우저 창에서 06\propagation.html 문서를 열고 가장 안쪽의 P 영역을 클릭해 보세요. 웹 브라우저 창에서는 이벤트 버블링을 기본으로 하므로 P 영역에서부터 최상위 요소까지 이벤트가 전파될 것입니다. 콘솔 창을 보면 event.target은 계속 'P'인데, event.current Target은 'P'부터 시작해서 'HTML'까지 차례대로 버블링됩니다. 여기에서 본 것처럼 event. target은 처음 이벤트가 발생한 대상을, event.currentTarget은 이벤트가 전파되면서 현재 이벤트 처리기가 실행되는 대상을 가리킵니다.

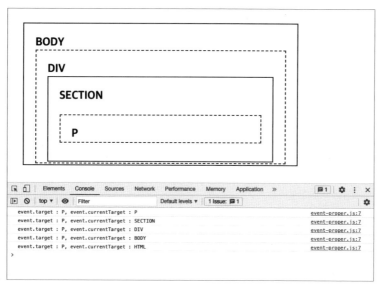

그림 6-9 event.currentTarget 프로퍼티를 사용해 이벤트 버블링 확인하기

이벤트 캡처링

웹 브라우저에서는 기본적으로 '이벤트 버블링'이라는 전파 방식을 사용합니다. 하지만 가끔 이벤트 캡처링 방식이 필요한 경우가 생길 수 있으므로 이벤트 캡처링에 대해서도 알고 있어야 합니다.

이벤트 캡처링^{event capturing}은 웹 요소에서 이벤트가 발생하면 일단 최상위 요소에서 시작해서 이벤트가 발생한 요소까지 차례대로 이벤트가 전파되는 방식입니다. 버블링이 아래에서 위로(자식 요소에서 부모 요소로) 전파된다면 캡처링은 위에서 아래로(부모 요소에서 자식 요소로) 이벤트가 전파되는 방방식이죠.

이벤트 리스너에서 세 번째 옵션은 기본적으로 **false**를 사용하므로 이벤트 캡처링을 사용하려면 이 옵션을 **true**로 지정해야 합니다. 자, 그러면 앞에서 살펴보았던 예제에서 이벤트 버블링을 이벤트 캡처링으로 바꾸면 어떻게 될까요?

```
                                      06\capturing.html, 06\js\capturing.js

const elements = document.querySelectorAll('*');

for (let element of elements) {
  element.addEventListener("click", e =>
    console.log(`event.target : ${e.target.tagName}, event.currentTarget : ${e.current-
Target.tagName}`), true);
}
```

06\capturing.html 문서에서 P 영역을 클릭한 후 콘솔 창을 확인해 보세요. event.current Target을 살펴보면 HTML부터 시작해서 P 영역까지 캡처링된 것을 볼 수 있습니다.

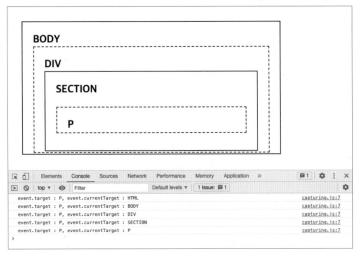

그림 6-10 P 영역에서 이벤트가 발생했지만 HTML 요소로부터 이벤트가 시작되는 이벤트 캡처링

이벤트 캡처링을 간단히 그림으로 표현하면 다음과 같습니다. 이벤트가 발생한 영역은 P 영역이지만, currentTarget이 최상위 요소인 HTML부터 시작합니다.

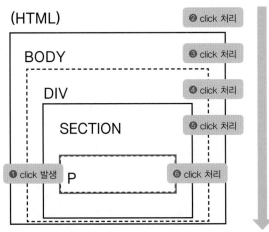

그림 6-11 이벤트 캡처링에서 이벤트가 전파되는 모습

마무리 문제 1

준비 06\quiz-1.html, 06\images\pic-1.jpg~06\images\pic-6.jpg
정답 06\solution-1.html, 06\js\solution-1.js

06\quiz-1.html 문서에는 하나의 이미지가 삽입되어 있습니다. 이 이미지의 위에 마우스 포인터를 올려 놓았을 때 06\images\pic-6.jpg로 바뀌었다가 이미지에서 마우스 포인터를 다른 곳으로 이동하면 06\images\pic-1.jpg로 바뀌는 소스를 작성해 보세요.

📝 길라잡이

- 06\quiz-1.html 문서에서 `<img>` 태그에는 `id`나 `class`가 없습니다. 태그 이름을 사용하거나 2개 이상의 선택자를 연결한 후 이미지를 가져와서 변수에 저장합니다.
- 마우스 포인터를 이미지의 위에 올려놓을 때는 `mouseover` 이벤트가, 마우스 포인터를 다른 곳으로 이동할 때는 `mouseout` 이벤트가 발생합니다.
- 이벤트가 발생했을 때 이미지의 `src` 속성값을 바꿉니다.

마무리 문제 2

준비 06\quiz-1.html, 06\solution-2.css
정답 06\solution-2.html, 06\js\solution-2.js, 06\solution-2.css

이벤트를 활용해 필요에 따라 표시했다가 감추는 메뉴를 만들어 보겠습니다. 여기에서는 ▦ 아이콘을 클릭하면 메뉴가 표시되고, 다시 클릭하면 메뉴가 숨겨지는 예제를 만들 것입니다. 06\css\solution-2.css 파일에는 버튼과 메뉴에서 사용할 .active 스타일이 미리 만들어져 있습니다. 버튼을 클릭할 때마다 변수와 메뉴에 .active 스타일을 토글하는 소스를 작성해 보세요.

길라잡이

- 웹 문서에 연결된 외부 스타일 시트 파일에 button.active와 nav.active 스타일이 미리 만들어져 있습니다.
- 버튼과 메뉴를 가져와서 각각 변수로 저장합니다.
- 버튼에 click 이벤트가 발생했을 때 실행할 함수를 연결하는데, 이 함수에서는 버튼과 메뉴에 active 클래스 스타일을 토글합니다.

06 • 이벤트와 이벤트 처리기   221

07

DOM 활용하기

앞에서 DOM이 무엇인지, DOM을 사용해 웹 요소에 어떻게 접근하는지에 대해서 학습했습니다. 이 장에서는 DOM을 활용해 웹 문서에 필요한 요소를 추가 및 삭제하는 방법을 살펴볼 것입니다. 이 기능은 DOM과 관련해서 많이 사용하므로 꼭 익혀 두세요.

`</>`

07-1 DOM 트리와 노드 리스트

'5장. DOM의 기초'를 공부할 때 DOM 트리에 대해서 살펴보았습니다. 이번에는 DOM 트리의 노드에 대해 알아보면서 해당 노드들로 구성된 노드 리스트에 대해서도 살펴보겠습니다.

DOM 트리와 노드

DOM은 웹 문서의 구조를 부모 노드와 형제 노드처럼 계층 구조로 표현할 수 있습니다. DOM에는 단순히 태그에 해당하는 요소 노드뿐만 아니라 여러 종류의 노드가 있습니다. '5장. DOM의 기초'에서 설명했던 기본 웹 문서 소스를 다시 살펴보겠습니다.

```
<!DOCTYPE html>
<html lang="ko">
<head>
  <title>DOM Tree 알아보기</title>
</head>
<body>
  <h1>Do it!</h1>
  <img src="images/doit.jpg"  alt="공부하는 이미지">
</body>
</html>
```

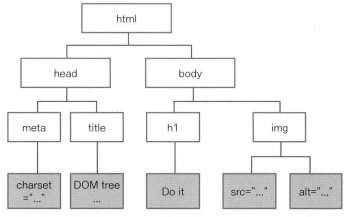

그림 7-1 웹 문서에서 DOM의 계층 구조(DOM 트리)

DOM 트리에 대해 간단히 복습해 볼까요? 웹 문서에서 각 요소의 포함 관계를 나타낸 것은 'DOM 트리'라고 하고, 여기에서 가지가 갈라져 나가는 부분은 '노드node'라고 합니다. 그리고 DOM 트리의 시작 부분, 즉 html 노드는 나무의 뿌리에 해당하는 '루트root 노드'라고 합니다. 자바스크립트에서 DOM 트리 노드를 구성하는 원칙은 다음과 같습니다.

- 모든 HTML 태그는 요소element 노드가 됩니다.
- HTML 태그에서 사용하는 텍스트 내용은 자식 노드인 텍스트text 노드가 됩니다.
- HTML 태그에 있는 속성은 모두 자식 노드인 속성attribute 노드가 됩니다.
- 주석은 주석comment 노드가 됩니다.

앞의 그림을 노드 종류별로 다시 구분해서 그리면 다음과 같습니다.

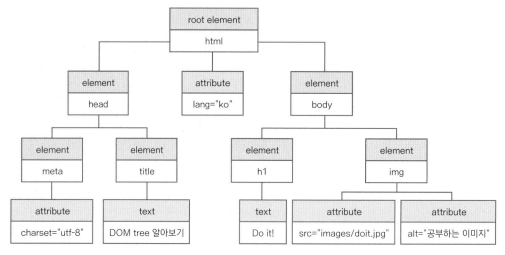

그림 7-2 노드별로 구성한 DOM 트리

노드 리스트

DOM에 접근할 때 **querySelectorAll()** 메서드를 사용하면 여러 개의 노드를 한꺼번에 가져올 수 있는데, 이렇게 가져온 다양한 노드 정보를 저장한 것을 '노드 리스트node list'라고 합니다. 노드 리스트는 배열과 비슷하게 생겼고 배열처럼 사용할 수 있지만 배열은 아닙니다. DOM에서 새로운 노드를 만들어 추가하거나 삭제할 때는 노드 리스트를 사용해야 하므로 노드 리스트에 대해 좀 더 공부해 보겠습니다.

자, 그러면 간단한 문서를 예로 들어 볼까요? 07\nodeList.html 문서의 소스는 다음과 같습니다.

<table>
<tr><td>노드 리스트 살펴보기</td><td>07\nodeList.html</td></tr>
</table>

```
<h1>노드 리스트 살펴보기</h1>
<p>HTML</p>
<p>CSS</p>
<p>Javscript</p>
```

웹 브라우저 창에서 07\nodeList.html 문서를 열고 콘솔 창에 다음과 같이 입력해 보세요.
현재 문서에 있는 모든 p 요소를 가져오는 것이죠.

```
document.querySelectorAll("p")
```

바로 아래에 NodeList(3) [p, p, p]라고 표시될 것입니다. p 요소 노드가 3개 저장된 것이
죠. 이렇게 여러 개의 노드를 저장한 데이터 형태가 바로 노드 리스트입니다. NodeList의 왼
쪽에 있는 ▼을 클릭해 노드 리스트의 내용을 확인해 보면 인덱스와 값이 함께 저장되어 있고,
length 속성을 사용해 몇 개의 노드가 저장되었는지 표시됩니다.

그림 7-3 노드 리스트 살펴보기

노드 리스트는 배열과 비슷하게 인덱스를 사용해 노드 리스트에서 특정 위치의 노드에 접근
할 수 있습니다. 예를 들어 p 요소 노드들을 저장한 노드 리스트 중에서 두 번째 노드를 가져오
려면 다음과 같이 입력합니다.

```
document.querySelectorAll("p")[1]    // <p>CSS</p>
```

그림 7-4 노드 리스트에서 특정 노드 가져오기

07-2 웹 문서에 새로운 노드 추가하기

웹 문서에서 처음에는 화면에 보이지 않다가 click 같은 이벤트가 발생했을 때 화면에 특정한 내용이 나타나게 만드는 경우가 많습니다. 이렇게 하려면 click 이벤트가 발생했을 때 기존에 없던 새로운 요소를 웹 문서에 추가해야 합니다. 즉, DOM 트리에 새로운 노드를 추가하면 되는데, 이제부터 그 방법을 공부해 보겠습니다.

내용이 있는 텍스트 노드 추가하기

내용만 있는 새로운 텍스트 노드를 추가하는 것은 간단합니다. 내용이 있는 텍스트 노드와 태그가 있는 요소 노드를 새로 만들어서 연결하고, 마지막에 웹 문서에서 원하는 위치에 추가하면 됩니다.

앞에서 살펴본 07\nodeList.html 문서에는 3개의 p 요소가 있는데, 여기에 `<p>Typescript</p>`라는 소스를 추가해 보겠습니다. 웹 브라우저 창에 07\nodeList.html 문서를 열고 Ctrl + Shift + I 또는 Option + Command + I 를 누릅니다. 요소 창이 열리면 1개의 `<h1>` 태그와 3개의 `<p>` 태그가 있는 HTML 소스가 보입니다.

```
1   <!DOCTYPE html>
2   <html lang="ko">
3 > <head> ⋯
8   </head>
9   <body>
10      <h1>노드 리스트 살펴보기</h1>
11      <p>HTML</p>
12      <p>CSS</p>
13      <p>Javascript</p>
14  </body>
15  </html>
```

그림 7-5 p 요소가 3개인 원래의 소스

현재 소스를 보면서 머릿속에 DOM 트리를 떠올릴 수 있겠죠? DOM 트리를 간단히 그려 보면 다음과 같습니다.

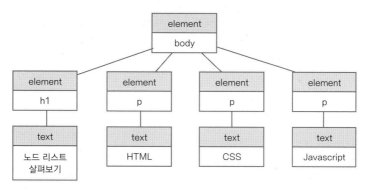

그림 7-6 현재 문서를 DOM 트리로 생각해 보기

소스를 확인하고 콘솔 창에서 연습하기 위해 Ctrl + Shift + J 또는 Option + Command + J 를 누르거나 웹 개발자 도구 창에서 [콘솔] 탭을 클릭하여 콘솔 창으로 이동하세요.

요소 노드 만들기 — createElement( ) 메서드

DOM에 새로운 요소를 추가할 때 가장 먼저 요소 노드를 만들어야 합니다. 즉, 어떤 태그를 사용할지 태그를 만들어 주는 것이라고 생각하면 됩니다. 요소 노드를 만들 때 createElement( ) 메서드를 사용하는데, 소괄호 안의 요소에 해당하는 요소 노드를 만듭니다.

> 기본형 **document.createElement(*요소명*)**

p 요소를 추가해야 하므로 콘솔 창에 다음과 같이 입력합니다.

```
let newP = document.createElement("p")    // <p>...</p>
```

하지만 createElement( ) 메서드는 새로운 노드만 만든 것일 뿐, 그 안에 들어갈 내용은 아직 없습니다. 이제 <p> 태그의 내용에 해당하는 텍스트 노드도 만들어야 합니다.

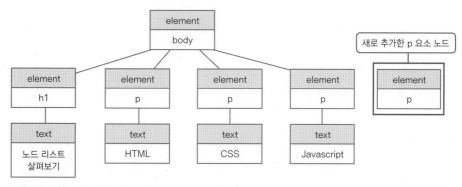

그림 7-7 새로운 p 요소 노드 추가하기

텍스트 노드 만들기 — createTextNode() 메서드

새로운 요소 노드를 만들었다면 내용을 담고 있는 텍스트 노드를 만들어서 요소 노드의 자식 노드로 연결해야 합니다. 텍스트 노드를 만드는 메서드는 createTextNode()이고 다음의 형식으로 작성합니다.

> 기본형   `document.createTextNode(텍스트)`

앞에서 만든 새로운 p 요소에 들어갈 내용을 텍스트 노드로 만들고 **textNode**라는 변수에 저장합니다.

```
let textNode = document.createTextNode("Typescript")    // "Typescript"
```

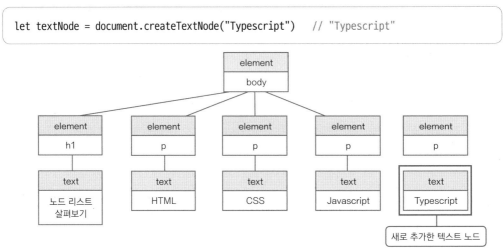

그림 7-8 새로운 텍스트 노드 추가하기

자식 노드 연결하기 — appendChild() 메서드

앞에서 새로운 p 노드와 여기에 사용할 텍스트 노드까지 만들었습니다. 하지만 아직까지는 2개의 노드가 따로 만들어진 상태이고 서로 부모 노드와 자식 노드로 연결되지 않았습니다. appendChild()는 텍스트 노드를 요소 노드의 자식 노드로 추가할 때 사용하는 메서드입니다. appendChild() 메서드를 사용해 자식 노드를 연결하면 기존의 자식 노드가 있을 경우 자식 노드 중 맨 끝에 추가됩니다.

> 기본형   *부모 노드*.appendChild(*자식 노드*)

먼저 앞에서 만든 텍스트 노드 txtNode를 p 요소 노드 newP의 자식 노드로 추가합니다.

```
newP.appendChild(textNode)    // 텍스트 노드를 p 요소에 연결합니다.
```

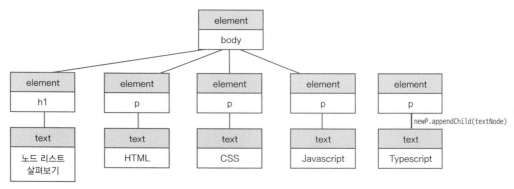

그림 7-9 텍스트 노드를 요소 노드의 자식 노드로 추가하기

newP 노드를 완성했으므로 newP 노드를 웹 문서의 모든 요소에 자식 노드로 추가할 수 있습니다. 여기에서는 `<body>` 태그의 바로 다음에 소스가 오게 할 것이므로 body 노드의 자식 노드로 추가합니다. 참고로 body 노드에 접근할 때는 간단히 document.body라고만 하면 됩니다.

😀 body 노드에 이미 다른 요소들이 있으므로 새로 추가하는 노드는 맨 마지막에 추가됩니다.

```
document.body.appendChild(newP)    // p 요소 노드를 body 노드의 자식 노드로 추가합니다.
```

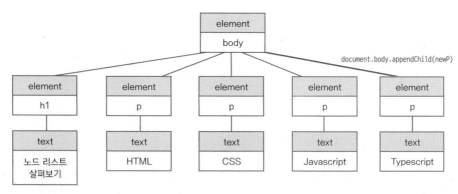

그림 7-10 요소 노드를 body 요소의 자식 노드로 추가하기

새로 만든 p 노드가 body 노드에 연결되면서 웹 브라우저 창에 Typescript라는 텍스트가 나타납니다. [요소] 탭에서 HTML 소스를 확인해 보면 방금 추가한 p 노드와 텍스트 노드가 소스에도 포함되어 있을 것입니다. 단, 콘솔 창에서 입력한 결과는 저장되지 않으므로 웹 브라우저 창을 새로 고침하면 방금 추가한 소스는 사라집니다.

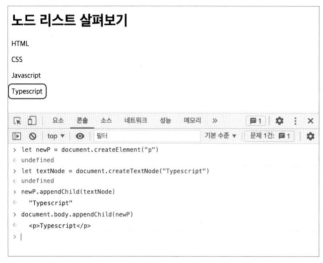

그림 7-11 새로운 노드가 추가된 화면과 소스

지금까지 노드를 어떤 방식으로 추가하는지 연습해 보았습니다. 이제 실제로 자바스크립트 소스를 작성하는 과정을 실습해 보겠습니다.

Do it! 실습 ▶ 장바구니에 상품 추가하기

준비 07\addText.html 결과 07\addText-result.html, 07\js\addText-result.js

이번에는 책 소개 화면에서 [주문하기] 버튼을 클릭하면 그 아래에 있는 장바구니 영역에 책 제목을 추가하는 프로그램을 만들어 보겠습니다.

> **먼저 생각해 보세요!**
> - 클릭하는 버튼과 결과를 표시할 영역을 어떤 방식으로 가져올까요? ☐
> - 새로 만든 텍스트를 화면에 어떻게 보여 줄까요? ☐

01 07\js 폴더에 addText.js 파일을 만들고 07\addText.html 문서에 연결합니다.

```
07\addText.html

<body>
   ⋮
  <script src="js/addText.js"></script>
</body>
```

02 버튼을 클릭했을 때 주문 정보 영역에 표시해야 하므로 버튼과 주문 정보 영역을 먼저 가져와서 변수로 저장합니다. 또한 책 제목을 표시해야 하므로 책 제목 요소도 가져와서 변수로 저장하고, 버튼을 클릭했을 때 실행할 수 있도록 버튼에 이벤트 리스너 소스도 추가합니다.

```
07\js\addText.js

const orderButton = document.querySelector("#order");       // [주문하기] 버튼
const orderInfo = document.querySelector("#orderInfo");      // 주문 정보 영역
const title = document.querySelector("#container > h2");     // 책 제목 요소

orderButton.addEventListener("click", () => {

});
```

03 새로운 요소 노드와 텍스트 노드 만들기

노드를 추가하는 과정은 [주문하기] 버튼을 클릭했을 때 이루어져야 하므로 이벤트 리스너 안에 작성합니다. 먼저 새로운 p 요소 노드를 만듭니다(❶). 그리고 책 제목을 내용으로 하는 텍스트 노드를 만든 후(❷) 텍스트 노드를 p 요소 노드에 자식 노드로 추가합니다(❸). 마지막으로 새로 만든 p 요소를 장바구니 영역(orderInfo)에 자식 노드로 추가합니다(❹).

```
07\js\addText.js

orderButton.addEventListener("click", () => {
  let newP = document.createElement("p");       // ❶ 새로운 p 요소 노드를 만듭니다.
  let textNode = document.createTextNode(title.innerText);  // ❷ 텍스트 노드를 만듭니다.
  newP.appendChild(textNode);       // ❸ 텍스트 노드를 p 요소 노드에 추가합니다.
  orderInfo.appendChild(newP);     // ❹ p 요소를 orderInfo에 추가합니다.
});
```

04 라이브 서버를 사용해 웹 브라우저 창에서 07\addText.html 문서를 확인해 볼게요. [주문하기] 버튼을 클릭하면 클릭할 때마다 이벤트 리스너가 동작하므로 계속 텍스트 단락이 만들어집니다. 여기서는 한 번만 실행될 수 있도록 소스를 좀 더 수정해 볼게요.

상품 설명

HTML+CSS+자바스크립트 웹 표준의 정석

한 권으로 끝내는 웹 기본 교과서

코딩 완초보도 OK! 기초부터 활용까지 완전정복

주문하기

상품 설명

HTML+CSS+자바스크립트 웹 표준의 정석

한 권으로 끝내는 웹 기본 교과서

코딩 완초보도 OK! 기초부터 활용까지 완전정복

주문하기

HTML+CSS+자바스크립트 웹 표준의 정석

HTML+CSS+자바스크립트 웹 표준의 정석

HTML+CSS+자바스크립트 웹 표준의 정석

05 편집 창으로 되돌아온 후 이벤트 리스너의 끝에 다음의 소스를 추가합니다. 이렇게 하면 click 이벤트가 여러 번 발생해도 이벤트 리스너는 한 번만 실행됩니다.

07\js\addText.js

```
orderButton.addEventListener("click", () => {
  let newP = document.createElement("p");
  let textNode = document.createTextNode(title.innerText);
  newP.appendChild(textNode);
}, { once : true });
```

06 기존 함수에 문서 스타일을 바꾸는 소스도 추가해서 글자를 꾸며 보겠습니다.

07\js\addText.js

```
orderButton.addEventListener("click", () => {
  let newP = document.createElement("p");
  let textNode = document.createTextNode(title.innerText);
  newP.appendChild(textNode);
  newP.style.fontSize = "0.8em";
```

```
    newP.style.color = "blue";
    orderInfo.appendChild(newP);
  }, { once : true });
```

07 다시 웹 브라우저 창에서 결과를 살펴보죠. [주문하기] 버튼을 클릭했을 때 제목이 한 번만 표시되고 파란색의 약간 작은 글자로 나타나는지 확인합니다.

상품 설명

HTML+CSS+자바스크립트 웹 표준의 정석

한 권으로 끝내는 웹 기본 교과서

코딩 완초보도 OK! 기초부터 활용까지 완전정복

주문하기

HTML+CSS+자바스크립트 웹 표준의 정석

속성값이 있는 노드 추가하기

앞에서 따라해 본 예제는 간단히 `<p>` 태그만 추가했지만, 이미지를 추가한다면 `<img>` 태그뿐만 아니라 `<img>` 태그 안에 src 속성도 넣어 주어야 합니다. 이렇게 속성이 필요한 HTML 태그를 만들 때는 관련된 속성 노드도 함께 만들어서 자식 노드로 연결해야 합니다. 이번에는 웹 문서에 이미지를 추가해 보면서 속성 노드를 추가하는 방법을 알아보겠습니다.

요소 노드 만들기 — createElement( ) 메서드

07\nodeList.html 문서를 다시 불러온 후 콘솔 창에서 연습해 보겠습니다. 먼저 createElement() 메서드를 사용해서 새로운 이미지 요소 노드를 만듭니다.

```
    let newImg = document.createElement("img")
```

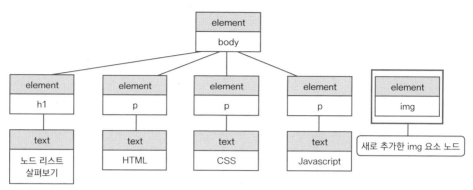

그림 7-12 img 요소 노드 추가하기

속성 노드 만들기 ─ createAttribute( ) 메서드

이미지 요소는 src 속성을 통해 이미지 파일 경로를 지정해야 웹 브라우저 창에 이미지가 나타납니다. 그래서 createAttribute( ) 메서드를 사용해서 속성 노드를 만들어야 합니다. 속성 노드를 만든 후 속성값은 value 프로퍼티를 사용해서 지정합니다.

> 기본형   **document.createAttribute(**속성명**)**
>   **노드명.value** = 속성값

앞에서 작성한 소스에 이어서 newImg 요소에 이미지 파일 경로를 지정해 보겠습니다. 이미지 파일의 경로를 지정할 src 속성 노드를 추가하고, value 프로퍼티를 사용해서 이미지 파일 경로를 지정합니다. images/wall.jpg는 07 폴더 안에 미리 준비되어 있는 이미지입니다. 다른 이미지를 사용한다면 이미지 파일의 경로를 수정하세요.

```
let srcNode = document.createAttribute("src")
srcNode.value = "images/wall.jpg"
```

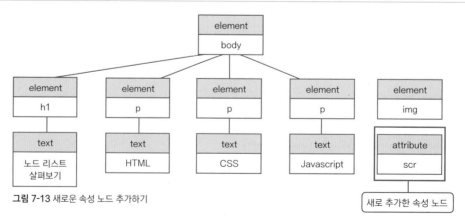

그림 7-13 새로운 속성 노드 추가하기

속성 노드 연결하기 — setAttributeNode() 메서드

앞에서 DOM 트리를 설명할 때 속성 노드가 요소 노드의 자식 노드라고 이야기했습니다. 하지만 새로 만든 속성 노드를 요소 노드에 연결할 때는 appendChild() 메서드가 아니라 setAttribute Node() 메서드를 사용해야 합니다. 이때 setAttributeNode() 메서드는 setAttribute() 메서드와 다르므로 정확하게 구별해서 입력하세요.

> 기본형   노드명.setAttributeNode(속성 노드)

😀 추가하려는 속성이 이미 요소 노드에 있으면 기존 속성 노드를 새 속성 노드로 대체합니다.

예를 들어 newImg라는 요소 노드에 srcNode라는 속성 노드를 추가하려면 다음과 같이 작성하세요. 이와 같은 방법으로 다른 속성도 계속 추가할 수 있습니다.

```
newImg.setAttributeNode(srcNode)
```

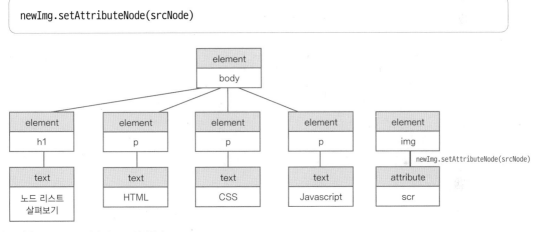

그림 7-14 요소 노드에 속성 노드 연결하기

자식 노드 연결하기 — appendChild() 메서드

속성 노드까지 모두 연결했지만 새로운 이미지 요소는 아직 만들어 놓기만 한 상태입니다. 화면에 표시하려면 웹 문서의 DOM에 새로운 이미지 요소를 추가해야 하는데, appendChild() 메서드를 사용해서 필요한 위치에 자식 노드로 추가하면 됩니다.

콘솔 창에 다음과 같이 입력해서 body 노드에 img 노드를 추가합니다.

```
document.body.appendChild(newImg)
```

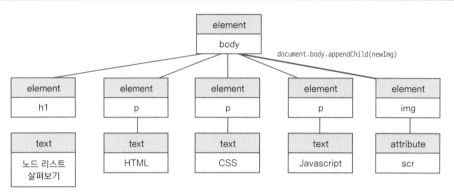

그림 7-15 body 노드에 이미지 노드 추가하기

여기까지 작성하면 07\nodeList.html 문서의 마지막에 이미지가 추가됩니다. 웹 개발자 도구 창에서 [요소] 탭을 클릭하면 **</body>** 태그의 앞에 **<img>** 소스가 추가된 것을 볼 수 있어요.

그림 7-16 문서에 이미지 추가하기

준비 07\addImage.html, 07\images\morning.jpg, 07\images\afternoon.jpg
결과 07\addImage-result.html, 07\js\addImage-result.js

웹 문서를 열었을 때 시간이 12시 이전이면 images\morning.jpg, 12시가 지났으면 images\afternoon.jpg를 표시하려고 합니다. 현재 시간을 알아내는 방법은 '09-2 생성자 함수와 클래스'에서 자세히 설명할 것이므로 시간과 관련된 소스는 여기에서 소개하는 소스를 그대로 작성해 보세요.

> **먼저 생각해 보세요!**
> - 현재 시간에 따라 이미지를 다르게 하려면 어떻게 해야 할까요? ☐
> - img 요소를 만들고 이미지 파일 경로를 지정하려면 어떻게 해야 할까요? ☐

01 07\js 폴더에 addImage.js 파일을 만들고 07\addImage.html 문서에 연결합니다.

07\addImage.html

```html
<body>
  <div id="container">
    <h1>Enjoy your life</h1>
  </div>
  <script src="js/addImage.js"></script>
</body>
```

02 먼저 시간값을 가져오는 소스를 작성합니다. 이 소스는 '9장. 자바스크립트 객체 만들기' 에서 설명할 것이므로 여기에서는 hrs 변수에 현재 시간의 시^{hour} 정보가 담긴다는 것만 기억해 두세요.

07\js\addImage.js

```javascript
const today = new Date();        // 현재 날짜와 시간 정보를 담은 today 객체
const hrs = today.getHours();    // 현재 시간 중 시hour 정보를 가져옵니다.
```

03 먼저 createElement() 메서드를 사용해서 새로운 이미지 노드를 만듭니다. 그리고 img 요소는 src 속성이 있어야 이미지 파일 경로를 지정할 수 있죠? 시간값을 알고 있으므로 조건 연산자를 사용해 시간값에 따라 다른 이미지 파일의 경로를 지정합니다.

07\js\addImage.js

```javascript
let newImg = document.createElement("img");
newImg.src = (hrs < 12) ? "images/morning.jpg" : "images/afternoon.jpg";
```

04 이미지 요소를 만들고 속성까지 지정했으면 웹 문서의 DOM에 추가해 볼게요. 새로 만든 이미지 노드는 appendChild() 메서드를 사용해서 필요한 위치에 자식 노드로 추가해야 합니다. 먼저 이미지 요소를 추가할 위치를 가져와서 container로 저장한 후 변수 선언 소스의 앞부분에 추가합니다. 그리고 newImg를 container의 자식 노드로 추가합니다.

😊 변수를 선언할 때 const는 const끼리 모아 놓으면 나중에 소스를 살펴보거나 수정할 때 편리합니다.

07\js\addImage.js

```javascript
const today = new Date();
const hrs = today.getHours();
const container = document.querySelector("#container");

let newImg = document.createElement("img");
newImg.src = (hrs < 12) ? "images/morning.jpg" : "images/afternoon.jpg";
container.appendChild(newImg);
```

05 웹 브라우저 창에서 현재 시간에 따라 오전이면 morning.jpg가, 오후이면 afternoon. jpg가 나타나는지 확인합니다.

기존 노드의 앞에 새 요소 추가하기 — insertBefore( ) 메서드

지금까지 만들었던 새 요소는 기본적으로 부모 노드(앞의 예제의 경우 body)의 맨 마지막에
자식 노드로 추가되었습니다. 하지만 새로운 요소를 마지막이 아니라 특정 위치에 추가해야
할 경우도 있겠죠? 이때 insertBefore( ) 메서드를 사용하면 특정 요소를 기준으로 그 앞에
새로운 요소를 추가할 수 있습니다.

> **기본형**   insertBefore(*새 노드, 기준 노드*)

다시 한번 07\nodeList.html 문서에서 연습해 보겠습니다. 현재 3개의 p 요소가 있는데, 그
중에서 첫 번째 p 요소, 즉 'HTML' 텍스트의 앞에 새로운 p 요소를 추가해 볼게요.
콘솔 창에 다음과 같이 입력해서 새로운 p 노드를 만듭니다.

```
let tsNode = document.createElement("p")
let tsTextNode = document.createTextNode("Typescript")
tsNode.appendChild(tsTextNode)
```

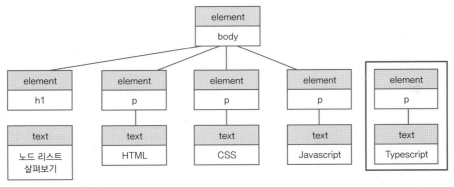

그림 7-17 새 노드 만들기

기준이 되는 노드를 첫 번째 p 노드로 지정하고 insertBefore( ) 메서드를 사용해서 첫 번째
노드의 앞에 새로운 노드를 추가합니다.

```
let basisNode = document.querySelectorAll("p")[0]  // 첫 번째 p 요소를 기준 노드로 정합니다.
document.body.insertBefore(tsNode, basisNode)       // 기준 노드의 앞에 tsNod를 추가합니다.
```

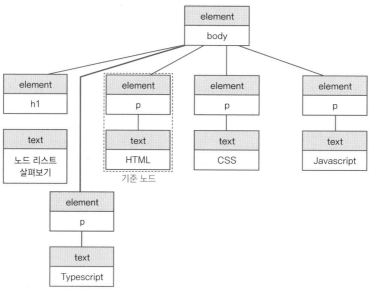

그림 7-18 기준 노드의 앞에 새로운 노드 추가하기

웹 브라우저 창의 콘솔 창에서 'HTML' 텍스트의 앞에 새로운 텍스트인 'Typescript'가 추가 되었는지 확인합니다. [요소] 탭을 클릭해 보면 다른 p 요소의 앞에 새로운 요소가 추가되어 있 을 것입니다.

그림 7-19 기존 노드의 앞에 추가된 새 노드 확인하기

 복습하기 07\insert.html 문서에서 [텍스트 추가] 버튼을 클릭하면 'Javascript' 텍스트의 앞에 'Typescript'를 추가하는 자바스크립트 소스를 작성해 보세요.

정답 07\insert-2.html, 07\js\insert-2.js

07-3 노드 삭제하기

앞에서 `createElement()` 메서드와 `appendChild()` 메서드를 통해 새로운 노드를 추가하는 방법을 살펴보았습니다. 이번에는 DOM 트리에서 특정 노드를 삭제하는 방법을 알아보겠습니다.

remove() 메서드 사용하기

remove()는 삭제하려는 요소에서 사용하는 메서드입니다.

> **기본형**   요소.remove()

웹 브라우저 창에 07\nodeList-2.html 문서를 불러온 후 [요소] 탭을 열면 'Web Programming' 이라는 제목 부분에 `<h1>` 태그가 사용된 것을 알 수 있습니다. 콘솔 창에 다음과 같이 입력하면 `heading`이라는 변수에 제목 요소를 가져올 수 있습니다.

```
heading = document.querySelector("h1")
```

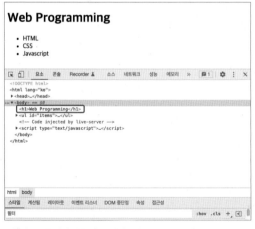
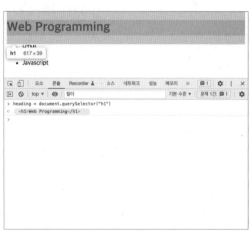

그림 7-20 문서의 제목 요소 가져오기

콘솔 창에 다음과 같이 입력하면 heading 요소가 삭제됩니다.

```
heading .remove()
```

그림 7-21 문서에서 제목 요소 삭제하기

remove() 메서드를 사용해서 웹 요소를 삭제할 수 있으므로 이번에는 07\remove-1.html 문
서에서 제목을 클릭해서 삭제해 보겠습니다.

제목 클릭해서 삭제하기	07\remove-1.html

```
<h1>Web Programming</h1>
<ul id="items"> ... </ul>

<script src="js/remove-1.js"></script>
```

	07\js\remove-1.js

```
const title = document.querySelector("h1");

title.addEventLisener("click", () => {
  title.remove();
});
```

그림 7-22 제목 클릭해서 삭제하기

removeChild( ) 메서드 사용하기

앞에서 살펴본 remove() 메서드는 메서드를 사용한 노드 자체를 삭제합니다. 하지만 현재 요소보다 하위 요소, 즉 자식 노드를 삭제해야 할 경우도 있죠. 이럴 때는 remove() 메서드 대신 removeChild() 메서드를 사용합니다. 이름에서 알 수 있듯이 메서드를 사용하는 자신을 삭제하는 것이 아니라 자식 노드를 삭제합니다. 그래서 이 메서드를 사용하려면 먼저 부모 노드를 찾아야 하고 그 후에 자식 노드를 삭제해야 합니다.

부모 노드를 찾는 parentNode 프로퍼티

parentNode는 현재 노드의 부모 노드에 접근해서 부모 노드의 요소 노드를 반환하는 프로퍼티입니다.

현재 노드의 자식 노드를 알려면 childNodes 프로퍼티를 사용해야 합니다.

> 기본형 노드.parentNode

웹 브라우저 창에 07\nodeList-2.html 문서를 다시 불러온 후 h1 텍스트의 부모 노드를 찾아보겠습니다. 먼저 콘솔 창에 다음과 같이 입력해 보세요.

```
document.querySelector("h1").parentNode     // <body>...</body>
```

웹 문서 소스를 보면 알 수 있듯이 <body> 태그 안에 <h1> 태그가 포함되어 있으므로 h1 노드의 부모 노드는 body 노드가 됩니다.

자식 노드를 제거하는 removeChild( ) 메서드

부모 노드를 찾았다면 removeChild() 메서드를 사용하는 것은 간단합니다.

> 기본형 *부모 노드*.removeChild(*자식 노드*)

07\remove-2.html 문서에는 3개의 li 요소가 있는데, li 요소를 클릭했을 때 삭제하도록 해 보겠습니다. 가장 간단한 방법은 앞에서 제목 텍스트를 삭제할 때처럼 li 요소를 가져온 후 li에서 자신을 삭제하는 것입니다.

하지만 li 항목이 100개쯤 된다면 어떻게 해야 할까요? 똑같은 소스를 100번이나 반복해야 합니다. 이럴 때는 li 자체가 아닌 li의 부모 노드에서 li를 삭제하도록 하고, for 문을 사용해 항목의 개수만큼 반복해서 실행하게 하면 됩니다. for 문에서는 li 요소를 한꺼번에 가져온 후 그중에서 click 이벤트가 발생한 항목만 삭제하면 됩니다. 여기에서는 li 노드의 부모 노드인 ul 노드에서 li 노드를 삭제해야겠죠? 이때 소스에 있는 **this**는 이벤트가 발생한 항목을 의미 합니다.

여러 항목 중 클릭한 항목 삭제하기	07\remove-2.html

```html
<ul id="items">
  <li>HTML</li>
  <li>CSS</li>
  <li>Javascript</li>
</ul>

<script src="js/remove-2.js"></script>
```

	07\js\remove-2.js

```javascript
const items = document.querySelectorAll("li");   // 모든 li 항목을 가져옵니다.

for(item of items) {       // item은 items 노드 리스트의 li를 가리킵니다.
  item.addEventListener("click", function () {   // 항목을 클릭했을 때 실행할 함수
    this.parentNode.removeChild(this);           // 부모 노드에서 삭제합니다.
  });
}
```

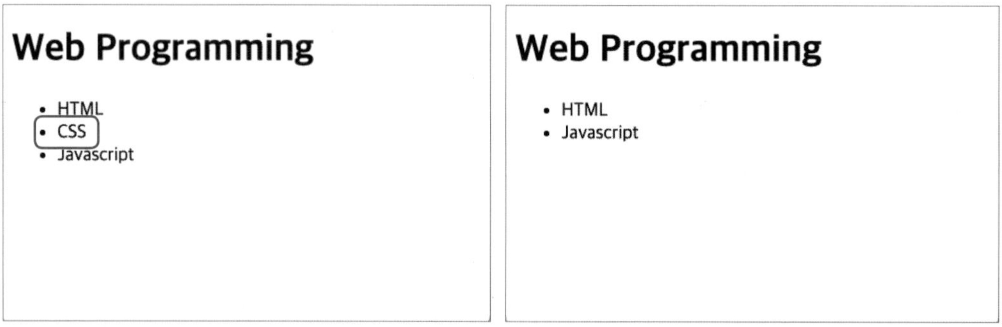

그림 7-23 for 문을 사용해 클릭한 항목 삭제하기

this를 사용할 때 주의할 점

여기에서 this를 사용할 때 주의해야 합니다. 다음 소스처럼 이벤트 리스너에서 function() { ... }에 this를 사용하면 this는 이벤트가 발생한 노드를 가리킵니다. 즉, 목록의 항목 중 첫 번째 항목을 클릭하면 this에는 첫 번째 항목이 됩니다.

```
item.addEventListener("click", function () {
  this.parentNode.removeChild(this);
});
```

하지만 위의 함수를 화살표 함수로 작성할 경우 this는 예상과 다르게 동작합니다. 화살표 함수에서 사용한 this는 window 객체를 가리킵니다. window 객체는 DOM의 최상위 객체이므로 클릭한 대상을 this라는 예약어로 사용하려면 화살표 함수가 아닌 익명 함수 형식으로 지정해야 합니다. 이것은 매우 중요하므로 꼭 기억해 두세요.

```
for(let item of items) {
  item.addEventListener("click",  () => {
    this.parentNode.removeChild(this);   // 오류 발생
  });
}
```

DOM 구조 활용하기

이번에는 좀 더 복잡한 구조를 생각해 보겠습니다. 여러 개의 항목이 있고 각 항목마다 [삭제] 버튼이 있을 경우 버튼을 클릭해서 항목을 삭제하는 것입니다.

07\remove-3.html 문서의 소스를 살펴보면 p 요소에 삭제 버튼(☒)이 들어 있는 span 요소가 있습니다.

삭제 버튼을 클릭해서 항목 삭제하기	07\remove-3.html

```
<div id="products">
  <p><span>&cross;</span>HTML+CSS+자바스크립트 웹 표준의 정석</p>
  <p><span>&cross;</span>리액트 프로그래밍 정석</p>
  <p><span>&cross;</span>타입스크립트 프로그래밍</p>
</div>
```

소스를 보면 p 요소 안에 span 요소와 텍스트가 있는데, span 요소를 클릭했을 때 p 요소를 삭제할 것입니다. 즉, span 요소의 부모 요소에서 삭제하면 됩니다.

07\js\remove-3.js

```javascript
const buttons = document.querySelectorAll("p > span");    // 모든 삭제 버튼을 가져옵니다.

for(let button of buttons) {
  button.addEventListener("click", function () {    // 항목을 클릭했을 때 실행할 함수입니다.
                  p
              ┌──────┴──────┐
      this.parentNode.remove(this);   // 부모 노드에서 삭제합니다.
  });
}
```

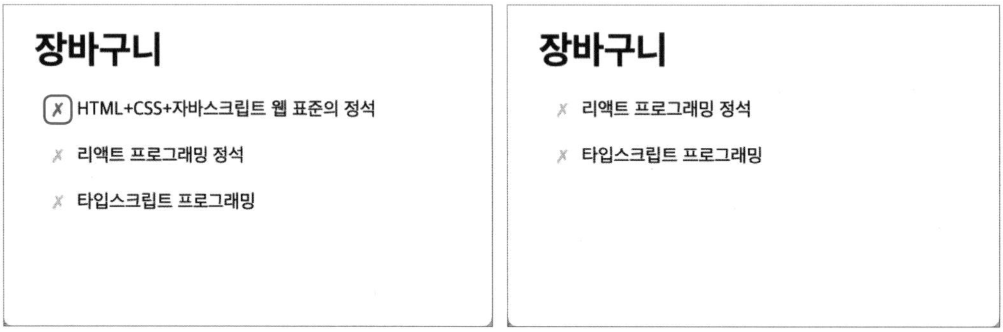

장바구니

- (x) HTML+CSS+자바스크립트 웹 표준의 정석
- ✗ 리액트 프로그래밍 정석
- ✗ 타입스크립트 프로그래밍

장바구니

- ✗ 리액트 프로그래밍 정석
- ✗ 타입스크립트 프로그래밍

그림 7-24 삭제 버튼((x))을 클릭해서 항목 삭제하기

Do it! 실습 ▶ 나만의 도서 목록 만들기

준비 07\bookList.html
결과 07\boookList-result.html, 07\js\bookList-result.js

새로운 노드를 추가하고 기존의 노드를 삭제하는 방법을 알고 있다면 응용할 수 있는 프로그램은 많습니다. 이번에는 구입한 책을 기록하고 [삭제] 버튼을 클릭하면 목록에서 삭제하는 프로그램을 작성해 보겠습니다. 단, 여기에서 만드는 예제는 웹 브라우저 창을 새로 고침하면 입력한 자료가 사라집니다. '17장. 웹 API'에서는 로컬 스토리지를 공부하면서 웹 브라우저에 자료를 저장하는 방법을 배울 것입니다. 그러므로 이번에는 정상적으로 추가 및 삭제되는지에 초점을 맞추어 작성해 보겠습니다.

01 자바스크립트 소스를 제대로 작성하려면 웹 문서를 처음부터 작성하면서 태그의 용도와 구조뿐만 아니라 **id**나 **class**가 어떻게 사용되었는지를 정확하게 파악해야 합니다. 07\book List.html 문서에 다음 소스를 직접 입력하세요.

07\bookList.html

```html
<div id="container">
  <h1>Book List</h1>
  <form>
    <ul id="bookInfo">
      <li>
        <label for="title">제 목</label>
        <input type="text" id="title">
      </li>
      <li>
        <label for="author">저 자</label>
        <input type="text" id="author">
      </li>
    </ul>

    <button type="reset">취소하기</button>
    <button id="save">저장하기</button>
  </form>

  <ul id="bookList"></ul>
</div>
```

Book List

제 목 [   ]

저 자 [   ]

[취소하기]   [저장하기]

02 07\js 폴더에 bookList.js 파일을 만들고 07\bookList.html 문서에 연결합니다.

07\bookList.html

```
<body>
    ⋮
  <script src="js/bookList.js"></script>
</body>
```

03 이제부터 07\js\bookList.js에 스크립트 소스를 작성해 보겠습니다. 먼저 입력 폼에 있는 텍스트 필드 요소와 책 정보가 표시될 영역을 가져옵니다. 그런 다음 [저장하기] 버튼을 클릭했을 때 무엇인가를 해야 하므로 다음과 같이 작성합니다.

07\js\bookList.js

```
const title = document.querySelector("#title");        // '제목' 정보
const author = document.querySelector("#author");      // '저자' 정보
const save = document.querySelector("#save");          // [저장하기] 버튼
const bookList = document.querySelector("#bookList");  // 정보가 표시될 영역

save.addEventListener("click", (e) => {   // [저장하기] 버튼을 클릭할 경우

});
```

04 [저장하기] 버튼을 클릭하면 '제목'과 '저자' 필드에 입력된 내용을 가져와서 bookList 영역에 `<li>` 태그와 함께 추가합니다. 텍스트 필드의 내용은 title.value처럼 텍스트 필드 요소의 이름 뒤에 .value를 붙여서 가져올 수 있습니다.

07\js\bookList.js

```javascript
save.addEventListener("click", (e) => {
  const item = document.createElement("li");
  item.innerHTML = `
    ${title.value} - ${author.value}
    <span class="delButton">삭제</span>
  `;
  bookList.appendChild(item);
});
```

05 자바스크립트 소스를 저장한 후 웹 브라우저 창에서 확인합니다. 책 제목과 저자를 입력하고 [저장하기] 버튼을 클릭하면 내용이 그대로 사라져 버리는데, 이유가 무엇인지 잠시 생각해 보세요.

06 폼에 있는 버튼을 클릭하면 서버에서 받든, 받지 않든 폼 정보를 서버로 보내고 화면을 새로 고칩니다. 그래서 화면에 있던 내용이 모두 사라지는 것이죠. 폼의 버튼을 클릭해도 화면이 그대로 남아 있게 하려면 폼 버튼의 기본 동작이 실행되지 않도록 해야 합니다. 스크립트 소스로 되돌아온 후 이벤트 리스너의 맨 윗줄에 다음과 같이 폼에 있는 버튼의 기본 동작을 취소하는 소스를 추가합니다.

😀 폼에서 기본 동작을 취소하는 event.preventDefault() 메서드는 자주 사용하므로 기억해 두세요.

```
save.addEventListener("click", (e) => {
  e.preventDefault();    // 폼의 버튼을 클릭했을 때 서버로 보내지 않게 합니다.

  const item = document.createElement("li");
        ⋮
});
```

07 이번에는 제대로 동작할지 웹 브라우저 창에서 확인해 보세요. 제목과 저자를 입력한 후 [저장하기] 버튼을 클릭하면 바로 아래에 방금 입력한 내용이 표시됩니다. 그런데 폼의 '제목' 입력 필드에 원래 내용이 그대로 남아 있는데, 이것은 어떻게 처리해야 할까요?

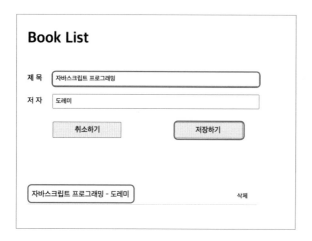

08 폼에 입력한 내용이 화면에 표시되면 폼의 '제목' 입력 필드의 내용을 지우면 됩니다. 이벤트 리스너 소스의 마지막에 다음과 같이 소스를 추가합니다.

```
save.addEventListener("click", (e) => {
  e.preventDefault();    // 폼 안의 버튼을 클릭했을 때 서버로 보내지 않게 합니다.
        ⋮
  title.value = "";
  author.value = "";
});
```

09 이제 다시 한번 웹 브라우저 창에서 확인해 보면 제대로 동작할 것입니다.

Book List

제목	
저자	

취소하기　　　　　　저장하기

자바스크립트 프로그래밍 - 도레미　　　　삭제
웹 표준의 정석 - 고경희　　　　삭제

10 [삭제] 버튼을 클릭했을 때 해당 목록을 삭제하는 소스를 작성해 보겠습니다. 목록을 추가한 후에야 삭제할 수 있으므로 [저장하기] 버튼과 연결된 이벤트 리스너에 연결해서 작성합니다. 가장 먼저 화면에 있는 [삭제] 버튼 요소를 모두 가져온 후 반복문을 통해 click 이벤트가 발생한 것이 있는지 확인해야 합니다.

07\js\bookList.js

```
save.addEventListener("click", (e) => {
  e.preventDefault();     // 폼의 버튼을 클릭했을 때 서버로 보내지 않게 합니다.
            ⋮

  cconst delButtons = document.querySelectorAll(".delButton");

  for (let delButton of delButtons) {

  }
});
```

11 [삭제] 버튼에 이벤트가 발생했으면 이벤트가 발생한 요소인 [삭제] 버튼을 삭제하는 것이 아니라 li 요소를 삭제해야 합니다. 그래서 this(현재 이벤트가 발생한 요소)의 부모의 부모 요소를 찾은 후 this의 부모 요소를 삭제해야 합니다. 이때 this를 사용하려면 화살표 함수를 절대로 사용해서는 안 된다는 것을 꼭 기억하세요.

```
▼<ul id="bookList">
  ▼<li> == $0
      " 자바스크립트 프로그래밍 - 도레미 "
      <span id="delButton">삭제</span>
    </li>
  </ul>
```

```
save.addEventListener("click", (e) => {
  e.preventDefault();   // 폼 안의 버튼을 클릭했을 때 서버로 보내지 않게 합니다.
       ⋮
  const delButtons = document.querySelectorAll(".delButton");

  for (let delButton of delButtons) {
    delButton.addEventListener("click", function () {
      this.parentNode.remove(this.parentNode);
    });
  }
});
```

12 웹 브라우저 창에서 책 정보를 다시 입력하고 [삭제] 버튼을 클릭한 후 해당 항목이 삭제되는지 확인합니다.

😊 웹 브라우저 창에서 도서 목록을 저장하는 방법은 나중에 JSON과 스토리지 API를 공부하면서 배울 것입니다.

마무리 문제 1

준비 07\quiz-1.html 정답 07\solution-1.html, 07\js\solution-1.js

스터디 그룹을 만들기 위해 참가자 명단을 작성하려고 합니다. 07\quiz-1.html 문서에 필요한 양식이 미리 만들어져 있으므로 이름과 전공을 입력하면 그 값을 받아서 표에 표시하는 소스를 작성해 보세요.

길라잡이

- 웹 문서에 이미 <tbody> 태그가 만들어져 있다는 점에 주의합니다.
- 새로운 tr 요소를 만듭니다.
- 셀이 2개이므로 2개의 td 요소가 필요합니다.
  - td 요소를 만들고 '이름'에 있는 값을 가져옵니다.
  - td 요소를 만들고 '전공'에 있는 값을 가져옵니다.
- 2개의 td 요소를 tr 요소에 연결합니다.
- tr 요소를 tbody 요소에 연결합니다.

마무리 문제 2

준비 07\quiz-2.html 결과 비교 07\solution-2.html, 07\js\solution-2.js

컴퓨터를 사용하다 보면 화면의 오른쪽에 실시간으로 알림 메시지가 나타나는데, 이것과 비슷한 효과를 만들어 보겠습니다. [클릭] 버튼을 클릭할 때마다 화면의 오른쪽 위에 '알림 내용이 표시됩니다.'라는 메시지를 표시해 보세요. 그리고 메시지가 계속 화면에 나타나면 불편하므로 나타났던 메시지가 3초 후에 자동으로 삭제되도록 만들어 보세요.

길라잡이

- 알림 내용이 표시될 영역(`<div id="#noti-box"></div>`)을 웹 브라우저 창의 오른쪽 위에 배치하고 여기에 새로운 요소를 연결합니다.
- 버튼을 클릭하면 div 요소를 만들고 `innerText`를 사용해서 내용을 추가합니다.
- 좀 더 보기 좋게 하기 위해 새로 만든 div 요소에 미리 만든 `.noti` 스타일을 추가합니다.
- 미리 만든 영역에 새로 만든 div 요소를 연결합니다.
- `setTimeout()` 메서드를 사용해서 새로 만든 div 요소가 3초 후에 자동으로 삭제되도록 지정합니다.

자바스크립트와 객체

자바스크립트 프로그래밍에서 객체는 중요한 자료 구조입니다. 앞에서 공부한 DOM에서는 이미 웹 요소들을 객체로 다루고 있고, 각 요소에 해당하는 내장 객체를 만들었습니다. 그래서 미리 준비된 프로퍼티나 메서드를 가져와서 사용하거나, 필요한 객체를 언제든지 만들어서 사용할 수 있었습니다. '셋째마당'에서는 배열이나 문자열과 관련된 여러 메서드 및 함수뿐만 아니라 에크마스크립트 2015 이후에 새로 추가된 다양한 기능도 함께 살펴볼 것입니다. 내용이 점점 어려워지고 있으므로 한 번에 다 익히려고 하지 말고 이해가 안 되는 부분은 여러 번 반복해서 학습해 보세요.

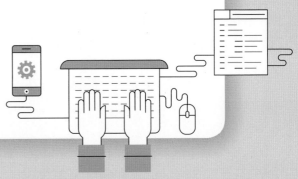

08

자주 사용하는
내장 객체 알아보기

자바스크립트 프로그래밍을 할 때 자주 사용하는 요소는 자바스크립트에 미리 객체로
정의되어 있는데, 이런 객체를 '내장 객체'라고 합니다. 예를 들어 날짜와 시간에 관
련된 프로그래밍을 할 때는 Date 객체를 사용합니다. Date 객체의 프로퍼티나 메서드
를 이용하면 날짜와 시간에 관련된 다양한 정보를 쉽게 다룰 수 있습니다. 이 장에서는
Date 객체와 Math 객체의 사용법을 살펴보면서 내장 객체를 다루는 방법을 알아보겠습
니다.

`</>`

08-1 웹 브라우저의 최상위 객체, window

웹 브라우저의 내장 객체 중 웹 브라우저 창과 관련된 window 객체는 모든 객체의 최상위 객체입니다. 최상위 객체란, 모든 객체를 포함하고 있는 가장 기본이 되는 객체를 가리킵니다. 먼저 내장 객체가 무엇인지 살펴보고 window 객체에 대해 알아보겠습니다.

내장 객체란

내장 객체^{built-in object}는 사용자가 손쉽게 가져와서 사용할 수 있도록 미리 만들어진 객체입니다. 흔히 내장 객체가 자바스크립트에 포함된 객체라고 생각합니다. 하지만 HTML5가 웹 표준으로 등장하면서 웹 문서나 웹 브라우저용 객체들은 HTML의 웹 API에 내장되고, 웹 브라우저와 관련 없이 사용하는 객체들은 자바스크립트, 즉 에크마스크립트^{ECMAScript}에 내장되었습니다.

😀 웹 API는 '17장. 웹 API'에서 자세히 설명합니다.

웹 브라우저 창에서 웹 문서를 열면 가장 먼저 window라는 객체가 만들어지고, 하위에 웹 브라우저 창의 각 요소에 해당하는 객체들이 만들어집니다. 이러한 하위 객체들은 웹 문서와 주소 표시줄처럼 웹 브라우저 창의 각 요소에 해당하는 객체들인데, 이것들은 각각 또 다른 하위 객체를 가지고 있습니다.

window 객체를 비롯해서 하위에 연결된 객체들은 모두 HTML의 웹 API에 만들어져 있는 객체이고, array나 Math 같은 객체는 웹 브라우저 창과 관련이 없으므로 자바스크립트에 포함된 내장 객체입니다. 모든 객체는 자바스크립트를 사용해서 다양하게 활용할 수 있습니다.

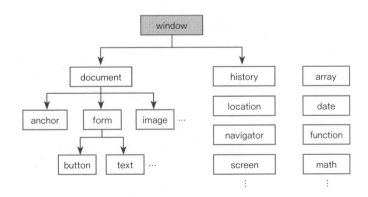

그림 8-1 웹 브라우저 창의 내장 객체

웹 브라우저 창을 관리하는 window 객체

window 객체에는 웹 브라우저 창과 관련된 여러 가지 프로퍼티와 메서드가 있습니다. 이들을 사용해 웹 개발에 필요한 다양한 정보를 얻을 수 있습니다.

window 객체의 프로퍼티

window 객체의 프로퍼티는 웹 브라우저 창과 관련된 정보를 가지고 있습니다.

다음은 window 객체의 프로퍼티 중 자주 사용하면서도 모든 웹 브라우저에서 호환되는 프로퍼티들을 정리한 표입니다. 프로퍼티에 접근하려면 `window.fullScreen`처럼 프로퍼티 이름 앞에 `window.`를 붙여야 합니다.

> 😀 window 객체의 모든 프로퍼티와 웹 브라우저의 호환 여부에 대해서는 'developer.mozilla.org/ko/docs/Web/API/Window'를 참고하세요.

표 8-1 window 객체에서 자주 사용하는 프로퍼티

프로퍼티	기능
document	웹 브라우저 창에 표시된 웹 문서에 접근할 수 있습니다.
frameElement	현재 창이 다른 요소 안에 포함되어 있으면 해당 요소를, 포함되어 있지 않으면 null을 반환합니다.
innerHeight	내용 영역의 높이
innerWidth	내용 영역의 너비
localStorage	웹 브라우저 창에서 데이터를 저장하는 로컬 스토리지에 접근합니다.
location	window 객체의 위치/현재 URL을 표시합니다.
name	웹 브라우저 창의 이름을 가져오거나 수정합니다.
outerHeight	웹 브라우저 창의 바깥쪽(외부) 높이
outerWidth	웹 브라우저 창의 바깥쪽(외부) 너비
pageXOffset	스크롤했을 때 수평으로 이동하는 픽셀(px) 수로, scrollX와 같습니다.
pageYOffset	스크롤했을 때 수직으로 이동하는 픽셀(px) 수로, scrollY와 같습니다.
parent	현재 창이나 서브 프레임의 부모
screenX	웹 브라우저 창의 왼쪽 테두리가 모니터의 왼쪽 테두리에서부터 떨어져 있는 거리
screenY	웹 브라우저 창의 위쪽 테두리가 모니터의 위쪽 테두리에서부터 떨어져 있는 거리
scrollX	스크롤했을 때 수평으로 이동하는 픽셀(px) 수
scrollY	스크롤했을 때 수직으로 이동하는 픽셀(px) 수
sessionStorage	웹 브라우저 창에서 데이터를 저장하는 세션 스토리지에 접근합니다.

window 객체의 메서드

window 객체에서 사용할 수 있는 메서드들은 대화 창이나 웹 브라우저 창을 열 수도 있고 웹 브라우저 창의 크기/위치를 알아내거나 지정할 수도 있습니다.

😊 객체의 동작을 지정하는 함수를 '메서드method' 라고 하고 메서드를 '함수' 라고도 부릅니다.

이 책의 시작 부분에서 alert() 함수나 prompt() 함수를 사용했던 것을 기억하나요? alert() 함수와 prompt() 함수는 window 객체의 메서드이므로 window.alert()라고 사용해야 합니다. 하지만 웹 브라우저 창에서는 window 객체가 기본 객체여서 window를 생략하고 그냥 alert()라고 사용합니다.

표 8-2 window 객체에서 자주 사용하는 메서드

메서드	기능
alert()	알림 창을 표시합니다.
blur()	창에서 포커스를 제거합니다.
close()	현재 창을 닫습니다.
confirm()	[확인] 버튼과 [취소] 버튼이 있는 확인 창을 표시합니다.
focus()	현재 창에 포커스를 맞춥니다.
moveBy()	현재 창을 지정한 크기만큼 이동합니다.
moveTo()	현재 창을 지정한 좌표로 이동합니다.
open()	새로운 창을 엽니다.
postMessage()	다른 창으로 메시지를 전달합니다.
print()	현재 문서를 인쇄합니다.
prompt()	프롬프트 창에 입력한 텍스트를 반환합니다.
resizeBy()	지정한 크기만큼 현재 창의 크기를 조절합니다.
resizeTo()	웹 브라우저 창의 크기를 지정한 크기만큼씩 늘리거나 줄입니다.
scroll()	문서에서 특정 위치로 스크롤합니다.
scrollBy()	지정한 크기만큼씩 스크롤합니다.
scrollTo()	지정한 위치까지 한 번에 스크롤합니다.
setCursor()	현재 창의 커서를 변경합니다.
showModalDialog()	모달 창을 엽니다.
sizeToContent()	내용에 맞게 창의 크기를 맞춥니다.
stop()	웹 문서 가져오기를 멈춥니다.

window 객체의 내부 살펴보기

window 객체는 최상위 객체이므로 가지고 있는 프로퍼티와 메서드가 매우 많습니다. 이번에는 프로퍼티와 메서드를 확인하는 방법을 살펴보겠습니다. 웹 브라우저 창을 열고 주소 표시줄에 'about:blank'를 입력해서 빈 문서를 만든 후 콘솔 창을 열고 다음과 같이 입력하세요.

```
window
```

콘솔 창에 다음과 같은 결괏값이 나타나면 Window 앞에 있는 ▼을 클릭합니다. 콘솔 창에서 객체를 나타낼 때는 Window처럼 첫 글자를 대문자로 시작합니다. 프로퍼티와 메서드 목록이 나타나면 맨 위에 alert이 보이나요? alert 옆에 붙어 있는 f는 alert이 메서드라는 것을 알려줍니다. f가 붙어 있지 않은 항목은 프로퍼티라고 생각하세요.

그림 8-2 콘솔 창에서 window 객체 살펴보기

window 객체의 내용을 살펴보면 프로퍼티도, 메서드도 아닌데 history: History { ... }나 navigator: Navigator { ... }처럼 콜론(:)의 왼쪽에는 소문자로, 오른쪽에는 대문자로 표시된 항목이 있습니다. 이것은 window 객체에 포함된 하위 객체로, history 객체나 navigator 객체를 가리킵니다.

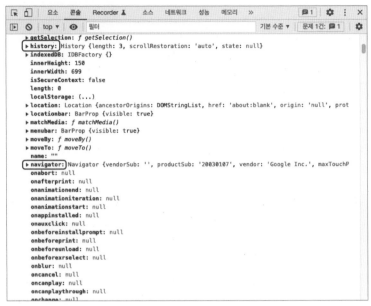

그림 8-3 window 객체의 하위 객체인 history 객체와 navigator 객체

이제 window 객체의 메서드와 프로퍼티를 이용해 웹 브라우저 창의 정보를 가져와 보겠습니다. 먼저 다음과 같이 innerWidth 프로퍼티를 사용하면 현재 웹 브라우저 창의 너비를 알 수 있습니다.

```
window.innerWidth
```

그림 8-4 웹 브라우저 창의 너비 구하기

print() 메서드를 입력하면 간단하게 인쇄 화면을 표시할 수 있습니다.

```
window.print()
```

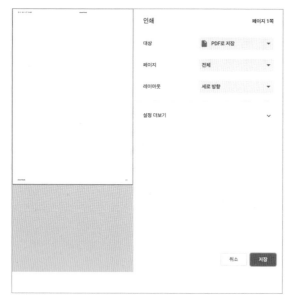

그림 8-5 웹 브라우저 창에서 인쇄 화면 열기

팝업 창 만들기

window 객체의 프로퍼티와 메서드로 팝업 창 프로그램을 만들어 보겠습니다. 팝업 창은 홈페이지에 접속할 때 첫 화면에서 자동으로 실행되는 창이나, 링크를 클릭했을 때 새로 열리는 창을 말합니다. 팝업 창은 이벤트나 새 소식을 전하는 공지 사항 창으로 사용하거나 쇼핑몰에서 특정 버튼을 클릭했을 때 큰 그림을 보여 주기 위한 창으로 사용합니다.

😀 팝업 창에 표시할 문서는 미리 만들어져 있거나 링크할 수 있는 웹 사이트여야 합니다.

팝업 창 열기 — open() 메서드

팝업 창을 만들 때는 window.open() 메서드를 이용합니다.

> 기본형 **window.open(경로, 창 이름, 창 옵션)**

- **경로**: 팝업 창에 표시할 문서나 사이트의 경로/주소
- **창 이름**: 팝업 창에 이름을 지정하면 항상 지정한 창에 팝업 내용을 나타낼 수 있습니다. 만약 이름을 지정하지 않으면 팝업 창이 계속 새로 나타납니다.
- **창 옵션**: 팝업 창은 기본적으로 화면의 왼쪽 맨 위에 나타나는데, left 속성과 top 속성을 사용해서 위치를 조절하거나 width 속성과 height 속성을 사용해서 크기를 지정할 수 있습니다.

예를 들어 미리 만들어 둔 notice.html 문서를 너비 600px, 높이 500px 크기의 팝업 창에 열려면 다음과 같이 작성할 수 있습니다. 이렇게 작성하면 화면의 왼쪽 위에 팝업 창이 나타납니다.

팝업 창 열기
08\popup-1.html, 08\js\popup-1.js

```
window.open("notice.html", "", "width=600 height=500")
```

그림 8-6 팝업 창 열기

팝업 창의 위치 지정하기

앞의 예제에서 살펴본 것처럼 open() 메서드로 팝업 창을 표시하면 팝업 창은 화면의 왼쪽 위에 나타납니다. 팝업 창의 위치를 바꾸려면 open() 메서드에서 옵션을 지정할 때 left 속성과 top 속성을 사용합니다. 예를 들어 다음과 같이 지정하면 화면의 왼쪽 위를 기준으로 왼쪽에서 300px, 위쪽에서 200px 떨어진 위치에 팝업 창이 나타납니다.

팝업 창의 위치 지정하기
08\popup-2.html, 08\js\popup-2.js

```
function openPopup() {
  window.open("notice.html", "이벤트팝업", "width=600 height=500 left=300 top=200")
}
const bttn = document.querySelector("button");
bttn.onclick = openPopup;
```

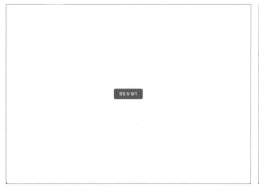 

그림 8-7 지정한 위치에 팝업 창 열기

팝업 창 닫기 — close() 메서드

window.open() 메서드를 사용해 열어 놓은 팝업 창은 윈도우의 기본적인 [닫기] 버튼을 클릭해서 닫을 수 있습니다. 하지만 팝업 창의 모든 내용을 살펴본 후에 닫을 수 있도록 내용의 아래쪽에 [닫기] 버튼이나 링크를 넣는 것이 좋습니다. 팝업 창을 여는 메서드가 open()이면 닫는 메서드는 close()입니다.

> **기본형** window.close()

다음과 같이 링크나 버튼에 간단히 window.close() 메서드만 연결하면 됩니다.

팝업 창 닫기	08\notice.html

```
<button onclick="window.close()">닫기</button>
```

그림 8-8 [닫기] 버튼을 클릭해 팝업 창 닫기

screen 객체

이제 window 객체 안의 객체 중에서 자주 쓰는 것을 알아보겠습니다. 웹 사이트에 접속하는 사용자의 화면 크기가 모두 다르므로 사용자 화면의 크기나 정보가 필요할 경우에는 screen 객체를 사용합니다. 여기에서 '화면'은 웹 브라우저 창의 크기가 아니라 PC 모니터나 모바일 기기의 화면 자체를 가리킵니다.

표 8-3 screen 객체의 프로퍼티

프로퍼티	기능
availHeight	UI 영역(예를 들어 윈도우의 작업 표시줄, 맥의 독dock)을 제외한 내용 표시 영역의 높이
availWidth	UI 영역을 제외한 내용 표시 영역의 너비
colorDepth	화면에서 픽셀(px)을 렌더링할 때 사용하는 색상 수
height	UI 영역을 포함한 화면의 높이
orientation	화면의 현재 방향
pixelDepth	화면에서 픽셀(px)을 렌더링할 때 사용하는 비트 수
width	UI 영역을 포함한 화면의 너비

screen 객체에서 사용하는 메서드는 화면 방향을 잠그거나 잠갔던 화면 방향을 해제하는 lockOrientation() 메서드와 unlockOrientation() 메서드입니다. 이들 메서드는 풀스크린 상태일 때나 방향 전환이 가능한 앱에서 사용할 수 있습니다.

표 8-4 lockOrientation() 메서드와 unlockOrientation() 메서드

메서드	기능
lockOrientation()	화면 방향을 잠급니다.
unlockOrientation()	화면 방향 잠금을 해제합니다.

화면의 중앙에 팝업 창 표시하기

팝업 창은 기본적으로 화면의 왼쪽 위에 나타나므로 화면의 중앙에 배치하려면 약간의 계산이 필요합니다. 즉, screen 객체를 사용하여 화면의 크기를 알아낸 후 팝업 창의 크기를 고려해서 화면의 중앙에 배치합니다.

먼저 손으로 그려 보면서 계산하는 방법을 생각해 볼게요. 계산하기 쉽게 사용 중인 화면의 가로 너비는 1,000px, 세로 높이는 600px이고, 팝업 창은 가로 너비가 600px, 세로 높이가

500px이라고 가정해 봅시다. 화면의 가로 길이에서 팝업 창의 가로 길이를 빼면 400px이 됩니다. 이 값을 반으로 나눈 값, 즉 200px만큼 왼쪽에서 띄어 주면 팝업 창은 가로로 중간에 놓입니다. 높이도 화면 높이에서 팝업 창의 높이를 뺀 후 반으로 나누면 되겠죠?

화면의 크기는 screen.width 프로퍼티와 screen.height 프로퍼티를 사용하거나 screen.availWidth 프로퍼티와 screen.availHeight 프로퍼티를 사용하면 됩니다.

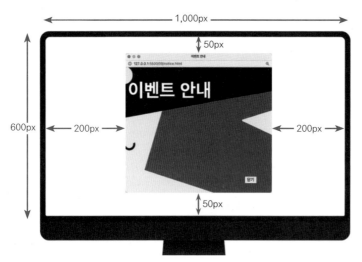

그림 8-9 팝업 창의 위치 계산하기

팝업 창의 크기만 알고 있으면 다음과 같이 소스를 작성해 화면의 중앙에서 열 수 있습니다.

화면의 중앙에서 팝업 창 열기   08\popup-3.html, 08\js\popup-3.js

```
const bttn = document.querySelector("button");
const popWidth = 600;    // 팝업 창 너비
const popHeight = 500;    // 팝업 창 높이

bttn.addEventListener("click", function() {
  let left = (screen.availWidth - popWidth) / 2;    // (화면 너비 - 팝업 창 너비) / 2
  let top = (screen.availHeight - popHeight) / 2;    // (화면 높이 - 팝업 창 높이) / 2
  window.open("notice.html", "이벤트팝업", `width = ${popWidth} height= ${popHeight} left
  = ${left} top = ${top}`);
});
```

그림 8-10 화면의 중앙에 팝업 창 표시하기

최근에는 레이어를 사용해 팝업 창을 만들어요

window.open() 메서드를 사용해서 간단하게 새로운 웹 브라우저 창을 열 수도 있고 그 창에 공지 사항이나 이벤트 내용을 표시할 수도 있습니다. 하지만 이 방법을 사용할 경우 웹 브라우저 창의 형태를 그대로 가지고 있으므로 사이트 디자인과 동떨어질 수 있다는 단점이 있죠. 그래서 사이트 디자인과 일관성을 유지하기 위해 최근의 웹 사이트에서는 〈div〉 태그를 사용해서 본문에 팝업 창 형태를 만들어 놓고 필요에 따라 팝업 창 내용을 화면에 표시하거나 감추는 방법을 사용합니다.

history 객체

history 객체에는 웹 브라우저 창에서 [뒤로] 버튼이나 [앞으로] 버튼을 클릭하거나 주소 표시줄에 입력해서 돌아다녔던 사이트 주소가 array 배열에 저장되어 있습니다. 보안 문제 때문에 웹 브라우저 창에 있는 웹 브라우저 히스토리는 읽기 전용입니다.

표 8-5 history 객체의 프로퍼티

프로퍼티	기능
length	현재 웹 브라우저 창의 history 목록에 있는 항목의 개수. 즉, 방문했던 사이트 개수가 저장되어 있습니다.

history 객체에는 방문했던 URL 정보가 저장되므로 history 객체에서는 방문했던 URL을 앞뒤로 이동하는 메서드를 사용할 수 있습니다.

표 8-6 history 객체에서 제공하는 메서드

메서드	기능
back()	history 목록에서 이전 페이지를 현재 화면에 불러옵니다.
forward()	history 목록에서 다음 페이지를 현재 화면에 불러옵니다.
go()	history 목록에서 현재 페이지를 기준으로 상대적인 위치에 있는 페이지를 현재 화면에 불러옵니다. 예를 들어 history.go(1)은 다음 페이지를, history.go(-1)은 이전 페이지를 불러옵니다.

location 객체

location 객체는 이름에서도 알 수 있듯이 웹 브라우저 창의 주소 표시줄과 관련되어 있습니다. 즉, 현재 문서의 URL 주소에 대한 정보를 가지고 있는데, 이 정보를 편집하면 현재 웹 브라우저 창에 열릴 사이트나 문서를 지정할 수 있습니다.

표 8-7 location 객체의 프로퍼티

프로퍼티	기능
hash	URL 중 # 기호로 시작하는 해시 부분의 정보를 담고 있습니다.
host	URL의 호스트 이름과 포트 번호를 담고 있습니다.
hostname	URL의 호스트 이름이 저장됩니다.
href	전체 URL. 이 값을 변경하면 해당 주소로 이동할 수 있습니다.
password	도메인 이름의 앞에 'username'과 'password'를 함께 입력해서 접속하는 URL일 경우 password 정보가 저장됩니다.
pathname	URL 경로를 저장합니다.
port	URL의 포트 번호를 담고 있습니다.
protocol	URL의 프로토콜을 저장합니다.
search	URL 중 ?로 시작하는 검색 내용을 저장합니다.
username	도메인 이름의 앞에 'username'을 함께 입력해서 접속하는 사이트 URL일 경우 username 정보를 저장합니다.

location 객체에는 다음과 같은 메서드가 있습니다. 이 중에서 웹 브라우저 창의 [새로 고침] 버튼(↻)과 같은 역할을 하는 reload() 메서드와 현재 창에 다른 문서나 사이트를 보여 주는 replace() 메서드를 유용하게 사용합니다.

표 8-8 location 객체의 메서드

메서드	기능
assign	현재 문서에 새 문서 주소를 할당해서 새 문서를 가져옵니다.
reload	현재 문서를 다시 불러옵니다.
replace	현재 문서의 URL을 지우고 다른 URL의 문서로 교체합니다.
toString	현재 문서의 URL을 문자열로 반환합니다.

웹 사이트에서 뒤로 이동 금지하기

다음은 버튼을 클릭했을 때 navigator 객체의 replace() 메서드를 이용해 이지스퍼블리싱 홈페이지로 이동하는 예제입니다. [이지스퍼블리싱 사이트로 이동하기]를 클릭하면 현재 문서의 주소 자리에 이지스퍼블리싱 사이트 주소가 들어가면서 해당 사이트로 이동합니다. 이때 현재 문서의 주소가 새로운 주소로 대체되므로 웹 브라우저 창의 [뒤로] 버튼이 활성화되지 않습니다.

사이트에서 뒤로 이동 금지하기   08\location.html

```
<body>
  <button onclick="location.replace('http://www.easyspub.co.kr')">이지스퍼블리싱 사이트로
  이동하기</button>
</body>
```

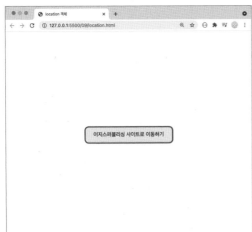

그림 8-11 현재 사이트에서 뒤로 이동 금지하기

08-2 Date 객체 활용하기

자바스크립트 내장 객체 중에서 Date 객체는 날짜와 시간에 대한 정보를 조절할 수 있는 객체입니다. 현재 날짜와 시간을 홈페이지에 출력하거나 달력을 표시할 수도 있고, 특정일까지 얼마나 남았는지 세는 등 여러 가지로 응용할 수 있습니다.

자바스크립트 객체의 인스턴스 만들기

자바스크립트에 정의된 내장 객체를 사용할 때는 객체의 프로퍼티와 메서드를 가진 새로운 객체를 만든 후 여기에 식별자를 붙여 프로그래밍에서 사용합니다. 즉, Date 객체를 사용하려면 자바스크립트의 Date 객체를 똑같이 만들어서 사용하는데, 이렇게 내장 객체와 똑같은 모양으로 찍어내는 것을 '인스턴스^{instance}'라고 합니다.

현재 날짜를 기준으로 인스턴스 만들기

만약 시간을 제어하는 프로프램을 작성하려면 가장 먼저 날짜나 시간 정보를 가지고 있는 Date 객체의 인스턴스를 만들고 변수에 저장해야 합니다. 그리고 이 변수를 프로그래밍에 사용합니다.

> 기본형   `new Date()`

Date 객체의 인스턴스를 만들어 today 변수에 저장하는 다음의 소스를 콘솔 창에 입력해 보세요. today 값을 확인하면 콘솔 창에 현재 날짜와 시간이 표시됩니다.

```
let today = new Date()
today
```

```
>  let today = new Date()
<  undefined
>  console.log(today)
   Thu Jul 29 2021 15:59:15 GMT+0900 (한국 표준시)            VM2752:1
<  undefined
>
```

그림 8-12 Date 객체를 사용해 현재 날짜와 시간 확인하기

today 변수에는 Date 객체의 인스턴스가 저장되었으므로 이제부터 today 변수는 Date 객체의 프로퍼티와 메서드를 사용할 수 있습니다. 예를 들어 Date 객체에는 오늘 날짜를 확인하는 getDate() 메서드가 있는데, 이 메서드를 today 변수에 사용할 수 있습니다.

```
today.getDate()
```

```
> let today = new Date()
⟨· undefined
> console.log(today)
  Thu Jul 29 2021 15:59:15 GMT+0900 (한국 표준시)              VM2752:1
⟨· undefined
> today.getDate()
⟨· 29
>
```

그림 8-13 getDate() 메서드로 오늘 날짜 확인하기

특정 날짜를 기준으로 인스턴스 만들기

Date 객체의 경우 현재 날짜와 시간뿐만 아니라 특정 날짜와 시간을 기준으로 인스턴스를 만들 수 있습니다. 먼저 다른 설정 없이 현재 날짜와 시간을 사용해 인스턴스를 만들 때는 간단히 new라는 예약어만 붙이면 됩니다.

```
new Date()
```

특정한 날짜를 저장한 Date 객체를 만들려면 Date 다음의 소괄호 안에 날짜 정보를 입력합니다. 예를 들어 '2025년 2월 25일'이라는 날짜 정보를 객체에 저장한 후 프로그램에 사용하려면 다음과 같이 입력합니다. 연도와 월, 일을 인수로 사용할 경우 월^{month}의 값은 0부터 시작한다는 점에 주의하세요.

```
new Date("2025-02-25")    // 2025년 2월 25일
new Date(2025, 2, 25)     // 2025년 2월 25일
```

😊 월과 일이 한 자리 숫자일 경우에는 앞에 0을 붙이지 않고 '2025-2-25'처럼 사용해도 됩니다.

시간 정보까지 함께 지정하려면 날짜 다음에 대문자 T를 추가한 후 그 뒤에 시간을 입력합니다.

```
new Date("2025-02-25T18:00:00")
```

 복습하기 자신의 생일을 사용해 Date 인스턴스를 만들고 birthDay라는 변수로 설정해 보세요.

정답 🔲 const birthDay = new Date("2000-01-01")

자바스크립트의 날짜와 시간 입력 방식

날짜와 시간을 지정해 Date 객체를 만들 때는 자바스크립트가 인식할 수 있는 형식에 맞춰 날짜와 시간 정보를 입력해야 합니다. 다음 형식에서 날짜의 YYYY는 연도를, MM은 월을, DD는 일을 의미하고, 시간에서 HH는 시를, MM은 분을, SS는 초를 의미합니다.

❶ YYYY-MM-DD: '연도-월-일' 형태로 지정합니다. 연도(YYYY)나 월까지만(YYYY-MM) 사용할 수 있습니다.

```
new Date("2022-02-25")
new Date("2022-02")
new Date("2022")
```

❷ YYYY-MM-DDTHH:MM:SS: '연도-월-일T시:분:초'의 형식으로 지정합니다. UTC(국제 표준시)로 표시하려면 맨 끝에 Z를 붙입니다.

```
new Date("2022-02-25T18:00:00")
```

❸ MM/DD/YYYY: 슬래시를 사용해서 월/일/연도 순으로 지정합니다.

```
new Date("02/25/2022")
```

❹ 전체 형식: 월과 요일은 전체 이름이나 줄여쓴 이름을 모두 사용할 수 있습니다.

```
new Date("Thu Aug 17 2022 15:00:41 GMT+0900 (대한민국 표준시)")
```

Date 객체의 메서드

Date 객체의 인스턴스를 만들었다면 이제부터 Date 객체의 메서드를 사용해서 날짜/시간 정보를 프로그램에 사용할 수 있습니다.

Date 객체의 메서드는 크게 세 가지로 나눌 수 있습니다. 메서드 이름 앞에 **get**이 붙어 있으면 시간이나 날짜를 알아내는 메서드이고, **set**이 붙어 있으면 시간과 날짜를 사용자가 원하는 대로 설정하는 메서드입니다. 그리고 메서드 이름이 **to**로 시작하면 국제 표준 형식으로 된 날짜 표시를 다른 형식으로 바꿔 주는 메서드입니다.

표 8-9 Date 객체의 메서드

날짜와 시간의 정보를 가져오는 메서드	
getFullYear()	현지 시간을 기준으로 연도값을 가져옵니다.
getMonth()	월값을 가져옵니다. 0~11 사이의 숫자가 반환되는데, 0은 1월이고 11은 12월입니다.
getDate()	일값을 가져옵니다. 1~31 사이의 숫자로 반환됩니다.
getDay()	요일값을 가져옵니다. 0~6 사이의 숫자가 반환되는데, 0은 일요일이고 6은 토요일입니다.
getTime()	1970년 1월 1일 00:00 이후의 시간을 밀리초로 표시합니다.
getHours()	시값을 가져옵니다. 0~23 사이의 숫자로 반환됩니다.
getMinutes()	분값을 가져옵니다. 0~59 사이의 숫자로 반환됩니다.
getSeconds()	초값을 가져옵니다. 0~59 사이의 숫자로 반환됩니다.
getMilliseconds()	밀리초값을 가져옵니다. 0~999 사이의 숫자로 반환됩니다.
setFullYear()	현지 시간을 기준으로 연도를 설정합니다.
setMonth()	현지 시간을 기준으로 월을 설정합니다.
setDate()	현지 시간을 기준으로 일을 설정합니다.
setTime()	1970년 1월 1일 00:00부터 지난 시간을 밀리초로 설정합니다.
setHours()	현지 시간을 기준으로 시를 설정합니다.
setMinutes()	현지 시간을 기준으로 분을 설정합니다.
setSeconds()	현지 시간을 기준으로 초를 설정합니다.
setMilliseconds()	현지 시간을 기준으로 밀리초를 설정합니다.

날짜와 시간의 형식을 바꾸는 메서드	
toUTCString()	'요일 일 월 연도 시:분:초 UTC' 형식으로 표시합니다.
toLocaleString()	'월/일/연도 시:분:초' 형식으로 표시합니다.
toString()	'요일 월 날짜 시:분:초 UTC+대한민국 표준시' 형식으로 표시합니다.
toDateString()	Date에서 날짜 부분만 표시합니다.
toTimeString()	Date에서 시간 부분만 표시합니다.

Do it! 실습 ▶ 만 보 걷기, 오늘까지 며칠째일까?

준비 08\walking.html 결과 08\walking-result.html, 08\walking-result.js

친구와 며칠 동안 우정을 나누었는지 보여 주거나, 오늘부터 크리스마스까지 며칠 남았는지 계산하는 간단한 프로그램을 만들려면, 두 날짜 사이에 흐른 시간을 계산해야 합니다. 여기에서는 하루 1만 보 걷기를 시작한 A 씨가 오늘까지 며칠이나 계속 걷고 있는지 계산하는 예제를 만들면서 Date 객체의 사용법을 알아보겠습니다.

> **먼저 생각해 보세요!**
> - 특정한 날짜를 프로그램에 사용하려면 어떻게 인스턴스를 만들까요? ☐
> - 두 날짜 사이에 흐른 시간을 계산하려면 어떤 메서드를 사용할까요? ☐
> - 밀리초를 날짜 수로 어떻게 바꿀까요? ☐

01 두 날짜 사이에 얼마나 시간이 흘렀는지 계산할 때는 getTime() 메서드를 사용하면 편리합니다. getTime()은 1970년 1월 1일로부터 특정한 날까지의 시간을 밀리초(1/1,000초)로 표시하는 메서드로, 먼저 getTime() 메서드의 사용법을 살펴보겠습니다. 웹 브라우저 개발 도구의 콘솔 창에 다음과 같이 입력해 보세요. today 인스턴스를 만든 후 날짜 정보만 가져와서 getTime() 메서드를 실행했습니다.

```
today = new Date()
passedTime = today.getTime(today.toDateString())
```

02 getTime() 메서드를 실행한 결괏값이 아주 크지요? getTime() 값은 밀리초(1/1,000초)로 표시되기 때문입니다. 밀리초를 일수로 표시하려면 다음과 같이 (1000*60*60*24)로 나누

어야 합니다. 이렇게 나눈 결괏값을 실수일 수도 있어서 Math 객체의 round() 메서드를 사용해서 결괏값을 반올림하면 정수가 됩니다.

콘솔 창에 표시되는 일수는 1970년 1월 1일부터 오늘까지 그만큼의 날짜가 지났다는 뜻입니다. 여러분이 이 책을 보고 있는 날짜가 모두 다르므로 결과 화면에 표시되는 값이 서로 다를 것입니다.

🙂 Math 객체는 08-3절에서 자세히 설명합니다.

```
passedDay = Math.round(passedTime / (1000 * 60 * 60 * 24))
```

```
[▶] [◻]   요소  콘솔  Recorder ▲   소스  네트워크  성능  메모리
[▷] [⊘]  top ▼  [◉]  필터
> today = new Date()
< Fri Jun 03 2022 16:07:05 GMT+0900 (한국 표준시)
> passedTme = today.getTime(today.toDateString())
< 1654240025377
> passedDay = Math.round(passedTime / (1000 * 60 * 60 * 24))
< 19146
> Î
```

03 그렇다면 만 보 걷기가 며칠째인지 알려면 getTime() 메서드를 어떻게 활용하면 좋을까요? 잠시 생각해 보세요.

getTime() 메서드는 1970년 1월 1일이라는 기준점이 있습니다. 그래서 만 보 걷기를 시작한 날짜까지의 일수와 오늘 날짜까지의 일수를 알아낸 후 그 차이를 계산하면 됩니다.

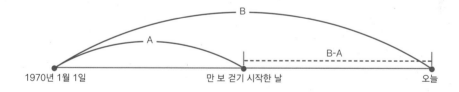

04 대략 어떤 흐름인지 정리되었으면 소스를 작성해 보겠습니다. 먼저 08\js 폴더에 walking.js 파일을 만든 후 08\walking.html 문서에 연결합니다.

08\walking.html

```
<body>
  <h1>만 보 걷기</h1>
  <p><span id="result"></span>일 연속 달성</p>

  <script src="js/walking.js"></script>
</body>
```

05 결괏값을 표시할 영역이 `<span id="result">` 부분이므로 이 영역을 가져와서 result라고 저장하겠습니다. 그리고 만 보 걷기를 시작한 날, 여기에서는 2021년 7월 1일은 firstDay 변수에, 오늘 날짜는 today 변수에 만들겠습니다.

08\walking.html, 08\js\walking.js

```javascript
const result = document.querySelector("#result");    // 결괏값을 표시할 부분
const firstDay = new Date("2021-07-01");    // 시작한 날
const today = new Date();    // 오늘
```

06 이제 두 날짜에 각각 getTime() 메서드를 적용한 후 차이를 계산하는 소스를 추가합니다. 계산 결과는 밀리초이므로 날짜로 바꿔 주어야겠죠. 마지막으로 계산된 일수를 result 영역에 표시합니다.

08\walking.html, 08\js\walking.js

```javascript
// 시작한 날부터 오늘까지 흐른 시간(밀리초)
let passedTime = today.getTime() - firstDay.getTime();

// 밀리초를 일수로 계산합니다.
let passedDay = Math.round(passedTime / (1000 * 60 * 60 * 24));

result.innerText = passedDay;
```

만 보 걷기

29일 연속 달성

준비 08\current.html 결과 08\current-result.html, 08\js\current-result.js

Date 객체의 인스턴스를 만들면 현재 날짜와 시간 정보가 함께 반환됩니다. 메서드를 사용해서 이것을 연도와 월, 일, 요일로 나눌 수 있고, 시간 정보도 오전, 오후, 시, 분, 초 등으로 나눌 수 있습니다.

> **먼저 생각해 보세요!**
>
> • 날짜 정보에서 연도와 월, 일을 가져오려면 어떻게 해야 할까요? ☐
>
> • 시간 정보에서 시와 분, 초를 가져오려면 어떻게 해야 할까요? ☐
>
> • 1초마다 시간을 바꾸면서 표시하려면 어떻게 해야 할까요? ☐

01 미리 준비한 웹 문서 08\current.html을 편집기에서 열고 id="today"에는 날짜를, id="clock"에는 시간을 표시할 것이므로 id 값을 잘 기억해 두세요.

먼저 날짜 정보를 작성할 새 스크립트 파일을 08\js 폴더에 만들고 이름을 current.js로 지정한 후 current.html 파일에 연결하세요.

08\current.html

```html
<body>
  <div id="container">
    <div id="today">
      <!-- 현재 날짜 -->
    </div>
    <div id="clock">
      <!-- 현재 시간 -->
    </div>
  </div>

  <script src="js/current.js"></script>
</body>
```

02 날짜 정보를 표시할 영역을 `displayDate`라는 변수로 저장하고 오늘 날짜 정보에 해당하는 인스턴스를 만듭니다. `Date` 메서드에서 `toDateString()` 메서드를 사용하면 날짜 정보만 가져올 수 있으므로 다음과 같이 작성해서 `displayDate` 영역에 표시합니다.

08\js\current.js

```javascript
const displayDate = document.querySelector('#today');

const today = new Date();
console.log(today);
console.log(today.toDateString());
```

03 08\current.html 편집 창에서 마우스 오른쪽 버튼을 클릭하고 바로가기 메뉴에서 [Open with Live Server]를 선택합니다. 웹 브라우저 창이 열리면 Ctrl + Shift + J 나 Option + Command + J 를 눌러 콘솔 창을 열고 결과를 확인해 보세요. 요일, 월, 일, 연도 순으로 표시되어 알아보기 어렵습니다.

04 방금 사용했던 2개의 `console.log` 문은 주석으로 처리하거나 삭제합니다. 메서드를 사용해서 날짜 정보를 연도와 월, 일, 요일로 나눈 후 원하는 형태로 표시해 보겠습니다. 이때 '월' 값과 '요일' 값은 0부터 시작하는 숫자로 반환된다는 것을 꼭 기억하세요. 그래서 반환된 '월' 값에는 1을 더하고, 반환된 '요일' 값은 `switch` 문을 사용해서 각 값마다 요일명을 따로 지정해 줍니다.

08\js\current.js

```javascript
// console.log(today);

const year = today.getFullYear();        // 연도
const month = today.getMonth() + 1;      // 월(0~11) + 1
const Date = today.getDate();            // 날짜
const day1 = today.getDay();             // 요일(0~6)
```

```
let day2 = " ";     // 요일명을 저장할 변수

// 반환된 요일(숫자)을 체크해서 요일명을 지정합니다.
switch(day1) {
  case 0 :
    day2 = "일요일"; break;
  case 1 :
    day2 = "월요일"; break;
  case 2 :
    day2 = "화요일"; break;
  case 3 :
    day2 = "수요일"; break;
  case 4 :
    day2 = "목요일"; break;
  case 5 :
    day2 = "금요일"; break;
  case 6 :
    day2 = "토요일"; break;
}
```

05 이제 계산된 값을 화면에 표시해 볼게요. displayDate 영역에 innerText나 innerHTML 프로퍼티를 사용해서 내용을 추가할 수 있습니다. 태그까지 함께 사용한다면 innerHTML을 써야 합니다. 앞의 소스에 이어서 다음의 소스를 추가합니다.

08\js\current.js

```
displayDate.innerHTML = `${year}년 ${month}월 ${Date}일 <span style="font-weight:bold">
${day2}</span>`;
```

06 웹 브라우저 창에 오늘 날짜와 요일이 나타나는지 확인합니다.

2022년 2월 18일 **금요일**

07 현재 시간도 함께 표시해 보겠습니다. 먼저 **toTimeString()**을 사용해서 시간 정보만 가져온 후 콘솔 창에 표시해 보세요. 기본적으로 시간은 24시간제로 표시됩니다.

```
08\js\current.js
```

```javascript
console.log(today.toTimeString());
```

08 여기에서는 오전과 오후로 나누어 12시간제로 표시하고 초^{second} 정보까지 화면에 표시해 보겠습니다. 이렇게 표시하려면 현재 시간을 시, 분, 초 단위로 나누어야 하고 시간^{hour} 값에 따라 오전과 오후로 나눕니다. 방금 사용했던 **console.log** 문은 삭제하거나 주석 처리하고 다음의 소스를 추가합니다. 이 경우 1초마다 계속 시간 정보를 바꿔 주어야 하므로 **current**라는 새로운 인스턴스를 만든다는 점에 주의하세요.

```
08\js\current.js
```

```javascript
// console.log(today.toTimeString());

const displayTime = document.querySelector("#clock");    // 시간 표시 영역

let current = new Date();    // 1초마다 초가 바뀌도록 인스턴스를 만듭니다.
let hrs = current.getHours();
let mins = current.getMinutes();
let secs = current.getSeconds();

let period = "AM";
if (hrs === 0) {
  hrs = 12;
} else if (hrs > 12) {
  hrs = hrs - 12;
  period = "PM";
}

hrs = (hrs < 10) ? "0" + hrs : hrs;
mins = (mins < 10) ? "0" + mins : mins;
```

```
secs = (secs < 10) ? "0" + secs : secs;

console.log(`${period} ${hrs} : ${mins} : ${secs}`);
```

09 콘솔 창에 시간이 제대로 표시되었나요? 그런데 1초마다 바뀌는 게 아니라 고정되어 있네요. 시간을 자연스럽게 표시하려면 1초마다 시간이 바뀌어야 합니다.

10 먼저 앞에서 작성했던 `console.log` 문을 주석 처리하거나 삭제하고 `setInterval()` 함수를 사용해서 시간을 표시하는 소스 부분을 1초마다 반복하도록 처리합니다. 여기에서는 `clock`이라는 타이머를 만든 후 1초마다 `clock`을 실행시키고 결괏값은 `displayTime` 영역에 표시해 보겠습니다.

08\js\current.js

```
const displayTime = document.querySelector("#clock");

let clock = () => {    // 타이머로 바꾸기
  let current = new Date();
  let hrs = current.getHours();
  let mins = current.getMinutes();
  let secs = current.getSeconds();

  let period = "AM";
  if (hrs === 0) {
    hrs = 12;
  } else if (hrs > 12) {
    hrs = hrs - 12;
    period = "PM";
  }

  hrs = (hrs < 10) ? "0" + hrs : hrs;
  mins = (mins < 10) ? "0" + mins : mins;
  secs = (secs < 10) ? "0" + secs : secs;
```

```
    // console.log(`${period} ${hrs} : ${mins} : ${secs}`);

    displayTime.innerText = `${period}  ${hrs} : ${mins} : ${secs} `;
}


setInterval(clock, 1000);    // 1초마다 타이머를 실행합니다.
```

11 웹 브라우저 창에 오늘 날짜와 현재 시간이 표시되고 시간은 1초마다 바뀌어서 나타나는지 확인합니다.

2022년 2월 19일 토요일

AM 12 : 30 : 02

08-3 Math 객체 활용하기

Math 객체에는 수학적인 계산과 관련된 메서드들이 많이 포함되어 있습니다. 수학적인 계산이라고 해서 수학식에서만 사용하는 것은 아니고 무작위 수가 필요한 프로그램이나 반올림이 필요한 프로그램 등에서 활용할 수 있습니다.

Math 객체의 프로퍼티와 메서드

앞에서 살펴본 Date 객체나 Array 객체의 경우에는 new라는 예약어로 객체의 인스턴스를 만든 후에 프로그램에서 사용했습니다. 그런데 Math 객체는 따로 인스턴스를 만들지 않으므로 Math라는 예약어의 뒤에 사용할 프로퍼티나 메서드를 직접 사용하면 됩니다. 예를 들어 콘솔 창에 다음과 같이 입력하면 수학에서 자주 사용하는 파이값을 즉시 알 수 있습니다.

```
Math.PI
```

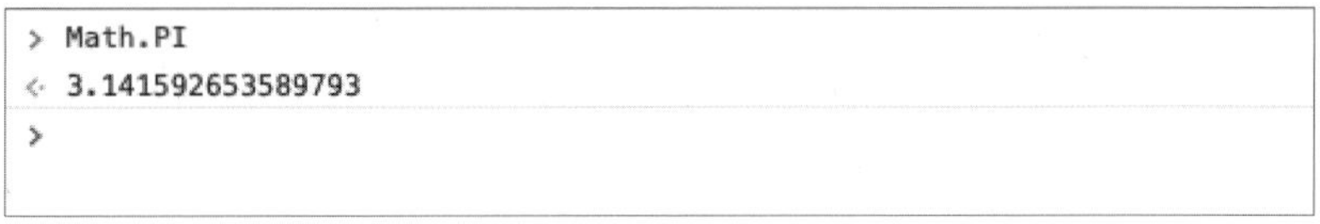

```
> Math.PI
< 3.141592653589793
>
```

그림 8-14 파이값 확인하기

Math 객체의 프로퍼티

Math 객체의 프로퍼티에는 주로 수학에서 사용하는 상숫값이 저장되어 있습니다.

표 8-10 Math 객체에서 자주 사용하는 프로퍼티

프로퍼티	설명
E	오일러 상수
PI	원주율(π)(약 3.141592653589793의 값)
SQRT2	$\sqrt{2}$(약 1.4142135623730951의 값)
SQRT1_2	$1/\sqrt{2}$(약 0.7071067811865476의 값)
LN2	$\log_e 2$(약 0.6931471805599453의 값)

프로퍼티	설명
LN10	$\log_e 10$(약 2.302585092994046의 값)
LOG2E	$\log_e e$(약 1.4426950408889634의 값)
LOG10E	$\log_{10} e$(약 0.4342944819032518의 값)

Math 객체의 메서드

Math 객체에는 수학 관련 함수의 값을 반환하는 메서드가 많습니다. 그중에서도 최솟값과 최댓값을 반환하는 min()과 max() 메서드, 소수점 이하 숫자는 버리는 floor() 메서드, 소수점 이하 숫자는 반올림하는 round() 메서드, 그리고 0과 1 사이의 무작위 수를 반환하는 random() 메서드는 자주 사용합니다.

표 8-11 Math 객체에서 자주 사용하는 메서드

메서드	기능
abs()	절댓값을 반환합니다.
acos()	아크코사인값을 반환합니다.
asin()	아크사인값을 반환합니다.
atan()	아크탄젠트값을 반환합니다(값의 범위: $-\pi/2 \sim \pi/2$).
atan2()	아크탄젠트값을 반환합니다(값의 범위: $-\pi \sim \pi$).
ceil()	매개변수의 소수점 이하 부분을 올립니다.
cos()	코사인값을 반환합니다.
exp()	지수 함수
floor()	매개변수의 소수점 이하 부분을 버립니다.
log()	매개변수에 대한 로그값을 반환합니다.
max()	매개변수 중 최댓값을 반환합니다.
min()	매개변수 중 최솟값을 반환합니다.
pow()	매개변수의 지숫값을 반환합니다.
random()	0과 1 사이의 무작위 수를 반환합니다.
round()	매개변수의 소수점 이하 부분을 반올림합니다.
sin()	사인값을 반환합니다.
sqrt()	매개변수에 대한 제곱근을 반환합니다.
tan()	탄젠트값을 반환합니다.

소수점 이하 처리하기

이제 Math 객체의 PI 프로퍼티를 사용하면 간단히 원의 넓이를 구할 수 있겠죠?
다음은 원의 반지름을 r이라고 했을 때 PI와 r의 제곱을 곱해 넓이를 구하는 함수를 작성한 예제입니다.

08\js\circle.js

```
function area(r) {
  return Math.PI * r * r;
}
```

그런데 파이값이 소수점 이하 여러 자리의 숫자이므로 반지름을 곱하면 원의 넓잇값도 소수점 이하 여러 자리의 숫자로 표시됩니다. 예를 들어 반지름의 크기를 5로 지정하면 결괏값은 78.53981633974483이 됩니다. 이 숫자가 모두 필요하지 않다면 소수점 이하를 버리거나 소수점 이하 자릿수를 지정해서 숫자를 정리할 수 있습니다.
이번에는 소수점 처리를 위한 몇 가지 메서드를 살펴보겠습니다.

소수점 이하 버리거나 올리기 — ceil(), floor(), round() 메서드

Math 객체에는 소수점 이하 숫자를 버리거나 올려서 정수로 변환하는 메서드가 있습니다.

- Math.ceil(): 소수점 이하 숫자는 올립니다.
- Math.floor(): 소수점 이하 숫자는 버립니다.
- Math.round(): 소수점 이하 숫자가 0.5 이상이면 올리고 0.5 미만이면 버립니다.

```
Math.PI              // 3.141592653589793
Math.ceil(Math.PI)   // 4(소수점 이하 숫자는 무조건 올림)
Math.floor(Math.PI)  // 3(소수점 이하 숫자는 무조건 버림)
Math.round(Math.PI)  // 3(소수점 이하 숫자가 0.5보다 작으므로 버림)
```

소수점 자릿수 지정하기 — toFixed()

소수점 이하 숫자도 어느 정도 표현하고 싶으면 toFixed()라는 메서드를 사용합니다. toFixed() 메서드는 Math 객체의 메서드가 아니라 Number 객체의 메서드인데, 원시 유형인 숫자는 Number 객체의 프로퍼티와 메서드를 사용할 수 있습니다. toFixed() 메서드의 소괄호 안에 화면에 표시할 소수점 자릿수를 지정하면 됩니다.

😀 Number 객체는 mdn web docs(developer.mozilla.org/ko/docs/Web)에서 'Number'로 검색하면 찾을 수 있습니다.

```
(Math.PI).toFixed(3)    // 3.142(소수점 이하 셋째 자리까지 표시)
(Math.PI).toFixed(1)    // 3.1(소수점 이하 첫째 자리까지 표시)
```

원의 넓이를 구할 때도 여러 메서드를 사용해서 정수로 표현하거나 소수점 이하 자릿수를 지
정해서 표현할 수 있습니다. 여기에서는 결괏값에서 소수점 이하 셋째 자리까지만 표시해 보
겠습니다.

원의 넓이와 둘레 구하기	08\circle.html, 08\js\circle.js

```javascript
// 원의 넓이 구하기
function area(r) {
  return Math.PI * r * r;
}

// 원의 둘레 구하기
function circum(r) {
  return 2 * Math.PI * r;
}

const result = document.querySelector("#result");    // 결괏값을 표시할 부분
const radius = prompt("반지름의 크기는? ");

// 반올림하지 않았을 때
// result.innerText = `
//      반지름 : ${radius},
//      원의 넓이 : ${area(radius)},
//      원의 둘레 : ${circum(radius)}
//    `;

// 소수점 이하 셋째 자리까지 표시합니다.
result.innerText = `
    반지름 : ${radius},
    원의 넓이 : ${area(radius).toFixed(3)},
    원의 둘레 : ${circum(radius).toFixed(3)}
  `;
```

그림 8-15 반지름값을 지정해서 원의 넓이와 둘레 구하기

 복습하기 08\js\circle.js에서 결괏값을 반올림하는 소스로 수정해 보세요.

정답 08\circle-2.html, 08\js\circle-2.js 참고

무작위 수 추출하기 ― random( ) 메서드

`Math` 객체의 `random()` 메서드는 0과 1 사이의 무작위 수를 반환하는 함수입니다. 무작위 수를 이용해서 여러 가지 프로그램을 만들 수 있으므로 `random()` 메서드를 자주 사용하죠.

먼저 콘솔 창에 다음과 같이 입력하면 0과 1 사이의 숫자가 표시됩니다. 콘솔 창에서 ↑를 누를 때마다 방금 입력한 소스가 자동 입력되므로 그냥 ↑를 누르고 Enter만 누르면 계속 반복 실행할 수 있습니다. 몇 번 더 반복해 보면 반복할 때마다 0과 1 사이의 숫자가 무작위로 나오는 것을 확인할 수 있습니다.

```
Math.random()
```

```
> Math.random()
← 0.5425530194313202
> Math.random()
← 0.598716990886506
> Math.random()
← 0.5793898738696266
> Math.random()
← 0.9810186578896352
> Math.random()
← 0.27136637738771574
> |
```

그림 8-16 random( ) 메서드로 무작위 수 만들기

만약 1부터 100까지 숫자 중에서 무작위 수를 구하려면 어떻게 해야 할까요? 기본적으로 random() 메서드가 반환하는 값은 0부터 1 사이인데, 여기에 100을 곱하면 대략 0.0000~99.9999까지의 값이 됩니다. 우리가 원하는 것은 1부터 100 사이이므로 이 계산값에 1을 더하면 되겠죠?

```
Math.random() * 100 + 1
```

```
> Math.random() * 100 + 1
< 76.4509627578219
> Math.random() * 100 + 1
< 47.9804285142539
> Math.random() * 100 + 1
< 75.24169813417309
> |
```

그림 8-17 1과 100 사이의 무작위 수 만들기

몇 번 더 반복해 보면 정수 부분에 1~100까지의 숫자가 표시되지만, 소수점 이하의 숫자까지 반환됩니다. 그렇다면 소수점 이하의 숫자를 버려야겠죠? 앞의 소스에 Math.floor() 메서드를 추가해 보세요. 그러면 1과 100 사이의 숫자 중에서 무작위로 숫자가 반환될 것입니다.

```
Math.floor(Math.random() * 100 + 1)
```

```
> Math.floor(Math.random() * 100 + 1)
< 91
> Math.floor(Math.random() * 100 + 1)
< 100
> Math.floor(Math.random() * 100 + 1)
< 21
> Math.floor(Math.random() * 100 + 1)
< 42
>
```

그림 8-18 1과 100 사이의 무작위 정수 만들기

Do it! 실습 ▶ 웹 문서의 배경 이미지를 무작위로 변경하기

준비 08\changeBg.html, 08\images\bg-1.jpg ~ 08\images\bg-5.jpg
결과 08\changeBg-result.html, 08\js\changeBg-result.js

앞에서 살펴본 random() 메서드를 이용해서 웹 문서의 배경 이미지를 무작위로 바꾸는 소스를 작성해 보겠습니다. 먼저 사용할 배경 이미지를 준비해야 하는데, 여기에서는 크기가 같고 파일 이름이 bg-1.jpg, bg-2.jpg처럼 일련번호가 있는 5개의 이미지 파일을 준비했습니다.

01 웹 브라우저 창에서 08\changeBg.html 문서를 확인하면 배경 이미지가 보입니다. 지금은 배경 이미지가 하나뿐이지만, 문서를 새로 고침할 때마다 다른 배경 이미지가 보이게 지정해 보겠습니다. 웹 사이트의 첫 페이지에 이 방법을 사용하면 사용자들이 웹 사이트에 접속할 때마다 배경 이미지가 달라보이므로 새로운 느낌을 줄 수 있습니다.

문서를 다시 불러오세요.

02 비주얼 스튜디오 코드에서 08\changeBg.html 문서를 열어 보면 CSS를 사용해 작성한 08\images\bg-1.jpg 이미지가 배경으로 지정되어 있습니다. 이 소스 중에서 배경 이미지의 파일 경로를 지정한 background-image:url('images/bg-1.jpg'); 부분을 자바스크립트로 수정할 것입니다.

08\changeBg.html

```
<style>
  body {
    background-image:url('images/bg-1.jpg');
    background-repeat:no-repeat;
    background-position: center;
    background-attachment: fixed;
    background-size:cover;
  }
</style>
```

03 여기에서는 images 폴더에 미리 준비한 bg-1.jpg부터 bg-5.jpg까지 5개의 이미지를 사용할 것입니다. 배경 이미지를 무작위로 지정하는 방법은 다양하지만, 숫자를 제외한 나머지 부분을 똑같이 맞추고 번호만 바꾸는 방법을 사용해 보겠습니다. 'bg-' 부분이 고정되어 있는 상태에서 숫자만 바꿔서 파일 이름을 지정했고 파일 확장자는 똑같습니다. 이렇게 하면 random() 메서드를 사용해서 숫자만 바꿔 주면 됩니다.

😀 배경 이미지를 배열에 넣어 놓고 random() 메서드를 사용해 배열 인덱스를 무작위로 지정해서 배경 이미지를 가져올 수도 있습니다.

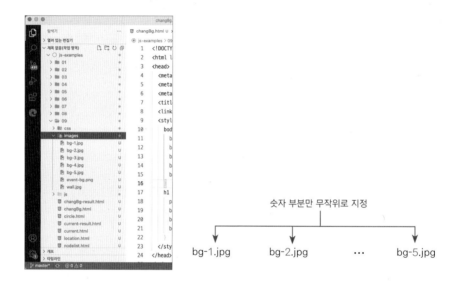

숫자 부분만 무작위로 지정

bg-1.jpg   bg-2.jpg   ...   bg-5.jpg

04 08\js 폴더에 changeBg.js 파일을 만들고 08\changeBg.html 문서에 연결합니다.

08\changeBg.html

```
<body>
  <h1>문서를 다시 불러오세요.</h1>


  <script src="js/changeBg.js"></script>
</body>
```

05 이제부터 changeBg.js 파일에 자바스크립트 소스를 작성해 보겠습니다. 무작위 수를 추출해야 하므로 Math.random() 메서드를 사용해야 하고 bg-1.jpg부터 bg-5.jpg까지 5개의 이미지를 준비했으므로 1~5 사이의 숫자가 나와야 합니다. changeBg() 함수를 만들고 다음과 같이 입력합니다.

😀 만약 bg-0.jpg부터 bg-4.jpg처럼 숫자를 0~4까지 지정했다면 무작위 수도 0~4까지 나오게 만들어야 합니다.

```
                                                              08\js\changeBg.js
function changeBg() {
  let randomNumber = Math.floor(Math.random() * 5) + 1;
  console.log(randomNumber);
}


document.addEventListener("load", changeBg());
```

06 웹 브라우저 창에서 콘솔 창을 열고 새로 고침할 때마다 1~5 사이의 숫자가 나오는지 확인하세요.

07 무작위 수가 정상적으로 출력되는 것을 확인했으면 무작위 수를 사용해서 배경 이미지가 무작위로 표시되도록 소스를 수정해 보겠습니다. 앞에서 사용했던 console.log() 메서드는 삭제하고 배경 이미지의 개수는 하나의 변수로 언제든지 바꿀 수 있도록 bgCount 변수를 추가합니다. 그리고 문서의 배경 이미지를 지정하기 위해 body.style.backgroundImage 속성을 변경합니다.

```
                                                              08\js\changeBg.js
function changeBg() {
  const bgCount = 5;    // 이미지 개수

  let randomNumber = Math.floor(Math.random() * bgCount) + 1;  // 1과 bgCount 사이의 수
  console.log(randomNumber)
  document.body.style.backgroundImage = `url(images/bg-${randomNumber}.jpg)`;
}


document.addEventListener("load", changeBg());
```

08 웹 브라우저 창에서 문서를 새로 고침하면 배경 이미지가 무작위로 바뀌는 것을 확인할 수 있습니다.

마무리 문제 1

준비 08\quiz-1.html 정답 08\solution-1.html, 08\js\solution-1.js

생년월일을 입력하고 [계산] 버튼을 클릭하면 생일로부터 지금까지 며칠이 지났는지, 또는 몇 시간이 지났는지 보여 주는 프로그램을 작성해 보세요. 참고로 여기에서는 양력을 기준으로 입력하세요.

📑 길라잡이

- 텍스트 필드에 입력한 값을 가져와서 birthDay라는 Date 객체로 저장합니다.
- 오늘 날짜를 가져와서 today라는 Date 객체로 저장합니다.
- getTime() 메서드를 사용해 두 객체 사이에 흐른 시간을 계산합니다.
- 지금까지 흐른 날짜를 알고 싶으면 결괏값을 1000*60*60*24로 나눕니다.
- 지금까지 흐른 시간을 알고 싶으면 결괏값을 1000*60*60으로 나눕니다.

마무리 문제 2

준비 08\quiz-2.html 정답 08\solution-2.html, 08\js\solution-2.js

무작위로 이벤트 당첨자를 뽑는 프로그램을 만들려고 합니다. 전체 몇 명인지, 그리고 그중에서 몇 명을 뽑을 것인지 입력한 후 [추첨] 버튼을 클릭하면 해당 숫자만큼 당첨자를 뽑아서 화면에 표시하는 프로그램을 작성해 보세요.

☞ 길라잡이

- 당첨자들을 모아 둘 빈 문자열을 만듭니다.
- 1부터 '전체' 값 사이에서 무작위 수를 선택하는데, 이 과정을 뽑아야 할 숫자만큼 반복합니다.
- 반복할 때마다 문자열에 하나씩 추가합니다.
- 반복이 끝나면 #result 영역에 문자열을 표시합니다.
- 미리 만들어 둔 .show 스타일도 추가합니다.

09

자바스크립트 객체 만들기

앞에서 자바스크립트 자료형을 설명하면서 객체가 무엇인지 살펴보았습니다. 객체의 기본 개념은 이제 알았으니 이번 장에서는 프로그램에서 자바스크립트가 사용하는 객체의 특징에 대해 알아보고 에크마스크립트 2015에서 새로 도입된 클래스의 개념까지 살펴보겠습니다.

‹/›

09-1 객체 알아보기

객체^{object}는 자바스크립트뿐만 아니라 다른 프로그래밍 언어에서도 사용하는 용어로, 프로그램에서 인식할 수 있는 모든 대상을 가리킵니다. 실세계에서 만날 수 있는 대상을 컴퓨터에서 인식할 수 있는 형태로 바꾼다면 이것도 객체가 됩니다. 프로그래밍에서 '객체'는 데이터를 저장하고 처리하는 기본 단위라고 생각하세요.

자바스크립트에서 객체란

먼저 우리가 사는 실세계에서 '사물'을 어떻게 정의하는지 생각해 보겠습니다. 거리에 지나가는 자동차를 설명하려면 어떤 것들이 필요할까요? 자동차는 제조사나 모델명, 색상, 배기량 등의 여러 자료와 함께 시동 걸기, 달리기, 멈추기 등 다양한 동작이 모여야 다른 사물과 어떻게 다른지 말할 수 있습니다.

그렇다면 프로그램에서는 어떨까요? 예를 들어 쇼핑몰 사이트에서 '회원^{member}'이라는 객체를 정의하려면 이름과 나이, 사는 지역, 가입 날짜 같은 정보뿐만 아니라 물건을 구매하거나 평점을 남기는 등의 동작도 함께 묶을 수 있습니다. 즉, 자바스크립트에서 객체는 관련된 정보와 동작을 함께 모아 놓은 것입니다. 이렇게 다양한 정보를 담으므로 회원 이름은 문자열, 나이는 숫자로 지정하는 방식을 이용합니다. 그래서 객체에는 여러 가지 데이터 유형을 함께 사용합니다. 심지어 객체 안에 다른 객체를 넣을 수도 있죠. 그렇다면 자바스크립트에서는 어떤 것들을 객체로 다루는 것일까요?

내장 객체

자바스크립트 프로그래밍을 할 때 자주 사용하는 요소들은 자바스크립트에 미리 객체로 정의되어 있는데, 이런 객체를 '내장 객체$^{built-in\ object}$'라고 합니다. 예를 들어 날짜나 시간과 관련된 프로그램을 작성할 때는 Date 객체를 사용해서 현재 시각을 알아내고 해당 정보를 쉽게 가져와서 사용할 수 있습니다. 자바스크립트에는 Number, Boolean, Array, Math 등 많은 내장 객체들이 있습니다.

문서 객체 모델(DOM)

웹 문서 자체도 객체이고 웹 문서에 포함된 이미지와 링크, 텍스트 필드 등은 모두 이미지 객체, 링크 객체, 폼 객체처럼 각각 별도의 객체입니다. 일반적으로 웹 문서에 삽입하는 요소들은 미리 객체로 만들어져 있는데, 이런 객체에는 웹 문서 자체를 담는 document 객체, 웹 문서 안의 이미지를 관리하는 image 객체 등이 있습니다.

웹 브라우저 객체

웹 브라우저에서 사용하는 정보도 객체로 지정되어 있습니다. 이런 객체에는 현재 사용 중인 웹 브라우저 정보를 담고 있는 navigator 객체를 비롯해서 history 객체, location 객체, screen 객체 등이 있습니다.

사용자 정의 객체

자바스크립트에 미리 정의된 객체뿐만 아니라 사용자가 필요할 때마다 자신의 객체를 정의해서 사용할 수 있습니다.
이제부터 사용자가 직접 객체를 만들고 사용하는 방법을 학습해 보겠습니다.

사용자 정의 객체 만들기

객체는 여러 개의 프로퍼티로 구성되어 있는데, 프로퍼티는 '키 : 값' 형태를 가지고 있습니다. 프로퍼티의 값이 함수일 경우 이것을 '메서드^{method}'라고 부릅니다. 예를 들어 window 객체에는 innerWidth라는 프로퍼티도 있고, alert이라는 프로퍼티도 있습니다. 여기서 alert은 함수이므로 '메서드'라고 부릅니다. 또한 window 객체에는 document 객체도 포함되어 있습니다.

😊 메서드 없이 자료만 있는 객체를 '데이터 객체$^{data\ object}$' 라고도 합니다.

키와 값

객체를 만들 때는 객체 이름 다음에 중괄호({})를 사용하고, 중괄호 사이에 '키 : 값' 형식으로 필요한 프로퍼티를 나열합니다. 객체의 키는 문자열이나 숫자, 심벌만 사용할 수 있고, 각 프로퍼티는 사이에 쉼표(,)를 넣어 구분합니다.　　　　😊 심벌은 11-1절에서 자세히 설명합니다.

```
기본형    객체명 {
            키1 : 값1,
            키2 : 값2,
              ⋮
          }
```

객체 선언하기

웹 브라우저 창의 콘솔 창에서 객체를 만들어 보겠습니다. 예를 들어 책 정보를 담고 있는
book1 객체는 다음과 같이 title 프로퍼티와 pages 프로퍼티로 구성할 수 있습니다. 객체 자체
를 수정하는 것을 예방하기 위해 객체는 주로 const로 선언합니다. 하지만 연습하다 보면 같은
변수 이름을 사용할 수도 있으므로 여기에서는 let으로 지정했습니다. 소스에서는 프로퍼티
의 키, 즉 title과 pages는 문자열인데도 큰따옴표를 붙이지 않는다는 것을 기억하세요.

```
let book1 = {
    title : "웹 표준의 정석",
    pages : 648
}
```
프로퍼티 → title 키(key) 값(value)
프로퍼티 → pages

다음과 같이 book1 객체를 확인하면 객체 안의 프로퍼티가 모두 표시됩니다.

```
book1    // {title: "웹 표준의 정석", pages: 648}
```

객체의 프로퍼티에 접근하기

이렇게 만든 객체의 프로퍼티는 점 표기법dot notation이나 괄호 표기법bracket notation을 사용합니
다. 점 표기법은 객체 이름 다음에 점(.)을 붙이고 프로퍼티키를 사용하는 방법이고, 괄호 표
기법은 객체 이름 다음에 대괄호([])와 함께 프로퍼티키를 사용합니다. 점 표기법을 사용할
때는 문자열인 프로퍼티키에 큰따옴표를 붙이지 않지만, 괄호 표기법을 사용할 경우에는 프
로퍼티키의 문자열에 큰따옴표를 붙여야 한다는 것에 주의하세요. 예를 들어 book1의 title
값을 알고 싶으면 다음과 같이 사용할 수 있습니다.

```
book1.title        // 점 표기법. 프로퍼티키에 큰따옴표가 없습니다.
book1["title"]     // 괄호 표기법. 프로퍼티키에 큰따옴표가 있습니다.
```

프로퍼티 수정하고 추가하기

객체를 만든 후에 이미 있던 프로퍼티를 수정할 수도 있고, 새로운 프로퍼티를 추가할 수도
있습니다. 객체를 상수^{const}로 지정해도 객체의 프로퍼티값은 얼마든지 수정할 수 있다는 점도
기억해 두세요.

프로퍼티를 수정할 때, 또는 추가할 때는 다음과 같은 형식을 사용합니다. 객체에 지정한 키
가 있을 경우에는 기존 값을 새로운 값으로 수정하고, 객체에 없는 키를 사용했으면 지정한
키와 값을 가지는 새로운 프로퍼티를 만듭니다.

기본형 *객체명.키 = 값*

웹 브라우저 창의 콘솔 창에서 **book1** 객체의 **pages**의 값을 다른 값으로 지정해 보세요. 그리
고 다시 **book1** 객체를 확인하면 **pages** 값이 수정된 것을 확인할 수 있습니다.

😀 콘솔 창에서 값을 수정해도 객체에 저장되는 것은 아니므로 문서를 새로 고침하면 원래의 값으로 되돌아갑니다.

```
book1.pages = 50
book1    // {title: "웹 표준의 정석", pages: 50 }
```

book1 객체에 없던 **author**라는 키와 값을 지정하면 **book1** 객체에 새로운 프로퍼티가 추가됩
니다.

```
book1.author = "고경희"
book1    // {title: "웹 표준의 정석", pages: 50, author: "고경희"}
```

 book1 객체에 책을 읽는 중인지 알려 주는 done이라는 프로퍼티를 추가해 보세요. 값은
true나 false 중에서 선택하면 됩니다.

정답 book1.done = true

빈 객체 작성 후 프로퍼티 추가하기

앞에서 객체를 정의할 때는 객체를 선언하면서 동시에 프로퍼티까지 함께 지정했습니다. 그런데 객체는 중간에 프로퍼티를 추가할 수 있으므로 처음에 빈 객체를 만든 후 필요할 때마다 프로퍼티를 추가할 수도 있습니다.

예를 들어 다음은 두 가지 모두 book2 객체를 빈 객체로 만드는 소스로, 둘 중에 어떤 것을 사용해도 됩니다. 비어 있는 중괄호나 new 예약어를 사용해서 Object 객체의 인스턴스를 만들면 됩니다. 이때 Object 객체는 자바스크립트 객체들의 기본적인 프로퍼티와 메서드를 가지고 있는 최상위 객체인데, 중괄호 안에 아무 값도 넣지 않으면 빈 객체가 만들어집니다.

```
let book2 = {}
let book2 = new Object()
```

이렇게 book2 객체를 만들었으면 다음의 소스처럼 title 키와 값, pages 키와 값, author 키와 값을 추가해서 객체를 수정할 수 있습니다. 마지막에 book2 객체를 확인해 보면 추가한 프로퍼티가 제대로 들어 있는 것을 볼 수 있습니다.

```
book2.title = "Javascript"
book2.pages = 500
book2.author = "고경희"
book2   // {title: "Javascript", pages: 500, author: "고경희"}
```

프로퍼티 삭제하기

객체에 프로퍼티를 추가할 수 있으면 삭제할 수도 있겠죠? delete 명령 다음에 객체의 키를 지정하면 해당 키가 있는 프로퍼티를 삭제합니다. 즉, 키와 값이 모두 삭제됩니다.

> **기본형** **delete** *객체명.키*

다음은 book2 객체에서 pages라는 키와 값을 삭제하는 소스로, 정상적으로 삭제되면 true가 반환됩니다. 이제 book2 객체에는 title과 author 키만 남았군요.

```
delete book2.pages
book2   // {title: 'Javascript', author: '고경희'}
```

흔한 일은 아니지만, 프로퍼티에서 키는 그대로 두고 값만 제거해야 할 수도 있는데, 이 경우에는 키의 값을 'undefined'로 지정합니다. 예를 들어 book2 객체에서 author 키는 그대로 두고 값만 삭제하려면 다음과 같이 입력합니다.

```
book.author = undefined
book2    // {title: 'Javascript', author: undefined}
```

객체 중첩하기

객체 안에 또 다른 객체를 넣을 수 있습니다. 즉, 둘 이상의 객체가 중첩되는 것이죠. 예를 들어 다음 소스에서 student 객체에는 score 키에 또 하나의 객체가 들어 있습니다. 중첩된 객체의 프로퍼티에 접근할 때도 점 표기법을 사용해서 접근할 수 있습니다. 예를 들어 "Doremi" 학생의 역사(history) 점수를 알고 싶다면 student.score.history처럼 접근합니다.

```
let student = {
  name : "Doremi",
  score : {
    history : 85,
    science : 94,
    average : function() {
        return (this.history + this.science) / 2
    }
  }
}
student.score.history      // 85
student.score.average()    // 89.5
```

객체의 메서드 정의하기

이번에는 객체에 메서드를 만들어 보겠습니다. 메서드는 객체의 프로퍼티 중 객체의 동작을 지정하는 함수인데, 메서드를 선언하는 방법은 일반적인 함수를 선언하는 방법과 비슷합니다. 즉, 함수 이름에 해당하는 메서드 이름을 먼저 지정한 후 function 예약어를 사용해 함수를 정의합니다.

```
메서드명 : function() {
    ⋮
}
```

예를 들어 book3라는 객체에서 buy()라는 메서드를 정의한다면 다음과 같이 작성합니다.

```
let book3 = {
  title : "점프 투 파이썬",
  pages : 360,
  buy : function() {
    console.log("이 책을 구입했습니다.");
  }
}
```

에크마스크립트 2015에서는 메서드를 정의할 때 function이라는 예약어를 사용하지 않고 다음과 같이 간단하게 표기할 수 있습니다.

```
let book3 = {
    ⋮
  buy() {
    console.log("이 책을 구입했습니다.");
  }
}
```

이제 book3 객체를 확인해 보세요. 객체의 내용 중 buy: f라고 되어 있죠? 이것은 buy라는 메서드가 포함되어 있다는 의미입니다.

그림 9-1 객체 메서드 정의하기

이렇게 작성한 book3 객체의 buy() 메서드를 실행하려면 다음과 같이 작성합니다.

```
book3.buy()    // 이 책을 구입했습니다.
```

메서드와 this

메서드에 따라서는 객체 안에 있는 프로퍼티값을 사용해야 할 경우도 있는데, 이때 this라는 예약어를 사용합니다. 예를 들어 다음은 book4 객체를 정의하는 소스인데, book4 객체에 있는 finish()는 책을 다 읽었는지의 여부를 표시하는 메서드입니다. 이 메서드 안에서 book4 객체의 done 프로퍼티를 사용한다면 이렇게 작성할 수 있습니다.

```
let book4 = {
  title : "Javascript",
  pages : 500,
  author : "고경희",
  done : false,
  finish : function() {
    book4.done === false ? console.log("읽는 중") : console.log("완독");
  }
}

book4.finish()    // "읽는 중"
```

위의 소스에서 book4의 done 값을 조회할 때 book4라는 객체 이름 대신 this라는 예약어를 사용할 수 있습니다. 객체의 메서드에서 this는 현재 객체를 가리킵니다. 지금 살펴보는 book4 객체에서는 book4.done이라는 소스를 사용해도 상관없지만, 같은 프로퍼티를 가지는 여러 개의 객체를 만들 경우에는 this.done처럼 사용해야 😀 this 예약어를 사용하는 것은 09-2절을 참고하세요.
합니다.

```
let book4 = {
  title : "Javascript",
  pages : 500,
  author : "고경희",
  done : false,
  finish : function() {
```

```
    this.done === false ? console.log("읽는 중") : console.log("완독");
  }
}

book4.finish()   // "읽는 중"
```

여기에서 자바스크립트의 **this**라는 예약어는 어디에서 사용하느냐에 따라 가리키는 대상이 달라진다는 것에 주의합니다. 앞에서 살펴본 것처럼 객체의 메서드를 정의할 때 **function()** **{ ... }**에서 사용하는 **this**는 현재 객체를 가리킵니다. 하지만 화살표 함수를 사용할 때 **this**를 사용하면 최상위 객체인 **window** 객체를 가리킵니다. 그래서 화살표 함수에서는 **this**를 사용하지 않도록 주의하세요.

객체 복사하기

객체를 사용할 때 객체는 참조^{by reference} 형태로 값을 전달합니다. 참조 형태로 값을 전달한다는 개념을 이해하기는 어렵지만, 반대 개념인 값 자체를 전달하는 것과 비교해 보면 쉽게 이해할 수 있습니다.

원시 유형의 자료 복사하기

숫자나 문자열과 같은 원시 유형 자료는 '값'을 전달^{by value}합니다. 예를 들어 콘솔 창에서 number1이라는 변수에 값을 할당한 후 다시 number1 변수를 number2 변수에 할당해 보겠습니다. 이 경우 number1 변수의 값이 number2 변수에 복사됩니다.

```
let number1 = 100
let number2 = number1
number1   // 100
number2   // 100
```

이때 number2를 200으로 수정하면 어떻게 될까요? 원래 값이 있던 number1에는 100이 그대로 유지되고 number2의 값만 바뀝니다.

```
number2 = 200
number1   // 100
number2   // 200
```

방금 입력한 소스를 기억하면서 원시 유형에서 값을 전달하는 과정을 생각해 보겠습니다. 변수에 값을 할당하면 컴퓨터 저장 장치의 어딘가에 변수를 위한 공간이 만들어지고 값이 저장됩니다. 그리고 나중에 찾아갈 수 있도록 내부적으로 변수 위치를 알려 주는 메모리 주소도 정해집니다. 앞에서 살펴본 예제에서 처음 값을 할당했던 number1 변수도 메모리의 어딘가에 저장되어 있을 겁니다.

숫자 유형인 number1을 number2로 할당하면 값을 그대로 전달하므로 해당 값을 넣어 둘 새로운 공간이 만들어집니다. number1과 number2와 같이 2개의 변수 공간이 만들어지고 각자 서로 다른 메모리 주소를 갖는데, 이렇게 값을 넘겨주는 것을 '값으로 전달한다[by value]'라고 합니다.

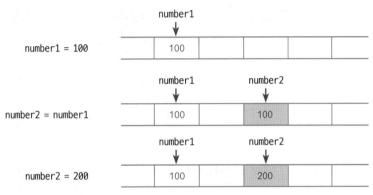

그림 9-2 실제 값을 전달하는 원시 유형 자료

참조 주소 전달하기

그렇다면 객체는 어떨까요? 예제로 살펴보는 게 쉽겠네요. 다음의 예제에서 bag1이라는 객체는 가방의 색상과 크기 정보를 담고 있습니다. bag2라는 변수에 bag1을 할당하고 bag2를 확인해 보면 bag1에 있던 값과 같은 내용이 나타납니다.

```
let bag1 = {
  color : "blue",
  width : 30,
  height : 50,
}
let bag2 = bag1
bag1     // { color : "blue", width : 30, height : 50 }
bag2     // { color : "blue", width : 30, height : 50 }
```

이번에는 bag2 객체에서 color 프로퍼티값을 변경해 보세요. 파란색 가방이 아니라 빨간색 가방이 되는 거죠. 그리고 다시 한번 bag1과 bag2 객체를 확인해 보면 분명히 bag2의 color 값을 바꿨는데 원래 값이 있던 bag1의 color 값도 같이 변경되었습니다. 이것은 바로 참조 형태로 전달하기 때문입니다.

```
bag2.color = "red"
bag1   // { color : "red", width : 30, height : 50 }
bag2   // { color : "red", width : 30, height : 50 }
```

객체를 복사할 경우에는 값이 아니라 값이 저장된 메모리 주소가 전달됩니다. 위의 예제에서도 객체 bag2에 bag1을 할당하면 bag1의 프로퍼티가 아니라 bag1이 저장된 위치, 즉 메모리 주소가 전달됩니다. 메모리에 bag2라는 객체를 위한 공간이 따로 만들어지는 것이 아니라 단지 bag1을 찾아가기 위한 주소만 넘겨주는 것입니다. 그러므로 bag2에서 프로퍼티값을 변경하면 bag1이 저장된 공간을 찾아가서 그 안의 프로퍼티값을 변경하는데, 이렇게 주소를 넘겨주고 같은 공간을 사용하는 것을 '참조로 전달한다'^{by reference}'라고 합니다.

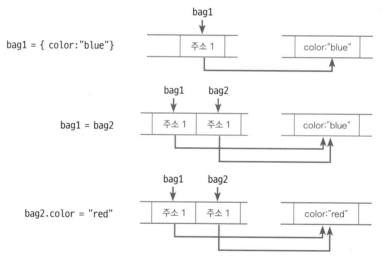

그림 9-3 주소를 참조하는 객체

09-2 생성자 함수와 클래스

똑같은 프로퍼티와 메서드를 가지고 있는 객체를 반복해서 만든다면 그만큼 메모리 공간이 낭비될 것입니다. 이때 생성자 함수와 클래스를 유용하게 사용할 수 있습니다. 생성자 함수와 클래스는 비슷한 개념이지만, 클래스는 에크마스크립트 2015 이후 버전에서만 사용할 수 있습니다.

생성자 함수로 객체 만들기

프로그램에서 사용할 객체가 적다면 book1, book2처럼 책마다 따로 객체를 만들어서 사용해도 됩니다. 하지만 도서 관리 앱을 만든다면 책이 수십 권, 수백 권이 될 수 있겠죠? 이때 책마다 별도의 객체로 만들어서 사용한다면 같은 소스를 수십 번 반복해서 사용해야 하고 그만큼 메모리 공간도 낭비될 것입니다. 이 경우에는 객체마다 반복되는 프로퍼티와 메서드를 미리 정의해 놓고 필요할 때마다 그 틀을 사용해서 객체를 만들면 됩니다.

이렇게 객체의 틀을 만들 때 함수를 사용하는데, 이 함수를 '생성자 함수'라고 합니다. 그리고 생성자 함수를 사용해서 찍어 내는 객체를 '인스턴스' 또는 '인스턴스 객체'라고 부릅니다.

쿠키 반죽을 하고 쿠키 커터를 사용해서 똑같은 모양의 쿠키를 찍어 내는 것을 상상해 보세요. 생성자 함수를 쿠키 커터라고 생각하면 커터로 찍어 내는 쿠키들은 인스턴스 객체가 됩니다.

그림 9-4 쿠키 커터(생성자 함수)로 찍어 내는 쿠키(인스턴스 객체)

생성자 함수 정의하기

생성자 함수는 이름에 '함수'가 들어갔다는 사실에서 알 수 있는 것처럼 일반적인 함수와 같은 형식을 사용합니다. function 예약어를 사용하고 매개변수를 넣을 수도 있습니다. 그리고 생성자 함수가 인스턴스 객체를 만들어 내는 함수이므로 함수 내부에서 this를 사용한다는 점만 빼면 객체를 선언하는 것과 같습니다.

```
기본형   function 함수명(매개변수) {
             this.키1 = 값1,
             this.키2 = 값2,
                    ⋮
             this.메서드1 = function() {...},
             this.메서드2 = function() {...},
                    ⋮
         }
```

다음과 같이 표현식을 사용해 생성자 함수를 선언할 수도 있습니다.

```
기본형   const 함수명(매개변수) = function () {
                    ⋮
         }
```

다음은 여러 개의 책 객체를 만들기 위해 Book이라는 생성자 함수를 정의한 예제입니다. 소스에서 보는 것처럼 생성자 함수 이름의 첫 글자는 항상 영문자의 대문자로 쓴다는 것을 꼭 기억하세요.

예제의 Book() 함수에서는 매개변수로 title과 pages, done을 받습니다. 생성자 함수에서 사용하는 this는 이 생성자 함수를 사용해서 만들어지는 인스턴스 객체를 가리킵니다.

생성자 함수 정의하기	09\constructor-1.html, 09\js\constructor-1.js

```javascript
function Book(title, pages, done = false) {
  this.title = title;
  this.pages = pages;
  this.done = done;
  this.finish = function () {
    let str = "";
```

```
      this.done === false ? str = "읽는 중" : str = "완독" ;
      return str;
   }
}
```

new 예약어를 사용해 인스턴스 만들기

이렇게 만든 생성자 함수는 아직 객체가 아니라 그냥 틀일 뿐입니다. 이 틀을 사용해서 객체를 찍어 내려면 new라는 예약어를 사용합니다. 앞에서 Date 객체를 사용할 때 new라는 예약어로 인스턴스 객체를 만들었던 것을 기억하나요? 이것은 Date라고 하는 생성자 함수가 이미 만들어져 있어서 가능한 것입니다.

```
today = new Date()
```

생성자 함수만 준비되면 new 예약어를 사용해서 단 한 줄로 인스턴스 객체를 만들 수 있으니 간단하죠?

다음은 앞에서 만든 Book 생성자 함수를 사용해 객체를 만드는 예제입니다.

생성자 함수로 객체 만들기	09\constructor-1.html, 09\js\constructor-1.js

```
let book1 = new Book("웹 표준의 정석", 648, false);
let book2 = new Book("점프 투 파이썬", 360, true);

console.log(`${book1.title} - ${book1.pages}쪽 - ${book1.finish()}`);
console.log(`${book2.title} - ${book2.pages}쪽 - ${book2.finish()}`);
```

웹 브라우저 창에서 09\constructor-1.html 문서를 열고 콘솔 창을 살펴보면 book1과 book2의 내용이 제대로 표시될 것입니다.

그림 9-5 생성자 함수를 사용해 인스턴스 만들고 확인하기

콘솔 창에 직접 book1이나 book2를 입력하면 각 인스턴스 객체에 어떤 값이 저장되었는지 확인할 수 있습니다. 객체의 맨 앞에 Book이라고 되어 있는 것은 Book 유형(type)의 인스턴스 객체라는 의미입니다.

```
book1   // Book {title: "웹 표준의 정석", pages: 648, done: false, finish: ƒ}
book2   // Book {title: "점프 투 파이썬", pages: 360, done: true, finish: ƒ}
```

클래스를 사용해 객체 만들기

에크마스크립트 2015 이후에는 자바스크립트에도 '클래스class'라는 개념이 도입되었습니다. 그런데 자바스크립트의 클래스는 다른 프로그래밍 언어의 클래스와 동작 방법이 다릅니다. 자바스크립트의 클래스는 정확한 클래스 개념이 아니라 생성자 함수를 좀 더 표현하기 쉽게 바꾼, 신택틱 슈거syntactic sugar입니다.

신택틱 슈거는 '설탕을 살짝 바른 구문'이라는 뜻으로, 완전히 새로운 개념이 아니라 기존 문법을 쉽게 바꿨다는 의미입니다. 클래스를 사용해 소스를 작성해도 실제로 내부에서는 이전의 생성자 함수로 바꾸어서 해석합니다. 외부는 클래스이지만, 내부에서는 생성자 함수로 동작하므로 '신택틱 슈거'라고 부르는 것입니다.

클래스 선언하기

클래스를 만들 때는 class 예약어 다음에 클래스명을 작성합니다. 그리고 중괄호({}) 안에서 프로퍼티와 메서드를 분리해 정의합니다. constructor() 함수의 안에는 프로퍼티를 넣고 밖에는 메서드를 정의합니다. constructor() 안에서 프로퍼티를 나열할 때는 프로퍼티 간에 쉼표로 구분하지만, 메서드를 나열할 때는 메서드와 메서드 사이에 쉼표가 없다는 점에 주의하세요.

```
기본형  class 클래스명 {
    constructor() {
        프로퍼티1,
        프로퍼티2,
            ⋮
    }
    메서드1() { ... }
    메서드2() { ... }
}
```

다음과 같이 표현식으로 사용할 수도 있습니다.

> **기본형** const 클래스명 = class {
>   ⋮
>   }

앞에서 만들었던 Book()이라는 생성자 함수를 클래스로 구현해 보겠습니다. 앞에서 생성자 함
수를 정의할 때 Book이라는 이름을 사용했으므로 여기에서는 Book2라는 이름을 사용했습니다.
먼저 constructor() 함수 안에 프로퍼티들을 넣어 줍니다. 생성자 함수에서 사용하는 매개변
수는 constructor() 함수의 매개변수로 사용하고 메서드는 constructor() 함수의 밖에 함
수로 선언합니다. 이때 function 예약어를 사용하지 않고 간단히 메서드명과 소괄호만 사용
합니다.

클래스를 사용해 객체 만들기   09\class-1.html, 09\js\class-1.js

```
class Book2 {
  constructor(title, pages, done) {
    this.title = title;
    this.pages = pages;
    this.done = done;
  }

  finish() {
    let str = "";
    this.done === false ? str = "읽는 중" : str = "완독";
    return str;
  }
}
```

클래스를 정의했으면 다음과 같이 new라는 예약어를 사용해서 인스턴스 객체를 만들 수도 있
고, 각 객체의 내용을 표시할 수도 있습니다.

```
let book1 = new Book2("웹 표준의 정석", 648, false);
let book2 = new Book2("점프 투 파이썬", 360, true);

console.log(`${book1.title} - ${book1.pages}쪽 - ${book1.finish()}`);
console.log(`${book2.title} - ${book2.pages}쪽 - ${book2.finish()}`);
```

그림 9-6 클래스를 사용해 객체 정의하기

 복습하기 콘솔 창에 book1이나 book2를 입력해서 어떻게 표시되는지 확인해 보세요.

Do it! 실습 ▶ **생성자 함수와 클래스를 사용해 원기둥의 부피 구하기**

준비 09\cylinder.html 결과 09\cylinder-result.html, 09\js\cylinder-result.js

생성자 함수를 사용해 원기둥 객체를 정의하고 지름과 높이가 주어졌을 때 원기둥의 부피를 구하는 프로그램을 작성해 보겠습니다. 또한 생성자 함수 대신 클래스를 사용해 객체를 정의하는 방법도 함께 알아보겠습니다.

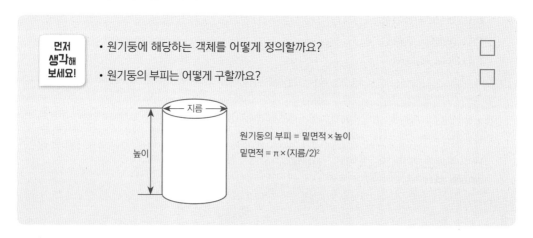

01 09\js 폴더에 새 파일을 만들고 cylinder.js 파일로 저장한 후 09\cylinder.html 문서에 자바스크립트 파일을 연결합니다.

```
09\cylinder.html
<body>
  ⋮
  <script src = "js/cylinder.js"></script>
</body>
```

02 원기둥의 지름과 높이가 주어지면 원기둥 객체를 만들 수 있도록 Cylinder 객체를 정의합니다. 이때 객체에서 지름은 diameter로, 높이는 height로 사용하고, Cylinder 객체에 부피를 계산하는 getVolume() 메서드도 만듭니다. 반지름값은 지름값의 1/2로 지정해서 radius에 저장하고 공식을 이용해서 부피를 계산합니다. 그리고 결괏값은 소수점 이하 둘째 자리까지 표시해야 하므로 toFixed() 메서드도 사용합니다.

```
                                                            09\js\cylinder.js

function Cylinder (cylinderDiameter, cylinderHeight) {
  this.diameter = cylinderDiameter;
  this.height = cylinderHeight;

  this.getVolume() = function() {
    let radius = this.diameter / 2;      // 반지름을 계산합니다.
    return (Math.PI * radius * radius * this.height).toFixed(2);
                                         // 부피를 계산한 후 반환합니다.
  };
}
```

03 생성자 함수를 만들었으므로 이제 필요한 인스턴스를 만들어서 사용하면 됩니다. 다음과 같이 지름의 길이는 8, 높이는 10인 객체를 만들고 콘솔 창에 부핏값을 표시하는 소스를 추가합니다.

```
                                                            09\js\cylinder.js

let cylinder = new Cylinder(8, 10);    // 인스턴스를 생성합니다.
console.log(`원기둥의 부피는 ${cylinder.getVolume()}입니다.`);    // 결괏값을 표시합니다.
```

04 라이브 서버로 09\cylinder.html 문서를 열고 콘솔 창을 확인하면 계산된 원기둥의 부피가 표시되어 있습니다.

05 객체가 만들어지는 것과 메서드가 동작하는 것을 확인했으므로 이 소스를 좀 더 확장해 보겠습니다. 09\cylinder.html 소스를 수정해서 사용자가 폼에 지름과 높이를 입력할 수 있게 하고 [계산하기] 버튼을 클릭하면 부피를 계산해서 화면에 표시해 보겠습니다. 09\cylinder. html 소스에서 `<p>` 태그의 다음에 다음의 소스를 추가하세요. 소스를 작성하면서 지름값을 입 력하는 텍스트 필드와 높잇값을 입력하는 텍스트 필드의 **id**를 잘 확인해 두세요.

09\cylinder.html

```html
<div id="container">
  <div id="userInput">
    <form action="">
      <ul>
        <li>
          <label for="cyl-diameter">지름</label>
          <input type="text" id="cyl-diameter">
        </li>
        <li>
          <label for="cyl-height">높이</label>
          <input type="text" id="cyl-height">
        </li>
        <li>
          <button>계산하기</button>
        </li>
      </ul>
    </form>
  </div>
  <div id="result"></div>
</div>
```

06 09\cylinder.js 소스도 수정합니다. 앞에서 작성했던 인스턴스 생성 부분과 콘솔 창 표시 부분의 소스를 선택하고 Ctrl + / 또는 Command + / 를 눌러 주석으로 처리합니다.

07 방금 주석 처리한 소스의 아래에 다음 소스를 입력하세요.

09\js\cylinder.js

```javascript
const button = document.querySelector("button");     // [계산하기] 버튼
const result = document.querySelector("#result");    // 결괏값 표시 영역

button.addEventListener("click", function(event) {
  event.preventDefault();
  const diameter = document.querySelector("#cyl-diameter").value;   // 지름값
  const height = document.querySelector("#cyl-height").value;       // 높잇값

  if(diameter === "" || height === "") {
    result.innerText = `지름값과 높잇값을 입력하세요.`;
  }
  else {
    let cylinder = new Cylinder(parseInt(diameter), parseInt(height));   // 인스턴스 생성
    result.innerText = `원기둥의 부피는 ${cylinder.getVolume()}입니다.`;   // 계산값 표시
  }
});
```

08 다시 웹 브라우저 창에 앞에서 테스트했던 8과 10을 입력한 후 [계산하기] 버튼을 클릭해서 처음에 보았던 결괏값과 같은지 확인하세요.

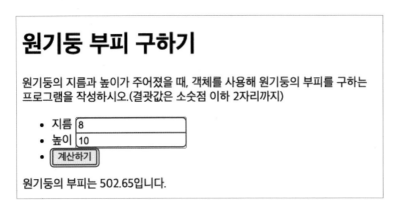

09 추가한 부분을 좀 더 보기 좋게 만들기 위해 스타일시트를 연결해 보겠습니다. 09\cylinder. html 소스에서 **</head>** 태그의 앞에 다음 소스를 추가하세요. 09\css\cylinder.css 파일에는 이미 스타일 규칙이 만들어져 있습니다.

```
                                                             09\cylinder.html

<head>
    ⋮
    <title>원기둥의 부피 구하기</title>
    <link rel="stylesheet" href="css/cylinder.css">
</head>
```

10 웹 브라우저 창으로 되돌아가면 이전보다 보기 좋은 모습으로 바뀌었을 것입니다. 숫자를 입력하고 [계산하기]를 클릭하여 잘 동작하는지 확인합니다.

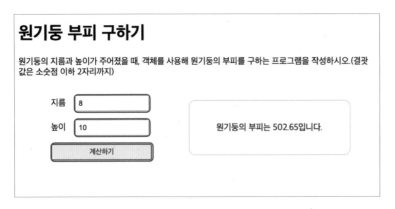

11 VS Code의 cylinder.js 소스로 되돌아와서 방금 생성자 함수로 작성했던 부분을 클래스로 바꿔서 작성해 보세요. 기존 소스는 삭제하지 말고 주석 처리하면 두 가지 소스를 비교할 수 있습니다. 생성자 함수를 사용하든, 클래스를 사용하든 객체의 틀을 만드는 방식만 다를 뿐이므로 그 이하의 소스는 수정하지 않고 똑같이 사용할 수 있습니다.

```
09\js\cylinder.js
// 생성자 함수
// function Cylinder(cylinderDiameter, cylinderHeight) {
//   this.diameter = cylinderDiameter;
//   this.height = cylinderHeight;

//   this.getVolume = function () {
//     let radius = this.diameter / 2;
//     return (Math.PI * radius * radius * this.height).toFixed(2);
//   };
// }

// 클래스
class Cylinder {
  constructor(cylinderDiameter, cylinderHeight) {
    this.diameter = cylinderDiameter;
    this.height = cylinderHeight;
  }

  getVolume = function () {
    let radius = this.diameter / 2;
    return (Math.PI * radius * radius * this.height).toFixed(2);
  };
}
```

09-3 객체의 키와 값에 접근하기

객체에는 여러 개의 프로퍼티와 그것에 해당하는 값이 담겨 있습니다. 그런데 객체의 프로퍼티 이름을 알지 못하면 객체의 프로퍼티나 값에 접근할 방법이 없죠. 여기에서는 객체에 어떤 프로퍼티가 있는지, 또는 어떤 값이 있는지 한 번에 살펴보는 방법에 대해 알아보겠습니다.

for...in 사용하기

자바스크립트에는 여러 형태의 반복문이 있는데, 그중에서 객체의 프로퍼티에 맞는 반복문은 for...in입니다. for...in 문을 사용하면 객체의 키만 가져올 수 있습니다.

> 😀 프로퍼티키에 심벌을 사용했으면 심벌키는 건너뜁니다.

> **기본형**   for(*변수* in *객체*) { ... }

예를 들어 다음의 소스에는 bag이라는 객체가 정의되어 있습니다. for...in 문을 사용하면 객체의 키를 key라는 변수로 놓고 키를 가져올 수 있습니다. 프로퍼티의 값을 가져오려면 bag[key]처럼 키를 사용해 따로 값을 알아내야 하는데, 콘솔 창에 입력해서 확인해 보세요.

```
let bag = {
  type : "backpack",
  color : "blue",
  size : 15
}

for(key in bag) {
  console.log(`${key}`);                 // type, color, size
}
for(key in bag) {
  console.log(`${key} : ${bag[key]}`);  // type : backpack, color : blue, size : 15
}
```

그림 9-7 객체에서 for...in을 사용해서 키 가져오기

Object 객체 메서드 사용하기 — keys(), values(), entries()

`Object` 객체에 있는 `keys()`, `values()`, `entries()` 메서드를 사용하면 객체에서 키만, 또는 값만 가져올 수도 있고, 키와 값을 함께 가져올 수도 있습니다. '심벌'이라는 특수한 데이터 유형이 에크마스크립트 2015에서 추가되었는데, 프로퍼티키에 심벌을 사용했으면 해당 프로퍼티와 값은 건너뜁니다.

😀 Object 객체는 자바스크립트에서 사용하는 모든 객체들의 최상위 객체로, 모든 객체에서 사용할 수 있는 프로퍼티와 메서드를 담고 있습니다. 심벌에 대해서는 11-1절에서 자세히 설명합니다.

> **기본형** `Object.keys(`*객체명*`)` // 객체의 키만 배열로 반환합니다.
> `Object.values(`*객체명*`)` // 객체의 값만 배열로 반환합니다.
> `Object.entries(`*객체명*`)` // 객체의 [키, 값] 쌍을 배열로 반환합니다.

다음은 `book1` 객체의 프로퍼티키를 가져와서 `keys`라는 변수에 할당하고 프로퍼티값은 `values`에 할당한 예제입니다. 여기에서 [키, 값]으로 된 쌍은 `entries`로 저장했습니다.

```
let book1 = {
  title : "웹 표준의 정석",
  pages : 648,
  buy : function () {
    console.log("이 책을 구입했습니다.");
  }
```

```
  }

  let keys = Object.keys(book1);     // 키만 가져오기
  console.log(keys);   // ["title", "pages", "buy"]

  let values = Object.values(book1);   // 값만 가져오기
  console.log(values);    // ["웹 표준의 정석", 648, ƒ]

  let entries = Object.entries(book1);    // 키와 값 함께 가져오기
  console.log(entries);    // [["title", "웹 표준의 정석"], ["pages", 648], ["buy", ƒ]]
```

그림 9-8 Object 객체의 메서드를 사용해서 키와 값 가져오기

09-4 프로토타입과 클래스에서의 상속

객체를 사용한 프로그래밍에서는 부모 객체의 프로퍼티나 메서드를 가져와서 사용할 수 있는데, 이것을 '상속'이라고 합니다. 자바스크립트에서는 객체 간의 상속을 구현하기 위해 프로토타입을 사용합니다. 그래서 자바스크립트를 '프로토타입 기반의 언어'라고도 하죠. 클래스는 신택틱 슈거라고 했죠? 그래서 클래스 상속도 프로토타입을 기반으로 합니다.

😀 아직 객체를 익숙하게 사용하지 못한다면 이 내용은 잠시 건너뛰었다가 필요할 때 되돌아와서 공부해도 됩니다.

프로토타입

자바스크립트 객체에서 프로토타입은 객체를 만들어 내는 원형이라고 볼 수 있고 상위 객체, 또는 부모 객체라고도 할 수 있습니다. 모든 객체는 프로토타입을 가지고 있고 프로토타입으로부터 프로퍼티와 메서드를 상속받습니다. 예를 들어 콘솔 창에서 다음과 같이 배열을 만듭니다.

```
let arr = new Array();
```

그리고 arr을 확인해 보세요.

```
arr
```

빈 배열([])의 앞에 있는 ▼을 클릭하면 [[Prototype]]이라는 속성이 있습니다. 이 부분이 바로 arr 객체의 프로토타입, 즉 arr 객체가 어디에서부터 온 것인지 알려 주는 속성입니다. arr 배열의 프로토타입은 Array 객체이고, arr 배열은 Array 객체의 프로퍼티와 메서드를 상속받아 사용할 수 있습니다. 이때 Array 객체를 arr 배열의 프로토타입prototype이라고 합니다.

😀 파이어폭스 웹 브라우저의 경우 [[Prototype]] 대신 ⟨prototype⟩이라고 표시됩니다.

그림 9-9 객체의 프로토타입 살펴보기

방금 살펴본 배열뿐만 아니라 문자열이나 숫자 등 자바스크립트의 데이터 유형은 각자 프로토타입 객체를 가지고 있습니다. 즉, 숫자형은 Number라는 객체, 문자열은 String이라는 객체, 이런 식으로 말이죠. 예를 들어 '안녕하세요?'라는 문자열을 만들었다면 이 문자열은 프로토타입인 String 객체의 length 프로퍼티를 가져와서 문자열의 길이를 확인할 수 있습니다.

```
let hello = "안녕하세요?"    // hello는 문자열(string)
hello.length    // 6. length는 String 객체의 프로퍼티
```

생성자 함수와 프로토타입 객체

사용자가 프로그램에서 직접 객체를 만들어서 사용할 경우 프로토타입은 어떻게 될까요? 다음은 Book 생성자 함수를 정의한 후 book1이라는 객체를 만드는 예제인데, 프로토타입이 어떻게 연결되는지 살펴보겠습니다.

😀 이 소스는 09-2절에서 살펴보았으므로 소스에 대한 설명은 생략합니다.

09\proto-1.html, 09\js\proto-1.js

```
const Book = function (title, pages, done) {
  this.title = title;
  this.pages = pages;
  this.done = done;
  this.finish = function () {
    this.done === false ? str = "읽는 중" : str = "완독" ;
    return str;
  }
}

const book1 = new Book("웹 표준의 정석", 648, false);
```

위의 소스를 살펴보면 Book() 함수는 생성자 함수로, 생성자 함수를 선언하는 순간, 자동으로 프로토타입 객체가 만들어집니다.

지금까지 우리가 알게 된 개념을 간단하게 도식으로 그리면 다음과 같습니다.

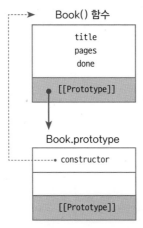

그림 9-10 생성자 함수와 프로토타입 객체

😀 생성자 함수 이름과 프로토타입 객체 이름은 같습니다.

인스턴스 객체와 프로토타입

Book() 함수를 사용해서 book1 객체를 만든다면 book1의 프로토타입은 무엇일까요? 웹 브라우저 창에서 09\proto-1.html 문서를 열고 콘솔 창에 다음과 같이 입력해 보세요.

```
book1
```

book1 객체는 Book 객체의 인스턴스이므로 맨 앞에 Book이라고 표시됩니다. Book의 앞에 있는 ▼을 클릭해서 펼치고, 다시 [[Prototype]] 앞에 있는 ▼도 클릭해서 펼쳐 보세요. book1의 프로토타입은 생성자 함수 Book()을 통해 만들어진 객체라는 것을 알 수 있습니다. 즉, book1 객체의 프로토타입은 Book 프로토타입 객체입니다.

😀 객체의 프로토타입은 모두 생성자 함수와 연결되어 있습니다.

그림 9-11 인스턴스 객체의 프로토타입 살펴보기

이것을 도식으로 그리면 다음 형태가 됩니다.

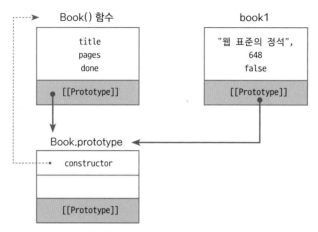

그림 9-12 인스턴스 객체와 프로토타입

book1 객체의 프로토타입이 Book 객체이므로 Book() 함수의 프로퍼티를 가져와서 사용할 수 있습니다. 이렇게 프로토타입인 객체에 있는 프로퍼티나 메서드를 가져와서 사용하는 것을 '프로토타입 상속prototype inheritance'이라고 합니다. 예를 들어 book1 객체에서 Book() 함수에 있는 pages 프로퍼티를 가져올 수 있습니다.

```
book1.pages  // 648
```

__proto__ 프로퍼티와 prototype 프로퍼티

객체의 프로토타입을 확인할 때는 __proto__ 프로퍼티를 사용하고, 생성자 함수의 프로토타입을 확인할 때는 prototype 프로퍼티를 사용합니다. 이 프로퍼티를 사용하면 똑같이 프로퍼티 객체를 반환하지만, 2개가 전혀 다른 객체이므로 주의해서 살펴보세요. 이 중에서 __proto__ 프로퍼티는 모든 객체가 가지고 있는 프로퍼티로, 자신에게 연결된 부모 프로토타입 객체를 확인할 때 사용합니다.

😀 proto의 앞뒤에 각각 언더바가 2개씩이라는 것에 주의하세요.

book1의 프로토타입 객체를 확인하려면 다음과 같이 입력하세요. 그러면 book1에 연결된 부모 프로퍼티 객체, 즉 Book 객체를 볼 수 있죠.

```
book1.__proto__
```

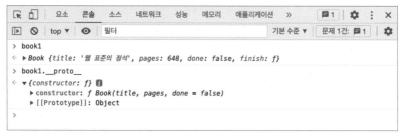

그림 9-13 __proto__ 프로퍼티를 사용해 프로토타입 객체 확인하기

prototype 프로퍼티는 생성자 함수에서 사용하는데, 어떤 생성자 함수를 사용했는지, 어떤 프로퍼티와 메서드를 가지는지 등의 정보를 확인할 때 사용합니다.

```
Book.prototype
```

Book 앞에 있는 ▼을 클릭하고 [[Prototype]] 앞에 있는 ▼도 클릭해 보세요. Book 프로토타입 객체의 프로토타입은 Object() 함수로 만들어진 객체, 즉 Object 객체입니다. Object 객체는 모든 객체의 조상에 해당하는 객체라고 할 수 있어요. 그래서 어떤 객체든지 프로토타입을 따라가다 보면 가장 마지막에는 Object 객체를 만납니다.

그림 9-14 prototype 프로퍼티로 프로퍼티 객체 확인하기

book1에서 Book 객체에 없는 프로퍼티나 메서드를 사용하면, Book 객체의 프로토타입인 Object 객체에 있는지 확인해 보고, 그곳에 있으면 해당 프로퍼티나 메서드를 사용합니다. 이 것을 이해하기 쉽게 도식으로 나타내면 다음과 같습니다. Book()이라는 함수를 만드는 것과 동시에 Book이라는 프로토타입 객체가 만들어지고, Book 객체의 프로토타입은 Object 객체 가 됩니다.

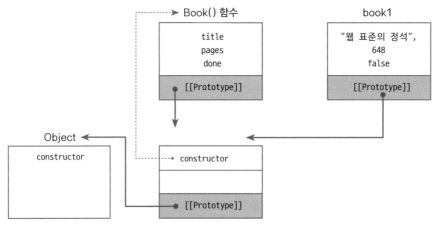

그림 9-15 프로토타입을 통한 상속

__proto__ 프로퍼티

최근 자바스크립트 명세에서는 __proto__ 프로퍼티를 사용하지 않을 것을 권유하고 있 지만, 아직까지도 웹 개발에서 많이 사용하고 있습니다. __proto__ 프로퍼티에 대한 자 세한 설명은 MDN 페이지(developer.mozilla.org/ko/docs/Web/JavaScript/ Reference/Global_Objects/Object/proto)를 참고하세요.

프로토타입 메서드

이번에는 프로토타입을 사용해서 메서드를 정의하는 방법을 알아보겠습니다. 앞에서 Book() 이라는 생성자 함수를 선언할 때 함수 안에서 프로퍼티와 메서드를 함께 정의했습니다.

생성자 함수 정의하기   09\constructor-1.html, 09\js\constructor-1.js

```javascript
function Book(title, pages, done = false) {
  this.title = title;
  this.pages = pages;
  this.done = done;
  this.finish = function () {
    let str = "";
    this.done === false ? str = "읽는 중" : str = "완독" ;
    return str;
  }
}
```

그런데 함수 밖에서 프로토타입을 사용해 생성자 함수의 메서드를 정의할 수도 있습니다. 다음은 Book() 함수를 수정해서 작성한 newBook() 함수의 예제입니다. 프로퍼티는 함수 안 에, 메서드는 프로토타입을 사용해서 정의했습니다.

09\proto-2.html, 09\js\proto-2.js

```javascript
function newBook (title, pages, done) {
  this.title = title;
  this.pages = pages;
  this.done = done;
}

newBook.prototype.finish = function() {
  this.done === false ? str = "읽는 중" : str = "완독";
  return str;
}

const nBook1 = new newBook("웹 표준의 정석", 648, false);
const nBook2 = new newBook("점프 투 파이썬", 360, true);
```

newBook.prototype.finish라는 소스는 Book 객체에 finish() 함수를 추가합니다.

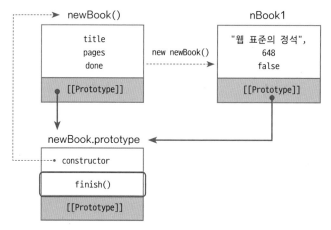

그림 9-16 프로토타입 객체에 메서드 추가하기

이제 콘솔 창에 다음과 같이 입력해 보세요. finish() 메서드가 프로토타입 객체에 추가되었으므로 newBook 함수로 만든 객체에서는 모두 finish() 함수를 사용할 수 있습니다.

```
nBook1.finish()    // "읽는 중"
nBook2.finish()    // "완독"
```

그렇다면 Book() 함수처럼 메서드를 함수 안에서 정의하는 것과, newBook() 함수처럼 메서드를 함수 밖에서 prototype을 사용해 정의하는 것은 어떻게 다를까요? 생성자 함수 안에서 메서드를 정의하려면 처음 객체를 만들 때부터 필요한 함수를 모두 알고 있어야 합니다. 만약 중간에 새로운 함수가 필요하거나 기존 함수를 수정해야 한다면 생성자 함수 자체를 수정해야 하죠. 반면 프로토타입을 사용해 메서드를 정의한다면 생성자 함수를 정의할 때 미처 생각하지 못했던 메서드도 필요할 때마다 추가할 수 있습니다. 그래서 일반적으로 객체의 메서드는 프로토타입을 사용해서 정의합니다.

준비 09\inheri-1.html **결과** 09\inheri-1-result.html, 09\js\inheri-1.js

앞에서 Book() 함수를 사용해서 Book 객체를 만들었죠? 이번에는 기존의 Book 객체의 프로퍼티와 메서드를 그대로 사용하면서 기능을 좀 더 추가한 **Textbook** 객체를 만들어 보겠습니다. 프로토타입에서 상속이 어떻게 이루어지는지 잘 살펴보세요.

01 09\js 폴더에 inheri-1.js 파일을 만들고 09\inheri-1.html 문서에 연결합니다. 이제부터 자바스크립트 소스는 09\js\inheri-1.js 파일에 작성하고 결과 화면은 09\inheri-1.html 문서를 통해 확인하겠습니다.

09\inheri-1.html

```
<body>
  <script src="js/inheri-1.js"></script>
</body>
```

02 책 제목과 가격 정보를 담고 있는 Book 객체를 만들기 위해 Book() 생성자 함수를 만들고 여기에 buy() 메서드까지 추가했습니다. 그리고 book1이라는 인스턴스 객체를 만든 후 프로토타입에 정의한 buy() 메서드까지 실행해 보세요.

09\js\inheri-1.js

```
function Book (title, price) {
  this.title = title;
  this.price = price;
}

Book.prototype.buy = function() {    // Book() 함수에 메서드를 추가합니다.
  console.log(`${this.title}을(를) ${this.price}원에 구매하였습니다.`);
}

const book1 = new Book("ABCDE", 10000);    // 인스턴스 객체
book1.buy();    // Book 객체의 buy() 메서드를 사용합니다.
```

03 소스를 저장한 후 웹 브라우저 창의 콘솔 창에서 book1 객체의 buy() 메서드가 성공적으로 처리되었는지 확인합니다.

04 기존의 생성자 함수에 있던 프로퍼티와 메서드를 다른 생성자 함수에서 가져와 사용할 때는 call() 메서드를 사용하는데, 여기에서 this는 새로 만드는 객체를 가리킵니다.

> 기본형   *기존 객체명*.call(this, *프로퍼티 또는 메서드*)

예를 들어 새로 만드는 객체에서 Book 객체의 title과 price 프로퍼티를 가져와서 사용하려면 다음과 같이 작성합니다.

😊 다른 객체의 프로퍼티나 메서드를 가져와 사용하는 것을 '재활당한다'고 합니다.

```
Book.call(this, title, price)
```

교재 정보를 담는 Textbook 객체를 정의해 보겠습니다. Textbook 객체는 책 제목과 가격, 전공 정보를 갖는데, 이미 Book 객체에서 책 제목과 가격 정보를 가지고 있으므로 중복해서 정의하지 않고 Book() 함수에서 정의한 title과 price 프로퍼티를 가져와 사용할 수 있습니다. 그리고 major 프로퍼티와 buyTextbook() 메서드를 Textbook에 새로 추가합니다. 이 소스는 앞에서 작성한 소스에 이어서 작성합니다.

09\js\inheri-1.js

```
function Textbook(title, price, major) {
  Book.call(this, title, price);   // 기존 객체의 프로퍼티를 재사용합니다.
  this.major = major;   // 새로운 프로퍼티를 정의합니다.
}
Textbook.prototype.buyTextbook = function() {   // 새로운 메서드를 정의합니다.
  console.log(`${this.major} 전공 서적, ${this.title}을 구매했습니다.`);
}
```

05 Textbook 객체에서 Book 객체의 프로퍼티와 메서드를 상속받기 위해 Textbook 객체의 프로토타입으로 Book 객체를 지정해 보겠습니다. 다른 객체를 프로토타입으로 지정하려면 Object 객체의 setPropertyOf() 메서드를 사용합니다. 앞의 소스에 이어 작성하세요.

> **기본형**　Object.setPrototypeOf(*하위 객체*, *상위 객체*)

09\js\inheri-1.js

```
// Textbook 프로토타입을 Book 프로토타입으로 연결합니다.
Object.setPrototypeOf(Textbook.prototype, Book.prototype);
```

06 이제 Textbook의 인스턴스 객체 book2를 만듭니다. book2 객체에서는 당연히 buyText book() 메서드를 사용할 수 있지만, buy() 메서드를 실행하려면 Textbook 객체에 없으므로 프로토타입을 타고 올라가 Book 객체의 buy() 메서드를 사용합니다.

09\js\inheri-1.js

```
const book2 = new Textbook("알고리즘", 5000, "컴퓨터공학");
book2.buyTextbook();   // Textbook 객체의 메서드를 사용합니다.
book2.buy();   // Book 객체의 메서드를 사용합니다.
```

07 웹 브라우저 창의 콘솔 창에서 buy() 메서드와 buyTextbook() 메서드가 실행된 결과를 확인합니다.

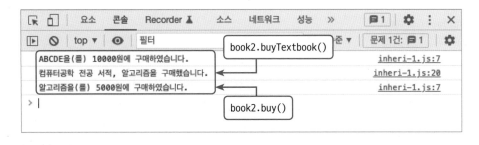

준비 09\inheri-2.html 결과 09\inheri-2-result.html, 09\js\inheri-2-result.js

앞에서 Book 객체와 TextBook 객체를 만들면서 생성자 함수를 사용했고 프로토타입을 설정해서 상속 기능을 연습해 보았습니다. 이번에는 똑같은 객체를 클래스로 정의하면서 어떻게 상속하는지 살펴보겠습니다.

01 09\js 폴더에 inheri-2.js 파일을 만들고 09\inheri-2.html 문서에 연결합니다.

09\inheri-2.html

```html
<body>
  <script src="js/inheri-2.js"></script>
</body>
```

02 먼저 클래스를 사용해서 책 제목과 가격을 담는 객체를 만들어 보겠습니다. 앞에서 만든 객체와 쉽게 구별할 수 있도록 객체 이름의 뒤에 대문자 C를 붙였습니다. 이어서 BookC 클래스를 사용해 book1 객체를 만들고 buy() 메서드를 적용한 후 콘솔 창에서 확인해 보세요.

09\js\inheri-2.js

```js
class BookC {
  constructor(title, price) {
    this.title = title;
    this.price = price;
  }
  buy() {
    console.log(`${this.title}을(를) ${this.price}원에 구매하였습니다.`);
  }
}

const book1 = new BookC("자료 구조", 15000);
book1.buy();
```

03 이번에는 교재 정보를 담는 TextbookC 클래스를 정의해 보겠습니다. 기존의 BookC 클래스를 상속받아서 사용할 것인데, 이 경우에는 extends 예약어를 사용합니다.

> 기본형 **class** *새 클래스명* **extends** *기존 클래스명*

예를 들어 B 클래스가 A 클래스를 상속받는다면 다음과 같이 사용합니다.

```
class B extends A
```

기존 클래스에 있는 프로퍼티를 사용할 때는 constructor() 함수에서 super() 메서드를 사용합니다.

> 기본형 **super(** *프로퍼티* **)**

이제 BookC 클래스를 상속받는 TextbookC 클래스를 만듭니다. 그리고 TextbookC 클래스에 새로운 major 프로퍼티와 buyTextbook() 메서드를 추가합니다.

09\js\inheri-2.js

```javascript
// BookC 클래스를 상속하는 TextbookC 클래스를 만듭니다.
class TextbookC extends BookC {
  constructor(title, price, major) {
    super(title, price);   // 기존 클래스의 프로퍼티를 재사용합니다.
    this.major = major;    // 새로운 프로퍼티를 정의합니다.
  }

  buyTextbook () {    // 새로운 메서드를 정의합니다.
    console.log(`${this.major} 전공 서적, ${this.title}을 구매했습니다.`);
  }
}
```

04 이제 새로 만든 TextbookC 클래스를 사용해 book2 객체를 만들어 보겠습니다. 이 객체에서는 TextbookC 클래스에 있는 메서드나 BookC 클래스에 있는 메서드를 사용할 수 있습니다. 웹 브라우저 창의 콘솔 창에서 실행 결과를 확인할 수 있습니다.

```
                                                          09\js\inheri-2.js
const book2 = new textBookC("인공지능", 5000, "컴퓨터공학");
book2.buyTextbook();    // TextbookC 객체의 메서드를 사용합니다.
book2.buy();            // BookC 객체의 메서드를 사용합니다.
```

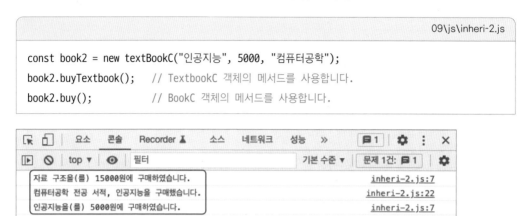

05 자바스크립트의 클래스가 내부적으로 프로토타입을 사용하는지 확인해 보겠습니다. 콘솔 창에 다음과 같이 입력하세요.

```
TextbookC.prototype
```

06 TextbookC 클래스는 BookC 클래스를 상속했으므로 BookC를 프로토타입으로 연결하고 있습니다. 클래스는 프로토타입을 좀 더 쉽게 사용하기 위한 개념일 뿐, 완전히 새로운 문법이 아닙니다.

마무리 문제 1

준비 09\quiz-1.html 정답 09\solution-1.html, 09\js\solution-1.js

Pet 클래스를 만든 후 인스턴스 객체를 만들어 보세요. 이때 Pet 클래스는 name과 color 프로퍼티, run() 메서드를 가지고 있습니다. 그리고 run() 메서드는 반려동물의 이름과 함께 'is running.'이라는 문자열을 알림 창에 표시하도록 정의합니다.

🖝 길라잡이

- class 예약어를 사용해 클래스를 정의합니다.
- constructor() 함수에서 프로퍼티를 지정합니다.
- 클래스에서 function을 사용해 메서드를 만듭니다.
- new 예약어를 사용해 인스턴스를 만듭니다. 이때 인스턴스 이름은 원하는 대로 사용합니다.
- 인스턴스 객체에서 run() 메서드를 실행합니다.

마무리 문제 2

준비 09\quiz-2.html 정답 09\solution-2.html, 09\js\solution-2.js

마무리 문제 1에서 만들었던 Pet 클래스를 상속받는 Cat 클래스를 만들어 보세요. 이때 Cat 클래스에는 고양이 품종을 나타내는 breed라는 프로퍼티를 추가하고 객체의 이름과 색상, 품종을 표시하는 viewInfo() 메서드도 추가합니다. 그리고 Cat 클래스의 인스턴스를 만들고 인스턴스 객체에서 viewInfo() 메서드를 실행해 보세요.

> 🖝 **길라잡이**
> • 기존 클래스를 상속하는 새로운 클래스를 만들려면 extends 예약어를 사용합니다.
> • 기존 클래스의 프로퍼티를 그대로 사용하려면 construnctor() 함수에서 super() 메서드를 사용합니다.

10

효율적으로
문자열과 배열 활용하기

- - - - - - - - - - - - - - - - - - - -

문자열은 자바스크립트에서 자주 사용하는 텍스트 자료형입니다. 자바스크립트에서는
단순히 문자열만 나열하는 것이 아니라 필요에 따라 공백을 제거하거나 문자열을 쪼개
기도 합니다. 배열도 자주 사용하는 자료형인데, Array 객체에는 메서드가 매우 많기
때문에 이것들을 얼마나 자유롭게 사용하느냐에 따라 프로그램 소스 코드가 간단해질
수도 있고, 효율적으로 동작할 수도 있습니다. 이번 장에서는 자바스크립트에서 사용하
는 문자열과 배열에 대해 알아보겠습니다.

</>

10-1 문자열에 접근하기

자바스크립트에서는 간단한 텍스트를 처리하기 위해 문자열 유형을 자주 사용합니다. 에크마스크립트 2009(ES5)까지는 문자열을 다루는 함수가 별로 없었지만, 에크마스크립트 2015에 와서는 문자열과 관련된 다양한 함수가 생겼죠. 이번에는 자바스크립트에서 문자열을 다루는 방법에 대해 살펴보겠습니다.

원시 유형과 객체

앞에서 단순히 값만 가지고 있을 경우에는 '원시 유형'이고 프로퍼티와 메서드를 가지고 있을 때는 '객체'라고 설명했습니다. 그런데 사실 자바스크립트에서는 원시 유형이어도 프로퍼티와 메서드를 사용할 수 있습니다. 이것이 어떻게 가능할까요? 문자열을 예로 들어 보겠습니다.

문자열을 만들 때 다음의 소스처럼 간단히 변수에 문자열을 할당한 후 length라는 프로퍼티를 사용해 보세요. str 변수에 length라는 프로퍼티를 정의하지 않았는데도 length 프로퍼티를 사용할 수 있습니다.

```
let str = "hello"
str.length    // 5
```

자바스크립트에서 number와 boolean, string 유형은 별도로 프로토타입 객체가 만들어져 있습니다. 즉, 숫자는 Number 객체, 문자열은 String 객체라는 식으로 만들어졌는데, 이런 객체를 '래퍼 객체^{wrapper object}'라고 부릅니다.

😀 콘솔 창에 'str.__proto__'를 입력해 보면 String 객체가 프로토타입임을 알 수 있습니다.

```
boolean  ────────▶  Boolean 객체

number   ────────▶  Number 객체

string   ────────▶  String 객체
```

그림 10-1 원시 유형의 프로토타입 객체

number나 boolean, string과 같은 원시 유형에서 프로퍼티나 메서드를 사용하면 일시적으로 원시 유형을 해당 객체로 변환합니다. 그리고 프로퍼티나 메서드의 사용이 끝나면 해당 객체는 메모리에서 사라져 버리죠. 필요할 때만 임시로 객체로 바꿔 사용하고 사용이 끝나면 다시 원시 유형으로 되돌아오는데, 이것을 '오토박싱autoboxing'이라고 합니다.

문자열의 길이 — length 프로퍼티

문자열의 길이를 찾을 때는 배열에서처럼 length 프로퍼티를 사용합니다.

> 기본형   *문자열*.length

콘솔 창에서 다음의 소스를 입력해 확인해 보면 str 문자열에 포함된 공백도 문자열의 길이에 포함되는 것을 알 수 있습니다.

```
let str = "Good morning!";
let greeting = "안녕하세요?"
str.length    // 14
greeting.length    // 6
```

문자열에서 문자의 위치 활용하기 — charAt( ), indexOf( ) 메서드

문자열은 여러 개의 문자가 나열되어 있으므로 배열처럼 각 문자의 위치를 가리키는 인덱스가 있다고 가정해서 사용합니다. 위치와 관련된 주요 메서드에는 charAt( ) 메서드와 indexOf( ) 메서드가 있습니다.

특정 위치의 문자 접근하기 — charAt( ) 메서드

문자열에서 특정 위치의 문자를 가져오려면 charAt( ) 함수를 사용합니다. 에크마스크립트 2015부터는 별도의 메서드 없이 배열처럼 대괄호([])를 사용할 수 있습니다. 위치는 인덱스로 표시되는데, 인덱스는 0부터 시작합니다.

> 기본형   *문자열*.charAt(*위치*)

다음은 charAt() 메서드를 사용해 str 문자열에서 인덱스가 3인 요소와 인덱스가 5인 요소를 가져오는 예제입니다. 이 예제에서 인덱스가 3인 요소는 점 표기법을, 인덱스가 5인 요소는 대괄호 표기법을 사용했습니다.

😀 에크마스크립트 2015 이후부터 주로 대괄호를 사용한 접근법을 사용합니다.

```
let str = "Good morning!";
str.charAt(3)   // "d"
str[5]   // "m"
```

 복습하기 charAt() 메서드를 사용해서 greeting 변수의 세 번째 문자에 접근하는 소스를 작성해 보세요.

정답 str.charAt(2)

다음은 사용자가 입력한 문자열에 특정 문자가 몇 개 있는지 확인하는 예제입니다. 여기에서는 문자열에 있는 문자를 하나씩 살펴볼 때 대괄호를 사용했지만, charAt() 메서드를 사용해도 됩니다.

| 문자열에서 특정 문자가 몇 번 나타나는지 확인하기 | 10\countChar.html, 10\js\countChar.js |

```
function counting(str, ch) {
  let count = 0;

  // 문자열 안의 문자를 하나씩 체크합니다.
  for (let i = 0; i < str.length ; i++) {
    if (str[i] === ch)   // i 번째 요소가 ch인지 체크합니다.
      count += 1;
  }
  return count;
}


const string = prompt("문자열을 입력하세요.");
const letter = prompt("어떤 문자를 체크하겠습니까?");

const result = counting(string, letter);
document.write(`"${string}"에는 "${letter}"가 <span style="color:red">${result}개</span>
있습니다.`);
```

그림 10-2 문자열에 특정 문자가 몇 개 있는지 확인하는 프로그램

 복습하기 위의 소스에서 if 문에 대괄호 대신 charAt( ) 메서드를 사용하려면 어떻게 수정해야 할까요?

정답 10\countChar-2.html, 10\js\countChar-2.js 참고

문자열에서 부분 문자열의 위치 찾기 — indexOf( ) 메서드

2개 이상의 단어로 구성된 문자열에는 공백으로 구분되는 여러 개의 부분 문자열이 있을 수 있습니다. 문자열에서 부분 문자열이 어디에 있는지 검색할 때 `indexOf()` 메서드를 사용하면 편리합니다. `indexOf()` 메서드는 괄호 안의 문자열이 나타난 위치를 알려 주고 '위치' 값을 생략할 경우에는 문자열이 나타난 첫 번째 위치를 알려 줍니다.

> 기본형   indexOf(*문자열*)
>   indexOf(*문자열*, *위치*)

예를 들어 str1라는 문자열에서 morning이라는 문자열을 찾으려면 다음과 같이 작성합니다. 이때 반환값은 morning 문자열이 나타난 첫 번째 위치입니다. 만약 찾는 문자열이 없으면 −1을 반환합니다.

```
let str1 = "Good morning, everyone. Beautiful morning."
str1.indexOf("morning")   // 5
str1.indexOf("evening")   // -1
```

 복습하기 str1 문자열에서 문자열 everyone이 어느 위치에서 나타나는지 찾아보세요.

정답 str1.indexOf("everyone")

str1에는 morning 2개가 있는데, 두 번째 morning의 위치도 알고 싶으면 다음과 같이 작성합니다.

```
// str1 = "Good morning, everyone. Beautiful morning."
firstIndex = str1.indexOf("morning")        // 5. 첫 번째 "morning"의 위치
str1.indexOf("morning", firstIndex+1)        // 34. 두 번째 "morning"의 위치
```

문자열에 어떤 문자가 있는지 확인하기
— startsWith(), endsWith(), includes() 메서드

에크마스크립트 2015 이전에는 indexOf() 메서드를 응용해서 문자열의 시작과 끝에 특정 문자나 문자열이 있는지 확인했습니다. 문자열에 특정 문자가 포함되었는지 확인할 때도 indexOf() 메서드를 사용했지만, 에크마스크립트 2015부터는 용도에 맞는 메서드들이 추가되었습니다.

특정 문자나 문자열로 시작하는지 확인하기 — startsWith() 메서드

에크마스크립트 2015부터는 문자열이 특정 문자나 문자열로 시작하는지 확인해야 할 때 startsWith() 메서드를 사용할 수 있습니다. 이때 확인할 문자나 문자열에서 영문자의 대소문자를 구별하므로 주의해야 합니다. 이때 결괏값은 true나 false입니다.

> 기본형   *문자열.startsWidth(문자 또는 문자열)*

콘솔 창에 다음의 소스를 입력하고 결과를 확인해 보세요.

```
str2 = "Hello, everyone."
str2.startsWith("Hello")        // true
str2.startsWith("hello")        // false
str2.startsWith("He")           // true
str2.startsWith("Hello, ev")    // true
```

startsWith() 메서드는 위치를 함께 지정하면 특정 문자나 문자열이 해당 위치부터 시작하는지 확인할 수 있습니다.

> 기본형   *문자열.startsWidth(문자 또는 문자열, 위치)*

str2에서 인덱스 1(두 번째 값)은 el로 시작하고, 인덱스 4(다섯 번째 값)는 o로 시작하므로 다음의 소스는 모두 true가 됩니다.

```
// str2 = "Hello, everyone."
str2.startsWith("el", 1)   // true
str2.startsWith("o", 4)    // true
```

 복습하기 "good morning".startsWith("o", 2)의 결괏값을 예상해 보고 직접 코딩해서 확인해 보세요.

정답 true

문자열이 특정 문자나 문자열로 끝나는지 확인하기 — endsWith() 메서드

에크마스크립트 2015에는 문자열이 특정 문자나 문자열로 끝나는지 확인할 수 있는 end sWith() 메서드가 있습니다. 이 메서드의 결괏값도 true나 false이고 영문자의 대소문자를 구별합니다.

> **기본형** *문자열.endsWidth(문자나 문자열)*

콘솔 창에 다음의 소스를 입력하고 결과를 확인해 보세요.

```
// str2 = "Hello, everyone."
str2.endsWith("everyone.")      // true
str2.endsWith ("Everyone.")     // false
str2.endsWith ("one.")          // true
str2.endsWith ("lo, everyone")  // false
```

endsWith() 메서드를 사용할 때 문자열과 함께 길이^{length}를 함께 지정할 수 있습니다. 이때 startsWith() 메서드에서는 위치를, endsWith() 메서드에서는 길이를 사용한다는 것을 꼭 구분해서 기억하세요.

> **기본형** *문자열.endsWidth(문자열, 길이)*

콘솔 창에서 다음의 소스를 입력해 보세요. str2의 전체 길이는 16이므로 길이가 16인 문자열의 마지막 문자열이 one.인지 확인하면 true가 됩니다. 길이가 5이면 **str2** 문자열에서 Hello만 해당되므로 마지막 문자열이 lo인지 확인하면 역시 true가 됩니다.

```
str2.endsWith("one", 16)    // true, 'Hello, everyone.'의 마지막은 one.입니다.
str2.endsWith("lo", 5)      // true, 'Hello'의 마지막은 lo입니다.
```

 복습하기 str2.endswith("l", 4)가 true인 이유를 생각해 보세요.

정답 길이가 4이면 Hell이 되므로 마지막 글자는 l입니다.

문자열에 특정 문자나 문자열이 포함되었는지 확인하기 — includes() 메서드

문자열에 특정 문자나 문자열이 포함되었는지 확인할 때 includes() 메서드를 사용할 수 있습니다. 이 메서드도 영문자의 대소문자를 구별합니다.

> 기본형 *문자열*.includes(*문자열*)

에크마스크립트 2015 이전에는 특정 문자열이 포함되어 있는지 확인하기 위해 indexOf() 메서드를 사용했습니다. 예를 들어 **str2**에 every가 포함되어 있는지 확인하려면 다음 소스를 사용합니다.

```
// str2 = "Hello, everyone."
str2.indexOf("every") !== -1   // true
```

하지만 이제는 includes() 메서드를 사용해서 간단히 해결할 수 있습니다.

```
str2.includes("every")   // true
```

 복습하기 str2 문자열에 one이 포함되어 있는지 확인하는 소스를 작성해 보세요.

정답 str2.includes("one")

10-2 문자열 메서드 활용하기

큰따옴표나 작은따옴표로 묶기만 하면 모든 자료는 문자열이 될 수 있습니다. 그러다 보니 문자열 안에 있는 불필요한 공백을 제거해야 하거나, 영문자의 대소문자를 특정한 형태로 바꿔서 표시해야 할 수도 있습니다. 이번에는 문자열에서 사용할 수 있는 주요 메서드에 대해 알아봅니다.

문자열에서 공백 제거하기 — trim(), trimStart(), trimEnd() 메서드

문자열에서 공백이란, Spacebar를 눌러 입력한 공백과 Tab을 눌러 입력한 탭, 그리고 줄을 바꾸기 위해 사용한 이스케이프 문자(\n, \r) 등을 말합니다. 문자열에는 공백을 넣을 수도 있고, 원래의 공백을 그대로 표시할 수도 있습니다. 하지만 연산에 사용하기 위해 공백을 제거할 경우 String 객체에 있는 메서드를 사용하면 매우 간단하게 삭제할 수 있습니다.
문자열에서 공백을 제거할 때는 다음의 세 가지 메서드 중 필요한 것을 사용하세요.

> **기본형** *문자열*.trim()   // 문자열의 앞뒤 공백을 제거합니다.
> *문자열*.trimStart()   // 문자열의 앞쪽 공백을 제거합니다.
> *문자열*.trimEnd()   // 문자열의 뒤쪽 공백을 제거합니다.

콘솔 창에서 이 메서드들을 연습해 볼까요? 이렇게 문자열의 공백을 제거하는 메서드는 주로 폼을 통해 사용자에게 값을 입력받을 때 유용하게 사용할 수 있습니다.

```
let str3 = "  ab  cd  ef   "
str3.trim()       // 'ab  cd  ef'
str3.trimStart()  // 'ab  cd  ef   '
str3.trimEnd()    // '  ab  cd  ef'
```

문자열의 대소문자 바꾸기 — toUpperCase(), toLowerCase() 메서드

영문자 문자열의 경우에는 모두 대문자로, 또는 모두 소문자로 바꿀 수 있습니다.

> **기본형** *문자열*.toUpperCase()   // 문자열을 모두 대문자로 변환합니다.
> *문자열*.toLowerCase()   // 문자열을 모두 소문자로 변환합니다.

콘솔 창에서 다음과 같이 입력해서 어떻게 바뀌는지 확인해 보세요.

```
let str4 = "Good morning."
str4.toUpperCase()   // "GOOD MORNING."
str4.toLowerCase()   // "good morning."
```

부분 문자열 추출하기 — substring(), slice() 메서드

문자열 중에서 특정 문자열만 추출할 때는 substring() 메서드와 slice() 메서드를 사용합니다. 이들 메서드는 사용 형식이나 동작 방법이 모두 비슷합니다.

substring() 메서드

substring() 메서드는 시작 위치부터 끝 위치의 직전까지 추출해서 반환합니다. 이때 끝 위치의 직전까지 추출하고 끝 위치는 포함되지 않는다는 점을 기억하세요. 끝 위치를 지정하지 않으면 시작 위치부터 문자열 끝까지 추출해서 반환합니다.

> **기본형** *문자열*.substring(*시작 위치*)
> *문자열*.substring(*시작 위치, 끝 위치*)

예를 들어 str4 문자열에서 morning 부분만 추출하려면 다음과 같이 작성합니다.

```
// str4 = "Good morning."
str4.substring(5)   // "morning."
```

그렇다면 Good 부분만 추출하려면 어떻게 해야 할까요? 첫 번째 글자부터 네 번째 글자까지 추출해야 하므로 위치를 인덱스값 0부터 4까지 지정하면 됩니다.

```
str4.substring(0, 4)   // "Good"
```

그림 10-3 시작 위치와 끝 위치를 지정해서 문자열 추출하기

 '복습하기   'Hello, everyone.' 문자열에서 everyone.만 추출해 보세요.

정답 "Hello, everyone.".substring(7)

slice() 메서드

slice() 메서드는 substring() 메서드와 거의 비슷하게 사용할 수 있습니다. 시작 위치만 지정하면 해당 위치부터 끝까지, 시작 위치와 끝 위치를 함께 지정하면 시작 위치부터 끝 위치 직전까지 추출합니다.

> **기본형** 문자열.slice(*시작 위치*)
>   문자열.slice(*시작 위치*, *끝 위치*)

앞에서 사용했던 str4 문자열에서 Good을 추출할 때 substring() 메서드처럼 다음과 같이 사용합니다.

```
// str4 = "Good morning."
str4.slice(0, 4)   // "Good"
```

slice() 메서드는 위치를 지정할 때 substring() 메서드와 달리 음수를 사용할 수 있습니다. 음수로 지정하면 문자열의 끝에서부터 위치를 찾으므로 문자열을 뒤에서부터 자를 경우에는 slice() 메서드가 편리합니다. 예를 들어 다음과 같이 지정하면 시작 위치는 뒤로부터 다섯 번째 위치가 되고, 끝 위치는 양수이므로 원래의 위치대로 열세 번째가 됩니다.

😀 음수로 위치를 지정할 때는 −1부터 시작합니다.

```
str4.slice(-5, 12)    // "ning"
```

그림 10-4 위치를 뒤로부터 계산해서 문자열 추출하기

참고로 substring() 메서드의 경우 위칫값에 음수가 들어가면 무조건 0으로 바꿔서 실행합니다.

```
str4.substring(-5, 12)    // "Good morning"
```

 복습하기 다음 소스를 실행하면 어떤 결괏값이 나올지 예상해 보세요.
```
let arr = [0, 1, 2, 3, 4, 5];
arr.slice(-1);
```

정답 5

구분자에 따라 문자 쪼개기 — split() 메서드

문자열의 split() 메서드는 문자열에서 구분자를 기준으로 문자열을 쪼개 줍니다.

> **기본형** *문자열*.split(*구분자*)

예를 들어 str5 문자열을 단어별로 구별하려면 구분자를 공백(" ")으로 지정해서 split() 메서드를 실행해야 합니다. split() 메서드는 새로운 배열을 반환합니다.

😀 공백을 구분자로 사용할 때는 큰따옴표 사이에 빈 칸을 한 칸 넣어 줍니다.

```
str5 = "Hello everyone"
array1 = str5.split(" ")    // ["Hello", "everyone"]
```

만약 문자열을 각각의 글자로 나누어서 문자 배열로 변환하려면 구분자를 큰따옴표("")로 지정합니다. 이렇게 글자별로 구분할 때는 큰따옴표와 큰따옴표 사이에 공백이 없어야 합니다.

```
array2 = str5.split("")   // ["H","e","l","l","o"," ", "e","v","e","r","y","o","n","e"]
```

 웹 주소 https://cafe.naver.com/doitstudyroom을 프로토콜과 도메인, 페이지로 구분
해 보세요. 이때 구분자로 /를 사용하세요.

정답 "https://cafe.naver.com/doitstudyroom".split("/")

Do it! 실습 ▶ 보안을 위해 이메일 주소의 일부 감추기

준비 10\email.html 결과 10\email-result.html, 10\js\email-result.js

회원제 사이트에서 개인 정보를 표시할 때 보안을 위해, 또는 메일 소유자인지 확인하기 위해
이메일 주소를 전부 보여 주지 않고 일부만 보여 줄 때가 있습니다. 이번에는 사용자의 이메
일 주소 중 @ 앞의 내용을 세 자리까지만 보여 주는 프로그램을 작성해 보겠습니다.

먼저 생각해 보세요!
- 메일 주소를 어떤 문자를 기준으로 나누어야 할까요? ☐
- @ 기호 앞부분의 문자열을 어떻게 세 자리만 남길까요? ☐

01 10\email.html 문서의 소스를 보면 이메일 주소를 입력받을 텍스트 필드(#userEmail)
와 버튼, 그리고 결괏값이 표시될 영역(#result)이 있습니다.

10\email.html
```
<div id="userInput">
  <label>
    <input type="email" id="userEmail" placeholder="이메일 주소를 입력하세요." autofocus>
  </label>
  <button>실행</button>
</div>
<div id="result"></div>
```

| 이메일 주소를 입력하세요. | 실행 |

02 10\js 폴더에 email.js 파일을 만들고 10\email.html 문서에 연결합니다.

```
                                                                    10\email.html
<body>
     ⋮
  <div id="result"></div>

  <script src="js/email.js"></script>
</body>
```

03 텍스트 필드와 버튼, 결괏값이 표시될 영역을 가져와서 변수에 할당하고 버튼을 클릭했을 때 함수를 실행하도록 다음과 같이 작성하세요.

```
                                                                      10\email.js
const email = document.querySelector("#userEmail");  // 메일 주소 입력 부분
const button = document.querySelector("button");     // 버튼
const result = document.querySelector("#result");    // 결과 표시 영역

button.addEventListener("click", function() {

});
```

04 이메일 주소를 나누고 사용자 이름을 세 자리만 표시하기

이제 버튼을 클릭했을 때 실행할 함수를 채워 보겠습니다. 이메일 주소는 @을 기준으로 앞부분은 사용자 이름이고 뒷부분은 도메인 주소이므로 @의 앞부분과 뒷부분 문자열을 분리해야 합니다. 이때 email 변수에는 텍스트 필드가 들어 있으므로 email.value로 값을 가져옵니다. 그리고 split() 메서드를 사용해서 @의 앞부분과 뒷부분으로 나눕니다.

이제 나눈 문자열의 앞부분은 username에, 뒷부분은 domain 에 저장합니다. username 중에서 세 자리만 필요하므로 왼쪽부터 세 번째까지만 꺼내 다시 username에 할당하고, 수정한 username과 @, 그리고 도메인을 연결해서 #result 영역에 표시합니다.

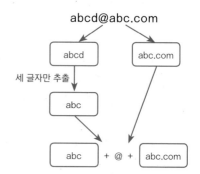

350 셋째마당 • 자바스크립트와 객체

```
button.addEventListener("click", function() {
  let username, domain;

  if(email.value !== "") {
    username = email.value.split("@")[0];    // @ 기준으로 앞부분
    username = username.substring(0, 3);     // username 중 세 자리만 필요합니다.
    domain = email.value.split("@")[1];      // @ 기준으로 뒷부분
    result.innerText = `${username}...@${domain}`;  // 결과를 표시합니다.
    email.value = "";    // 텍스트 필드를 지웁니다.
  }
});
```

05 웹 브라우저 창에서 텍스트 필드에 아무 이메일 주소나 입력하고 [실행]을 클릭하세요. 그러면 @ 앞에 있는 사용자 이름이 세 자리만 표시됩니다.

06 조금만 더 나아가 볼까요? 앞에서 작성한 소스는 @ 앞의 사용자 이름을 세 자리로 고정했습니다. 그런데 표시할 문자 개수를 고정하지 않고 사용자 이름 길이의 절반만 표시할 수도 있습니다. 앞에서 작성한 함수 부분을 모두 선택하고 Ctrl + / 또는 Command + / 를 눌러 주석으로 처리하세요.

```
const email = document.querySelector("#userEmail");
const button = document.querySelector("button");
const result = document.querySelector("#result");

button.addEventListener "click", function() {
  let username, domain;
                                              드래그 → Ctrl + /

  username = email.value.split "@" 0 ;        // @ 기준으로 쪼개어 앞부분 저장
  username = username.substring 0, 2 ;         // username 중 2자리만 필요
  domain = email.value.split "@" 1 ;          // @ 기준으로 쪼개어 뒷부분 저장
  result.innerText = `${username}...@${domain}`;  // 결과 표시
  email.value = "";                           // 텍스트 필드 지우기
} ;
```

```
                                    email.js — js-examples
  ☰ email.html U      ☰ email.js ×                              ⤢ ▢ …
  11 > js > ☰ email.js > …
   1   const email = document.querySelector("#userEmail");
   2   const button = document.querySelector("button");
   3   const result = document.querySelector("#result");
   4
   5   // button.addEventListener("click", function() {
   6   //   let username, domain;
   7   //
   8   //   username = email.value.split("@")[0];        // @ 기준으로 쪼개어 앞부분 저장
   9   //   username = username.substring(0, 2);          // username 중 2자리만 필요
  10   //   domain = email.value.split("@")[1];          // @ 기준으로 쪼개어 뒷부분 저장
  11   //   result.innerText = `${username}...@${domain}`;  // 결과 표시
  12   //   email.value = "";                            // 텍스트 필드 지우기
  13   // });
  14
  15
```

07 사용자 이름을 절반만 표시하기

어느 부분이 어떻게 바뀌는지 주의하면서 다음 소스를 추가합니다.

10\email.js

```javascript
button.addEventListener("click", function() {
  let username, domain, half;

  if(email.value !== "") {
    username = email.value.split("@")[0];   // @ 기준으로 앞부분
    half = username.length / 2;                // username의 길이를 절반으로 나눕니다.
    username = username.substring(0, (username.length - half));
     // username에서 절반으로 나눈 위치까지만 추출합니다.
    domain = email.value.split("@")[1];    // @ 기준으로 뒷부분
    result.innerText = `${username}...@${domain}`;   // 결과를 표시합니다.
    email.value = "";    // 텍스트 필드를 지웁니다.
  }
});
```

08 웹 브라우저 창에서 확인해 볼까요? 사용자 이름이 꽤 긴 메일 주소를 입력하면 사용자
이름의 절반만 표시됩니다.

10-3 정규 표현식으로 문자열 다루기

정규 표현식은 특정 패턴을 사용해 문자열을 표현하는 언어를 말합니다. 예를 들어 온라인 쇼핑몰에서 물건을 주문할 때 입력한 전화번호가 숫자로만 되어 있는지 체크할 수 있고, 'xxx-xxxx-xxxx'와 같은 패턴으로 이루어져 있는지 체크할 때도 편리하게 사용할 수 있죠. 여기에서는 '패턴=규칙'이라고 생각해도 됩니다. 문자열을 검색하거나 문자열에서 특정 문자를 치환할 때도 복잡한 조건문 없이 정규 표현식을 사용하면 편리합니다.

😀 정규 표현식은 자바스크립트의 문법이 아니라 자바나 파이썬, C 등 대부분 프로그래밍 언어에서 함께 사용할 수 있는 규칙 언어입니다.

정규 표현식 작성하기

자바스크립트에서 정규 표현식을 만들 때는 **RegExp** 객체를 사용할 수도 있고, 간단히 슬래시(/)를 사용해 표현식으로 사용할 수도 있습니다.

정규 표현식은 '패턴'과 '플래그'로 구성되는데, 플래그는 옵션이어서 필요할 경우에만 사용합니다. 그리고 패턴과 플래그 사이에는 공백이 없습니다.

😀 정규 표현식은 영어로 'regular expression' 으로, 줄여서 'regexp'라고도 표현합니다.

> **기본형** *패턴[플래그]*

예를 들어 세 자리 숫자에 일치하는지 체크하려면 다음과 같이 작성할 수 있습니다. 여기에서 /\d{3}/는 숫자(\d) 세 자리({3})를 나타내는 패턴입니다. 슬래시(/)를 사용하는 정규 표현식의 경우 다음 소스에서 사용한 **test()** 함수는 정규 표현식에서 사용하는 메서드입니다.

```
let regexp = /\d{3}/    // 숫자 세 자리라는 패턴을 regexp에 할당하고 표현식을 사용합니다.
regexp.test("Hello")    // false
regexp.test("123")      // true
```

RegExp 객체를 사용해 정규 표현식 사용하기

정규 표현식을 만들 때 주로 앞에서 설명한 짧은 표현식을 사용하지만, 다음과 같이 RegExp 객체를 사용해 표현식을 정의할 수도 있습니다.

```
let regexp = new RegExp(/\d{3}/)    // RegExp 객체를 사용합니다.
regexp.test("Hello")    // false
regexp.test("123")      // true
```

정규 표현식과 메서드

RegExp 객체에서 제공하는 test()와 exec() 메서드는 정규 표현식에서 사용할 수 있는 메서드입니다. 그리고 '정규식'은 '정규 표현식'을 줄여서 표현한 것입니다.

표 10-1 test()와 exec() 메서드

정규 표현식	기능
정규식.test(문자열)	정규 표현식에 일치하는 부분 문자열이 있으면 true를, 없으면 false를 반환합니다.
정규식.exec(문자열)	정규 표현식에 일치하는 부분 문자열이 있으면 결괏값을 배열 형태로, 없으면 null을 반환합니다.

또한 문자열 메서드 중에서도 정규 표현식과 함께 사용할 수 있는 메서드가 있습니다.

표 10-2 match()와 replace() 메서드

문자열 메서드	기능
match(정규식)	문자열에서 정규 표현식에 일치하는 부분을 찾습니다.
replace(정규식, 바꿀 문자열)	문자열에서 정규 표현식에 맞는 부분 문자열을 찾아서 새로운 문자열로 바꿉니다.

예를 들어 다음은 match() 메서드를 사용해 str 문자열에서 ES6라는 문자열이 있는지 체크하는 소스입니다. match() 함수에서 ES6라는 문자열이 있는지 체크할 때 정규 표현식 패턴의 문자열에는 큰따옴표가 붙지 않는다는 점에 주의하세요.

```
let str = "ES2015 is powerful!"
str.match(/ES6/)    // null
```

다음은 문자열에서 ES2015라는 문자열을 찾아서 ES6로 바꾸는 정규 표현식입니다.

```
str.replace(/ES2015/, "ES6")
```

정규 표현식의 플래그

이번에는 정규식의 플래그에 대해 알아보겠습니다. 플래그는 문자열을 검색할 때 사용하는 옵션과 비슷하다고 생각하세요.

표 10-3 정규 표현식에서 자주 사용하는 플래그

플래그	기능
i	영문자의 대소문자를 구별하지 않고 검색합니다.
g	패턴과 일치하는 것을 모두 찾습니다. g 패턴이 없으면 일치하는 패턴 중 첫 번째 패턴만 반환합니다.
m	문자열의 행이 바뀌어도 검색합니다.

test() 메서드를 사용하면 정규 표현식에서 지정한 조건에 맞는 문자열이 있는지 체크합니다. 정규 표현식은 기본적으로 영문자의 대소문자를 구별하므로 다음 예제에서 es가 포함되었는지 물어보면 false를 반환하지만, i 플래그를 같이 사용하면 true를 반환합니다.

```
let str = "ES2015 is powerful!"
/es/.test(str)        // false
/es/i.test(str)       // true
```

문자 클래스 사용하기

정규 표현식을 사용하면 문자열의 특정 부분이 숫자인지, 문자인지 체크할 수 있습니다. 이것을 '문자 클래스'라고 하는데, 숫자와 공백, 단어 등을 체크할 수 있습니다. [표 10-4]에서 설명한 것처럼 \d는 숫자를 체크하지만, 이것을 대문자로 해서 \D로 사용하면 정반대의 클래스가 됩니다. 즉, 숫자가 아닌 모든 문자를 체크하죠.

표 10-4 정규 표현식의 문자 클래스

클래스의 종류	기호	설명
숫자^{digit} 클래스	\d	0 ~ 9 사이의 숫자
	\D	숫자가 아닌 모든 문자
공백^{space} 클래스	\s	공백, 탭(\t), 줄 바꿈(\n) 등
	\S	공백이 아닌 모든 문자
단어^{word} 클래스	\w	단어에 들어가는 문자. 숫자와 언더바(밑줄) 포함
	\W	단어에 들어가지 않는 모든 문자

예를 들어 /ES\d/의 경우 ES라는 문자 뒤에 오는 하나의 숫자만 찾은 후 배열 형태로 반환합니다. 이때 반환하는 배열에는 다양한 값이 들어 있는데, 그중 첫 번째 요소가 패턴에 일치하는 문자열입니다.

```
let str = "ES2015 is powerful!"
str.match(/ES\d/)
```

그림 10-5 d/ 문자 클래스를 사용해 문자열 뒤의 숫자 1개 체크하기

그렇다면 str 문자열에 정규 표현식 /ES\d\d\d\d/를 사용하면 어떻게 될까요? ES 문자 뒤에 숫자 4개까지 문자열로 가져올 수 있습니다.

```
let str = "ES2015 is powerful!"
str.match(/ES\d\d\d\d/)
```

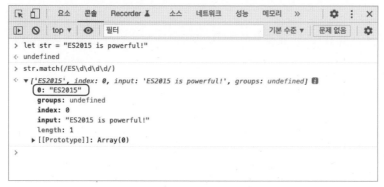

그림 10-6 문자열 뒤의 숫자 4개 체크하기

문자열의 시작과 끝 체크하기

정규 표현식에서 문자열의 시작과 끝 부분을 체크할 때는 ^ 기호와 $ 기호를 사용합니다. 이 중에서 ^는 문자열의 시작을, $는 문자열의 끝을 나타내는데, 😊 ^은 '캐럿carrot'이라고 부릅니다. 이들 두 가지 기호를 '앵커 기호anchor sign'라고도 합니다.

예를 들어 다음 소스를 보면 ^ 기호를 사용해서 hello 문자열이 문자 H로 시작하는지 체크할 수 있습니다. 이때 플래그를 사용하지 않았으므로 h로 시작하는지 체크하면 false가 반환됩니다.

```
let hello = "Hello, everyone."
/^H/.test(hello)    // true. 문자열이 H로 시작하는지 체크합니다.
/^h/.test(hello)    // false. 문자열이 h로 시작하는지 체크합니다.
```

이와 같은 방법으로 $ 기호를 사용하면 문자열의 끝 부분을 체크할 수 있습니다.

```
let hello = "Hello, everyone."
/one.$/.test(hello)  // true. 문자열이 one.으로 끝나는지 체크합니다.
/e.$/.test(hello)    // true. 문자열이 e.으로 끝나는지 체크합니다.
/one$/.test(hello)   // false. 문자열이 one으로 끝나는지 체크합니다. 이때 문자열의 끝은 마침표입니다.
```

^ 기호가 [] 안에 있을 경우에는 NOT의 의미가 된다는 것에 주의하세요. 예를 들어 다음의 소스에서 [^0-9]는 숫자가 아닌 것을 체크하므로 E와 S가 매치됩니다.

```
"ES2015".match(/[^0-9]/g)        // ["E", "S"]
```

반복 검색하기

앞에서 살펴본 소스 중에서 /\d{3}/라는 표현식이 숫자 세 자리를 가리킨다고 설명했습니다. 여기에서 중괄호({})는 반복해서 체크하라고 알려주는 기호인데, 반복 횟수를 지정하거나 최소 반복 횟수, 최대 반복 횟수를 지정할 수 있습니다. [표 10-5]의 표현식에서 쉼표 다음에 공백이 없다는 점에 주의하세요.

표 10-5 표현식에서 반복 체크하기

표현식	기능
패턴{n}	패턴이 n번 반복되는 것을 찾습니다.
패턴{n,}	패턴이 최소 n번 이상 반복되는 것을 찾습니다.
패턴{m,n}	패턴이 최소 m번 이상, 최대 n번 이하로 반복되는 것을 찾습니다.

```
let str = "Oooops"
str.match(/o{2}/)       // 'oo'. o가 2번 반복되는 것을 찾아 배열로 반환합니다.
str.match(/o{2,}/)      // 'ooo'. o가 2번 이상 반복되는 것을 찾아 배열로 반환합니다.
str.match(/o{2,4}/i)    // 'Oooo'. 영문자의 대소문자를 구별하지 않고 o가 2번 이상, 4번 이하로
                        //         반복되는 것을 찾아 배열로 반환합니다.
```

OR 검색하기

2개 이상의 패턴을 함께 찾으려면 OR로 연결해야 하는데, 정규 표현식에서는 | 기호를 사용합니다. 예를 들어 다음과 같은 표현식을 사용해 str2 문자열 중에서 ES2015나 ES6가 있는지 확인할 수 있습니다.

```
let str2 = "ES2015(ES6) is powerful"
let regexp = /ES2015|ES6/
regexp.test(str2)   // true
```

조건에 일치하는 문자열 찾기

정규 표현식은 /abc/처럼 정확하게 일치하는 문자열을 찾는 단순 표현식도 있지만, /ab*c/ 표현식처럼 표현식에 특수 기호를 함께 사용하기도 합니다. 정규 표현식에서는 특정한 의미를 갖는 메타[meta] 문자를 이용해서 필요한 조건을 표현합니다. 메타 문자를 메타 문자가 아닌 원래 문자로 사용하려면 백슬래시(\) 다음에 문자를 표시해야 합니다.

😀 메타 문자를 정규 표현식의 특수 기호라고 생각하세요.

표 10-6 표현식에 사용할 수 있는 특수 기호

표현식	기능	사용 예
[ ]	식의 시작과 끝	[a-z]: a부터 z까지
^x	x로 시작하는 문자열. 대괄호([ ]) 안에 ^가 있으면 NOT의 의미가 됩니다.	• ^[0-9]: 숫자로 시작하는 것 • [^0-9]: 숫자가 아닌 것
x$	x로 끝나는 문자열	e$: e로 끝나는 것
x+	x가 한 번 이상 반복되는 문자열	o+: o, oo처럼 o가 한 번 이상 반복되는 것
x?	x가 0번 또는 1번 있는 문자열	x?: y, xy처럼 x가 없거나 한 번 나타나는 것
x*	x가 0번 이상 반복되는 문자열	x* : y, xy, xxy처럼 x가 없거나 여러 번 반복되는 것
.	문자 하나	[x.z] : xyz나 xAz처럼 x와 z 사이에 문자가 하나 있는 것

자주 사용하는 정규 표현식

정규 표현식은 공백을 허용하지 않고 기호도 많으므로 익숙해지기가 쉽지 않습니다. 또한 표현식을 보고 어떤 것을 체크하는지 한눈에 확인하기도 어렵습니다.

다음은 웹 개발에서 자주 사용하는 정규 표현식을 정리한 것으로, 정규 표현식에는 공백을 사용할 수 없다는 것을 꼭 기억하세요.

> **숫자만 가능**
>
> /^[0-9]+$/

> **양의 정수**
>
> /^[1-9]\d*$

> **음의 정수**
>
> /^\-[1-9]\d*$

> **영문자만 가능**
>
> /^[a-zA-Z]+$/

> **숫자와 영문자만 가능**
>
> /^[a-zA-Z0-9]+$/

한글만 가능

/^[가-힣]+$/

한글과 영문자만 가능

/^[가-힣a-zA-Z]+$/

길이가 5~10개

/^.{5,10}$

메일 주소 체크

/^[a-z0-9_+.-]+@([a-z0-9-]+\.)+[a-z0-9]{2,4}$/

전화번호 체크(123-456-7890 또는 123-4567-8901)

/(\d{3}).*(\d{3}).*(\d{4})/

jpg, gif 또는 png 확장자를 가진 그림 파일

/([^\s]+(?=\.(jpg¦gif¦png))\.\2)/

1부터 n 사이의 번호(1과 n 포함)

/^[1-9]{1}$¦^[1-4]{1}[0-9]{1}$¦^n$/

암호 체크 - 최소 영문 소문자 하나와 대문자, 숫자가 각각 1개씩 포함되어 있는 문자열(8글자 이상)

/(?=.*\d)(?=.*[a-z])(?=.*[A-Z]).{8,}/

정규 표현식을 심화 학습하는 방법

여기에서는 자주 사용하는 정규 표현식을 위주로 공부했는데, 좀 더 학습하려면 다음 사이트를 추천합니다.

- 점프 투 파이썬 - 정규 표현식 사용하기: wikidocs.net/4308
- LEARN REGEX THE EASY WAY(한글): github.com/ziishaned/learn-regex/blob/master/translations/README-ko.md

10-4 문자열과 배열 변환하기

문자열은 그 안의 문자만 따로 수정하는 메서드가 없습니다. 그래서 문자열의 내용을 역순으로, 또는 알파벳 순으로 배치해야 한다면 문자열에 있는 문자를 따로 분리해서 배열 형태로 저장한 후 처리해야 합니다. 문자열과 배열은 자주 변환하므로 변환하는 방법을 꼭 익혀 두세요.

문자열을 문자 배열로 변환하기 — 전개 연산자와 Array.from() 메서드

배열에는 사용할 수 있는 메서드가 아주 많습니다. 그래서 문자열을 다룰 때는 배열로 변환한 후 배열 메서드를 사용하고, 결과 배열을 그대로 사용하거나, 필요하다면 다시 문자열로 변환해야 합니다. 문자열을 배열로 변환할 때는 split() 메서드나 전개 연산자, Array.from() 메서드를 사용할 수 있습니다.

split() 메서드 사용하기

split() 메서드를 사용해서 문자 배열로 변환하는 방법은 오래 전부터 사용하던 방법입니다.

```
str5 = "Hello, everyone"
array2 = str5.split("")   // ["H","e","l","l","o"," ", "e","v","e","r","y","o","n","e"]
```

전개 연산자 사용하기

에크마스크립트 2015부터 도입된 전개 연산자(...)를 사용하면 더욱 편리하게 문자열을 배열로 바꿀 수 있습니다. 다음은 가장 일반적으로 사용하는 방법입니다.

```
// str5 = "Hello everyone"
array3 = [...str5]   // ["H","e","l","l","o"," ", "e","v","e","r","y","o","n","e"]
```

Array.from() 메서드 사용하기

문자열을 문자 배열로 변환하는 또 다른 방법은 Array 객체의 from() 메서드를 사용하는 방법입니다. 이 메서드는 괄호 안에 있는 문자열을 배열로 바꿔 주는데, 에크마스크립트 2015부터 사용할 수 있습니다.

앞에서 만든 str5를 다음과 같이 배열로 변환할 수 있습니다.

```
array4 = Array.from(str5)  // ["H","e","l","l","o"," ","e","v","e","r","y","o","n","e"]
```

문자열 배열을 다시 문자열로 변환하기 — join() 메서드

프로그램에서 문자를 배열로 변환해서 작업하면 결괏값은 배열로 반환됩니다. 그리고 배열을 다시 문자열로 바꾸려면 Array 객체의 join() 메서드를 사용해야 합니다. join() 메서드는 배열에 있는 모든 요소를 연결해서 하나의 문자열로 변환합니다.

앞에서 문자 배열로 전환해서 저장했던 array4를 str5라는 문자열로 바꿀 수 있습니다. 여기에서는 구분자를 따로 사용하지 않았으므로 배열에 있는 각 문자를 계속 연결해서 하나의 문자열을 만듭니다.

```
str6 = array4.join("")   // "Hello everyone"
```

Do it! 실습 ▶ 영문자열의 첫 번째 글자를 대문자로 바꾸기

준비 10\capitalize.html 결과 10\capitalize-result.html, 10\js\capitalize-result.js

영문 소문자로 된 문자열에서 첫 번째 글자만 대문자로 변경하려고 합니다. 그런데 문자열은 큰따옴표 안의 내용이 하나의 덩어리이므로 문자열에서 일부 글자만 바꿀 수 없습니다. 따라서 어떤 방식으로 작성해야 할지 미리 고민해 보세요.

> **먼저 생각해 보세요!**
> - 어떻게 첫 번째 글자와 나머지 문자열을 분리할까요? ☐
> - 어떻게 글자를 대문자로 바꿀까요? ☐
> - 분리했던 글자를 어떻게 원래 문자열에 연결할까요? ☐

01 어떤 순서로 진행할지 먼저 생각해 보겠습니다. 첫 번째 영문자를 대문자로 바꿔서 변수에 저장한 후 두 번째 글자부터 부분 문자열을 추출해서 또 다른 변수에 저장합니다. 그리고 마지막에 첫 번째 변수와 두 번째 변수를 연결하는 것이죠.

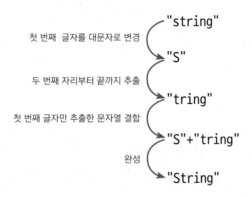

02 10\js 폴더에 capitalize.js 파일을 만들고 10\capitalize.html 문서에 연결합니다.

10\capitlize.html

```
<body>
  <script src="js/captialize.js"></script>
</body>
```

03 capitalize.js 파일에 다음의 소스를 입력하고 저장합니다.

10\js\capitalize.js

```
const string = prompt("영문 소문자로 된 문자열을 입력하세요.");

const firstCh = string[0].toUpperCase();   // 첫 번째 글자를 대문자로 만들어서 저장합니다.
const remainStr = string.slice(1);         // 두 번째 글자부터 끝까지 추출해서 저장합니다.
const result = firstCh + remainStr;        // 첫 번째 글자와 추출한 문자열을 연결합니다.
document.write(result);
```

04 웹 브라우저 창에서 확인해 볼까요? 프롬프트 창에 소문자로 된 영문자열을 입력하세요. 여기에서는 'good morning'을 입력하는데, 결과 문자열은 'Good moring'이라고 표시됩니다.

05 이번에는 에크마스크립트 2015의 전개 연산자를 사용해서 소스를 작성해 볼까요? 일단 앞에서 입력했던 소스 중에서 맨 윗줄의 프롬프트문만 제외하고 선택합니다.

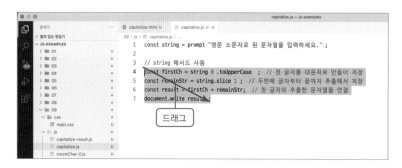

06 Ctrl + / 또는 Command + /를 눌러 선택한 부분을 주석으로 처리합니다.

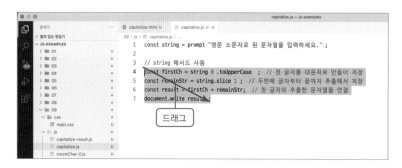

07 주석으로 처리한 소스의 아래쪽에 다음과 같이 입력하고 저장합니다. 정확히 2줄로 끝나네요.

10\js\capitalize.js

```
const result = [string[0].toUpperCase(), ...string.slice(1)].join("");
document.write(result);
```

08 다시 한번 웹 브라우저에서 확인해 보세요. 이번에는 'let's do it'이라고 입력하면 첫 번째 글자만 대문자로 바뀌네요. 이와 같이 에크마스크립트 2015의 전개 연산자는 다양하게 활용할 수 있습니다.

10-5 똑똑하게 배열 사용하기

'8장. 자주 사용하는 내장 객체 알아보기'에서 설명했던 객체는 키와 값을 가지고 있어서 다양한 자료를 표현하고 프로그래밍에 이용할 수 있습니다. 하지만 여러 개의 객체를 한꺼번에 묶은 후 일부분을 삭제하거나 순서를 바꾸는 등의 작업은 객체의 메서드로 해결할 수 없습니다. 이렇게 순서가 필요한 작업을 하려면 배열을 이용해야 하므로 프로그래밍에서도 배열을 자주 사용합니다.

새로운 배열 만들기

배열은 여러 가지 방법으로 만들 수 있습니다.

빈 배열을 만들고 값 할당하기

배열을 만들 때는 빈 배열을 만든 후 필요할 때마다 인덱스를 사용해서 배열에 값을 할당할 수 있습니다.

```
let season = []
season[0] = "spring"
season[1] = "summer"
season   // ["spring", "summer"]
```

😀 '2장. 프로그래밍의 기본, 변수와 자료형 살펴보기' 에서 배열은 인덱스를 사용해서 값에 접근할 수 있다고 설명했습니다.

리터럴 표기법으로 만들기

초깃값이 있는 배열은 리터럴 표기법을 사용해서 변수 선언과 동시에 값을 지정할 수 있습니다.

```
let pets = ["dog", "cat", "parrot"]
pets   // ["dog", "cat", "parrot"]
```

Array 객체의 인스턴스 만들기

배열은 Array 객체의 인스턴스 형태로 만들 수 있습니다.

```
let fruits = new Array("사과", "복숭아", "포도")
fruits    // ["사과", "복숭아", "포도"]
```

배열값 수정하기와 추가하기

인덱스를 사용해서 이미 값이 있는 위치에 값을 다시 할당하면 기존 값은 지워집니다. 예를 들어 pets 배열의 두 번째 값은 cat인데, 여기에 hamster라고 할당하면 cat은 지워지고 hamster 값이 들어갑니다.

```
// let pets = ["dog", "cat", "parrot"]

pets[1] = "hamster"
pets   // ["dog", "hamster", "parrot"]
```

그렇다면 중간에 인덱스를 건너뛰고 값을 할당할 수 있을까요? 네, 가능합니다. fruits 배열에는 값이 3개 있는데, 네 번째 자리를 건너뛰고 다섯 번째 자리에 배를 넣어보세요. 이렇게 하면 빠진 인덱스 부분, 즉 fruits의 네 번째 자리는 비게 되고^{empty} 다섯 번째 자리에 배가 할당됩니다. 여기에서 empty는 값이 아니라 해당 요소가 비었다는 의미입니다. 비어 있는 요소를 확인해 보면 undefined라는 값이 저장되어 있습니다.

```
let fruits = new Array('사과', '복숭아', '포도')
fruits[4] = "배"
fruits     // ["사과", "복숭아", "포도", empty, "배"]
fruits[3]  // undefined
```

이렇게 중간값이 빠져 있는 배열을 확인해 보면 다음과 같이 배열의 길이는 5이지만, 실제 값은 요소 4개에만 할당되어 있습니다.

그림 10-7 중간값이 없는 배열

배열 요소 순회하기 — forEach() 메서드

배열은 여러 개의 값을 가지고 있는 자료형이므로 반복문을 사용해서 각 요소의 값에 접근할 수 있습니다. 일반적인 for 문을 사용할 수도 있지만, 배열에서 사용하는 순회 메서드인 forEach() 메서드를 사용하면 편리합니다.

일반적인 for 문

배열의 length 프로퍼티를 사용하면 요소의 개수를 알 수 있으므로 다음과 같이 for 문을 사용해 배열의 각 값을 알아낼 수 있습니다.

```
let colors= ["red", "green", "blue", "white", "black"]
for (let i = 0; i < colors.length; i++) {
  console.log(colors[i]);
}
```

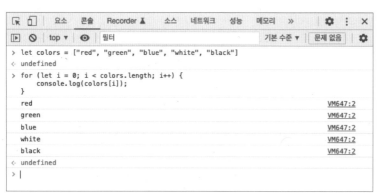

그림 10-8 for 문을 사용해 배열의 각 값 알아내기

인수가 1개인 forEach() 문

forEach() 메서드는 배열 요소를 순회하기 위한 메서드로, 각 배열 요소에 함수를 실행할 수 있습니다.

기본형   *배열*.forEach(*값*)   // 요소의 각 값을 이용해 함수를 실행합니다.

예를 들어 animals 배열에 있는 각 요소의 값을 표시하려면 forEach() 메서드에 animal이라는 이름을 넘겨주면 됩니다. 이때 animal은 animals 안에 있는 각 요소를 가리키는 변수입니다. animal 대신 다른 이름을 사용해도 되지만, 주로 배열명은 복수로, 각 요소의 이름은 단수로 사용합니다.

```
let animals = ["lion", "bear", "bird"]
animals.forEach(animal => {
  console.log(animal)
});
```
배열명 → animals   배열 안의 요소 → animal

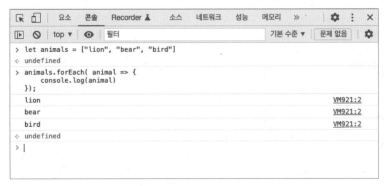

그림 10-9 forEach 문을 사용해 각 요소 표시하기

인수가 2개인 forEach() 문

만약 인덱스까지 같이 사용하려면 forEach() 메서드에 인수 2개를 넘겨주는데, 첫 번째 인수는 값이 되고 두 번째 인수는 요소의 인덱스가 됩니다.

기본형   *배열*.forEach(*값, 인덱스*) // 요소의 각 값과 인덱스를 이용해 함수를 실행합니다.

animals 배열에서 값을 나타내는 animal과 인덱스를 나타내는 index를 인수로 사용해서 다음과 같은 소스를 작성할 수 있습니다.

```
animals.forEach((animal, index) => {
  console.log(`animals[${index}] : ${animal}`);
});
animals[0] : lion
animals[1] : bear
animals[2] : bird
```

그림 10-10 forEach 문에서 값과 인덱스를 인수로 사용하기

인수가 3개인 forEach() 문

forEach() 메서드에서 인수 3개를 넘겨주면 세 번째 인수는 배열 자체가 됩니다.

> **기본형**   *배열*.forEach(*값, 인덱스, 배열*)
> // 요소의 값과 인덱스, 배열을 이용해 함수를 실행합니다.

다음은 animal에는 값을, index에는 인덱스를, 그리고 array 변수에는 animals 배열을 담아서 넘겨주는 예제입니다.

```
animals.forEach((animal, index, array) => {
  console.log(`[${array}][${index}] : ${animal}`)
});
[lion,bear,bird][0] : lion
[lion,bear,bird][1] : bear
[lion,bear,bird][2] : bird
```

그림 10-11 | forEach 문에서 값과 인덱스, 배열을 인수로 사용하기

일반적인 for 문은 특정 조건을 만족할 때 **break** 문이나 **continue** 문을 사용해서 순회를 멈출 수 있습니다. 하지만 forEach 문은 배열의 처음부터 끝까지 모두 순회해야 끝납니다.

10-6 배열의 다양한 메서드 살펴보기

많은 프로그램에서 배열을 사용하는 중요한 이유는, 요소를 쉽게 추가 및 삭제할 수 있기 때문입니다. 또한 배열의 각 요소를 정렬하는 메서드도 있죠. 이번에는 배열에서 사용할 수 있는 다양한 메서드에 대해 알아보겠습니다. 배열에서 메서드를 사용할 때는 기존 배열을 변경하는지의 여부가 중요하므로 그 부분을 주의해서 살펴보세요.

배열 합치기 — concat() 메서드와 전개 연산자

기존 배열에 또 다른 배열이나 값을 합쳐서 새로운 배열을 만들 수 있습니다. 에크마스크립트 2009(ES5)까지는 concat() 메서드를 사용했지만 에크마스크립트 2015(ES6)부터는 전개 연산자(...)를 많이 사용합니다.

concat() 메서드

concat() 메서드는 다음과 같은 형식을 사용해 둘 이상의 배열이나 새로운 값을 추가해서 새 배열을 만듭니다.

> 기본형   *배열.concat(배열 또는 값, 배열 또는 값, ...)*

예를 들어 다음과 같이 vegitable 배열과 meat 배열이 있을 때 concat() 메서드를 사용해서 배열 2개와 새로운 값 bread까지 추가해 새로운 배열을 만들 수 있습니다. 콘솔 창에서 결과를 확인해 보세요.

```
let vegitable = ["양상추", "토마토", "피클"]
let meat = ["불고기"]

let meatBurger = vegitable.concat(meat, "빵")
meatBurger    // ["양상추", "토마토", "피클", "불고기", "빵"]
```

❷ 앞에서 만든 배열에 '빵' 요소 추가

```
let meatBurger = vegitable.concat(meat, "빵")
```

❶ vegitable 배열에 meat 배열 연결

만약 다음과 같이 사용하면 배열의 위치가 바뀝니다.

```
let meatBurger2 = meat.concat("빵", vegitable)
meatBurger2   // ["불고기", "빵", "양상추", "토마토", "피클"]
```

전개 연산자

에크마스크립트 2015에 포함된 전개 연산자를 사용하면 concat() 메서드보다 더 간단하게 배열을 합칠 수 있습니다. 예를 들어 ...vegitable이라고 하면 ... 자리에 대괄호([])를 제외한 vegitable 배열 요소의 값을 나열해 줍니다.

```
let vegitable = ["양상추", "토마토", "피클"]
let cheese = ["모짜렐라", "슈레드"]

let cheeseBurger = ["빵", ...vegitable, ...cheese]
cheeseBurger   // ["빵", "양상추", "토마토", "피클", "모짜렐라", "슈레드"]
```

 복습하기 vegitable 배열과 cheese 배열을 합친 후 맨 마지막에 빵까지 합쳐서 cheeseBurger2 배열을 만들어 보세요.

정답 **예** chesseBurger2 = [...vegitable, ...chesse, "빵"]

배열 요소 정렬하기 — reverse(), sort() 메서드

배열에 있는 요소를 정렬하는 메서드는 매우 다양합니다.

역순으로 배치하기 — reverse() 메서드

reverse()는 이름에서도 알 수 있듯이 배열 요소의 순서를 거꾸로 바꾸는 메서드로, 값의 크기와는 상관이 없습니다.

> **기본형** *배열*.reverse()

예를 들어 다음과 같은 numbers 배열에 reverse() 메서드를 사용하면 numbers 배열에 있는 요소들이 거꾸로 나열됩니다.

```
let numbers = [6, 9, 3, 21, 18]
numbers.reverse()   // [18, 21, 3, 9, 6]
```

크기에 따라 정렬하기 — sort() 메서드

sort() 메서드는 값의 크기에 따라 가장 작은 값부터 순서대로 값을 정렬합니다.

기본형　*배열*.sort()

이때 sort() 메서드는 배열 요소를 문자열로 보고 정렬한다는 것에 주의하세요. 예를 들어 다음과 같은 소스를 생각해 보겠습니다.

```
let week = ["sun", "mon", "tue"]
let values = [5, 20, 3, 11, 4, 15]
week.sort()      // ["mon", "sun", "tue"]
values.sort()    // [11, 15, 20, 3, 4, 5]
```

그런데 values 배열을 정렬한 결괏값이 이상하네요. 일반적으로 생각할 때는 [3, 4, 5, 11, 15, 20]이라는 순서대로 정렬되어야 하는데, sort() 메서드에서는 [11, 15, 20, 3, 4, 5] 순서대로 정렬됩니다. 이것은 11을 숫자 11로 보지 않고 문자열로 보기 때문입니다. 11과 3을 비교했을 때 11의 첫 번째 글자 1과 3을 비교해서 11이 더 작은 값이 됩니다. 그래서 sort() 메서드를 사용해서 숫자를 비교하려면 따로 함수를 정의해야 합니다. sort() 메서드 안에 정렬 방식을 알려주는 함수를 사용하면, 정렬 방법에 따라 배열 요소를 정렬합니다.

기본형　*배열*.sort(*정렬 함수*)

다음은 sort() 메서드 안에 두 수를 비교하는 함수를 넣은 예제입니다. 이렇게 sort() 메서드에 정렬 함수를 넣으면 함수에서 정한 조건에 따라서 숫자를 정렬할 수 있습니다.

```
let values = [5, 20, 3, 11, 4, 15]
values.sort(function (a, b) {
  if (a > b) return 1;
  if (a < b) return -1;
  if (a === b) return 0;
})   // [3, 4, 5, 11, 15, 20]
```

위의 함수 부분을 다음과 같이 간단하게 표현할 수 있습니다.

```
let values = [5, 20, 3, 11, 4, 15]
values.sort(function (a, b) {
  return a - b;
})   // [3, 4, 5, 11, 15, 20]
```

배열의 맨 끝에 요소 추가하고 제거하기 — pop(), push() 메서드

배열에 요소를 추가하거나 제거하는 메서드 중 가장 간단한 메서드는 pop()과 push()입니다. pop() 메서드는 배열의 맨 끝에 있는 값을 제거하고, push() 메서드는 배열의 맨 앞부분에 지정한 값을 추가합니다.

> 기본형   *배열*.pop()   // 맨 마지막 값을 제거합니다.
>
> *배열*.push(*값*)   // 맨 끝의 값을 추가합니다.

예를 들어 animals 배열에 lion, bear, bird라는 3개의 요소가 있을 때 pop() 메서드를 실행하면 맨 마지막 값, 즉 bird가 반환되고, animal 배열에는 2개의 요소만 남습니다. pop() 메서드를 실행하면 원래의 배열이 변경되는 것을 알 수 있습니다.

```
let animals = ["lion", "bear", "bird"]
animals.pop()   // "bird"
animals          // ["lion", "bear"]
```

여기에 push() 메서드를 사용해서 tiger를 추가하면 숫자 3이 반환됩니다. 즉, 배열에 새로운 값을 추가한 후 animals 배열의 크기를 반환하는 것입니다. animals를 확인하면 배열의 맨 끝에 새로운 값 tiger가 추가된 것을 볼 수 있습니다. push() 메서드를 사용하면 원래 배열이 바뀝니다.

```
animals.push("tiger")   // 3
animals  // ["lion", "bear", "tiger"]
```

 복습하기 animals 배열에서 lion을 제거해 보세요.

정답 animals.pop()

pop() 메서드와 push() 메서드를 사용하면 원래의 배열이 변경된다는 것을 꼭 기억하세요.

배열의 맨 앞에 요소 추가하고 제거하기 — shift(), unshift() 메서드

배열의 맨 앞에 요소를 추가하거나 첫 번째 값을 제거할 때는 shift() 메서드와 unshift() 메서드를 사용합니다. 사용법은 앞에서 설명한 pop(), push() 메서드와 같습니다.

> **기본형** *배열*.shift()   // 첫 번째 값을 제거합니다.
> *배열*.unshift(*값*)   // 맨 앞의 값을 추가합니다.

예를 들어 apple, pear, banana와 같이 요소가 3개인 fruits 배열이 있다고 가정해 봅시다. 배열에서 shift() 메서드를 실행하면 추출된 값이 반환됩니다. 즉, 맨 앞의 요소인 apple이 반환됩니다. 원래 배열인 fruits 배열 입장에서는 apple이 제거되었으므로 fruits 배열도 바뀝니다.

```
let fruits = ["apple", "pear", "banana"]
fruits.shift()   // "apple"
fruits           // ["pear", "banana"]
```

이번에는 unshift() 메서드를 사용해 fruits 배열에 cherry를 추가해 보겠습니다. unshift() 메서드를 실행하면 새로운 요소가 추가된 후의 배열의 크기를 반환하는데, 여기에서는 3이 반환됩니다. 배열의 크기가 바뀐다는 것은 unshift() 메서드도 원래 배열을 변경한다는 의미입니다.

```
fruits.unshift("cherry")   // 3
fruits                     // ["cherry", "pear", "banana"]
```

shift() 메서드와 unshift() 메서드는 배열에서 맨 앞의 요소를 변경하므로 메서드를 처리할 때 요소를 추가하거나 제거하는 것 외에 인덱스를 변경하는 작업도 해야 합니다. fruits 배열에서 shift() 메서드를 실행하면 첫 번째 요소를 제거하고, 두 번째 요소는 첫 번째 자리로, 세 번째 요소는 두 번째 자리로 이동해야 합니다. 마찬가지로 unshift() 메서드를 사용해서 cherry 값을 맨 앞에 추가할 때도 인덱스를 변경해야 합니다. 그래서 배열의 요소가 많거나 요소의 내용이 복잡할수록 shift() 메서드와 unshift() 메서드의 실행 시간이 좀 더 길어집니다.

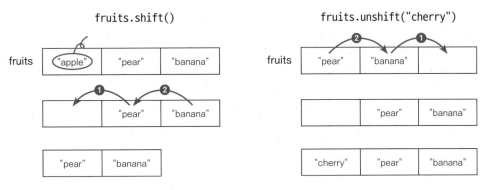

그림 10-12 shift() 메서드와 unshift() 메서드의 동작 원리

원하는 위치에 요소 추가하거나 제거하기 — splice() 메서드

앞에서 살펴본 pop()과 push(), shift()와 unshift()는 배열의 맨 뒤, 또는 맨 앞에 요소를 추가하거나 제거하는 메서드입니다. 만약 배열의 중간 부분에 요소를 추가하거나 삭제하려면 어떻게 해야 할까요? 그리고 한꺼번에 2개 이상의 요소를 추가하거나 삭제하려면 어떻게 해야 할까요? 이때 splice() 함수를 사용합니다. splice() 함수를 이용하면 소괄호 안에 사용하는 인수에 따라 특정 부분의 요소를 제거하거나 특정 위치에 요소를 삽입할 수 있어요.

특정 위치부터 끝까지 요소 제거하기

배열에서 특정 위치부터 끝까지 요소들을 제거하려면 splice() 메서드에 시작 위치만 알려주면 됩니다. 이때 splice() 메서드는 추출한 요소들을 배열로 만들어서 반환하는데, 이때 원본 배열은 변경됩니다.

> 기본형   *배열*.splice(*위치*)   // '위치'부터 끝까지 요소를 삭제합니다.

예를 들어 subjects라는 배열에 5개의 요소가 있는데, 그중에서 세 번째 요소부터 끝까지 모두 제거하려면 다음과 같이 작성합니다. splice() 메서드를 실행하면 삭제한 요소들로 만들어진 새로운 배열을 반환합니다. 그래서 splice() 메서드는 배열에서 특정 위치의 요소를 추출하는 용도로도 사용할 수 있습니다.

```
let subjects = ["html", "css", "javascript", "react", "typescript"]
subjects.splice(2)    // ["javascript", "react", "typescript"]
subjects              // ["html", "css"]. 원래 배열이 변경됩니다.
```

특정 위치에서 원하는 개수만큼 요소 제거하기

splice() 메서드에서 인수 2개를 사용하면 제거를 시작할 위치와 개수를 지정할 수 있습니다.

> 기본형 *배열*.splice(*위치, 숫자*)
> // '위치'에서 '숫자' 개수만큼 요소를 삭제합니다.

예를 들어 요소가 일곱 개인 week 배열이 있을 때 두 번째부터 여섯 번째까지 추출해서 weekday라는 새로운 배열을 만들 수 있습니다. 물론 원래의 week 배열에는 요소 2개만 남습니다.

```
let week = ["sun", "mon", "tue", "wed", "thu", "fri", "sat"]
let weekday = week.splice(1, 5)
weekday    // ["mon", "tue", "wed", "thu", "fri"]
week       // ["sun", "sat"]
```

특정 위치에 요소 추가하기

splice() 메서드는 배열에서 요소를 제거하는 것뿐만 아니라 원하는 위치에 요소를 추가할 때 사용할 수 있습니다. splice() 메서드에서 첫 번째 인수는 삭제를 시작할 위치를, 두 번째 인수는 삭제할 개수를, 그리고 세 번째 인수부터는 삭제한 위치에 새로 추가할 요소를 지정합니다. 여러 개의 요소를 추가하려면 세 번째 인수부터 차례대로 나열하면 됩니다.

> 기본형 *배열*.splice(*위치, 숫자, 값*)
> // '위치'에서 '숫자' 개수만큼 요소를 삭제한 후 '값'을 추가합니다.

예를 들어 요소가 4개인 fruits 배열에서 세 번째 자리에 coffee를 추가하려면 다음과 같이 작성합니다. 세 번째 자리에서 0개를 삭제하므로 아무것도 반환하지 않고 세 번째 자리에 새 요소를 추가합니다.

```
let brunch = ["egg", "milk", "apple", "banana"]
brunch.splice(2, 0, "coffee", "bread")   // [ ]
brunch   //["egg", "milk", "coffee", "bread", "apple", "banana"]
```

원하는 위치에 있는 요소 추출하고 추가하기 — slice( ) 메서드

slice() 메서드는 시작 인덱스와 끝 인덱스를 지정해서 그 사이의 요소를 꺼냅니다. 인수가 1개이면 해당 위치에서부터 끝까지 요소를 추출하고, 인수가 2개이면 첫 번째 위치부터 두 번째 위치 직전까지 요소를 추출합니다. 두 번째 위치까지가 아니라 두 번째 위치 직전까지라는 점에 주의하세요.

> **기본형** *배열*.slice(*위치*)   // 위치에서부터 끝까지 추출합니다.
>
> *배열*.slice(*위치 1, 위치 2*)   // 위치 1부터 위치 2 직전까지 추출합니다.

콘솔 창에서 간단히 살펴보겠습니다. 색상 이름이 있는 colors 배열을 5개 만든 후 다음처럼 시작 위치만 지정해 보겠습니다. 그러면 blue 요소부터 끝까지 추출해서 새로운 배열로 반환됩니다. 이때 원래의 colors 배열은 바뀌지 않습니다. 이것이 바로 앞에서 공부한 splice() 메서드와 가장 큰 차이점이죠.

```
let colors= ["red", "green", "blue", "white", "black"]
colors.slice(2)   // ["blue", "white", "black"]
colors            // ["red", "green", "blue", "white", "black"]
```

이번에는 시작 위치와 끝 위치를 함께 지정해 볼게요. slice() 메서드를 사용하면 colors 배열의 두 번째 요소부터 네 번째 요소(즉 인덱스 1부터 3)까지 추출해서 새로운 colors2 배열을 만들 수 있습니다.

```
let colors2 = colors.slice(1, 4)
colors2    // ["green", "blue", "white"]
colors     // ["red", "green", "blue", "white", "black"]
```

 방금 연습했던 colors 배열에서 blue와 white만 추출하려면 slice( ) 함수를 어떻게 사용해야 할까요?

정답 colors.slice(2, 4)

배열에서 특정 위치의 요소를 활용한다는 점에서 splice() 함수와 slice() 함수는 기능이 같습니다. 하지만 slice() 함수는 원래 배열에 영향을 주지 않지만, splice() 함수는 요소를 추가하거나 삭제할 경우 원래의 배열 자체가 수정된다는 것이 다릅니다. 따라서 배열에서 추출한 요소로 새로운 배열을 만들어서 사용하려면 slice() 함수가, 배열에서 일부 요소를 삭제하려면 splice() 함수가 적당합니다.

마무리 문제 1

준비 10\quiz-1.html 정답 10\solution-1.html, 10\js\solution-1.js

10\quiz-1.html 문서에는 [2, 4, ,6, 8, 10]이라는 배열이 있는데, 이 배열을 화면에 표시하고 배열의 요소를 모두 더한 후 마지막에 결괏값을 추가하는 프로그램을 작성해 보세요.

주어진 배열 : [2, 4, 6, 8, 10]
원래 배열
모든 값을 더한 배열

주어진 배열 : [2, 4, 6, 8, 10]
원래 배열
2 4 6 8 10
모든 값을 더한 배열
2 4 6 8 10 **30**

☞ 길라잡이

- 두 곳에 배열을 표시해야 하므로 각 영역을 변수로 저장합니다.
- 영역과 배열을 인수로 받아서 화면에 배열을 표시하는 함수를 만듭니다.
- 먼저 '원래 배열' 영역에 배열을 표시합니다.
- for 문을 사용해서 배열의 각 요소를 차례대로 더합니다.
- push() 메서드를 사용해서 더한 결괏값을 배열의 끝에 추가합니다.
- '모든 값을 더한 배열' 영역에 최종 배열을 표시합니다.

마무리 문제 2

준비 10\quiz-2.html 정답 10\solution-2.html, 10\js\solution-2.js

10\js\quiz-2.js 파일에 작성한 다음의 소스를 참고해서 tail() 함수를 작성해 보세요. tail() 함수는 배열을 받아서 배열의 길이가 1보다 크면 첫 번째 요소를 뺀 나머지 요소를, 배열의 길이가 1이면 배열 전체를 반환합니다.

```
                                                          10\js\quiz-2.js
const origin = document.querySelector("#origin");
const result = document.querySelector("#result");
let numbers = [2, 4, 6, 8, 10];

// tail() 함수를 작성할 부분

origin.innerText = numbers;
result.innerText = tail(numbers);
```

☞ 길라잡이

- 배열 요소가 1개인지, 1개 이상인지 체크하려면 배열의 length 프로퍼티값을 확인합니다.
- 첫 번째 요소만 제거하려면 slice() 메서드를 사용합니다.

11

배열과 객체,
좀 더 깊게 살펴보기

자바스크립트가 웹 표준으로 자리잡으면서 리액트^{React}나 뷰^{View}와 같은 프레임워크 뿐만 아니라 최근에는 노드제이에스^{Node.js}와 타입스크립트^{TypeScript}에 이르기까지 웹 개발과 관련된 모든 분야에 널리 사용되고 있습니다. 그러다 보니 에크마스크립트 2015(ES6) 이후의 자바스크립트 버전에는 복잡하고 까다로운 프로그래밍을 처리하기 위한 다양한 기능이 추가되었습니다. 이번 장에서는 에크마스크립트 2015(ES6) 이후에 추가되어 많이 사용하고 있는 자바스크립트의 기능에 대해 알아보겠습니다.

`</>`

11-1 에크마스크립트 2015의 기능 복습하기

앞에서 자바스크립트 문법을 공부하면서 에크마스크립트 2015의 기능을 몇 가지 소개했습니다. 필요할 때마다 조금씩 설명했던 기능을 다시 한번 정리해 볼게요. 혹시 앞에서 잘 이해되지 않았다면 이번에 확실하게 학습하고 넘어가세요.

매개변수 기본값

함수를 선언할 때는 소괄호 안에 매개변수를 같이 지정하고 넘겨받는 값에 따라 결과를 표시합니다. 콘솔 창에 직접 소스를 입력하면서 차이를 비교해 보세요. 예를 들어 다음의 hello() 함수는 name과 message 값에 따라 콘솔 창에 메시지를 표시합니다. 그런데 매개변수가 2개인 hello() 함수에 1개만 넘겨주면 두 번째 message에는 값이 넘어오지 않으므로 undefined 값이 들어갑니다.

```
매개변수에 기본값을 지정하지 않을 때

function hello(name, message) {
  console.log(`${name}님, ${message}`)
}
hello("도레미", "반갑습니다.")      // 도레미님, 반갑습니다.
hello("백두산")                    // 백두산님, undefined
```

에크마스크립트 2015부터는 함수의 매개변수에 값이 넘어오지 않더라도 사용할 기본값을 지정할 수 있습니다. 위의 소스 중 hello() 함수를 수정해서 기본값을 지정해 보겠습니다. 두 번째 함수를 실행할 때 첫 번째 인수만 지정했으므로 넘겨받지 못한 값은 기본값을 사용합니다.

```
매개변수에 기본값을 지정할 때

function hello(name, message = "안녕하세요?") {
  console.log(`${name}님, ${message}`)
}
hello("도레미", "반갑습니다.")      // 도레미님, 반갑습니다.
hello("백두산")                    // 백두산님, 안녕하세요?
```

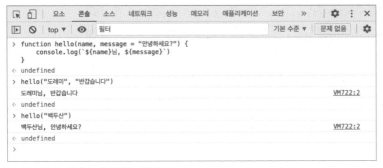

그림 11-1 함수 매개변수에 기본값 지정하기

전개 구문

전개 구문^{spread syntax}은 이름에서 알 수 있듯이 값을 펼쳐 주는 구문입니다. 전개 구문을 어디에
사용하느냐에 따라 '나머지 매개변수' 또는 '전개 구문'이라고 합니다. 전개 구문에서는 '…'
기호(마침표 3개)를 사용하고 다양한 방법으로 사용할 수 있습니다.

나머지 매개변수로 사용할 때

함수를 선언하면서 나중에 몇 개의 인수를 받게 될지 알 수 없는 경우가 있습니다. 이때 전개
구문을 사용해서 매개변수를 만드는데, 이것을 '나머지 매개변수'라고 합니다. 예를 들어 숫
자를 더하는 함수를 선언하면서 숫자 2개를 더할 수도 있고, 10개를 더할 수도 있게 한다고
가정해 보겠습니다. 콘솔 창에 직접 소스를 입력하면서 결과를 확인해 보세요.

addNum() 함수를 선언하면서 매개변수의 개수를 고정하기 어려우므로 전개 구문을 사용해서
매개변수를 하나의 이름으로 선언합니다. 이렇게 하면 매개변수로 넘어온 값을 모두 펼친 후
반복해서 더할 수 있습니다. 😀 나머지 매개변수에 저장된 값은 배열 형태로 저장됩니다.

나머지 매개변수를 사용해 함수 선언하기

```
function addNum(...numbers) {
  let sum = 0;

  for (let number of numbers)
    sum += number;

  return sum;
}

console.log(addNum(1, 2));    // 3
console.log(addNum(1, 2, 3, 4, 5));    // 15
```

전개 구문을 사용해 배열 연결하기

배열에서 전개 구문을 사용하면 배열에 있는 값만 꺼내 와서 펼칠 수 있으므로 배열 연산에 자주 사용하죠. 예를 들어 배열 2개를 연결해서 새로운 배열을 만들 때 이전에는 concat() 메서드를 사용했지만, 전개 구문을 사용하면 훨씬 간단하게 완성할 수 있습니다.

```
const animal = ["bird", "cat"]
const fruits = ["apple", "banana", "cherry"]

animal.concat(fruits)    // ["bird", "cat", "apple", "banana", "cherry"]
[...animal, ...fruits]   // ["bird", "cat", "apple", "banana", "cherry"]
```

전개 구문을 사용해 배열 복사하기

배열이나 객체가 참조형 변수라는 것을 기억하나요? 그래서 배열을 복사해도 실제로 값이 복사되는 것이 아니라 배열이 저장된 메모리 주소가 복사됩니다. 그 결과, 복사한 배열의 값을 수정하면 원래 배열도 수정됩니다. 하지만 의도하지 않은 수정이라면 난감할 수 있습니다. 다음은 일반적인 방법으로 fruits 배열을 favorite로 복사한 후 favorite의 두 번째 값을 수정한 예제입니다. 이 경우 예상대로 원래 배열인 fruits의 두 번째 값까지 바뀝니다.

```
const fruits = ["apple", "banana", "cherry"]
const favorite = fruits
favorite[1] = "grape"
fruits              // ["apple", "grape", "cherry"]
```

전개 구문을 사용해 복사하면 현재 fruits 배열의 값인 apple, grape, cherry만 꺼내 와서 펼친 후 mine이라는 배열을 만듭니다. 이때 주소를 가져오는 것이 아니라 원래 배열의 요소를 꺼내오는 것입니다.

자, 그러면 mine 배열의 두 번째 값을 수정해 보겠습니다. 이 경우에 원래 배열 fruits의 값은 바뀌지 않은 것을 확인할 수 있습니다. 배열을 복사해서 사용하면서도 원래의 배열에는 영향을 주지 않으려면 전개 구문을 사용한다는 것을 꼭 기억하세요.

```
const mine = [...fruits]
mine     // ["apple", "grape", "cherry"]
mine[1] = "orange"
fruits   // ["apple", "grape", "cherry"]
mine     // ["apple", "orange", "cherry"]
```

그림 11-2 전개 구문을 사용해 배열 복사하기

객체의 프로퍼티

일반적으로 객체의 프로퍼티는 점 표기법을 사용해서 접근합니다. 하지만 에크마스크립트 2015부터는 대괄호([])를 사용할 수도 있고, 프로퍼티 이름에 계산식을 사용할 수도 있습니다.

대괄호 표기법

객체에 프로퍼티를 정의하거나 프로퍼티값을 가져올 때 점(.) 표기법을 많이 사용합니다. 하지만 대괄호([]) 표기법을 사용하면 프로퍼티 이름을 좀 더 다양하게 만들 수 있습니다. 예를 들어 book 객체에 published date라는 프로퍼티를 추가하기 위해 점 표기법을 사용하면 오류가 발생합니다. 왜냐하면 점 표기법에서는 프로퍼티 이름 사이에 공백을 사용할 수 없기 때문이죠.

```javascript
const book = {
  title: "Javascript",
  pages: 500
}
book.published date = "2022-01"   // SyntaxError
```

이렇게 공백이 있는 프로퍼티 이름을 사용할 때는 점 표기법이 아닌 대괄호 표기법을 사용해야 합니다. 대괄호 안에 입력하는 프로퍼티 이름은 문자열로 써야 한다는 것을 잊지 마세요.

```javascript
book["published date"] = "2022-01"
book   // {title: 'Javascript', pages: 500, published date: '2022-01'}
```

계산된 프로퍼티 이름

에크마스크립트 2015에서는 괄호 표기법을 사용해서 함수나 계산식을 프로퍼티 이름으로 사용할 수 있는데, 이것을 '계산된 프로퍼티 이름^{computed property name}'이라고 합니다. 예를 들어 fn() 함수를 정의한 후 이 함수를 프로퍼티 이름으로 사용할 수 있습니다. 이때 함수의 반환 값이 프로퍼티 이름이 됩니다.

```
function fn() {
  return "result";
}
const obj = {
  [fn()] : "함수 키"
}
obj
// obj = {
//   result: "함수 키"
// }
```

다음은 add() 함수의 계산 결과를 프로퍼티 이름으로 활용하는 예제입니다. 이렇게 템플릿 문자열을 사용하면 프로퍼티 이름에 계산식을 사용할 수 있습니다.

```
function add(a, b) {
    return a + b;
}
const obj = {
    [fn()] : "함수 키",
    [`${add(10, 20)} key`] : "계산식 키"
}
obj
// obj = {
//   result: "함수 키",
//   30 key: "계산식 키"
// }
```

프로퍼티값 단축하기

객체를 정의할 때 다음과 같이 객체 밖에서 점 표기법을 이용해서 프로퍼티 이름과 값을 지정할 수 있습니다.

```
let user = {
  name : "도레미"
}
user.age = 25
user   // {name: "도레미", age: 25}
```

프로그램에 따라 변수에 저장된 값을 가져와서 객체의 프로퍼티로 사용해야 할 경우가 있습니다. 예를 들어 프롬프트 창이나 폼에서 값을 입력받고 해당 값을 객체의 프로퍼티로 사용하는 경우가 있습니다. 이때 다음과 같이 생성자 함수로 객체를 정의할 수 있습니다. 매개변수 name 은 객체의 name 프로퍼티 이름으로, age는 객체의 age 프로퍼티 이름으로 사용하는 것이죠.

```
function makeUser(name, age) {
  return {
    name : name,
    age : age
  }
}
let user1 = makeUser("백두산", 20)
user1   // {name: "백두산", age: 20}
```

위의 경우처럼 변수와 프로퍼티 이름이 같으면 다음과 같이 줄여서 사용할 수 있는데, 이것을 '프로퍼티값 단축property value shorthand'이라고 합니다.

```
function makeUser(name, age) {
  return {
    name,
    age
  }
}
let user2 = makeUser("한라산", 27)
user2   // {name: "한라산", age: 27}
```

객체에서 심벌키 사용하기

심벌은 에크마스크립트 2015 이후에 추가된 새로운 원시 자료형입니다. 한 번 정의하면 값을 변경할 수 없고 유일한 값을 갖습니다. 그래서 2명 이상의 개발자가 하나의 프로그램을 개발할 때 변수나 프로퍼티 이름을 같게 만드는 실수를 피할 수 있습니다. 다음의 소스에서 변수 **id1**과 **id2**는 똑같아 보이지만, 서로 다른 변수입니다.

```
let id1 = Symbol()
let id2 = Symbol()
id1 === id2   // false
```

심벌을 사용해 프로퍼티 정의하기

심벌은 객체를 만들면서 일부 정보를 드러내고 싶지 않을 때 사용하는데, 이런 객체를 '프라이빗 객체private object'라고도 하죠. 예를 들어 다음은 member 객체를 정의하면서 **id** 키와 **tel** 키를 심벌로 사용한 예제입니다.

```
const id = Symbol("id")
const tel = Symbol("telephone number")

const member = {
  name : "Kim",
  age : 25,
  [id] : 1235,
  [tel] : function () {
    alert(prompt("전화번호 : "));
  }
}
```

객체의 프로퍼티키로 사용한 심벌은 겉으로 드러나지 않습니다. 그래서 `for...in` 문이나 `Object.keys()`, `Object.values()`, `Object.entries()`에서 키에 접근해도 심벌키는 접근할 수 없으므로 중요한 프로퍼티를 외부에 감출 때 매우 유용합니다.

```
for(item in member) {
  console.log(`${item} : ${member[item]}`)
}
// name : Kim
// age : 25
```

심벌키에 접근하기

심벌키를 사용한 프로퍼티나 메서드에 접근하려면 대괄호를 사용합니다. 심벌키를 사용한 메서드를 실행할 때는 대괄호의 오른쪽에 소괄호(())를 붙입니다.

앞의 소스에서 정의한 [tel]() 메서드를 실행하면 전화번호가 프롬프트 창에 입력되면서 그 값이 그대로 알림 창에 표시됩니다.

```
member[id]        // 1235
member[tel]()     // 프롬프트 창에 전화번호를 입력하면 알림 창에 표시됩니다.
```

그림 11-3 심벌키를 사용한 [tel]() 메서드 실행하기

전역 심벌

심벌은 만들 때마다 유일한 값을 가지지만, 상황에 따라 이미 만든 심벌을 다른 곳에서 사용해야 할 경우가 있습니다. 예를 들어 여러 프로그램에서 하나의 객체를 사용하면서 그 안에 있는 심벌형 프로퍼티에 같이 접근해야 하는 경우입니다.

이렇게 여러 곳에서 같이 사용할 수 있는 심벌을 '전역 심벌global symbol'이라고 합니다. 전역 심벌은 전역 심벌 레지스트리에 저장되고 전역 심벌 레지스트리에 접근하려면 Symbol.for() 메서드와 Symbol.keyFor() 메서드를 사용해야 합니다.

Symbol.for() 메서드

Symbol.for() 메서드는 키를 인수로 받고 전역 심벌 레지스트리를 뒤져서 키에 해당하는 심벌을 찾습니다. 레지스트리에 키에 맞는 심벌이 있으면 해당 심벌을 반환하고, 그렇지 않으면 새로운 심벌을 만들어서 반환합니다.

> 기본형 **Symbol.for(*키*)**

예를 들어 연락처 정보를 담고 있는 tel 프로퍼티키를 한 곳에서는 tel이라는 전역 심벌로, 다른 곳에서는 phone이라는 전역 심벌로 정의할 수 있습니다. 처음 tel을 전역 심벌로 정의할 때는 해당 심벌이 없으므로 새로 만들고, 두 번째 전역 심벌로 정의할 때는 이미 tel 키에 대한 심벌이 만들어져 있으므로 기존의 심벌을 가져와서 사용합니다. 그래서 결국 심벌 2개는 같은 값을 갖습니다.

```
let tel = Symbol.for("tel")      // 처음이므로 심벌을 생성합니다.
let phone = Symbol.for("tel")    // tel 키에 대한 심벌이 이미 있으므로 가져와서 사용합니다.
tel === phone                    // true
```

Symbol.keyFor() 메서드

Symbol.keyFor() 메서드는 심벌값을 인수로 받아서 전역 심벌 레지스트리에 저장된 심벌값의 키를 가져옵니다.

> 기본형 **Symbol.keyFor(*심벌값*)**

앞에서 만든 phone 변수에 할당된 전역 심벌키를 가져오려면 다음과 같이 사용합니다.

```
Symbol.keyFor(phone)   // "tel"
```

11-2 구조 분해 할당하기

에크마스크립트 2015의 구조 분해 할당 기능은 '디스트럭팅distructing'이라고도 하는데, 프로그램에서 아주 유용하게 사용됩니다. 자바스크립트에서 객체나 배열을 많이 사용하는 이유 중 하나는 구조 분해 할당이 가능하기 때문입니다. 자, 그러면 구조 분해 할당이 무엇이고 어떻게 사용하는지 알아보겠습니다.

구조 분해 할당이란

구조 분해 할당은 말 그대로 주어진 자료의 구조를 분해해서 변수에 할당하는 기능입니다. 배열이나 객체는 하나의 변수에 다양한 값이 들어 있는데, 그중에서 일부만 꺼내어 다른 변수로 할당할 때 편리하게 사용할 수 있습니다.

배열 구조 분해 할당하기

fruits라는 배열이 있다고 가정해 봅시다. 배열에서 첫 번째 값을 가져와서 apple이라는 변수에 할당한 후 두 번째 값을 가져와서 peach라는 변수에 할당하려면 다음과 같이 작성할 수 있습니다. 만약 배열 요소의 개수가 10개 정도이고 값마다 서로 다른 변수를 할당하면 다음과 같은 소스를 10줄이나 작성해야 합니다.

```
const fruits = ["사과", "복숭아"]
let apple = fruits[0]
let peach = fruits[1]
```

그런데 구조 분해 할당을 사용하면 다음과 같이 한 줄로 끝낼 수 있습니다. 이때 왼쪽에는 변수를 오른쪽에는 분해할 값을 넣으면 됩니다.

```
let [apple, peach] = ["사과", "복숭아"]
```

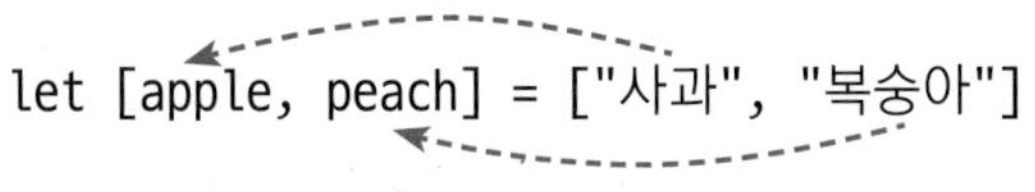

그림 11-4 배열 구조 분해 할당하기

앞의 식에서 변수를 먼저 선언한 후 구조 분해할 수도 있습니다.

```
const fruits = ["사과", "복숭아"]
let [apple, peach] = fruits
```

apple 변수와 peach 변수의 경우 원래 의도했던 값이 들어간 것을 확인할 수 있습니다.

```
apple    // "사과"
peach    // "복숭아"
```

만약 변수에 빈 배열을 구조 분해하면 어떻게 될까요? 배열에서 가져올 값이 없으므로 각 변수에는 undefined라는 값이 저장됩니다.

```
let [member1, member2] = []
member1   // undefined
member2   // undefined
```

일부 값만 구조 분해 할당하기

구조 분해는 값의 일부만 변수에 할당할 때 더욱 편리합니다. 예를 들어 값이 4개 있는 배열을 구조 분해를 사용해서 첫 번째는 spring에, 세 번째는 fall에 할당하려면 다음과 같이 작성합니다. 이때 변수에 할당하지 않는 값은 변수 영역을 빈 공간으로 남겨 둡니다.

```
let [spring, ,fall, ] = ["봄", "여름", "가을", "겨울"]
spring   // "봄"
fall     // "가을"
```

 ["봄", "여름", "가을", "겨울"] 배열에서 세 번째, 네 번째 요소를 각각 fall과 winter라는 변수에 할당해 보세요.

정답 ⓔ let [, ,fall, winter] = ["봄", "여름", "가을", "겨울"]

나머지 변수를 사용해 구조 분해 할당하기

구조 분해에서 일부 값을 변수로 지정한 후 나머지 값을 묶어서 하나의 변수로 할당할 수 있는데, 이렇게 나머지 값을 묶어서 만든 변수를 '나머지 변수rest variable'라고 합니다. 나머지 변수를 만들 때는 변수 이름 앞에 ...를 붙이고, 나머지 변수에 할당하는 값은 마지막에 오는 값이어야 합니다. 즉, 중간의 값을 묶을 수 없다는 의미입니다.

다음은 4개의 값 중 첫 번째 값은 teacher로, 나머지 값은 students로 묶어서 할당하는 예제입니다. 나머지 값 중에서 Lee, Park만 묶어서 할당할 수는 없고 반드시 마지막까지 묶어야 합니다.

```
let [teacher, ...students] = ["Kim", "Lee", "Park", "Choi"]
teacher    // "Kim"
students   // ["Lee", "Park", "Choi"]
```

두 변수의 값 교환하기

구조 분해를 사용하면 두 변수의 값을 서로 교환해서 할당할 때도 편리합니다. 예를 들어 다음과 같이 값이 할당된 2개의 변수 x, y가 있다고 가정해 보겠습니다.

```
let x = 10
let y = 20
```

구조 분해를 사용하지 않고 2개의 값을 교환하려면 중간에 임시 변수가 있어서 x 값을 임시 변수에 저장하고, y 값을 x로 할당한 후 다시 임시 변수의 값을 y로 할당해야 합니다. 하지만 이렇게 하면 소스가 길어질 수밖에 없습니다.

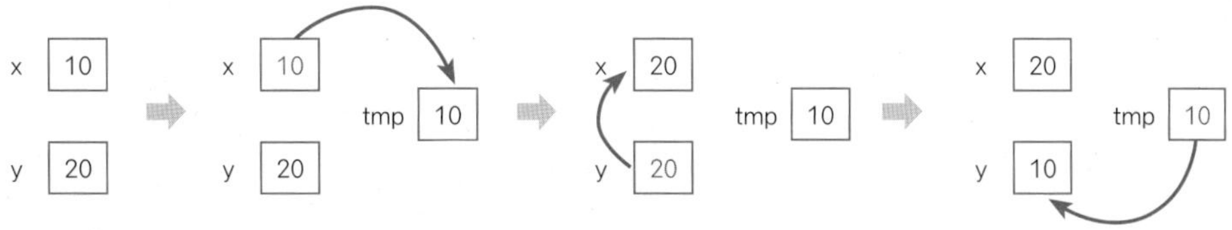

그림 11-5 일반적인 방법으로 값 교환하기

이 경우 구조 분해를 사용한다면 다음과 같이 한 번에 값을 교환할 수 있습니다. 이렇게 하면 y 값은 x로, x 값은 y로 할당됩니다.

```
[x, y] = [y, x]
```

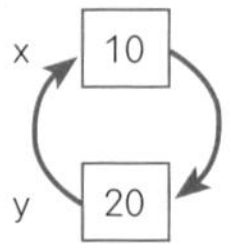

x → 10
y → 20

그림 11-6 구조 분해 할당을 사용해 값 교환하기

객체 구조 분해

배열과 마찬가지로 객체에서도 구조 분해를 사용할 수 있습니다. 객체에는 여러 개의 프로퍼티와 메서드가 있는데, 변수 이름은 프로퍼티나 메서드 이름을 똑같이 사용합니다. 왜냐하면 객체에는 순서가 없으므로 키 이름과 변수 이름이 같아야 해당 키를 찾아서 값을 가져올 수 있기 때문입니다.

기본형   {var1, var2} = {var1:값1, var2:값2, ...}

예를 들어 name 프로퍼티와 age 프로퍼티를 가지고 있는 member라는 객체에서 name과 age 프로퍼티값을 분해해서 name과 age라는 변수에 할당할 수 있습니다.

```
const member = {
  name : "Kim",
  age : 25
}
let {name, age} = member
name    // "Kim"
age     // 25
```

물론 다음의 소스와 같이 변수를 먼저 선언할 수도 있고, 객체를 오른쪽에 작성할 수도 있습니다. 이렇게 객체를 구조 분해해서 변수에 할당하면 객체 프로퍼티키에 접근하지 않고 변수를 사용해서 프로그래밍할 수 있습니다.

```
let name, age
{name, age} = {name : "Kim", age : 25}
name    // "Kim"
age     // 25
```

새로운 변수 이름 사용하기

위의 소스를 보면 name 키는 name이라는 변수로, age 키는 age라는 변수로 할당했습니다. 만약 name 키의 값("Kim")을 name이라는 변수가 아닌 userName이라는 변수로 할당하려면 어떻게 해야 할까요? 이 경우에는 구조 분해할 때 변수 옆에 새로운 변수 이름을 지정해야 합니다. 다음은 member 객체에 있는 name 키의 값을 가져온 후 userName으로 할당하는 예제입니다.

```
const member = {
  name : "Kim",
  age : 25
}                  ┌─ name 프로퍼티값을 userName 변수에 할당합니다. ─┐
let {name : userName, age} = member
userName   // "Kim"
```

중첩된 객체 구조 분해하기

중첩 객체는 객체 안에 다른 객체를 포함하고 있는 객체로, 중첩 객체도 구조 분해를 사용해서 변수로 할당할 수 있습니다. 예를 들어 객체와 배열이 포함된 다음과 같은 student 객체가 있다고 가정해 봅시다.

```
const student = {
  name : "도레미",
  score : {
    history : 85,
    science : 94
  },
  friends : ["Kim", "Lee", "Park"]
}
```

student에 있는 값을 다음과 같이 구조 분해해서 변수에 할당할 수 있습니다. student 객체의 형태와 비슷하게 작성하면 이해하기 쉬울 것입니다. 이때 객체에 들어 있는 객체 이름 score 나 배열 이름 friends는 변수로 할당하지 않고 그 안의 값만 구조 분해해서 변수로 할당할 수 있다는 것에 주의하세요.

```
let {
  name,        // student.name의 값
  score : {
    history,   // student.score.history의 값
    science    // student.score.science의 값
  },
  friends : [f1, f2, f3]   // friends 배열의 요소를 순서대로 구조 분해합니다.
} = student
```

위의 소스는 다음과 같이 한 줄로 작성할 수 있습니다. 처음에는 이렇게 한 줄로 작성하는 게 어렵겠지만, 조금만 연습하면 복잡한 객체도 한 줄로 구조 분해할 수 있어서 매우 편리합니다.

```
let { name, score : { history, science }, friends : [f1, f2, f3] } = student
```

이렇게 할당한 후 history 변수나 f2 값을 확인해 보면 원하는 값이 표시됩니다.

```
history   // 85
f2        // "Lee"
```

11-3 배열을 변형하는 메서드

배열은 다양한 메서드를 가지고 있으므로 여러 개의 값을 처리할 때 배열로 변환해서 사용합니다. 단순히 요소를 추가하거나 삭제하는 메서드 외에도 배열 자체를 변형하는 메서드들도 있습니다. 특히 에크마스크립트 2015에는 map()과 filter(), reduce() 같은 메서드들이 추가되어 다양하게 활용할 수 있습니다.

배열 요소에 같은 함수 적용하기 ─ map() 메서드

map()은 각 배열 요소에 똑같은 함수를 실행한 후 그 결과를 새로운 배열로 반환하는 메서드입니다. map() 메서드에서 실행하는 함수는 콜백 함수입니다.

> **기본형**   map(*함수(값)*)   // 요소의 값을 함수의 인수로 사용합니다.

예를 들어 numbers라는 배열이 있을 때 각 요소에 2를 곱해서 새로운 배열을 만든다고 가정해 봅시다. 이 경우에는 numbers.map()에서 numbers 배열의 각 요소에 2를 곱하는 함수를 인수로 받으면 됩니다. 즉, numbers 배열의 요소를 number라는 변수로 받아서 그 값에 2를 곱하는 콜백 함수가 되죠. 이렇게 하면 numbers라는 배열은 그대로 유지하면서 newNumbers라는 새로운 배열을 만들 수 있습니다.

😊 map() 메서드에 있는 number 변수에 다른 이름을 사용해도 됩니다. 하지만 보통 배열 이름은 복수로, 요소 이름은 단수로 지정합니다.

```
let numbers = [1, 2, 3, 4, 5]
let newNumbers = numbers.map(number => number * 2);
newNumbers   // [2, 4, 6, 8, 10]
```

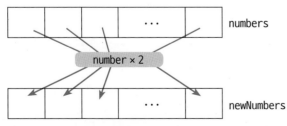

그림 11-7 요소의 값을 사용해 매핑하기

map() 메서드에서 콜백 함수를 실행할 때 앞에서 살펴본 것처럼 요소의 값을 받을 수도 있고, 인덱스나 배열 전체를 받을 수도 있습니다.

> 기본형   map(함수(값, 인덱스))   // 요소의 값과 인덱스를 함수의 인수로 사용합니다.
>   map(함수(값, 인덱스, 배열))
>   // 요소의 값과 인덱스, 원래 배열을 함수의 인수로 사용합니다.

예를 들어 다음과 같이 작성하면 newNumbers2라는 배열에는 기존 요소의 값에 3을 곱한 후 인덱스를 더한 값이 저장됩니다.

```
let numbers = [1, 2, 3, 4, 5]
let newNumbers2 = numbers.map((number, index) => index + (number * 3))
newNumbers2   // [3, 7, 11, 15, 19]
```

특정 조건으로 골라내기 — filter() 메서드

filter() 메서드는 이름에서 알 수 있듯이 특정 조건에 맞는 요소만 골라내는^{filtering} 메서드입니다. 배열 요소의 값이나 인덱스, 배열을 받아서 함수를 실행하고 return 문으로 반환한 값은 새로운 배열에 추가합니다.

> 기본형   filter(함수(값))
>   filter(함수(값, 인덱스))
>   filter(함수(값, 인덱스, 배열))

예를 들어 여러 개의 점수가 저장된 scores라는 배열에서 85점 이상만 골라서 highScores라는 배열을 만들려면 filter() 메서드를 사용해 점수값을 비교하면 됩니다.

```
let scores = [90, 35, 64, 88, 45, 92]
highScores = scores.filter(score => score >= 85)   // [90, 88, 92]
```

만약 scores 배열에서 85점 이상의 값을 찾으면서 값이 저장된 인덱스도 같이 알고 싶다면 다음과 같이 작성해 보세요.

😀 소스에서 return 문을 빼면 반환되는 값이 없으므로 highScores2에는 아무것도 저장되지 않습니다.

```
let scores = [90, 35, 64, 88, 45, 92]
let highScores2 = scores.filter((score, index) => {
  if(score >= 85) {
    console.log(`index : ${index}, score : ${score}`);
    return score;
  }
});
// index : 0, score : 90
// index : 3, score : 88
// index : 5, score : 92
```

값 하나로 누적하기 — reduce( ) 메서드

reduce( ) 메서드는 배열 원소에 차례대로 함수를 실행해서 하나의 결괏값을 만듭니다. 이렇게 결괏값을 하나만 반환하므로 계산 결과를 하나의 변수에 계속 누적시키는데, 이것을 '누산기^{accumulator}'라고 합니다.

reduce( ) 메서드는 배열에 있는 값을 콜백 함수에 넘겨서 실행하는데, 이때 콜백 함수는 인수 4개를 받습니다. 인수들 중에서 '누산기'와 '현잿값'은 필수이지만, 그 외의 인수는 필요할 경우에만 추가합니다. 또한 누산기의 초깃값도 함께 지정할 수 있습니다. reduce( ) 메서드에 있는 함수를 실행하면서 생기는 결괏값을 임시로 보관하는 변수를 '누산기'라고 합니다.

> **기본형**   reduce(함수(누산기, 현잿값, 인덱스, 원래 배열), 초깃값)

예를 들어 배열 요소를 모두 더한 값을 알려면 누산기의 초깃값에 첫 번째 요소를 더한 후 누산기에 저장하고, 다시 누산기에 있는 값과 두 번째 요소를 더하는 방식으로 결괏값을 계속 누산기에 저장합니다. 이때 첫 번째 요소와 두 번째 요소는 '현잿값'에 해당합니다.

reduce( ) 메서드의 끝에는 초깃값이 있는데, 이 초깃값은 생략할 수 있습니다. 누산기의 초깃값을 생략하면 배열의 첫 번째 값을 초깃값으로 사용합니다. 이 경우 예상했던 것과 다른 결과가 나올 수도 있으므로 reduce( ) 메서드를 사용할 때는 초깃값을 지정하는 것이 좋습니다. 좀 더 쉽게 이해할 수 있도록 예제 소스를 살펴보겠습니다.

다음은 numbers 배열에 있는 요소를 모두 더해서 result에 저장하는 예제입니다. reduce( ) 메서드에 있는 콜백 함수를 살펴보면 total은 누산기이고 current는 현잿값입니다. numbers 배열 요소는 차례대로 currnet가 되고 total+current 값을 계산해서 total 누산기에 저장합니다. 이때 total의 초깃값은 0입니다.

```
let numbers = [1, 2, 3, 4, 5]
let result = numbers.reduce((total, current) => total + current, 0);
result   // 15
```

콜백 함수

누산기 초깃값

위의 소스에 있는 reduce() 메서드가 어떤 순서로 진행되는지 살펴보겠습니다.

표 11-1 reduce() 메서드의 진행 순서

초깃값

	total	current	result
첫 번째 실행	0	1	1
두 번째 실행	1	2	3
세 번째 실행	3	3	6
네 번째 실행	6	4	10
다섯 번째 실행	10	5	15

위의 소스는 다음과 같이 작성하면 좀 더 읽기 쉽습니다.

```
let numbers = [1, 2, 3, 4, 5]
let result = numbers.reduce(
  (total, current) => total + current,
  0
);
result   // 15
```

11-4 Map과 Set

지금까지 자바스크립트에서 여러 개의 값을 하나의 변수로 묶어서 처리할 때는 대부분 배열이나 객체를 사용했습니다. 그런데 배열과 객체에서 해야 할 일이 점점 많아지면서 배열과 객체로는 부족하다고 생각했던 부분을 보완해 맵^{map}과 셋^{set}이 도입되었습니다.

맵과 셋이 등장한 이유

객체는 자바스크립트에서 다양한 자료를 하나로 묶어서 처리해야 할 때 가장 많이 사용하는 자료 형태입니다. 지금까지 우리가 공부했던 것처럼 객체는 '키'와 '값'으로 구성되어 있죠. 배열도 객체의 한 종류이지만, 배열의 경우에는 '값'만 있습니다. 그런데 에크마스크립트 2015에서는 기존의 객체나 배열과 비슷한 새로운 구조인 맵과 셋을 도입했습니다. 이것은 기존 객체에서 가지고 있던 다음과 같은 문제 때문입니다.

- 객체에서 '키'에는 문자열만 사용할 수 있습니다. 하지만 맵에서는 키에 모든 값을 사용할 수 있습니다.
- 객체에는 여러 정보를 담을 수 있지만 프로퍼티 간에 순서가 없습니다. 하지만 맵과 셋에는 순서가 있습니다.
- for 문과 같은 반복문을 사용해서 객체의 프로퍼티를 반복할 수 없습니다. 하지만 맵과 셋에서는 for... of 와 같은 반복문을 사용할 수 있습니다.
- 객체에는 프로퍼티의 개수를 알려 주는 프로퍼티가 없습니다. 하지만 맵과 셋에는 별도의 프로퍼티가 있고 이 외에도 객체보다 많은 메서드를 가지고 있죠.

이제부터 맵과 셋에 대해 하나씩 살펴보겠습니다.

맵이란

맵은 '키'와 '값'이 하나의 쌍으로 이루어졌고 여러 개의 프로퍼티를 가지고 있는 자료 형태로, 객체와 비슷합니다. 하지만 객체의 프로퍼티키는 문자열과 심벌만 사용할 수 있는 반면, 맵의 프로퍼티키는 문자열뿐만 아니라 모든 자료형을 사용할 수 있습니다. 심지어 객체나 함수도 사용할 수 있죠. 그리고 맵에 저장된 프로퍼티는 순서대로 접근하고 처리할 수 있습니다.

맵을 만들려면 new 예약어를 사용해서 Map 객체의 인스턴스를 만들어야 합니다. 그리고 맵을 만들었으면 set() 메서드를 사용해서 키와 값을 추가해야 합니다.

new Map() // Map 객체를 만듭니다.
  set(*키*, *값*) // Map 객체에 프로퍼티를 추가합니다.

다음은 bag이라는 맵을 만든 후 color 프로퍼티를 추가하는 예제입니다. map.set() 메서드는 map을 반환하므로 콘솔 창에 즉시 map 내용을 표시합니다.

```
let bag = new Map()          // Map 객체의 인스턴스인 bag을 만듭니다.
bag.set("color", "red")  // {"color" => "red"}
```

😀 콘솔 창에서 실행했을 때 반환값이 없으면 'undefined' 라고 표시됩니다.

Map 객체를 만들 때 대괄호를 사용하면 처음부터 프로퍼티를 지정할 수 있습니다. 이때 프로퍼티는 [키, 값] 형식을 사용해야 합니다.

new Map()([
      [*키1*, *값1*],
      [*키2*, *값2*],
          ⋮
    ]);

다음은 프로퍼티가 4개 있는 맵을 만드는 예제입니다.

```
let myCup = new Map ([
    ["color", "white"],
    ["haveHandle", true],
    ["material", "ceramic"],
    ["capacity", "300ml"]
])
myCup
// {"color" => "white", "haveHandle" => true, "material" => "ceramic", "capacity" =>
    "300ml"}
```

😀 이 소스는 정확히 말하면 [키, 값] 쌍으로 된 배열을 맵으로 만드는 예제입니다.

맵에서의 체이닝

앞에서 만든 bag이라는 Map 객체에 type 프로퍼티와 purpose 프로퍼티를 추가해 보겠습니다.

```
bag.set("type", "mini")
bag.set("purpose", "daily")
```

첫 번째 소스 bag.set("type", "mini")를 실행하면 type 키에 mini라는 값이 연결된 맵이 반환됩니다. 그래서 여러 개의 프로퍼티를 추가한다면 set() 메서드를 계속 반복해야 하죠. 이 경우 여러 줄의 소스를 연결해서 작성할 수 있는데, 이것을 '체이닝chaining'이라고 합니다. 체이닝을 사용해서 위의 소스를 다음과 같이 한 줄로 작성할 수 있습니다.

```
bag.set("type", "mini").set("purpose", "daily")
```

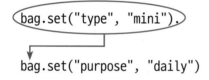

그림 11-8 set() 메서드 체이닝

여기까지 진행하면 bag에는 모두 3개의 프로퍼티가 추가됩니다.

그림 11-9 set() 메서드 체이닝으로 3개의 프로퍼티 추가하기

 복습하기 휴대폰을 프로그래밍에 사용한다고 가정하고 폰을 나타내는 map을 만들어 보세요.

정답 ⓔ let myPhone = new Map()
　　　 myPhone.set("brand", "apple").set("color", "silver").set("openType","face id")

맵의 프로퍼티와 메서드

맵에는 다양한 메서드들이 있는데, 메서드 이름만 보고도 무슨 역할을 하는지 쉽게 알 수 있습니다.

```
기본형   size        // 맵 요소의 개수를 알려 주는 프로퍼티
        set(키, 값)   // 프로퍼티를 추가합니다.
        get(키)      // 해당 키의 값을 반환합니다.
        has(키)      // 해당 키가 맵에 있는지 체크하고 true 또는 false로 반환합니다.
        delete(키)   // 해당 키가 있는 프로퍼티를 삭제합니다.
        clear()     // 맵의 모든 요소를 삭제합니다.
        keys()      // 각 요소의 키를 모아서 반환합니다.
        values()    // 각 요소의 값을 모아서 반환합니다.
        entries()   // [키, 값] 형태로 모든 요소를 반환합니다.
```

size 프로퍼티

객체에는 요소의 개수를 알 수 있는 프로퍼티가 없어서 요소를 반복하면서 개수를 직접 확인해야 합니다. 하지만 맵에는 요소의 개수를 알려 주는 프로퍼티가 있습니다. 그렇다면 앞에서 만들었던 bag에는 몇 개의 요소가 있을까요? size 프로퍼티를 확인하면 3개라고 알려 줍니다.

```
bag.size   // 3
```

get() 메서드

맵을 만들었으면 get() 메서드를 사용해서 원하는 키의 값을 가져올 수 있습니다. 앞에서 만든 bag 맵에서 color 키의 값이 필요하다면 다음과 같이 작성합니다.

```
bag.get("color")   // "red"
```

만약 맵에 없는 키를 지정하면 undefined를 반환합니다.

```
bag.get("name")   // undefined
```

has() 메서드

맵의 has() 메서드는 지정한 키가 맵에 있는지 확인하고 해당 키가 있으면 true를, 없으면 false를 반환합니다.

다음은 bag에 color 프로퍼티가 있는지 확인하는 소스입니다.

```
bag.has("color")    // true
```

delete(), clear() 메서드

delete()나 clear()는 기존 객체에는 없던 메서드로, 특정 프로퍼티를 삭제하거나 맵을 삭제합니다. 이 중에서 delete() 메서드는 지정한 키가 있는 프로퍼티를 삭제하고, 삭제에 성공하면 true를 반환합니다. 만약 없는 키를 삭제하려면 false를 반환합니다.

다음은 bag 맵에서 type 키를 가진 프로퍼티를 삭제하는 예제입니다. name 키를 삭제하려면 없는 키이므로 false를 반환합니다. bag을 확인하면 type 프로퍼티가 삭제되어 2개의 프로퍼티만 남습니다.

```
bag.delete("type")     // true
bag.delete("name")     // false
bag                    // {"color" => "red", "purpose" => "daily"}
```

clear() 메서드를 사용하면 해당 맵의 모든 요소를 삭제합니다.

```
bag     // {"color" => "red", "purpose" => "daily"}
bag.clear()
bag     // {}
```

keys(), values(), entries() 메서드

객체는 키와 값으로 된 여러 가지 자료를 하나의 변수에 저장하고 있습니다. 맵도 이와 비슷하죠. 하지만 맵은 이터러블iterable 객체여서 순서대로 요소를 처리할 수 있습니다. 이터러블 객체란, 객체의 값을 순서대로 처리할 수 있는 객체를 가리킵니다. 반면 객체는 순서가 없어서 이터러블 객체가 아니므로 순서대로 처리하려면 이터러블 객체로 변환해야 합니다.

😀 이터러블 객체는 11-5절에서 자세히 설명합니다.

맵에는 키와 값을 가져오는 몇 가지 메서드가 있습니다. 맵에서 키나 값을 가져오는 메서드들도 이터러블 객체를 반환합니다. 자, 그러면 앞에서 만들었던 **myCup** 맵의 키를 가져와 볼까요?

```
let myCup = new Map ([
  ["color", "white"],
  ["haveHandle", true],
  ["material", "ceramic"],
  ["capacity", "300ml"]
])
myCup.keys()    // 키를 가져옵니다.
```

콘솔 창에 다음과 같은 결과가 표시됩니다.

```
MapIterator {"color", "haveHandle", "material", "capacity"}
```

맨 앞에 `MapIterator`라고 되어 있는데, 이것이 바로 이터러블 객체라는 의미입니다. 반환된 값이 이터러블 객체이므로 `for...of` 문을 사용할 수 있습니다. 다음은 `keys()` 메서드를 사용해 맵의 키를 모두 가져온 후 `for...of` 문을 사용해 하나씩 콘솔 창에 표시하는 예제입니다.

😊 for 문 안에 있는 key 변수는 다른 이름을 사용해도 됩니다.

```
for(let key of myCup.keys()) {
  console.log(key)
}
```

그림 11-10 for...of 문으로 맵 순회하기

values() 메서드나 entries() 메서드도 값을 반환하거나 [키, 값]으로 된 쌍을 반환하는데,
모두 이터러블 객체입니다.

```javascript
for(let value of myCup.values()) {
  console.log(value)   // white, true, ceramic, 300ml
}

for (let entry of myCup.entries()) {
  console.log(entry)   // ["color", "white"], ["haveHandle", true], ...
}
```

map.entries() 메서드

앞에서 살펴본 entries() 메서드는 에크마스크립트 2017(ES8) 이후에 추가된 메서드입
니다. 만약 entries() 메서드를 사용하지 않는다면 키와 값을 가져올 때 다음과 같이 작성
하면 됩니다.

```javascript
for (let entry of myCup) {
  console.log(entry)   // ["color", "red"], ["purpose", "daily"]
}
```

셋이란

앞에서 설명한 것처럼 배열은 키 없이 여러 개의 값을 모아 놓은 것으로, 값이 중복되어도 상
관없습니다. 셋set은 키 없이 여러 개의 값을 모아 놓았으므로 배열과 같지만, 값이 중복되지
않는다는 것이 배열과 다릅니다.

셋을 만들 때도 **new** 예약어를 사용해서 **Set** 객체의 인스턴스를 만듭니다. 빈 셋을 만든 후 값
을 추가할 수도 있고, 셋을 만들 때 배열을 인수로 받을 수도 있습니다.

> **기본형**　new Set()
>　　　　　 new Set(*배열*)

셋에 값을 추가할 때는 add() 메서드를 사용합니다.

> 기본형   **add(값)**

예를 들어 numSet1은 빈 셋을 만든 후 add() 메서드를 사용해서 값을 추가한 것입니다.

```
let numSet1 = new Set()
numSet1.add("one")    // {"one"}
numSet1.add("two")    // {"one", "two"}
```

위의 소스는 다음과 같이 체이닝해서 사용할 수 있습니다.

```
let numSet1 = new Set().add("one").add("two")
```

다음은 numSet2와 numSet3가 배열을 인수로 받아서 셋으로 만든 예제입니다. 이와 같이 중복 값이 있는 배열을 받아도 중복값을 모두 제거하고 셋을 만듭니다.

```
let numSet2 = new Set([1, 2, 3])
numSet2    // {1, 2, 3}
let numSet3 = new Set([1, 2, 1, 3, 1, 5])
numSet3    // {1, 2, 3, 5}
```

셋의 프로퍼티와 메서드

셋의 프로퍼티와 메서드는 맵의 프로퍼티, 메서드와 비슷합니다. 셋의 경우 키가 없을 뿐이죠.

> 기본형   size   // 셋 요소의 개수를 반환합니다.
>   add(값)   // 셋에 값을 추가합니다.
>   has(값)   // 셋에 해당 값이 있는지 체크합니다.
>   delete(값) // 셋에서 해당 값을 삭제합니다.
>   clear()   // 셋을 비웁니다.

예를 들어 강의실에 출석 체크하기 위해 입장하는 학생 이름을 저장한다고 가정해 보겠습니다. 학생이 잠시 나갔다가 다시 강의실에 들어와도 학생 이름을 2번 저장할 필요가 없으므로 이 경우에는 배열보다 셋이 적합합니다.

```
let students = new Set();
students.add("도레미")
students.add("백두산")
students.add("도레미")
students    // {"도레미", "백두산"}
```

다음은 students 셋에 여러 개의 메서드를 적용한 예제입니다.

```
students                  // {"도레미", "백두산"}
students.has("백두산")     // true
students.has("한라산")     // false
students.delete("도레미")  // true
students                  // {"백두산"}
students.clear()
students                  // {}
```

keys(), values(), entries() 메서드

셋에 있는 메서드 중 keys()와 values(), entries() 메서드는 for...of 문을 사용할 수 있도록 이터러블 객체를 반환합니다. entries() 메서드를 사용할 때 셋에는 키가 없으므로 [값, 값] 형식으로 반환합니다.

기본형	`keys()`	// 셋에 있는 모든 값을 반환합니다.
	`values()`	// 셋에 있는 모든 값을 반환합니다.
	`entries()`	// [값, 값] 형식으로 모든 값을 반환합니다.

앞에서 만들었던 students 셋에 위의 메서드를 적용해 보겠습니다.

```
students.keys()     // {'도레미', '백두산'}
students.values()   // {'도레미', '백두산'}
students.entries()  // {'도레미' => '도레미', '백두산' => '백두산'}
```

다음은 values() 메서드를 사용해 값을 가져온 후 for...of 문으로 languages 셋에 있는 값을 콘솔 창에 표시하는 예제입니다.

```
let languages = new Set(["js", "c", "python", "c", "js"])
for(let language of languages.values()) {
  console.log(language)
}
// js, c, python
```

Do it! 실습 ▶ 개설 요청 과목 정리하기

준비 11\subject.html 결과 11\subject-result.html, 11\js\subject-result.js

회원들에게 개설 요청 과목을 받은 후 정리하려고 합니다. 만약 과목이 중복된다면 한 번만 표시해야 합니다. 다음과 같이 3명이 신청한 과목을 어떻게 처리할지 프로그램을 작성해 보겠습니다.

member1 : HTML, CSS
member2 : CSS, 자바스크립트, 리액트
member3 : 자바스크립트, 타입스크립트

신청 과목

    member1 : HTML, CSS

    member2 : CSS, 자바스크립트, 리액트

    member3 : 자바스크립트, 타입스크립트

최종 신청 과목

신청 과목

    member1 : HTML, CSS

    member2 : CSS, 자바스크립트, 리액트

    member3 : 자바스크립트, 타입스크립트

최종 신청 과목

HTML

CSS

자바스크립트

리액트

타입스크립트

먼저 생각해 보세요!

• Set()을 사용하기 위해 3개의 배열을 어떻게 1개로 만들까요? ☐

• 최종으로 만들어진 배열을 순회하면서 #result 영역에 어떻게 표시할까요? ☐

01 11\js 폴더에 subject.js 파일을 만들고 11\subject.html 문서에 연결합니다.

11\subject.html

```
<script src="js/subject.js"></script>
```

02 이제부터 subject.js 소스를 작성해 보겠습니다. 먼저 3명의 회원이 신청한 과목을 각각 배열로 저장합니다. 필요하다면 여기에 더 많은 회원과 신청 과목을 추가할 수도 있습니다.

11\js\subject.js

```
const member1 = ["HTML", "CSS"];
const member2 = ["CSS", "자바스크립트", "리액트"];
const member3 = ["자바스크립트", "타입스크립트"];
```

03 Set 객체에서 사용하기 위해 앞에서 만든 3개의 배열을 하나로 묶어서 **subjects**라는 배열을 만들고 제대로 합쳐졌는지 콘솔 창에서 확인합니다.

11\js\subject.js

```
const subjects = [...member1, ...member2, ...member3];
console.log(subjects);
```

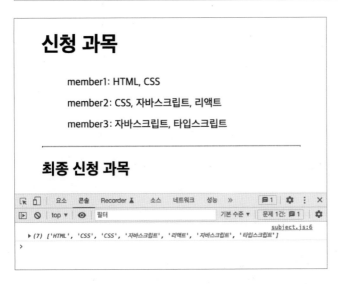

04 subjects 배열을 제대로 만들었으면 앞에서 작성한 `console.log` 문을 주석 처리하거나 삭제합니다.

11\js\subject.js

```javascript
const subjects = [...member1, ...member2, ...member3];
// console.log(subjects);
```

05 resultList라는 Set 객체를 만들고 subjects 배열을 순회하면서 Set 객체에 하나씩 추가합니다. 이때 중복되는 값이 있으면 Set 객체에 추가되지 않으므로 콘솔 창에서 resultList에 어떤 값이 있는지 확인해 보세요. 그러면 중복된 값이 없는 Set 객체가 표시될 것입니다.

11\js\subject.js

```javascript
const resultList = new Set();
subjects.forEach(subject => {
  resultList.add(subject);
});
console.log(resultList);
```

신청 과목

member1: HTML, CSS

member2: CSS, 자바스크립트, 리액트

member3: 자바스크립트, 타입스크립트

최종 신청 과목

| 요소 | 콘솔 | Recorder | 소스 | 네트워크 | 성능 | » | 📗1 | ⚙ | ⋮ | ✕ |

| ▷ | ⊘ | top ▾ | ⊙ | 필터 | | | | 기본 수준 ▾ | 문제 1건: 📗1 | ⚙ |

▶ *Set(5)* {'HTML', 'CSS', '자바스크립트', '리액트', '타입스크립트'}   subject.js:12

>

06 Set 객체가 제대로 표시되면 앞에서 입력한 `console.log` 문을 주석 처리하거나 삭제합니다.

```
                                                            11\js\subject.js

const resultList = new Set();
subjects.forEach(subject => {
  resultList.add(subject);
});
// console.log(resultList);
```

07 subject.html 문서에 있는 #result 영역에 `resultList`를 표시해야 하는데, 여기에서는 `resultList`의 요소를 목록 형태로 표시해 보겠습니다. 다른 방법도 많지만 템플릿 리터럴을 사용하는 방법이 편리합니다. 먼저 앞뒤에 `<ul>` 태그와 `</ul>` 태그를 추가하고 중간에는 `resultList`에 있는 요소들을 하나씩 꺼내와서 앞뒤에 `<li>`와 `</li>`를 붙입니다. 배열 요소에 똑같은 동작을 할 때는 `map()` 메서드를 기억하세요. 그리고 여러 개의 `<li>~</li>`를 하나로 연결하기 위해 `join()` 메서드를 사용합니다.

😀 주석으로 표시한 것처럼 1줄로 작성해도 됩니다.

```
                                                            11\js\subject.js

const result = document.querySelector("#result");
result.innerHTML = `
  <ul>
  ${[...resultList]
  .map(subject => `<li>${subject}</li>`)
  .join("")}
  </ul>
`;
// result.innerHTML = `<ul>${[...resultList].map(subject => `<li>${subject}</li>`).
    join("")}</ul>`;
```

08 웹 브라우저 창에서 중복된 과목은 제외하고 3명이 신청한 과목이 정리되어 표시되는지 확인합니다.

신청 과목

member1: HTML, CSS

member2: CSS, 자바스크립트, 리액트

member3: 자바스크립트, 타입스크립트

최종 신청 과목

HTML

CSS

자바스크립트

리액트

타입스크립트

11-5 이터레이터와 제너레이터

이터레이터와 제너레이터는 처음에 공부할 때 쉽게 이해되지 않는 개념입니다. 특히 '이터러블iterable', '이터레이터iterator', '이터레이터 프로토콜iterator protocol' 등 비슷하면서 서로 다른 용어도 등장하죠. 먼저 이터러블 객체와 이터레이터를 살펴보고 이어서 제너레이터에 대해서도 알아보겠습니다.

> 😀 아직 자바스크립트에 익숙하지 않아 이 내용이 어렵다면 다음 장으로 넘어가도 괜찮습니다. 나중에 자바스크립트가 익숙해지고 이터레이터를 사용해야 할 때 다시 살펴보세요 .

이터러블 객체란

이터러블 객체iterable object에서 이터러블이란, '순서대로 처리할 수 있다'는 뜻입니다. 예를 들어 배열은 인덱스와 값을 가지고 있으므로 인덱스 0부터 차례대로 값을 가져와서 처리할 수 있는데, 이런 객체를 '이터러블 객체'라고 합니다. 앞에서 설명한 문자열과 배열, 그리고 맵map과 셋set이 이터러블 객체입니다.

이터러블 객체의 특징

이터러블 객체에서는 다음과 같은 기능을 사용할 수 있습니다.

- for...of 반복문
- 전개 연산자(...)
- 구조 분해 할당

에크마스크립트 2015 이전에도 배열과 문자열은 이터러블 객체였지만, 일반 객체는 이터러블하지 않았죠. 예를 들어 문자열은 이터러블 객체이므로 다음의 소스에서처럼 위의 기능을 사용할 수 있습니다.

```
let hi = "hello"

// for...of로 반복합니다.
for(let ch of hi){
```

```
    console.log(ch)
}       // h, e, l, l, o

// 전개 연산자를 사용합니다.
let chArray = [...hi]
chArray      // ["h", "e", "l", "l", "o"]

// 구조 분해 할당을 사용합니다.
let [ch1, ch2] = hi
ch1     // "h"
ch2     // "e"
```

자바스크립트 프로그램에서 다루는 데이터가 많아지면서 전개 연산자나 구조 분해 할당을 사용해서 처리할 수 있는 경우가 많습니다. 또한 객체 안의 정보를 순회할 때도 일반적인 for 문보다 for...of 문을 사용하는 것이 훨씬 간단한데, 이렇게 하려면 일반 객체를 이터러블하게 만들어야 합니다. 이터러블 객체를 직접 만들기 위해서는 몇 가지 이터러블 객체의 기본 개념을 알고 있어야 합니다.

Symbol.iterator

예를 들어 살펴볼까요? 숫자 5개가 들어 있는 arr라는 배열을 선언한 후 arr 값을 확인해 보세요.

```
let arr = [1, 2, 3, 4, 5]
arr
```

arr 배열의 값 앞에 있는 ▼을 클릭하면 arr 배열의 프로토타입인 Array 객체를 확인할 수 있습니다. arr이 배열이므로 Array 객체의 프로퍼티와 메서드도 사용할 수 있죠. Array 객체의 프로퍼티, 메서드 목록을 맨 아래까지 살펴보면 다음과 같은 항목이 있습니다.

```
Symbol(Symbol.iterator): ƒ values()
```

```
  ▶ toLocaleString: f toLocaleString()
  ▶ toString: f toString()
  ▶ unshift: f unshift()
  ▶ values: f values()
  ▶ Symbol(Symbol.iterator): f values()
  ▶ Symbol(Symbol.unscopables): {copyWithin: true, entries: true, fill: true, fin(
  ▶ [[Prototype]]: Object
>
```

그림 11-11 Symbol.iterator 메서드 확인하기

Symbol.iterator라는 심벌키가 있고, 그 값은 함수라고 되어 있습니다. 즉, Symbol.iterator 는 메서드라는 뜻입니다.

arr 배열에서 Symbol.iterator 메서드를 실행하면 어떤 값이 반환될까요? 다음 소스처럼 입력해서 it을 확인해 보면 Array Iterator라고 표시됩니다. 즉, Symbol.iterator 메서드를 실행하면 Iterator 객체가 반환됩니다.

```
arr                                // [1, 2, 3, 4, 5]
let it = arr[Symbol.iterator]()
it                                 // Array Iterator {}
```

이터레이터 객체와 next() 메서드

이터레이터 객체$^{iterator\ object}$는 객체 안의 내용을 순서대로 하나씩 꺼낼 수 있습니다. 이렇게 순서대로 동작할 수 있는 이유는 이터레이터 객체에 next()라는 메서드가 있기 때문입니다. next() 메서드는 객체에서 다음 요소를 가져오는 역할을 합니다.

앞에서 it 변수에는 이터레이터 객체가 반환되므로 it에서 next() 메서드를 실행할 수 있습니다. 처음 실행하면 첫 번째 값인 1이 나오고, next() 메서드를 한 번 더 실행하면 다음 값인 2가 나옵니다.

```
it.next()        // {value: 1, done: false}
it.next()        // {value: 2, done: false}
```

그런데 next() 메서드는 단순히 숫자 1과 2가 아니라 value와 done이라는 속성이 있는 객체를 반환합니다. 이와 같이 next() 메서드를 실행하면 항상 두 가지 값이 반환됩니다.

여기에서 value는 다음 값이고 done은 이터레이터 객체가 끝났는지의 여부를 나타냅니다. next() 메서드를 계속 실행하면 마지막 숫자 5까지 표시하고, 한 번 더 next() 메서드를 실행

하면 더 이상 가져올 값이 없으므로 value는 undefined가 되고 done은 true가 됩니다.

```
it.next()          // {value: 3, done: false}
it.next()          // {value: 4, done: false}
it.next()          // {value: 5, done: false}
it.next()          // {value: undefined, done: true}
```

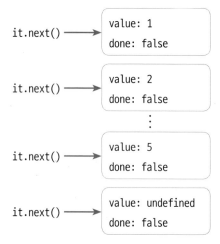

그림 11-12 이터레이터의 next() 메서드

이터레이터 객체에는 next() 메서드가 있고 이 메서드는 value와 done 프로퍼티가 있는 객체를 반환하는데, 이것을 '이터레이터 프로토콜iterator protocol'이라고 부릅니다. 즉, 이터레이터 프로토콜도 이터러블 객체가 되기 위해 지켜야 하는 조건이라고 생각하세요.

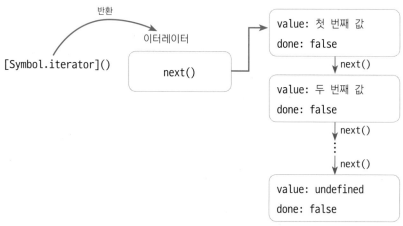

그림 11-13 이터레이터 프로토콜

제너레이터 함수

에크마스크립트 2015부터 포함된 제너레이터 함수를 사용하면 배열이나 문자열 외에 일반 객체를 이터러블하게 만들 수 있습니다.

그렇다면 이런 제너레이터가 왜 필요할까요? 제너레이터에 있는 next() 메서드를 사용하면 바로 앞에서 실행했던 요소에 이어서 다음 요소를 가져와서 실행합니다. 함수 안의 실행문을 한꺼번에 실행하는 것이 아니라 하나씩 실행하고, 필요하면 중간에 멈추었다가 나중에 다시 이어서 실행할 수 있습니다. 몇 가지 예를 들어서 제너레이터에 대해 알아보겠습니다.

제너레이터 함수 만들기

앞에서 생성자 함수를 사용해서 객체를 만드는 방법을 설명했습니다. 이와 마찬가지로 제너레이터 객체를 만들 때도 제너레이터 함수를 사용합니다. 제너레이터 함수는 일반 함수와 구별하기 위해 function 다음에 * 기호를 붙여서 작성하고 함수에 return 문 대신 yield 문을 사용합니다.

> 😊 제너레이터 함수에 매개변수를 지정할 수도 있습니다.

```
기본형   function* 함수명() {
            ⋮
          yield
        }
```

제너레이터 함수를 사용해서 제너레이터 객체를 만들 때는 다음과 같이 함수 이름만 지정하면 됩니다.

> 😊 매개변수가 있는 함수이면 객체를 만들 때 함수의 소괄호 안에 인숫값을 넣습니다.

```
기본형   객체명 = 함수명()
```

먼저 일반적인 함수의 실행 방식을 생각해 보겠습니다. 예를 들어 다음과 같이 문장 3개를 콘솔 창에 표시하는 fnc() 함수를 실행하면 함수 안에 있던 명령들이 모두 한꺼번에 실행되어 콘솔 창에 결과가 표시됩니다.

```
function fnc() {
  console.log("1");
  console.log("2");
  console.log("3");
}

fnc()    // "1", "2", "3"
```

제너레이터 함수는 함수 안의 명령을 한꺼번에 실행하지 않고 yield 문까지 실행하고 멈춥니다. 다시 next() 메서드를 실행하면 그 다음 yield 문을 실행하죠. 제너레이터 함수에서는 어느 부분에서 끊어서 진행할지를 지정한다고 생각하면 됩니다.

다음은 gen()이라는 제너레이터 함수를 정의한 예제입니다. 이때 yield 다음에 오는 값은 이터러블 객체의 value로 넘겨질 값입니다.

```
function* gen() {
  yield 1;
  yield 2;
  yield 3;
}
```

제너레이터 객체 만들기

제너레이터 함수를 정의했으면 그 함수를 사용해 객체를 만들 수 있습니다. 여기에서는 앞에서 만든 gen 제너레이터 함수로 g1이라는 객체를 만들어 보겠습니다.

😊 제너레이터 함수로 객체를 만들면 아직 객체를 시작하기 전이므로 대기 상태suspended입니다.

```
let g1 = gen()
g1    // gen {<suspended>}
```

제너레이터 함수로 만든 객체가 이터러블 객체인지 확인해 보겠습니다. 콘솔 창에 다음과 같이 입력해 보세요. gen() 함수의 첫 번째 yield 값인 1이 value에 들어 있고 아직 객체의 끝이 아니므로 done에는 false가 들어 있습니다.

```
g1.next()  // {value: 1, done: false}
```

다시 next() 메서드를 실행해 보세요. 이번에는 gen() 함수에 있던 두 번째 yield 값인 2가 value에 들어 있고 done에는 false가 들어 있죠.

```
g1.next()    // {value: 2, done: false}
```

이와 같은 방법으로 next() 메서드를 2번 더 실행하면 value가 undefined가 되고 done이 true가 되면서 g1 객체가 끝납니다.

```
g1.next()    // {value: 3, done: false}
g1.next()    // {value: undefined, done: true}
```

g1 객체가 끝까지 도착하면 g1 객체를 확인했을 때 <closed>라고 표시됩니다. 즉, 이 객체는 처음부터 끝까지 순서대로 모두 처리되었다는 의미입니다.

```
g1           // gen {<closed>}
```

for...of 문 사용하기

제너레이터 함수로 만든 객체는 이터러블 객체이므로 for...of 문도 사용할 수 있습니다. 콘솔 창에 다음과 같이 입력해 보세요. 참고로 앞에서 만든 g1 객체는 처음부터 끝까지 모두 처리했으므로 새로운 객체를 만들어서 for...of 문을 사용합니다.

```
let g2 = gen()
for(let i of g2) console.log(i)
// 1
// 2
// 3
```

또 하나의 제너레이터 객체 g3를 만들고 이번에는 다음과 같이 next() 메서드와 for...of 문을 함께 사용해 보세요. next()를 실행한 후 이어서 for...of 문을 사용하면 next()로 진행한 다음 요소부터 순서대로 보여 줍니다.

```
let g3 = gen()
g3.next()                         // {value: 1, done: false}
for(let i of g3) console.log(i)   // 2, 3
```

준비 11\subway.html 결과 11\subway-result.html, 11\js\subway-result.js

[다음 역] 버튼을 클릭할 때마다 경강선 역 이름을 하나씩 화면에 표시하는 소스를 작성해 보겠습니다. 역이 모두 끝나면 '종점!'이라는 내용을 표시하고 [다음 역] 버튼도 더 이상 클릭할 수 없게 합니다. 참고로 배열을 사용하면 좀 더 쉽게 처리할 수 있지만, 여기에서는 제너레이터를 연습하기 위한 소스를 작성해 보겠습니다.

경강선 노선

판교 → 이매 → 삼동 → 경기광주 → 초월 → 곤지암 → 신둔도예촌 → 이천 → 부발 → 세종대왕릉 → 여주

먼저 생각해 보세요!
- 제너레이터 함수를 어떻게 구성할까요? ☐
- 마지막 역까지 표시한 후 '종점!'이라고 표시하려면 어떻게 해야 할까요? ☐
- [다음 역] 버튼을 사용할 수 없게 하려면 어떻게 해야 할까요? ☐

---

01 11\js 폴더에 subway.js 파일을 만들고 11\subway.html 문서에 연결합니다.

11\subway.html

```
<script src="js/subway.js"></script>
```

02 train()이라는 제너레이터 함수부터 만들어 보겠습니다. 가장 간단한 방법은 다음 소스처럼 모든 역을 yield로 넘겨주는 것이죠. 또한 제너레이터를 사용해 **gyeonggang**이라는 이터러블 객체도 만듭니다.

11\js\subway.js

```
function* train() {
  yield "판교";
  yield "이매";
  yield "삼동";
  yield "경기광주";
  yield "초월";
```

```
    yield "곤지암";
    yield "신둔도예촌";
    yield "이천";
    yield "부발";
    yield "세종대왕릉";
    yield "여주";
  }

  let gyeonggang = train();    // 경강선
```

03 이제 버튼을 클릭했을 때 #result 영역에 역 이름을 하나씩 표시해 보겠습니다. 먼저 버튼과 결과 표시 영역을 가져오고 버튼에 addEventListener를 연결합니다.

11\js\subway.js

```
const button = document.querySelector("button");
const result = document.querySelector("#result");

button.addEventListener("click", () => {

});
```

04 버튼을 클릭했을 때 가장 먼저 이터러블 객체에서 첫 번째 값을 가져와서 current 객체로 넘겨야 합니다. current 객체에는 value 값과 done 값이 들어 있으므로 done 값이 false이면 역 이름을 표시하고, true이면 끝까지 온 것이므로 '종점!'이라고 표시합니다. 앞에서 입력한 소스 중에서 addEventListener 안에 있는 콜백 함수를 다음과 같이 작성합니다.

11\js\subway.js

```
button.addEventListener("click", () => {
  let current = gyeonggang.next();
  if(current.done !== true) {
    result.innerHTML = current.value;
  } else {
    result.innerHTML = "종점!";
  }
});
```

05 웹 브라우저 창에서 라이브 서버를 사용해 결과를 확인해 보면 역 이름이 표시될 영역에 처음에는 '출발!'이라고 표시되어 있고, [다음 역] 버튼을 클릭할 때마다 계속 다음 역이 표시됩니다. 그런데 마지막에 '종점!'이라고 표시된 후에도 계속 [다음 역] 버튼을 클릭할 수 있네요. 마지막 역까지 도착하면 더 이상 [다음 역] 버튼을 클릭할 수 없도록 소스를 수정해 보겠습니다.

06 HTML 요소의 속성을 지정할 때는 setAttribute() 메서드를 사용하고 속성 이름과 속성값을 지정하면 됩니다. 앞에서 입력했던 소스에서 else {} 부분이 노선이 끝났을 때 처리할 내용이므로 else {} 안에 다음과 같은 소스를 추가합니다.

HTML 요소에서 disabled 속성을 사용할 때는 disabled="disabled" 또는 단순히 disabled 라고만 작성해야 합니다. 하지만 여기에서는 속성 이름과 값에 모두 disabled를 써야 합니다.

```
                                                          11\js\subway.js
button.addEventListener("click", () => {
  let current = gyeonggang.next();
  if(current.done !== true) {
    result.innerHTML = current.value;
  } else {
    result.innerHTML = "종점!";
    button.setAttribute("disabled", "disabled");
  }
});
```

07 다시 한번 웹 브라우저 창에서 [다음 역] 버튼을 클릭해 보세요. 노선 끝까지 도착하면 '종점!'이라고 표시되면서 버튼도 비활성화되는지 확인합니다.

마무리 문제 1

준비 11\quiz-1.html 정답 11\solution-1.html, 11\js\solution-1.js

여러 개의 이름이 있는 배열을 받아서 다음 조건에 맞게 실행하는 함수를 작성해 보세요.

[조건]
❶ Lecture 클래스를 다음과 같이 구성합니다. 이 클래스에는 강사가 있는지의 여부를 나타내는 hastTutor 와 강좌 ID, 수강생을 저장하는 프로퍼티가 있습니다.

```
class Lecture {
  constructor(hasTutor, lectID, members) {
    this.hasTutor = hasTutor;
    this.lectID = lectID;
    this.members = members;
  }
}
```

❷ 강사가 없으면 이름 배열을 모두 학생으로 처리합니다.
❸ 강사가 있으면 이름 배열에서 첫 번째 이름은 강사 이름으로, 나머지 이름은 학생으로 처리합니다.

🖐 길라잡이

- Lecture 객체의 인스턴스 객체를 2개 만들고 hasTutor를 하나는 true로, 나머지 하나는 false로 지정합니다.
- 인스턴스 객체를 받아서 처리할 getStudents() 함수를 만듭니다.
- 객체 구조 분해 할당을 사용해서 객체의 프로퍼티를 각 변수로 꺼냅니다.
- 이름 배열에서 강사 이름을 저장할 tutor 변수와 학생 이름을 저장할 students 변수를 선언합니다.
- hasTutor 변수를 체크해서 false이면 members 배열의 값을 꺼내와서 students 변수로 저장합니다. 이때 배열 구조 분해를 사용하세요.
- hasTutor 변수가 true이면 member 배열에서 첫 번째 이름은 강사로 할당하고, 나머지 이름은 students 변수로 저장합니다.
- 콘솔 창에 결괏값을 표시합니다.

마무리 문제 2

준비 11\quiz-2.html 정답 11\solution-2.html, 11\js\solution-2.js

자바스크립트를 사용해서 자동으로 복권 번호를 생성해 주는 프로그램을 작성하려고 합니다. 번호는 중복되면 안 되므로 셋^{set}을 이용할 것이고, 숫자는 1부터 45까지의 범위 안에 있어야 하며, 6개의 무작위 수를 추출할 것입니다. 버튼을 클릭했을 때 모든 조건을 반영해서 6개의 숫자를 추출하는 소스를 작성해 보세요.

서버와 통신하기

지금까지 사용자 컴퓨터에서 무엇인가를 처리하고 결과를 만드는
내용을 살펴보았습니다. 하지만 웹 개발은 웹 서버와 통신하면서
서버의 자료를 가져오기도 하고 웹 서버로 자료를 보내기도 하죠.
서버와 자료를 주고받을 때 많이 사용하는 형식이 JSON이기 때문
에 '넷째마당'에서는 JSON의 구성 방법과 가져오는 방법에 대해
알아보겠습니다. 특히 자바스크립트의 '비동기 통신'은 서버에서
자료를 가져올 때 자주 사용하는 기법이므로 많이 연습해 보세요.

12

HTTP 통신과 JSON

자바스크립트 프로그램은 웹 브라우저 창에서 문서를 동적으로 표현하거나 서버에 있는 자료를 가져와서 웹 브라우저 창에 표시하는 용도로 많이 사용합니다. 이렇게 하려면 웹 브라우저(클라이언트)와 서버 사이에 자료를 주고받을 수 있는 형식이 필요합니다. 이번 장에서는 먼저 서버와 통신하는 HTTP의 개념에 대해서 알아보고 서버와 주고받을 때 가장 많이 사용하는 JSON의 형식에 대해서 살펴보겠습니다.

</>

12-1 HTTP 통신

웹 브라우저에서는 서버에 있는 텍스트나 이미지 등 여러 가지 자료를 가져올 때 HTTP라는 프로토콜(통신 규약)을 통해 자료를 주고받는데, 이것을 'HTTP 통신'이라고 합니다. 먼저 HTTP 통신이 무엇인지 살펴보고 자바스크립트에서 HTTP 통신을 다루는 방법에 대해 알아보겠습니다.

HTTP란

웹 개발을 시작하면 클라이언트와 서버 관계에 대해 자주 들을 것입니다. 클라이언트에서 서버로 자료를 요청하고 서버에서 클라이언트로 요청 자료를 보내 주면 클라이언트에서 사용자에게 보여 주는 과정을 거치기 때문이죠. 이때 클라이언트와 서버 간에 자료를 주고받으려면 미리 약속된 규칙이 필요한데, 이것을 '프로토콜protocol'이라고 합니다. 웹에서는 'HTTP HyperText Transfer Protocol'라는 프로토콜을 사용합니다. 그리고 클라이언트에서 서버로 자료 요청하는 것은 'HTTP 요청HTTP request', 서버에서 응답해서 클라이언트로 자료를 보내는 것은 'HTTP 응답HTTP response'이라고 합니다.

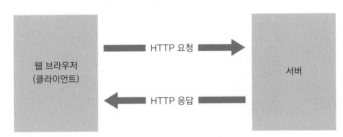

그림 12-1 클라이언트와 서버 간의 HTTP 통신

예를 들어 웹 브라우저 창에서 구글 검색 사이트를 찾아가려면 'https://www.google.com'을 입력해야 합니다. 이렇게 사이트 주소의 맨 앞에 붙는 http 또는 https가 현재 문서의 프로토콜을 알려 주는 것입니다. 여기에서 HTTPS 프로토콜은 기존의 HTTP 프로토콜보다 보안이 더욱 강화된 프로토콜입니다.

최근 크롬 웹 브라우저에서는 보안을 위해 HTTPS 프로토콜을 사용할 것을 권장하고 있고, 아직 HTTP를 사용하는 사이트에서는 '주의 요함'이라는 경고 메시지가 표시됩니다. HTTPS 프로토콜의 기본 동작 방법은 HTTP 프로토콜과 같으므로 여기에서는 HTTP 프로토콜로 함께 묶어서 설명하겠습니다.

그림 12-2 HTTPS 프로토콜을 사용한 웹 사이트

그림 12-3 '주의 요함' 메시지가 나타나는 HTTP 프로토콜 사용 사이트

요청 헤더와 응답 헤더

웹 브라우저 창의 주소 표시줄에 사이트 주소를 입력해서 해당 사이트로 이동하는 과정을 생각해 봅시다. 클라이언트(웹 브라우저)에서 사이트 주소를 입력하고 [Enter]를 누르면 '이 사이트 내용을 보여 줘.'라고 서버로 HTTP 요청을 보냅니다. 우리는 단순하게 사이트 주소만 입력했지만, 실제로는 사이트 주소뿐만 아니라 사용 중인 시스템 정보와 웹 브라우저 정보, 사용한 언어 등 다른 정보까지 함께 전송됩니다. 이런 정보는 헤더header의 형태로 전송되므로 요청할 때 보내는 헤더를 '요청 헤더request header'라고 합니다.

서버에서 입력한 사이트를 찾아서 다시 클라이언트로 보내는 경우도 마찬가지입니다. 응답 메시지를 보내는 시간, 메시지를 클라이언트에 어떻게 표시할지 등의 정보는 '응답 헤더 response header'에 담기고 이미지나 텍스트 같은 실제 사이트 내용은 '응답 본문 response body'에 담겨서 전달됩니다.

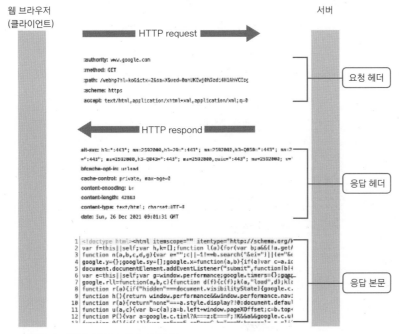

그림 12-4 요청 헤더와 응답 헤더, 응답 본문

요청 헤더나 응답 헤더에 들어 있는 정보가 매우 많으므로 여기에서는 모두 다루지 않고 자바스크립트 프로그래밍에 필요한 일부 항목만 살펴보겠습니다. 먼저 형태가 가장 간단한 구글 사이트를 통해 어떤 방식으로 요청과 응답이 이루어지는지 알아볼게요. 크롬과 파이어폭스 웹 브라우저에 나타나는 형태가 조금씩 다르므로 이들 웹 브라우저에서 모두 살펴보겠습니다.

크롬에서 네트워크 확인하기

웹 브라우저 창에서 구글 사이트(www.google.com)로 접속해서 웹 개발자 도구 창을 열고 [네트워크] 탭을 클릭해 보세요. [네트워크] 창이 열리면 클라이언트와 서버 간의 통신을 볼 수 있습니다. 하지만 사이트가 열려 있는 상태에서는 네트워크가 발생하지 않습니다. 그래서 현재 사이트를 한 번 더 불러와야 하죠. [F5]를 누르거나 [새로 고침] 버튼([C])을 클릭해서 현재 사이트를 다시 불러오면 무언가 정신없이 나타나지요? 클라이언트에서 구글 사이트를 보여 달라고 했으므로 구글 사이트에서 사용한 텍스트와 아이콘, 이미지 등 여러 가지 요소를 서버에서 다운로드하는 것입니다. 이 상태에서는 각 요소가 이미지인지, 문서인지, 스크립트 소스인지 알 수 있고, 다운로드하는 데 걸리는 시간까지 확인할 수 있습니다.

😀 네크워크 창의 맨 아래에 있는 상태 표시줄을 살펴보면 몇 개의 요소를 다운로드했는지, 전체적으로 시간이 얼마나 걸렸는지 등의 정보도 알 수 있습니다.

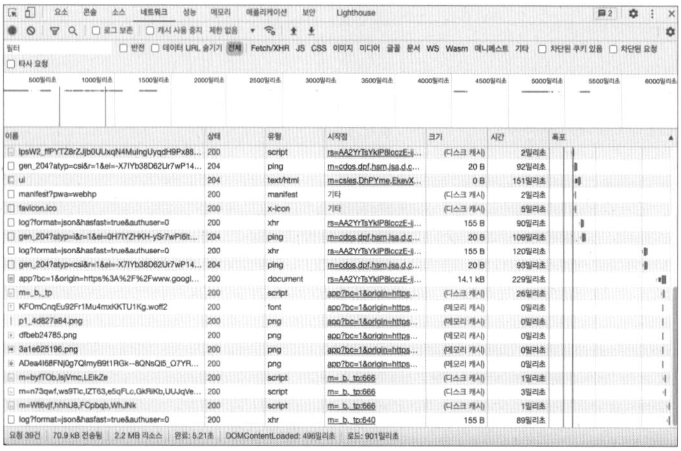

그림 12-5 서버에서 다운로드하는 웹 요소

왼쪽의 이름 목록에서 맨 위에 있는 'www.google.com'을 클릭하면 오른쪽에 창이 열리면서 www.google.com 문서에서 무엇을 주고받았는지 나타납니다.

먼저 [헤더]를 클릭해서 HTTP 헤더를 알아볼게요. HTTP 헤더는 '일반'과 '응답 헤더', '요청 헤더'로 구분되어 정보가 나타납니다. 이 중에서 '일반'은 전체적인 네트워크 상태를 요약한 것이고, '응답 헤더'는 서버에서 구글 사이트 정보를 보내면서 함께 보낸 것입니다. 그리고 가장 마지막에 있는 '요청 헤더'는 웹 브라우저 창에 구글 사이트 주소를 입력해서 서버로 보낼 때, 즉 HTTP 요청을 할 때 함께 넘겨진 정보입니다.

😀 HTTP 헤더에 담긴 정보의 의미를 알고 싶으면 'developer.mozilla.org/ko/docs/Web/HTTP/Headers'를 참고하세요.

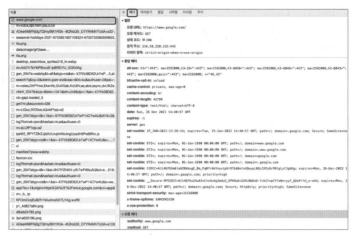

그림 12-6 크롬에서 요청 헤더와 응답 헤더 살펴보기

[응답] 탭을 클릭하면 서버에서 클라이언트로 응답 헤더와 함께 넘어온 실제 내용이 나타납니다. 우리가 알고 있는 HTML 문서 형태인데, 이 내용이 웹 브라우저 창에 나타납니다.

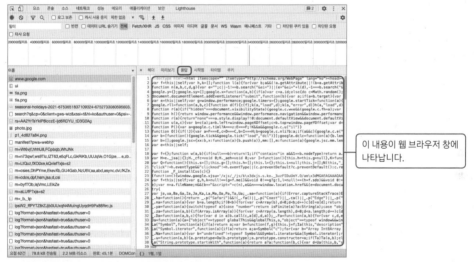

이 내용이 웹 브라우저 창에 나타납니다.

그림 12-7 서버에서 넘겨준 응답 내용 살펴보기

파이어폭스에서 네트워크 확인하기

같은 사이트여도 파이어폭스에서 확인하면 헤더 정보가 조금 다르게 나타납니다. 파이어폭스에서 확인하면 HTTP/1.1 버전이 사용되었다는 것도 알 수 있어요. 그리고 크롬이나 파이어폭스 네트워크 창에 나타나는 정보는 실제 헤더 소스가 아니라 사용자가 알아보기 쉽게 정리된 상태입니다.

그림 12-8 파이어폭스에서 요청 헤더와 응답 헤더 살펴보기

파이어폭스 네트워크 창에 있는 [원시] 버튼을 클릭하여 켜면 실제로 헤더에 포함된 형태로 정보를 볼 수 있습니다. 이런 방식으로 서버에서 가져온 모든 파일마다 네트워크의 상태를 확인할 수 있습니다.

그림 12-9 파이어폭스에서 헤더 내용 살펴보기

요청 방식, GET과 POST

클라이언트에서 서버로 요청을 보낼 때 요청 헤더와 요청 본문이 함께 전송됩니다. 이때 요청 헤더에 있는 여러 가지 정보 중에서 요청 방식을 주의해서 보아야 합니다. 파이어폭스의 네트워크 창을 살펴보면 각 요소마다 GET이나 POST 같은 요청 방식이 함께 표시되어 있습니다.

그림 12-10 파이어폭스에서 요청 방식 살펴보기

크롬 웹 브라우저에서는 각 파일의 헤더 부분을 열어 보아야 요청 방식을 확인할 수 있습니다.

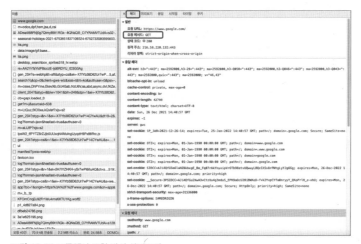

그림 12-11 크롬에서 요청 방식 살펴보기

요청 방식은 다양하지만, 여기에서는 자주 사용하는 GET 방식과 POST 방식에 대해서 알아보겠습니다.

GET 방식

GET 방식은 서버에 자료를 요청할 때 사이트 주소의 뒤에 자료를 붙여서 보내는 방식입니다. 예를 들어 구글 사이트에서 '자바스크립트'를 검색한다면 웹 브라우저 창에서 서버로 보내는 요청 헤더에 GET 메서드를 사용합니다. GET 방식을 사용하면 웹 브라우저 창의 주소 표시줄에 요청 메시지가 함께 표시되고 요청 본문은 따로 사용하지 않습니다. GET 방식은 서버로 사이트 주소를 보내면서 요청 자료도 함께 공개되므로 이렇게 요청 자료가 무엇인지 공개되어도 문제가 없을 경우에 사용합니다.

그림 12-12 주소 표시줄에 검색 내용이 나타나는 GET 방식

POST 방식

POST 방식은 서버에 자료를 보낼 때 요청하는 방식으로, 흔히 회원 가입 폼이나 로그인 폼에서 중요한 자료를 입력하고 서버로 보낼 때 사용합니다. POST 방식을 사용하면 요청 내용이 겉으로 드러나지 않고 요청 본문^{request body}에 따로 담겨서 전송됩니다. 예를 들어 로그인 창에 아이디와 비밀번호를 입력한 후 [로그인] 버튼을 클릭하면 사용자가 입력한 아이디나 비밀번호는 네트워크의 외부에서 알아볼 수 없도록 요청 본문에 담겨서 서버로 넘겨집니다.

응답 상태

서버에서 클라이언트로 자료를 보낼 때도 응답 헤더와 본문이 함께 전송됩니다. 응답 헤더 중에서 '상태' 칼럼에는 다양한 숫자가 표시되어 있습니다. 클라이언트에서 서버로 요청한 자료가 성공적으로 처리되었는지, 또는 요청한 파일이 없어서 실패했는지 등의 응답 상태를 숫자로 표시한 것입니다.

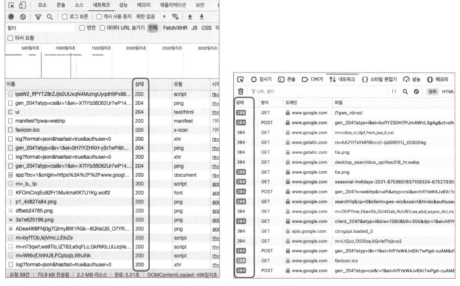

그림 12-13 웹 브라우저 창에서 응답 상태 확인하기(왼쪽: 크롬, 오른쪽: 파이어폭스)

따라서 네트워크와 자료를 주고받는 프로그램을 작성할 때는 이 상태 값을 체크하는 과정이 필요합니다.

😊 HTTP 상태 코드는 'developer.mozilla.org/ko/docs/Web/HTTP/Status'를 참고하세요.

표 12-1 응답 상태의 주요 코드

코드	메시지	기능
2XX	성공	자료 요청을 수락했거나 자료를 성공적으로 전송했습니다.
200	OK	서버에서 클라이언트로 성공적으로 전송했습니다.
202	Accepted	서버에서 클라이언트 요청을 수락했습니다.
4XX	클라이언트 오류	클라이언트에서 주소를 잘못 입력했거나 요청이 잘못되었습니다.
400	Bad Request	요청을 실패했습니다.
401	Unauthorized	권한이 없어 거절되었지만, 인증 가능합니다.
403	Forbidden	권한이 없어 거절되었고 인증을 시도해도 계속 거절됩니다.
404	Not Found	문서를 찾을 수 없습니다.
408	Request Timeout	요청 시간이 초과되었습니다.
5XX	서버 오류	서버 측의 오류로 처리할 수 없습니다.
500	Internal Server Error	서버의 내부에 오류가 발생했습니다.
503	Service Unavailable	요청한 서비스를 이용할 수 없습니다.

인터넷을 사용하면서 가끔 잘못된 주소를 입력하면 페이지를 찾을 수 없다는 오류 내용과 함께 '404'가 표시됩니다. 이것은 바로 서버의 응답 상태를 보여 주는 것입니다.

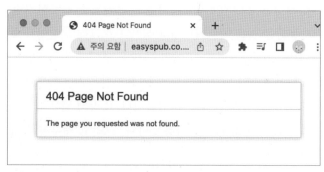

그림 12-14 페이지를 찾을 수 없을 때 나타나는 응답 상태 코드

12-2 JSON

클라이언트와 서버가 어떻게 자료를 주고받는지 살펴보았으므로 직접 연습해 봅시다. 먼저 서버와 클라이언트 사이에 자료를 주고받을 때 자주 사용하는 JSON 형식부터 알아보겠습니다.

JSON이란

서버와 클라이언트는 프로그램을 실행하는 동안 수많은 자료를 주고받습니다. 검색 사이트에서는 사용자가 검색 창에 입력한 내용을 서버로 넘겨주고, 서버에서는 넘겨받은 검색어를 사용해서 가지고 있는 자료를 검색합니다. 그리고 검색어에 맞는 자료를 찾으면 다시 클라이언트로 넘겨줍니다.

서버와 클라이언트 간에 자료를 주고받으려면 양쪽 컴퓨터 모두 이해할 수 있는 형식을 사용해야 합니다. XML은 컴퓨터에서 처리하는 모든 문서의 표준 형식이므로 웹에서도 표준 형식으로 사용하지만, 최근에는 JSON이라는 형식을 더 많이 사용합니다. 🙂 JSON은 '제이슨'이라고 발음합니다.

JSON은 'JavaScript Object Notation'의 줄임말로, 말 그대로 자바스크립트 객체 표기법을 사용하는 텍스트 형식의 자료를 가리킵니다. 자, 그러면 웹에서 자료를 주고받을 때 JSON 형식을 많이 사용하는 이유를 알아볼까요?

JSON의 가장 큰 특징은 텍스트로만 구성되었으므로 서버와 클라이언트 사이에서 주고받을 때 아주 빠르게 전송된다는 것입니다. 그리고 JSON이 자바스크립트 표기법을 사용하지만, 그렇다고 해서 자바스크립트에서만 사용하는 것은 아닙니다. JSON은 프로그래밍 언어나 플랫폼에 대해 독립적이어서 C++이나 자바, 자바스크립트, 파이썬 등 많은 언어에서 사용할 수 있습니다. 또한 JSON은 자바스크립트 사용자라면 누구나 알고 있는 표기법을 사용하므로 읽기도 쉽고 필요에 따라 자바스크립트 객체로도 쉽게 변환할 수 있습니다. 따라서 웹에서 자료를 주고받아야 한다면 이런 장점을 가지고 있는 JSON을 사용합니다. 그리고 대부분 공개 API에서도 JSON 형식을 사용하고 있죠.

🙂 공개 API는 '18장. 공개 API 활용하기'에서 자세히 설명합니다.

다음은 유튜브^{YouTube}에서 프로그램에 필요한 자료를 넘겨줄 때 사용하는 JSON의 사용 예입니다. 이 JSON 자료를 사용하면 유튜브와 관련된 프로그램이나 앱을 만들 수 있습니다.

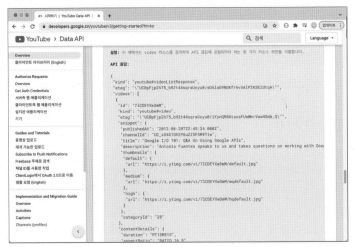

그림 12-15 JSON 형식을 사용하는 유튜브 API

JSON은 데이터 형식일 뿐이고 프로그래밍에서 자료를 주고받거나 처리하는 과정이 필요합니다. 먼저 JSON이 어떻게 구성되어 있는지 형식을 살펴보겠습니다.

JSON의 형식

JSON은 중괄호 {와 } 사이에 '이름^{name}'과 '값^{value}'으로 구성되고 쉼표로 구분해서 여러 개의 쌍을 나열할 수 있습니다.

```
기본형    {
              "이름" : 값,
                 ⋮
          }
```

JSON은 자바스크립트의 리터럴 표기법을 사용하므로 객체와 아주 비슷하게 생겼습니다. 하지만 객체에서는 '키' 부분에 큰따옴표가 붙지 않는 반면, JSON에서는 '이름' 부분에 반드시 큰따옴표를 붙이는 것이 큰 차이점입니다.

예를 들어 '도레미'라는 학생의 수업 신청 정보를 담고 있는 객체가 있다고 가정해 보겠습니다. 이 객체는 '키^{key}'와 '값^{value}'으로 구성되어 있습니다.

```
{
  name : "도레미",
  major : "컴퓨터 공학",
  grade : 2
}
```

이것을 JSON으로 표현하면 다음과 같습니다.

```
{
  "name" : "도레미",
  "major" : "컴퓨터 공학",
  "grade" : 2
}
```

위의 소스는 보기 쉽게 표시한 것일 뿐, 실제로 프로그램에서 인식하는 JSON은 다음과 같이 하나의 문자열입니다. 그래서 'JSON 문자열'이라고도 합니다.

```
'{ "name" : "도레미", "major" : "컴퓨터 공학", "grade" : 2 }'
```

자바스크립트 객체와 JSON의 또 다른 차이점은 '값'에서 함수(메서드)를 사용하느냐의 여부입니다. 객체의 '값'에는 기본 자료형뿐만 아니라 function() 함수도 사용할 수 있고, 이것을 활용해서 객체 안에 함수(메서드)를 함께 정의할 수도 있죠. 하지만 JSON의 '값'에는 앞에서 설명한 숫자, 문자열, Boolean, null, 배열만 사용할 수 있고 함수는 사용할 수 없습니다.

JSON의 이름

앞에서 설명한 것처럼 JSON 자료의 '이름' 부분은 반드시 큰따옴표("")로 묶어야 합니다. '이름'에 작은따옴표를 사용하거나 큰따옴표가 없는 이름은 JSON에서 사용할 수 없습니다.

```
{ "name" : "도레미" }
```

```
{ 'name' : "도레미" }
{ name : "도레미" }
```

JSON 이름에는 공백^{space}이나 하이픈(-), 언더바(_)를 함께 사용할 수 있으므로 문법적으로
다음과 같은 이름도 사용할 수 있습니다.

```
{ "full name" : "도레미" }
{ "full-name" : "도레미" }
```

하지만 이름에 공백이나 하이픈이 있으면 프로그램을 통해 그 이름에 접근할 때 쉽지 않습니
다. 그래서 둘 이상의 단어로 된 이름을 사용한다면 다음과 같이 언더바(_)를 사용하는 것이
좋습니다.

```
{ "full_name" : "도레미" }
```

JSON의 값

JSON 자료의 값에서는 수^{number}와 문자열^{string}, 논리값^{boolean}, null과 같은 기본 자료형과 배열,
객체와 같은 복합 자료형을 사용할 수 있습니다.

❶ **숫자형**: JSON에서는 정수와 실수 모두 사용할 수 있지만, 8진수나 16진수를 사용한 표기법은 지원하지
않습니다.

```
48, -72, 25.8, -8.4, 2.3e4
```

❷ **문자열**: JSON 문자열은 항상 큰따옴표(" ")로 묶어야 합니다.

😀 자바스크립트 문자열은 작은따옴표(' ')와 큰따옴표(" ")를 모두 사용하지만, JSON에서는 작은따옴표를 사용하지 않습니다.

```
"자바스크립트", "HTML5"
```

❸ **논리값과 null**: true 또는 false 값을 가지는 논리형을 사용할 수도 있고 null 유형도 사용할 수 있습니다. 이들 두 가지 유형은 자바스크립트의 기본 데이터 유형과 같으므로 02-4절을 참고하세요.

❹ **JSON 문자열과 배열**

JSON 문자열에는 또 다른 JSON 문자열이나 배열을 값으로 사용할 수 있습니다. JSON에서 배열을 사용할 때도 일반 배열과 마찬가지로 대괄호([])를 사용합니다.

다음은 JSON 문자열에서 course 안에 배열을 사용해 3개의 값을 지정한 예제입니다.

```json
{
  "name" : "도레미",
  "major" : "컴퓨터 공학",
  "grade" : 2,
  "course" : ["웹 기초", "자바스크립트", "인공지능"]
}
```

JSON 문자열 안에 또 다른 JSON 문자열을 지정할 수 있습니다.

다음은 신청한 과목의 이름과 주당 시간을 새로운 JSON 문자열로 사용한 예제입니다.

```json
{
  "name" : "도레미",
  "major" : "컴퓨터 공학",
  "grade" : 2,
  "course" : {
    "title" : "웹 기초",
    "timePerWeek" : 3
  }
}
```

배열에 여러 개의 JSON 문자열을 묶을 수도 있습니다. 웹 브라우저 창에서 'jsonplaceholder. typicode.com/users'로 이동해 보세요. 가상의 사용자 정보를 JSON 문자열로 만들어 놓은 소스로, 잘 살펴보면 전체가 하나의 배열로 묶여 있고 그 안에 여러 명의 사용자 정보가 들어 있습니다. 그리고 각 사용자 정보에서 'address'나 'company' 부분을 살펴보면 주소와 회사 정보가 또 다른 JSON 문자열로 구성되어 있습니다. 이렇게 JSON 문자열을 사용하면 하나의 JSON 문자열 안에 수많은 정보를 저장할 수 있습니다.

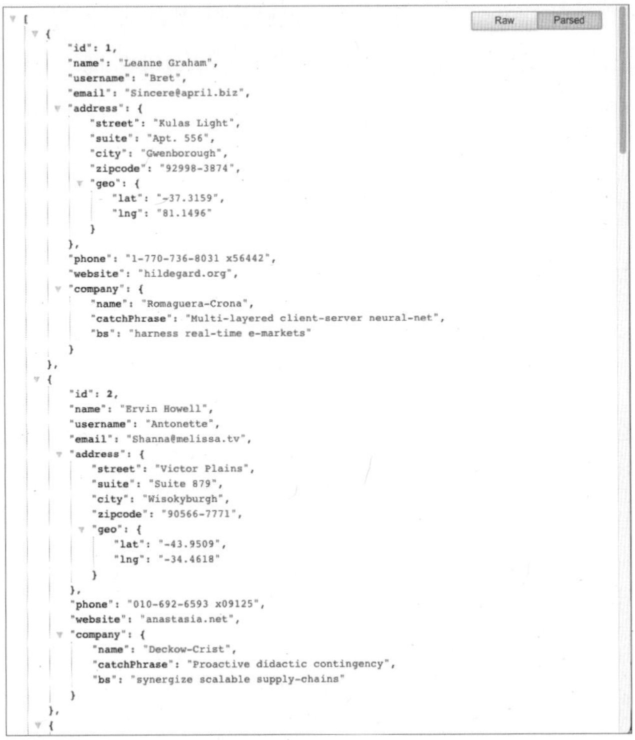

```
[
  {
    "id": 1,
    "name": "Leanne Graham",
    "username": "Bret",
    "email": "Sincere@april.biz",
    "address": {
      "street": "Kulas Light",
      "suite": "Apt. 556",
      "city": "Gwenborough",
      "zipcode": "92998-3874",
      "geo": {
        "lat": "-37.3159",
        "lng": "81.1496"
      }
    },
    "phone": "1-770-736-8031 x56442",
    "website": "hildegard.org",
    "company": {
      "name": "Romaguera-Crona",
      "catchPhrase": "Multi-layered client-server neural-net",
      "bs": "harness real-time e-markets"
    }
  },
  {
    "id": 2,
    "name": "Ervin Howell",
    "username": "Antonette",
    "email": "Shanna@melissa.tv",
    "address": {
      "street": "Victor Plains",
      "suite": "Suite 879",
      "city": "Wisokyburgh",
      "zipcode": "90566-7771",
      "geo": {
        "lat": "-43.9509",
        "lng": "-34.4618"
      }
    },
    "phone": "010-692-6593 x09125",
    "website": "anastasia.net",
    "company": {
      "name": "Deckow-Crist",
      "catchPhrase": "Proactive didactic contingency",
      "bs": "synergize scalable supply-chains"
    }
  },
  {
```


그림 12-16 JSON 문자열 안에 또 다른 JSON 문자열을 포함한 경우

객체를 JSON 자료로 변환하기 — JSON.stringify() 함수

자바스크립트 프로그램에서 만든 객체를 JSON 형식으로 저장해야 하거나, JSON 형식을 요구하는 서버로 자료를 보내야 할 경우에는 객체 형식을 JSON 형식으로 변환해야 합니다. 이렇게 객체를 JSON 문자열로 변환하는 것을 '직렬화stringify'라고 하고 `JSON.stringify()` 함수를 사용합니다.

stringify는 'string으로 만든다'는 의미입니다.

```
기본형  JSON.stringify(객체)
```

콘솔 창에 다음과 같이 입력해서 `student`라는 객체를 만든 후 다시 JSON 형식으로 바꾸어 `json` 변수에 할당해 보겠습니다.

```
let student = {name:"도레미", major:"컴퓨터 공학", grade:2}
let json = JSON.stringify(student)
```

이제 json을 확인해 보면 student 객체의 내용이 JSON 형식으로 변환된 것을 볼 수 있습니다. student 객체와 json 문자열은 내용이 같지만, 네트워크에서 자료를 주고받을 때는 이렇게 가벼운 JSON 형식으로 바꿔서 사용합니다.

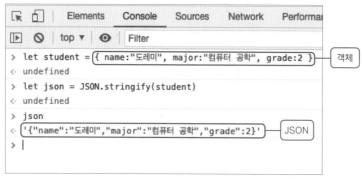

그림 12-17 객체를 JSON으로 변환하기

😀 student === json을 실행하면 false가 반환됩니다. 왜냐하면 student는 객체object이지만 json은 문자열string이기 때문입니다.

JSON 문자열을 객체로 변환하기 — JSON.parse() 함수

자바스크립트 객체를 JSON 자료로 변환할 수 있다면 반대로도 가능할까요? 물론 가능합니다. JSON은 서버와 클라이언트 간에 자료를 주고받기 위한 형식이므로 서버에서 JSON 문자열을 가져오려면 별도의 함수가 필요합니다. 하지만 아직 별도의 해당 함수를 배우지 않아서 일단 서버에서 자료를 가지고 온 상태라고 가정하고 JSON 문자열을 객체로 변환하는 방법을 알아보겠습니다.

😀 '13장. 자바스크립트의 비동기 처리 방식'에서는 서버에서 JSON 데이터를 가져오는 방법을 알아볼 것입니다.

서버에서 가져온 JSON 문자열을 자바스크립트 프로그램에서 사용하려면 객체로 변환해야 합니다. JSON 문자열을 자바스크립트 객체로 변환하는 것을 '파싱parsing'이라고 하고, 이때 JSON.parse() 함수를 사용합니다

> 기본형   **JSON.parse(JSON *문자열*)**

예를 들어 다음과 같이 이름과 나이, 취미 정보가 담긴 자료를 서버에서 가져와 member라는 변수에 저장했다고 가정해 봅시다. JSON은 문자열이므로 문자열을 나타내는 작은따옴표('')를 JSON의 앞뒤에 붙였습니다.

```
let member = '{"name" : "백두산", "age" : 30,  "hobby" : "swimming" }'
```

JSON.parse() 함수를 사용해서 객체로 변환한 후 member_obj 변수에 저장해 보겠습니다. 콘솔 창에 다음과 같이 입력해 보세요.

```
let member_obj = JSON.parse(member)
```

member_obj 변수에는 익숙한 자바스크립트 객체가 들어 있으므로 이전부터 알고 있던 객체처럼 사용하면 됩니다.

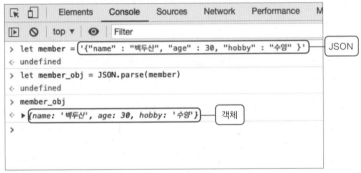

그림 12-18 JSON을 객체로 변환하기

 복습하기 제시한 member1 변수를 JSON으로 변환한 후 다시 객체로 바꿔서 member2라는 변수에 저장하는 소스를 작성해 보세요.

```
let member1 = { name : "도레미", age : 25 };
```

정답 let member2 = JSON.parse(JSON.stringify(member1));

12-3 서버에서 자료 가져오기

'구슬이 서 말이라도 꿰야 보배'라는 우리나라 속담이 있듯이 서버에 아무리 JSON 자료가 많아도 가져와서 사용해야 쓸모 있는 자료입니다. 에크마스크립트 2015 이전까지는 기본적으로 XMLHttp Request를 사용해 서버에 있는 자료를 가져와서 사용했고, 에크마스크립트 2015 이후에는 fetch API를 사용하고 있습니다. 이번에는 XMLHttpRequest를 살펴보고 fetch API에 대해서는 '13장. 자바스크립트의 비동기 처리 방식'에서 설명하겠습니다.

AJAX란

자바스크립트에서 네트워크 통신을 이야기할 때 AJAX가 가장 먼저 등장합니다. 서버와의 비동기 통신을 위한 방법인데, 이 개념을 이해하려면 웹 브라우저가 동작하는 방법부터 알아야 합니다.

😀 AJAX는 '애이작스', '애이악스' 등 다양하게 발음합니다.

웹 브라우저 창에 'www.daum.net'을 입력하고 Enter를 누르면 인터넷 회선을 통해 서버 컴퓨터로 접속합니다. 그리고 서버 컴퓨터에서 해당 페이지를 찾아낸 후 내용을 다운로드해서 웹 브라우저 창에 보여 줍니다.

위쪽에 있는 메뉴 중에서 '게임'을 선택하면 게임과 관련된 페이지로 이동하면서 서버에서 해당 페이지를 읽어와 화면에 보여 줍니다. 대부분의 사이트에서 메뉴를 클릭하면 이런 방법으로 새로운 화면을 가져옵니다.

그림 12-19 서버에서 전체 페이지를 가져오는 경우

하지만 다음^{Daum} 사이트에서 일부 메뉴는 이런 방식으로 동작하지 않습니다. 다음 사이트에서는 한정된 공간에 다양한 정보를 보여 주기 위해 탭을 사용하고 있습니다. 예를 들어 '스포츠' 기사를 보다가 [자동차] 탭을 클릭하면 어떻게 될까요? 수많은 텍스트와 이미지를 다시 서버에서 가져오지 않고 '자동차'와 관련된 뉴스 제목만 다운로드해서 보여 줍니다.

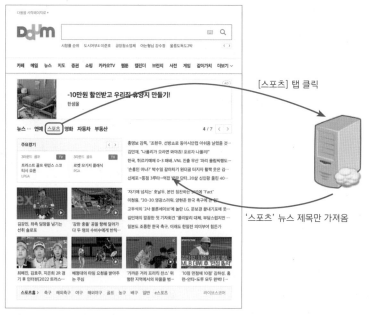

그림 12-20 웹 페이지의 일부만 서버에서 가져오는 경우

페이스북이나 트위터 같은 SNS 사이트를 사용할 때도 화면을 스크롤하면 사이트 전체가 새로 로딩되는 것이 아니라 기존 내용은 그대로 둔 상태에서 다음 내용만 가져와서 보여 줍니다. 왜냐하면 이런 것들을 모두 비동기로 처리하기 때문입니다. 이렇게 웹 문서 전체를 다시 불러오지 않고 일부분만 가져와서 실행하는 것을 'AJAX^{Asynchronous Javascript And XML}'라고 합니다.

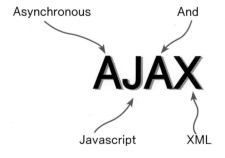

그림 12-21 AJAX의 의미

AJAX에서 첫 번째 글자인 A는 '비동기^{Asynchronous}'를 가리킵니다. 비동기란, '동시에 일어나지 않는다'는 뜻입니다. 서버에 한꺼번에 자료를 요청하고 수신이 완료될 때까지 기다리는 것이 아니라 자료를 나누어 요청하고, 요청한 자료가 도착하는 동안 다른 작업을 하는 것을 말합니다. 앞에서 살펴보았던 다음^{Daum} 사이트의 정보를 한꺼번에 가져와서 화면에 보여 준다면 그때마다 우리는 한참 기다려야 사이트 내용을 볼 수 있겠죠? 하지만 비동기로 처리하므로 동시에 여러 가지 자료를 가져오고 일부는 먼저 화면에 보여 줍니다. 사이트 자료를 전부 가져오기 전이라도 궁금한 뉴스를 먼저 볼 수도 있고, [스포츠] 탭을 클릭해 스포츠 정보만 불러와서 볼 수도 있습니다.

😀 비동기는 '13장. 자바스크립트의 비동기 처리 방식'에서 자세히 설명합니다.

두 번째 글자인 J는 '자바스크립트^{Javascript}'를 의미합니다. 자바스크립트는 웹 페이지의 특정 부분에 새로운 정보를 표시하도록 링크를 클릭하거나, 마우스 포인터를 요소 위로 올리는 (mouseover) 등 이벤트를 처리하거나, 서버로 바뀐 내용을 요청할 때 사용합니다. 또한 웹 페이지에서 어떤 부분에 AJAX 기법을 적용해야 하는지 결정할 때도 자바스크립트를 사용합니다.

세 번째 A는 'And'의 의미이고 마지막 글자인 'X'는 XML에서 가져왔습니다. 초창기 자바스크립트에는 서버로 보낼 수 있는 자료 형식이 XML뿐이어서 XML이 붙었지만, 이제는 XML 외에도 일반 텍스트와 HTML, JSON 등 다양합니다. 그렇지만 AJAX라는 이름은 그대로 사용되고 있죠. 즉, AJAX란, 페이지 전체를 다시 가져오지^{reload} 않고도 사용자의 이벤트에 따라 언제든지 웹 페이지의 일부만 최신 내용으로 표시할 수 있는 '비동기' 기법입니다. 그리고 비동기 통신을 위해 서버와 클라이언트 사이에 주고받은 통신 기법이 XMLHttpRequest입니다.

XMLHttpRequest 객체 만들기

웹 브라우저 창에서 서버로 데이터를 요청하고 서버에서 자료를 받아올 때는 HTTP 통신이 가능한 XMLHttpRequest 객체를 사용합니다. XMLHttpRequest 객체의 프로퍼티와 메서드를 사용해서 자료를 주고받거나 상태를 체크할 수 있죠. 특히 비동기 통신이 가능하므로 웹 페이지 전체가 아니라 필요한 부분만 가져올 수도 있습니다.

XMLHttpRequset라는 이름을 보면 'XML'이라는 자료를 'HTTP' 프로토콜을 사용해서 'Request (요청)'한다는 의미입니다. 이름에는 XML이라고 되어 있지만, XML뿐만 아니라 JSON을 비롯해 여러 종류의 자료를 요청하고 받아올 수 있습니다.

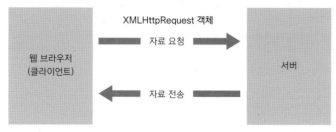

그림 12-22 XMLHttpRequest 객체

XML이란

XML은 HTML4의 한계를 극복하기 위해 W3C에서 개발한 표준 형식입니다. HTML과 비슷하게 생겼지만, 구조화가 잘 되어 있어서 다양한 자료를 담을 수 있죠. 하지만 최근에는 웹 개발에 JSON을 더 많이 사용하고 있습니다.

개발자 도구에서 네트워크 창을 열고 구글 사이트에 접속해 보세요. 네트워크 창에서 [Fetch/ XHR] 탭을 클릭하면 XMLHttpRequset로 가져온 XHR 유형의 자료만 볼 수 있습니다. 여기서 XHR은 'XMLHttpRequest'를 줄여서 부르는 이름입니다.

😀 [그림 12-23]과 같이 네트워크 창에 내용이 나타나지 않으면 F5 를 눌러 사이트를 다시 불러오세요.

그림 12-23 XMLHttpRequest를 사용한 네트워크 확인하기

자바스크립트 프로그램에서 서버와의 통신을 위해 XMLHttpRequest 객체를 사용하려면 가장 먼저 new 예약어를 사용해서 객체의 인스턴스를 만들어야 합니다.

> 기본형　**new XMLHttpRequest()**

보통 XMLHttpRequest 객체의 인스턴스는 xhr이라는 이름을 많이 사용하는데, 다른 이름을 사용해도 좋습니다.

```
let xhr = new XMLHttpRequest()
```

서버로 자료 요청하기

XMLHttpRequest 객체를 만들었으면 다음과 같은 과정을 통해서 서버로 자료를 요청하고 받아올 수 있습니다. 먼저 서버로 자료를 요청하는 과정부터 살펴보겠습니다.

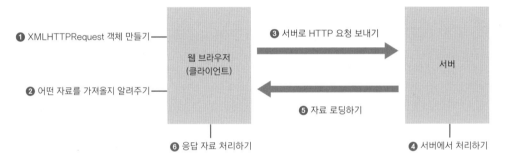

그림 12-24 서버로 자료를 요청하는 과정

open() 메서드

서버로 자료를 요청하기 위해 XMLHttpRequest를 만들었으면 open() 메서드를 사용해서 어떤 방식을 사용할지, 어떤 자료가 필요한지, 그리고 비동기 처리 여부를 지정하는데, 이 과정을 '요청 초기화request initialize'라고 합니다.

> 기본형　**open(방식, 자료 위치, 비동기 여부)**

- **방식**: HTTP 요청 방식을 지정합니다. 주로 사용하는 값은 GET과 POST, PUT 중 하나이고 영문 대문자로 사용해야 합니다.
- **자료 위치**: 요청할 서버의 URL을 지정합니다.

- **비동기 여부**: 비동기 요청인지, 동기 요청인지를 판단하는 항목입니다. 사용할 수 있는 값은 true와 false 인데, true이면 비동기로, false이면 동기로 판단합니다. 기본적으로 비동기 처리하므로 따로 지정하지 않으면 비동기로 처리합니다(기본값 true). 만약 동기 처리하려면 false로 지정합니다.

send() 메서드

요청을 초기화했으면 send() 메서드를 사용하여 서버로 해당 요청을 전송할 차례입니다.

> 기본형   **send(*내용*)**

send() 메서드는 사용자 요청을 서버로 보내는 메서드입니다. send() 메서드에서 소괄호 안에 들어가는 매개변수는 옵션입니다. open() 메서드에서 처리 방식을 POST로 지정했으면 서버로 넘길 내용을 매개변수로 넘겨주고, GET으로 지정했으면 null로 넘기거나 빈 상태로 남겨 둡니다.

다음은 GET 방식을 이용해 test.txt 파일에 비동기 방식으로 연결하는 소스입니다. 이 경우 GET 방식을 사용하므로 서버로 넘길 값이 없습니다.

```
xhr.open("GET", "test.txt", true);
xhr.send();
```

open() 메서드와 send() 메서드는 AJAX에서 가장 많이 사용하는 메서드입니다. 이외에도 HTTP 헤더와 관련된 다양한 메서드들이 있습니다.

- **setRequestHeader(header, value)**: HTTP 요청을 보내기 전에 HTTP의 header 값을 특정 값value 으로 설정할 때 사용하는 메서드로, 반드시 open() 메서드 다음에 써야 합니다.
- **getResponseHeader()**: 서버 응답 중에서 HTTP 헤더를 알아내고 싶을 때 사용하는 메서드입니다.
- **getAllResponseHeaders()**: HTTP 요청에 대한 모든 응답 헤더들을 반환합니다. Content-Length, Date, URI 등을 포함하는 헤더 정보의 키와 값을 쌍으로 반환합니다.

JSON 파일 요청하기

JSON 자료는 기본적으로 서버에 저장되어 있어서 클라이언트 요청에 따라 주고받게 됩니다. 아직 서버에서 가져오는 방법을 학습하지 않았으므로 여기에서는 사용자 컴퓨터를 서버라고 가정하겠습니다.

😊 이 책에서는 JSON을 연습하는 단계라고 생각하세요.

사용자 컴퓨터를 서버로 동작시키려면 node.js 파일을 설치하거나 VS Code의 라이버 서버 확장을 사용하는 방법이 있는데, 여기에서는 VS Code의 라이브 서버 확장을 사용해 보겠습니다.

😀 아직 VS Code에 'Live Server' 확장이 설치되어 있지 않다면 01-3절을 참고해서 라이브 서버 확장을 먼저 설치한 후 다음 내용으로 넘어가세요.

이 책의 실습 파일 중 12 폴더에는 student.json이라는 간단한 JSON 자료가 만들어져 있습니다. 여기에서는 이 파일을 사용해서 서버에 자료를 요청하고 가져오는 방법에 대해 살펴보겠습니다.

```
                                                          12\student.json

{
  "name" : "도레미",
  "major" : "컴퓨터 공학",
  "grade" : 2
}
```

VS Code에서 12\student.html 문서를 열고 마우스 오른쪽 버튼을 클릭한 후 바로가기 메뉴에서 [Open with Live Server]를 선택합니다. 웹 브라우저 창에서 주소 표시줄이 127.0.0.1로 시작하면 현재 라이브 서버 상태에서 실행 중이라는 의미입니다.

😀 윈도우 탐색기나 맥 파인더에서 12\student.html 문서를 직접 열면 라이브 서버가 적용되지 않으므로 반드시 VS Code에서 라이브 서버를 사용해 열어야 합니다.

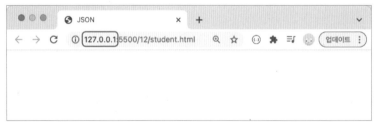

그림 12-25 웹 문서를 서버 상태에서 열기

콘솔 창을 열고 다음과 같이 서버에 있는 student.json 파일을 가져오는 소스를 입력해 보세요. 변수 이름 xhr은 XMLHttpRequest의 줄임말이라는 것을 기억하세요.

```
let xhr = new XMLHttpRequest();
xhr.open("GET", "student.json");
xhr.send();
```

정말 student.json 자료를 가져왔는지 콘솔 창에 다음의 소스를 입력해서 확인해 보세요.

```
xhr
```

XMLHttpRequest 객체가 반환될 것입니다. XMLHttpRequest의 앞에 있는 ▶을 클릭해 보세요.

그림 12-26 서버에서 반환된 XMLHttpRequest 객체

XMLHttpRequest 객체가 가지고 있는 다양한 프로퍼티가 보일 것입니다. 이 중에서 자주 사용하는 프로퍼티의 뜻과 프로그램에서 어떻게 사용하는지 알아보겠습니다.

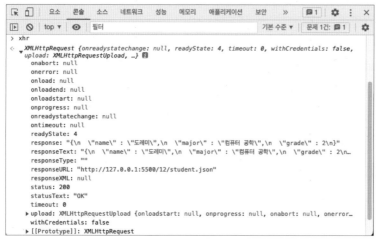

그림 12-27 XMLHttpRequset 객체의 구성

readyState 프로퍼티

XMLHttpRequest 객체의 readyState 프로퍼티는 XMLHttpRequest 객체의 현재 상태를 나타냅니다. 객체에서 서버로 자료를 요청했는지, 자료가 도착했는지, 사용할 준비가 되었는지 등을 알려 주죠.

XMLHttpRequest 객체의 상태는 0 → 1 → 2 → 3 → 4 → 0 → 1 …처럼 순서대로 반복합니다.

표 12-2 readyState 프로퍼티의 값

상태	기능
0	아직 아무 요청도 하지 않은 상태입니다.
1	서버로 자료를 요청하고 성공한 상태입니다.
2	서버 요청에 대한 응답으로 헤더가 도착한 상태입니다.
3	서버에서 자료가 로딩 중인 상태입니다.
4	자료 처리가 끝나 프로그램에서 사용할 수 있는 상태입니다.

콘솔 창에 표시된 xhr 객체의 프로퍼티 중에서 readyState를 보면 4라고 되어 있지요? 이것은 JSON 파일을 가져와서 사용할 수 있는 상태라는 의미입니다.

```
readyState: 4
response: "{\n \"name\" : \"도레미\",\n \"major\" : \"컴퓨터 공학\",\n \"grade\" : 2\n}"
responseText: "{\n \"name\" : \"도레미\",\n \"major\" : \"컴퓨터 공학\",\n \"grade\" : 2\n}"
responseType: ""
responseURL: "http://127.0.0.1:5500/12/student.json"
responseXML: null
status: 200
statusText: "OK"
```

그림 12-28 XMLHttpRequest 객체의 상태를 나타내는 readyState 프로퍼티

state 프로퍼티와 statusText 프로퍼티

status 프로퍼티는 HTTP 상태 코드를 나타내고 statusText 프로퍼티는 상태에 대한 설명 메시지를 알려줍니다.

😀 각 응답 상태에 대해 자세히 알고 싶으면 '표 12-1. 응답 상태의 주요 코드'를 참고하세요.

readystatechange 이벤트

readystatechange 이벤트는 readyState 값이 바뀔 때마다 발생하므로 이 이벤트를 사용해서 상태에 따라 필요한 명령을 처리할 수 있습니다. 예를 들어 요청이 성공적으로 끝났을 때 여기에서는 readyState 값이 4일 때 실행할 명령을 다음과 같이 작성할 수 있습니다. ready statechange 이벤트가 발생했을 때 처리할 함수를 연결한 후 그 안에서 readyState 값이 4일 경우를 처리합니다.

```
xhr.onreadystatechange = function() {
  if (xhr.readyState == 4) {      //  요청이 성공했다면
    // 필요한 명령
  }
}
```

😊 xhr.onreadystatechage = function() {...}은 '13장. 자바스크립트의 비동기 처리 방식'에서 자세히 설명합니다.

만약 서버에 없는 파일을 요청해도 일단 요청은 성공했으므로 readyState 값은 4입니다. 그래서 readyState 값만 확인하면 안 되겠죠? readyState 프로퍼티 값이 4이면서 state 프로퍼티 값이 200일 경우에만 서버에서 제대로 자료를 가져온 상태입니다. 그러므로 서버에서 자료를 가져와 사용할 수 있는 상태인지 확인하기 위해 일반적으로 if 문을 사용하여 다음과 같이 작성합니다.

```
xhr.onreadystatechange = function() {
  if (xhr.readyState == 4 && xhr.state == 200) {  // 자료가 있고 가져오는 데 성공했다면
    // 필요한 명령
  }
}
```

responseText 프로퍼티

responseText 프로퍼티에는 요청에 대한 응답이 문자열 형태로 저장됩니다. 콘솔 창에 다음과 같이 입력하면 student.json의 내용이 문자열로 저장된 것을 볼 수 있습니다.

```
xhr.responseText
```

그림12-29 XMLHttpRequest 객체의 responseText 프로퍼티 확인하기

이 JSON 문자열을 객체로 바꾸어야 프로그램에서 사용할 수 있으므로 앞에서 설명했던 JSON.parse()를 사용해서 파싱해 줍니다. 그러면 이 내용을 화면에 표시해 볼게요. 앞에서 xhr 객

체를 가져왔으므로 다음과 같이 파싱할 수 있습니다. 그리고 12\student.html 문서에 미리
만들어 둔 #result 영역에서 가져온 자료를 표시합니다.

```
let students = JSON.parse(xhr.responseText);
document.getElementById("result").innerHTML = `${students.name} 학생은 ${students.grade}
학년입니다.`
```

그림 12-30 #result 영역에서 가져온 자료 표시하기

Do it! 실습 ▶ JSON 자료를 가져와서 화면에 표시하기 1

준비 12\student.html 결과 12\student-result.html, 12\js\student-result.js

앞에서 공부했던 것들을 떠올리면서 JSON 파일을 가져와서 화면에 표시하는 연습을 해 보겠
습니다.

먼저 생각해 보세요!	• 서버와 어떻게 통신할까요?	☐
	• JSON 파일을 가져올 때 어떤 메서드를 사용할까요?	☐
	• 가져온 JSON 파일을 어떻게 객체로 변환할까요?	☐

01 VS Code의 왼쪽 탐색 창에서 12\js 폴더에 새 파일을 만들고 student.js라고 저장한 후 이 파일을 student.html 문서에 연결합니다.

```
12\student.html
```

```html
<script src="js/student.js"></script>
```

02 다음 소스를 12\js\student.js 파일에 입력합니다. 모두 앞에서 살펴본 명령이므로 기억을 떠올리면서 작성하세요.

```
12\js\student.js
```

```javascript
let xhr = new XMLHttpRequest();      // ❶ 서버와 연결하기 위한 객체 생성
xhr.open("GET", "student.json");     // ❷ 서버와 연결
xhr.send();

xhr.onreadystatechange = function () {
  if (xhr.readyState == 4 && xhr.status == 200 ) {   // ❸ 성공적으로 자료를 가져오면?
    let student = JSON.parse(xhr.responseText);      // ❹ JSON 객체로 변환
    document.getElementById("result").innerHTML = `
      <h1>${student.name}</h1>
      <ul><li>전공 : ${student.major}</li><li>학년 : ${student.grade}</li></ul>
    `;                                               // ❺ 객체의 내용을 화면에 표시
  }
}
```

03 라이브 서버로 student.html 문서를 열고 다음과 같이 student.json에 있던 내용이 표시되는지 확인합니다.

도레미

- 전공 : 컴퓨터 공학
- 학년 : 2

준비 12\student-2.html, 12\student-2.json 결과 12\student-2-result.html, 12\js\student-2-result.js

student.json 파일에는 학생 정보가 하나뿐이지만, 실제로 JSON에는 수많은 자료가 포함되어 있습니다. student.json 파일을 수정해서 여러 가지 정보를 넣고 해당 정보를 가져오는 방법을 살펴보겠습니다.

01 12\student-2.json 파일을 열면 3명의 학생 정보가 들어 있습니다. 다양한 자료를 JSON에 넣을 때는 배열([])로 전체를 묶고 각 JSON 문자열은 쉼표(,)로 구분합니다.

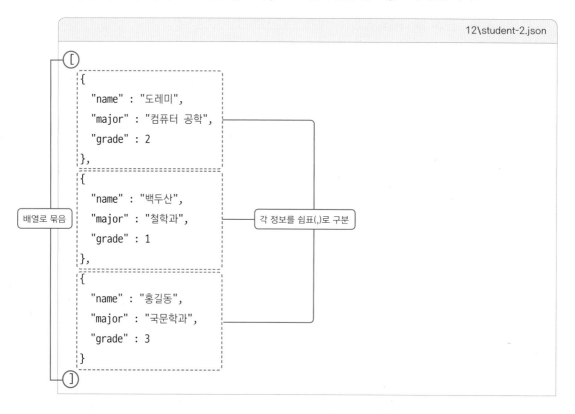

02 앞에서 XMLHttpRequest 객체를 사용해서 JSON 자료를 가져오는 방법을 살펴보았으니 이번에는 소스를 좀 더 다듬어 보겠습니다. 12\js 폴더에 student-2.js 파일을 만들고 12\student-2.html 문서에 연결하세요.

12\student-2.html

```
<script src="js/student-2.js"></script>
```

03 자바스크립트에서 함수를 작성할 때는 각 함수마다 하나의 기능만 작동하게 하는 것이 좋습니다. 이렇게 해야 각 기능별로 분리해서 관리할 수도 있고, 다른 곳에서 같은 기능이 필요할 때 해당 함수를 가져와서 사용할 수도 있죠. 그래서 이번에는 student-2.json 파일을 가져오는 함수와 가져온 내용을 화면에 표시하는 소스를 분리해서 작성해 보겠습니다. 여기에서 render HTML()이 화면에 내용을 표시하는 함수이므로 12\js\student.js 파일에 다음의 소스를 입력하세요.

```
let xhr = new XMLHttpRequest();
xhr.open("GET", "student-2.json");
xhr.send();

xhr.onreadystatechange = function () {
  if (xhr.readyState === 4 && xhr.status === 200 ) {
    let students = JSON.parse(xhr.responseText);
    renderHTML(students);
  }
}
```

04 renderHTML() 함수를 만들기 전에 student 변수에 값이 어떻게 저장되었는지 확인해 보겠습니다. 12\js\student-2.js 파일을 저장한 후 라이브 서버로 12\student-2.html 문서를 열고 콘솔 창에 다음과 같이 입력하세요. 소스에서 작성한 students 변수는 블록 변수여서 직접 접근할 수 없으므로 콘솔 창에서 전역 변수인 xhr 변수의 responseText를 직접 파싱해서 확인합니다.

😊 아직 renderHTML() 함수를 정의하지 않았으므로 콘솔 창에 오류가 발생하지만, 곧 renderHTML() 함수를 정의할 것이므로 이 오류는 무시하세요.

```
JSON.parse(xhr.responseText)
```

05 3개의 객체가 들어 있는 배열이 보일 것입니다. 즉, **students**는 배열로 저장되어 있으므로 프로그램에서는 배열에 있는 객체에 순서대로 접근해서 해당 내용을 가지고 오면 됩니다.

06 다시 VS Code로 되돌아온 후 앞에서 입력했던 소스의 다음에 renderHTML() 함수를 작성하세요. 이때 배열에 있는 요소를 순회하기 위해 **for...of** 문을 사용했습니다.

😊 for...of 문 대신 forEach 문을 사용할 수도 있습니다. forEach 문을 사용한 함수는 12\js\student-2-result.js 파일을 참고하세요.

```
                                                                    12\student-2.js

function renderHTML(contents) {
  let output = "";
  for (let content of contents) {
    output += `
      <h2>${content.name}</h2>
      <ul>
        <li>전공 : ${content.major}</li>
        <li>학년 : ${content.grade}</li>
      </ul>
      <hr>
    `;
  }
  document.getElementById("result").innerHTML = output;
}
```

07 다시 한번 12\student-2.html 문서를 열고 화면에 각 학생의 정보가 나타나는지 확인합니다.

수강생 명단

도레미

- 전공 : 컴퓨터 공학
- 학년 : 2

백두산

- 전공 : 철학과
- 학년 : 1

홍길동

- 전공 : 국문학과
- 학년 : 3

12-4 예외 처리하기

함수와 이벤트, 객체 등 여러 가지 요소를 고려하기 시작하면서 프로그램 소스는 점점 더 복잡해집니다. 특히 서버에서 자료를 받아와서 사용하거나, 다른 사람이 작성해 놓은 소스를 가져와서 사용할 경우에는 여러 가지 상황을 고려해야 하죠. 이번에는 이럴 때 사용할 수 있는 예외 처리 방법에 대해 살펴봅니다.

예외 처리란

프로그램에서 문제가 발생하면 프로그램은 실행을 멈추므로 소스를 작성할 때부터 발생할 만한 문제를 미리 고려하고 대비해야 합니다. 이런 작업을 '예외를 처리한다'고 합니다.

😊 '예외 처리', '에러 핸들링^{error handling}', '오류 처리' 등 다양하게 부릅니다.

예외^{exception}는 소스를 작성할 때 문법적인 실수로 발생하는 오류를 가리키기도 하고, 프로그램의 작성 의도와 다르게 프로그램을 사용했을 때도 발생합니다. 예를 들어 프롬프트 창에서 입력을 받을 때 사용자가 [취소] 버튼을 클릭할 것을 대비해서 다음과 같이 if 문을 사용해 작성하는데, 이것도 넓은 의미의 예외 처리 중 하나입니다.

```
if(userInput !== null) {
        ⋮
}
```

미리 예외가 발생할 것을 예상할 수 있을 때 그 예외를 어떻게 처리할지에 대해 알아보겠습니다.

간단한 예를 들어 보죠. 다음 소스를 보면 정의하지 않은 add()라는 함수를 실행하고 있습니다. 오류가 발생할 것을 알 수 있겠죠? 스크립트 소스에서 오류가 발생하면 그 다음에 오는 소스는 아예 실행되지 않습니다. 프로그램이 중단되기 때문이죠. 그래서 콘솔 창에는 '시작' 문자열만 표시됩니다.

예외를 처리하지 않았을 때	12\error-1.html

```
<script>
  console.log("시작");
  add();
  console.log("실행 중...");
  console.log("끝");
</script>
```

그림 12-31 예외를 처리하지 않아서 오류가 발생한 후 중단된 프로그램

try 문, catch 문, finally 문

예외가 발생했을 때 프로그램이 중단되지 않게 하려면 적절하게 예외를 처리해야 합니다. 이
때 try 문과 catch 문을 사용하는데, finally 문도 함께 사용하는 경우가 있습니다.

```
기본형    try {
           // 실행할 코드
         } catch (error) {
           // try 블록에서 예외가 발생했을 때 실행할 코드입니다.
         } finally {
           // try 블록 이후에 실행할 코드. 예외와 상관없이 실행됩니다.
         }
```

try 문이나 catch 문, finally 문 모두 중괄호({})를 이용해서 그 안에 명령을 작성합니다.
try 블록에서는 실행할 명령을 작성하고, catch 블록에서는 예외를 어떻게 처리할지 작성합
니다. catch라는 말에서도 알 수 있듯이 try 블록 안에서 발생한 예외를 잡아내서catch 처리합니
다. catch 블록에서는 error 객체를 인자로 받는데, error 객체에는 오류 이름과 오류 설명이 들
어 있습니다.

그리고 finally 문은 예외가 발생하든, 발생하지 않든 상관없이 try 블록 다음에 실행할 명령을 작성합니다. 일반적으로 finally 문은 생략되는 경우가 많습니다.

앞에서 살펴보았던 소스를 try...catch를 사용해 다시 작성해 보겠습니다. try 블록 안에서 명령을 실행하다가 add를 실행하는 순간 오류가 발생합니다. 그러면 catch 블록으로 옮겨서 오류를 처리하죠.

다음은 error 객체를 err이라고 표기해서 발생한 오류를 콘솔 창에 표시하는 간단한 예제입니다.

예외 처리를 적용한 프로그램	12\error-2.html

```html
<script>
  try {
    console.log("시작");
    add();
    console.log("실행 중...");
  } catch(err) {
    console.log(`오류 발생 : ${err}`);
  }

  console.log("끝");
</script>
```

웹 브라우저 창의 콘솔 창에서 확인해 보면, try 블록 안에 있는 명령을 실행하다가 오류가 발생하면 catch 문으로 넘겨서 오류를 처리합니다. 오류가 발생했다고 이후의 모든 명령이 멈추는 것이 아니라 try 블록에서 오류 이후의 명령, console.log("실행 중...")이라는 부분만 실행되지 않습니다. 그리고 예외 처리가 끝나면 되돌아와서 finally 블록의 명령을 실행하죠. 여기에서는 finally 블록이 없으므로 try...catch 다음의 명령인 console.log("끝")이 실행됩니다. 이렇게 try...catch를 사용하면 오류가 발생해서 프로그램이 중단되는 것을 방지할 수 있습니다.

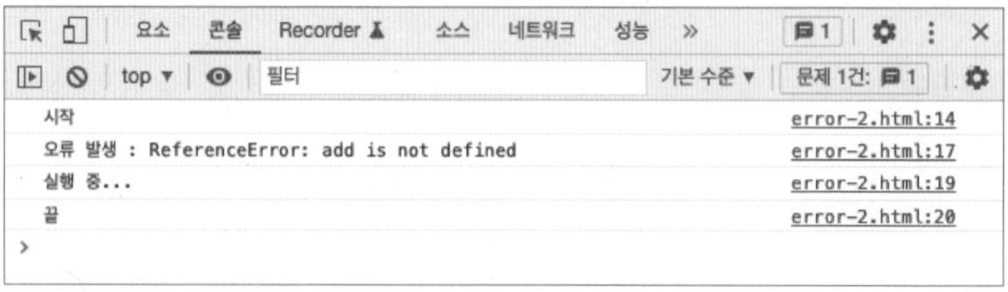

시작	error-2.html:14
오류 발생 : ReferenceError: add is not defined	error-2.html:17
실행 중...	error-2.html:19
끝	error-2.html:20

그림 12-32 예외 처리를 사용해서 오류가 발생해도 멈추지 않는 프로그램

오류 표시하기

console.error( ) 문으로 오류 메시지 표시하기

앞의 소스에서 콘솔 창에 오류 메시지를 표시할 때 console.log() 문을 사용했죠? 이 명령은 콘솔 창에 소괄호 안의 내용을 표시하는 용도이므로 일반적인 다른 메시지와 같은 형태로 표시됩니다. 그래서 콘솔 창에 오류 메시지를 표시할 때는 console.error() 문을 사용하는 것이 좋습니다. 오류가 발생하면 빨간색으로 표시되므로 일반 메시지와 구별되기 때문입니다.

console.error( ) 문으로 오류 메시지 표시하기	12\error-3.html

```
<script>
  try {
    ⋮
  } catch(err) {
    console.error(`오류 발생 : ${err}`);
  }
    ⋮
</script>
```

| | 요소 | 콘솔 | Recorder ▲ | 소스 | 네트워크 | 성능 | » | ● 1 | ▣ 1 | ✿ | ⋮ | ✕ |
| ▷ | 🚫 | top ▼ | ◉ | 필터 | | | 기본 수준 ▼ | 문제 1건: ▣ 1 | ✿ |

시작	error-3.html:14
⊗ ▶오류 발생 : ReferenceError: add is not defined	error-3.html:17
실행 중...	error-3.html:19
끝	error-3.html:20
>	

그림 12-33 console.error( ) 문으로 오류 메시지 표시하기

error 객체 살펴보기

catch 블록에서는 error 객체를 인자로 받는다고 했죠? 위의 결과 화면에서 error 객체를 그대로 표시하면 오류의 이름과 오류 메시지가 모두 표시됩니다. 이것을 error.name과 error.message로 따로 표시할 수 있습니다.

그림 12-34 error 객체의 구성

```
error 객체 다루기                                                    12\error-4.html

<script>
  try {
    ⋮
  } catch(err) {
    console.error(`오류 발생 : ${err}`);
    console.error(`오류 발생 : ${err.name}`);
    console.error(`오류 발생 : ${err.message}`);
  }
    ⋮
</script>
```

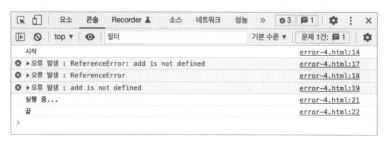

그림 12-35 error 객체의 name과 message 따로 표시하기

throw 문

앞에서 살펴본 예제에서는 예외가 발생했을 때 **error** 객체에 담겨 있는 이름이나 메시지를 사용했지만, 사용자가 직접 예외를 만들 수도 있습니다.

throw 문은 자바스크립트에서 사용자가 직접 예외를 만들면서 오류 메시지도 지정합니다.

> **기본형**   *throw 메시지*

앞에서 공부했던 JSON 자료를 예로 들어 보겠습니다. JSON 자료는 대부분 서버에서 가져와서 사용합니다. JSON 파일에는 많은 자료가 담겨 있는데, 참조하려는 자료가 없으면 오류가 발생합니다. 이 경우에는 특별히 오류 메시지를 표시하지도 않죠. 아마 이 오류를 수정하느라 몇 시간을 허비할 수도 있습니다.

예를 들어 JSON 자료에 사용자 학년과 나이만 있는데, 자료에 없는 사용자 이름을 가져와서 무언가 작업을 한다고 가정해 보겠습니다. 이 경우 오류 메시지도 없이 undefined라고만 표시됩니다. 이 소스는 짧으므로 쉽게 오류를 찾을 수 있지만, 나중에 발생할 수도 있는 예외 상황을 미리 대비해서 throw를 사용해 오류 메시지를 만들어 보겠습니다.

```
throw 문으로 오류 메시지 만들기                                          12\error-5.html

<script>
  let json = '{"grade": 3, "age": 25}';

  try {
    let user = JSON.parse(json);
    if (!user.name) {
      throw "사용자 이름이 없습니다.";
    }
  } catch (err) {
    console.error(err);
  }
</script>
```

그림 12-36 throw 문으로 오류 메시지 만들기

throw 문으로 오류 메시지를 만들 때 Error 객체를 사용할 수 있습니다.

> **기본형** **throw new Error(*메시지*)**

앞에서 살펴본 소스를 다음과 같이 Error 객체를 사용해서 오류 메시지를 만들 수도 있습니다.

```
throw 문에서 Error 객체 사용하기                                        12\error-6.html

<script>
  let json = '{"grade": 3, "age": 25}';

  try {
    let user = JSON.parse(json);
    if (!user.name) {
```

```
      throw new Error("사용자 이름이 없습니다.");
    }
  } catch (err) {
    console.error(err);
  }
</script>
```

이렇게 하면 catch 블록에서 받는 Error 객체의 name은 Error가 되고 message는 소괄호 안의
내용이 됩니다.

그림 12-37 throw 문에서 Error 객체 사용하기

 복습하기 Error 객체를 사용해 오류를 만들었을 때 오류의 이름과 메시지를 콘솔 창에 표시해 보세요.

정답 12\error-7.html

마무리 문제 1

준비 12\quiz-1.html 정답 12\solution-1.html, 12\js\solution-1.js

서버에 있는 JSON 자료를 가져와서 화면에 표시하려고 합니다. JSON 자료에는 id를 비롯해 여러 개의 값이 담겨 있습니다. 앞에서 공부한 XMLHttpRequest 객체를 사용해 자료를 가져와서 상품 이름과 생산 연도를 화면에 표시해 보세요.

> JSON 자료 위치: reqres.in/api/products/10

📖 길라잡이

- 먼저 서버에 있는 JSON의 자료의 위치를 변수로 저장합니다.
- **XMLHttpRequest** 객체를 사용해 앞에서 지정한 주소에서 자료를 가져옵니다.
- 서버에서 JSON 자료를 가져오는 데 성공했는지 체크합니다
- 성공했다면 가져온 JSON 자료를 객체로 변환합니다.
- 객체 안의 정보 중에서 상품 이름과 생산연도를 가져와서 화면에 표시합니다.

마무리 문제 2

준비 12\quiz-2.html 정답 12\solution-2.html, 12\js\solution-2.js

12\quiz-2.html 문서에는 10보다 작은 수를 입력하는 텍스트 필드가 있습니다. 사용자가 숫자를 입력한 후 [입력] 버튼을 클릭했을 때 10보다 작은 수이면 화면에 표시하고, 10보다 큰 수를 입력했거나 아무 값도 입력하지 않았을 때, 또는 숫자가 아닌 다른 내용을 입력했을 때 예외를 처리하는 소스를 작성해 보세요.

정상적으로 처리했을 때

예외가 발생했을 때

길라잡이

- 텍스트 필드에 입력한 값을 가져와서 변수로 저장합니다.
- try 블록에서는 가져온 입력값에 따라 어떻게 동작할지 작성합니다.
- catch 블록에서는 알림 창에 error 개체를 표시합니다.
- finally 블록에서는 다음 입력을 위해 텍스트 필드를 지웁니다.

13

비동기 프로그래밍

자바스크립트에서 서버와 통신을 하다 보면 어떤 자료를 요청하고 받는지에 따라, 또는 네트워크 속도에 따라 조금씩 처리 시간이 달라집니다. 그리고 시간 차이가 나는 처리 결과를 받아서 순서대로 처리해야 하는데, 이런 처리 방식을 '비동기 처리 방식'이라고 합니다. 자바스크립트에서 비동기 처리는 자주 사용하므로 매우 중요한 개념입니다. 이 장에서는 비동기 처리 방식이 어떤 방식인지 알아보고 자바스크립트에서 비동기 처리를 위해 사용하는 여러 가지 기법을 살펴보겠습니다. 그리고 이전 자바스크립트 버전에서 사용하던 콜백 함수를 비롯해서 에크마스크립트 2015에 도입된 프로미스promise와 에크마스크립트 2017부터 도입된 async 함수와 await 예약어에 대해 알아보겠습니다.

`</>`

13-1 비동기 처리 방식

자바스크립트 프로그램은 많은 함수들이 모여서 하나의 기능을 만듭니다. 그런데 이들 함수의 실행 시간이 서로 다르므로 특정 작업이 끝나면 다른 작업을 하고, 그 작업이 끝나면 이어서 또 다른 작업을 하도록 서로 연결해 주어야 합니다. 이때 이전 작업이 끝날 때까지 기다렸다가 다음 작업을 하는지, 또는 이전 작업을 시작해 놓고 다음 작업도 동시에 하는지에 따라 '동기synchronous'와 '비동기asynchronous'로 나뉩니다. 그러면 자바스크립트에서 동기와 비동기가 어떻게 다른지부터 알아보겠습니다.

동기 처리 방식과 비동기 처리 방식

기본적으로 자바스크립트 프로그램은 소스가 작성된 순서대로 소스를 처리하는데, 이것을 '동기 처리 방식'이라고 합니다. 앞에서 살펴본 소스가 모두 이렇게 동작하죠.

😀 동기 처리 방식을 '단일 스레드 방식', 또는 '싱글 스레드 방식' 이라고도 합니다.

이해하기 쉽게 커피 전문점에서 커피를 주문하고 마시는 과정을 예로 들어 보겠습니다. 동기 처리 방식은 A라는 사람이 커피를 주문하면 그 주문을 받아서 커피를 만들고 A에게 넘겨주어야 하나의 동작이 끝납니다. 뒤에 아무리 손님이 많아도 한 번에 손님 한 명의 주문만 처리하죠. 주문을 받고 커피를 만드는 것이 하나의 과정이므로 대기 줄이 점점 더 길어지고 주문 처리도 시간이 걸립니다.

반면 비동기 처리 방식은 A라는 사람이 커피를 주문하면 그 주문을 주방으로 넘기고, A에게는 진동벨을 주면서 커피가 완성되면 알려 주겠다고 합니다. 그리고 대기하고 있던 B의 주문을 받고 진동벨을 건네줍니다. 다른 사람의 주문을 받는 동안에 A의 커피가 완성되면 A에게 알려 주죠.

그림 13-1 동기 처리 방식과 비동기 처리 방식

동기 처리 방식

웹 개발을 할 때도 이것과 똑같은 상황이 종종 발생합니다. 먼저 동기 처리 방식의 소스를 살펴보겠습니다.

13\sync.html 문서에는 3개의 함수가 있고 이들 함수를 순서대로 실행하면 콘솔 창에 A → B → C의 순으로 표시됩니다.

소스의 실행 순서에 따라 함수 처리하기	13\sync.html, 13\js\sync.js

```javascript
function displayA() {
  console.log("A");
}
function displayB() {
  console.log("B");
}
function displayC() {
  console.log("C");
}


displayA();
displayB();
displayC();
```

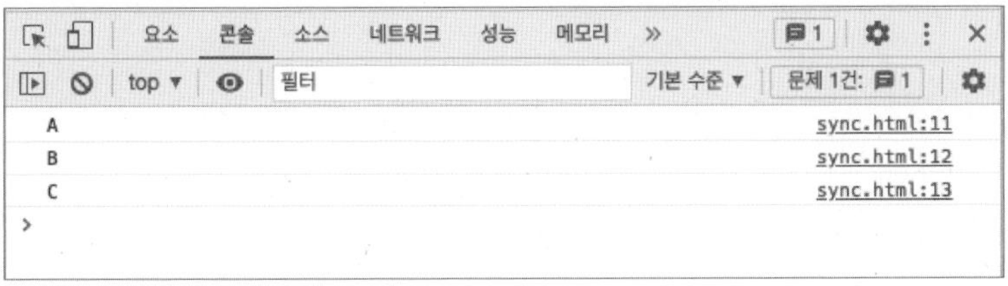

그림 13-2 동기 처리 방식으로 함수 처리하기

자바스크립트는 싱글 스레드 언어

자바스크립트는 기본적으로 한 번에 하나의 작업만 처리하는 싱글 스레드^{single thread} 언어입니다. 스레드^{thread}는 프로세스에서 작업을 실행하는 단위를 가리키는데, 한 번에 하나의 스레드만 처리하면 '싱글 스레드', 한 번에 여러 개의 스레드를 사용한다면 '멀티스레드'라고 합니다. 자바스크립트에는 한 번에 하나씩만 처리하는 싱글 스레드 방식으로 동작합니다. 예를 들어 세 가지 함수 중에서 특정 함수를 실행하는 데 시간이 더 걸린다고 가정해 보겠습니다. 여러 상황 때문에 시간이 더 걸리겠지만, 서버에서 자료를 받아올 때 자료의 양이 많거나 네트워크 상태가 안 좋아서 실행 시간이 길어지는 경우를 생각해 보세요. 지금 당장 서버와 통신하는 소스를 작성할 수 없으므로 setTimeout() 함수를 사용해서 실행 시간을 늦춰 보겠습니다.

😊 setTimeout() 함수는 일정한 시간이 지난 후에 지정한 함수를 실행합니다.

13\async-1.html 문서의 소스는 다음과 같습니다. A와 C를 표시하는 함수는 즉시 실행되지만, B를 표시하는 함수는 2초 후에 실행되도록 작성했습니다.

일단 소스만 살펴보면 콘솔 창에 A를 표시하고, 2초 후에 B를 표시한 후 다시 C를 표시할 것입니다. 하지만 displayB() 함수가 2초가 아니라 30초라고 생각해 보세요. 30초 동안 콘솔 창에는 아무것도 표시되지 않은 상태로 대기할 것입니다. 이렇게 되면 시간뿐만 아니라 시스템 자원도 많이 낭비됩니다. 그래서 중간에 시간이 많이 걸리는 소스가 있다면 별도로 처리하고, 그다음에 있는 소스를 먼저 실행합니다.

함수 처리하기 13\async-1.html, 13\js\async-1.js

```
function displayA() {
  console.log("A");
}
function displayB() {
  setTimeout(() => console.log("B"), 2000);
}
function displayC() {
  console.log("C");
}

displayA();
displayB();
displayC();
```

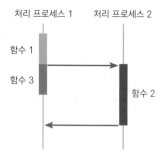

처리 프로세스 1   처리 프로세스 2

함수 1

함수 3

함수 2

😊 자바스크립트는 싱글 스레드를 사용하지만 시간이 많이 걸리는 작업은 따로 처리해서 싱글 스레드의 단점을 보완합니다.

그림 13-3 자바스크립트의 처리 방식

웹 브라우저 창에서 13\async-1.html 문서를 열고 콘솔 창을 확인해 보세요. 소스에서 display A(), displayB(), displayC() 순서로 함수를 실행했지만, displayB() 함수는 2초 후에 실행되므로 A를 표시하고 C를 표시한 후 2초 후에 B를 표시합니다. 결론적으로 콘솔 창에는 A → C → B 순서로 표시됩니다. 자바스크립트에서는 함수의 실행 시간에 따라 오래 걸리는 것은 별도로 처리하고 실행이 끝났을 때 결과를 반환합니다.

그림 13-4 멀티스레드로 처리한 결과

비동기 처리 방식

프로그램에서는 여러 개의 함수를 작성하는데, 실행 시간이 다른 함수들을 원하는 처리 순서에 맞게 프로그래밍하는 것을 '비동기 처리'라고 합니다.

앞의 13\async-1.html 예제에서 본 것처럼 자바스크립트는 시간이 걸리는 작업이 있을 경우 시간이 걸리는 작업을 따로 처리하고, 빨리 끝나는 작업을 먼저 처리합니다. 하지만 프로그램에 따라 이런 실행 순서를 조절해야 할 때가 있습니다. 예를 들어 서버에서 자료를 가져와서 화면에 표시한다면 서버에서 자료를 가져올 때 아무리 많은 시간이 걸려도 자료를 가져오는 함수 다음에 화면에 표시하는 함수를 실행해야 합니다.

다음은 콘솔 창에 A를 표시하고 2초 기다렸다가 B를 표시한 후 이어서 C를 표시하는 예제입니다. 실행 순서를 조절한 것이죠.

13\async-2.html 문서를 보면 displayC() 함수는 displayB() 함수에 이어서 실행해야 하므로 displayB(displayC)처럼 작성했습니다. displayC()에게 진동벨을 주면서 displayB() 가 끝나면 실행하도록 하는 거죠. displayB()라는 함수에 displayC() 함수를 인수로 사용하는데, 이것을 '콜백^{callback} 함수'라고 합니다.

😀 아직 소스가 이해되지 않아도 걱정하지 마세요. 콜백 함수로 비동기 처리하는 방법을 곧 배울 것입니다.

```javascript
function displayA() {
  console.log("A");
}
function displayB(callback) {
  setTimeout(() => {
    console.log("B");
    callback();
  }, 2000);
}
function displayC() {
  console.log("C");
}


displayA();
displayB(displayC);
```

위의 소스를 웹 브라우저 창에서 확인하면 A를 표시하고 잠시 기다렸다가 B와 C를 표시합니다.

그림 13-5 콜백 함수를 사용해 비동기 처리하기

자바스크립트에서 비동기 방식으로 처리하려면 다음과 같이 크게 세 가지 방법을 사용할 수 있습니다. 각 방법에 대해서는 앞으로 하나씩 살펴보겠습니다.

표 13-1 자바스크립트의 세 가지 비동기 방식

비동기 방식	버전	기능
콜백 함수	기존부터 사용	함수 안에 또 다른 함수를 매개변수로 넘겨서 실행 순서를 제어합니다. 콜백 함수가 많아지면 가독성이 떨어질 수 있습니다.
프로미스promise	에크마스크립트 2015 부터 도입	Promise 객체와 콜백 함수를 사용해서 실행 순서를 제어합니다.
async, await	에크마스크립트 2017 부터 도입	async 함수와 await 예약어를 사용해서 실행 순서를 제어합니다.

비동기 처리와 콜백 함수

콜백 함수란, 다른 함수의 매개변수로 사용하는 함수로, 자바스크립트는 오래 전부터 콜백 함수를 사용해서 비동기 처리를 구현해 왔습니다.

함수 이름을 콜백으로 사용하기

간단한 예제를 살펴보면서 콜백으로 비동기 처리하는 방법을 알아보겠습니다. 예를 들어 사용자가 커피를 주문한 후 3초 후에 커피가 준비되었다고 알려 주는 프로그램을 작성한다고 가정해 보겠습니다. 커피를 주문하기 위한 order 함수는 다음과 같이 작성합니다.

```
function order(coffee) {
  console.log(`${coffee} 주문 접수`);
}
```

커피가 완성되면 커피가 준비되었다고 콘솔 창에 보여 주는 dipslay() 함수도 작성해 보겠습니다.

```
function display(result) {
  console.log(`${result} 준비 완료`);
}
```

커피를 주문한 후 3초 후에 커피가 나온다면 어떻게 작성해야 할까요? order() 함수를 실행하고 이어서 3초 후에 display() 함수가 실행되어야 합니다.

```
function order(coffee) {
  // 커피 주문
  // 3초 기다린 후 완료 표시 ◀──┐
}                              │
function display(result) {     │
  // 커피 완료 표시 ───────────┘
}
```

그림 13-6 예상하는 프로그램의 흐름

콜백을 사용한다면 커피가 준비되었다고 표시하는 display() 함수를 order() 함수의 매개변수로 넘기면 됩니다.

```
function order(coffee, callack) {
  // 커피 주문
  // 3초 기다린 후 완료 표시
}

function display(result) {
  // 커피 완료 표시
}

order("아메리카노", display)
```

그림 13-7 display() 함수를 order() 함수의 매개변수로 넘기기

지금까지 설명한 것을 소스로 정리하면 다음과 같습니다. 웹 브라우저 창의 콘솔 창에서 '아메리카노 주문 접수'가 표시된 후 3초 후에 '아메리카노 준비 완료'라는 메시지가 표시되는 것을 확인할 수 있습니다.

콜백 함수를 사용해 비동기 처리하기　　　　　13\callback-1.html, 13\js\callback-1.js

```
function order(coffee, callback) {
  console.log(`${coffee} 주문 접수`);
  setTimeout(() => {
    callback(coffee);
  }, 3000);
}
function display(result) {
  console.log(`${result} 준비 완료`);
}

order("아메리카노", display);
```

그림 13-8 콜백 함수를 사용해 비동기 처리하기

익명으로 콜백 함수 작성하기

콜백 함수를 사용할 때 함수 이름도 사용하지만, 함수 안에 직접 익명 함수로 작성하기도 합니다. 예를 들어 A를 표시한 후 1초마다 B → C → D → STOP! 순서로 표시하면 다음과 같이 작성할 수 있습니다.

익명으로 콜백 함수 작성하기	13\callback-2.html, 13\js\callback-2.js

```javascript
function displayLetter() {
  console.log("A");
  setTimeout( () => {
    console.log("B");
    setTimeout( () => {
      console.log("C");
      setTimeout( () => {
        console.log("D");
        setTimeout( () => {
          console.log("stop!");
        }, 1000);
      }, 1000);
    },1000);
  }, 1000);
}


displayLetter();
```

그림 13-9 익명으로 콜백 함수 처리하기

콜백 함수에 다른 콜백 함수가 계속 들어가면 소스의 가독성이 떨어지고, 오류가 발생했을 때 디버깅하기 어렵습니다. 이렇게 콜백이 계속 반복되는 상태를 '콜백 지옥^{callback hell}'이라고 합니다. 이 소스는 간단하지만, 서버에서 자료를 가져와서 처리하는 소스이면 이보다 더 복잡해질 것입니다. 그래서 다음 절에서 알아볼 프로미스가 등장했어요.

13-2 프로미스

앞에서 콜백 함수를 사용해서 비동기 작업을 순서대로 처리하는 방법에 대해 알아보았습니다. 그런데 콜백 안에 계속 콜백이 포함될 경우에는 콜백 지옥을 만나곤 하죠. 프로미스는 이런 콜백 지옥을 만들지 않기 위해 에크마스크립트 2015에서 도입한 방법입니다. 프로미스를 좀 더 쉽게 이해하기 위해 피자를 만드는 프로그램 예제를 통해 하나씩 알아보겠습니다.

promise 객체 만들기

프로미스promise는 이름에서 알 수 있듯이 처리에 성공했을 때 실행할 콜백 함수와 성공하지 않았을 때 실행할 콜백 함수를 미리 약속하는 것입니다.

프로미스를 사용하려면 먼저 promise 객체를 만들어야 합니다. 이 경우 성공했을 때 실행할 resolve() 콜백 함수와 실패했을 때 실행할 reject() 콜백 함수를 매개변수로 사용합니다.

😀 함수 이름 resolve와 reject를 res, rej로 쓰기도 하고 success, fail과 같이 사용해도 됩니다.

> **기본형** `new Promise(resolve, reject)`

다음은 이름이 pizza인 promise 객체를 만드는 소스인데, resolve 콜백과 reject 콜백 매개변수가 있습니다.

```
const pizza = new Promise((resolve, reject) => {
    // 실행할 소스를 작성합니다.
});
```

이 소스를 좀 더 확장해서 다음과 같이 작성해 볼까요? likePizza 변수가 true이면 '피자를 주문합니다.'라는 텍스트를 resolve 함수로 넘기고, likePizza가 false이면 '피자를 주문하지 않습니다.'라는 텍스트를 reject 함수로 넘기는 프로미스입니다. 프로미스에서 resolve() 함수와 reject() 함수 중 하나는 반드시 실행해야 하고 둘 다 실행할 수도 있습니다.

```
let likePizza = true;
const pizza = new Promise((resolve, reject) => {
  if (likePizza)
    resolve('피자를 주문합니다.');
  else
    reject('피자를 주문하지 않습니다.');
});
```

여기에서 promise 객체가 하는 일은 실행 결과에 따라 resolve() 함수나 reject() 함수로 연결하는 것일 뿐, 성공하거나 실패했을 때 실행할 명령을 가지고 있지는 않죠. 즉, 위의 소스는 promise 객체를 만들기만 할 뿐 실제 이 프로미스를 사용하지는 않는데, 이렇게 promise 객체를 만드는 소스를 '제작 코드^{producing code}'라고 합니다.

이제부터 프로미스를 사용하는 소스도 작성해 보겠습니다.

promise 객체 사용하기

promise 객체를 사용하는 소스를 '소비 코드^{consuming code}'라고 합니다. 즉, 프로미스는 객체를 생성하는 부분과 프로미스를 사용하는 부분으로 나뉩니다.

프로미스를 실행할 때는 then() 메서드와 catch() 메서드, finally() 메서드를 사용합니다. 이 중에서 then() 메서드는 프로미스에서 성공했다는 결과를 보냈을 때 실행할 함수나 명령을 연결하고, catch() 메서드는 프로미스에서 실패했다는 결과를 보냈을 때 실행할 함수나 명령을 연결합니다.

프로미스에서 성공 결과를 보냈을 때 실행하는 then

자, 그러면 앞에서 만든 pizza라는 프로미스를 다시 살펴볼까요? 넘겨받은 값을 처리하기 위해 then과 catch를 사용해 소스를 추가해 보겠습니다.

소스의 첫 줄에서 likePizza = true로 지정했습니다. 현재 likePizza 변수가 true 값을 가지고 있으므로 프로미스에서 resolve() 함수로 '피자를 주문합니다.'라는 텍스트를 넘겨줍니다. 아직 resolve() 함수가 어떤 일을 하는지 프로미스 상태에서는 모릅니다. 그냥 텍스트를 넘겨주기만 한 거죠.

실제 resolve() 함수가 하는 일은 pizza.then()에 있고 then() 메서드에서는 result라는 값을 콘솔 창에 표시하죠. 그렇다면 result에는 무엇이 들어 있을까요? 네, 맞습니다. pizza 프

로미스의 resolve에서 넘겨준 '피자를 주문합니다.'라는
텍스트가 들어 있습니다. 이때 소스에서 then 뒤에 catch
가 연결되므로 then() 메서드의 끝에는 세미콜론을 붙이
지 않는다는 점에 주의하세요.

.then().catch();가 하나의 문statement
입니다. 그리고 then()과 catch() 메서드에서
사용한 result 변수나 err 변수에는 다른 이름
을 사용해도 됩니다.

---

then()과 catch() 메서드 사용하기   13\promise-1.html, 13\js\promise-1.js

```javascript
let likePizza = true;
const pizza = new Promise((resolve, reject) => {
  if (likePizza)
    resolve('피자를 주문합니다.');
  else
    reject('피자를 주문하지 않습니다.');
});

pizza
  .then(
    result => console.log(result)
  )
  .catch(
    err => console.log(err)
  );
```

요소	콘솔	소스	네트워크	성능	»	📄1	⚙	⋮	✕

top ▼ 필터   기본 수준 ▼ 문제 1건: 📄1 ⚙

피자를 주문합니다.   promise-1.html:22

그림 13-10 프로미스의 reslove를 실행했을 때

프로미스에서 실패 결과를 보냈을 때 실행하는 catch

13\js\promise-1.js 소스에서 likePizza 변수를 false로 바꾸어 보세요. 이때는 then이 아
니라 catch에 연결된 명령이 실행됩니다. catch 문에서 받은 err 변수에는 '피자를 주문하지
않습니다.'라는 텍스트가 들어 있습니다.

```
let likePizza = false;
const pizza = new Promise((resolve, reject) => {
  if (likePizza)
    resolve('피자를 주문합니다.');
  else
    reject('피자를 주문하지 않습니다.');
});

pizza
  .then(
    result => console.log(result)
  )
.catch(
  err => console.log(err)
);
```

| ▷ | ⊘ | top ▾ | 👁 | 필터 | 기본 수준 ▾ | 문제 1건: 🏴 1 | ⚙ |

피자를 주문하지 않습니다.   promise-1.html:25

>

그림 13-11 프로미스의 reject를 실행했을 때

성공과 실패에 상관없이 실행하는 finally

프로미스를 실행할 때 사용하는 finally는 프로미스에서 성공을 넘기든, 실패를 넘기든 상관 없이 마지막에 실행하려고 할 때 사용합니다.

다음은 likePizza 변수에 따라 '피자를 주문합니다.' 또는 '피자를 주문하지 않습니다.'를 표 시한 후 마지막에 finally를 사용해서 '완료'를 표시하는 예제입니다. 이 경우에도 catch() 메서드의 뒤에 finally() 메서드를 연결하므로 catch() 끝에 붙였던 세미콜론은 빼야 하는 것에 주의하세요.

😀 then().catch().finally()는 소스를 읽기 편하도록 줄을 바꾼 하나의 문statement입니다.

finally() 메서드 사용하기 13\promise-2.html, 13\js\promise-2.js

```
let likePizza = true;
const pizza = new Promise((resolve, reject) => {
  if (likePizza)
    resolve('피자를 주문합니다.');
  else
    reject('피자를 주문하지 않습니다.');
});

pizza
  .then(
    result => console.log(result)
  )
 .catch(
   err => console.log(err)
 )
 .finally (
   () => console.log('완료')
 );
```

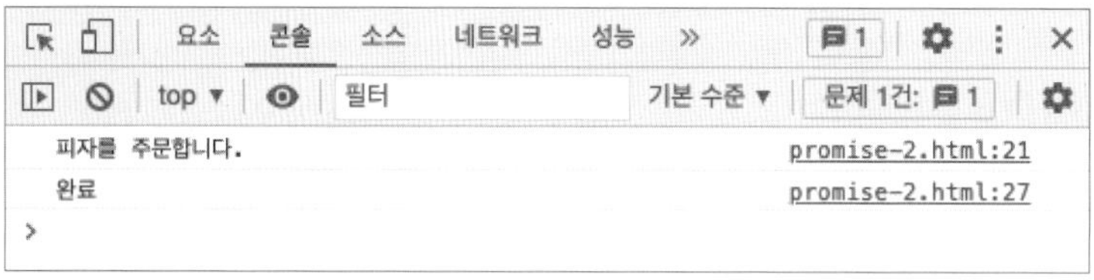

요소
콘솔
소스
네트워크
성능
1
top
필터
기본 수준
문제 1건: 1
피자를 주문합니다.
promise-2.html:21
완료
promise-2.html:27

그림 13-12 프로미스의 성공, 실패와 상관없이 finally() 메서드를 실행한 경우

프로미스의 상태

프로미스는 **resolve()** 함수나 **reject()** 함수를 매개변수로 받아서 실행하는 객체입니다. 프로미스 객체는 자신의 상태를 저장했다가 **resolve()** 함수나 **reject()** 함수를 실행하면 상태를 바꿉니다. 그리고 프로미스는 다음의 3단계 상태로 진행됩니다.

표 13-2 프로미스의 3단계 진행 상태

상태	설명
pending	처음 프로미스를 만들면 대기 상태pending가 됩니다.
fulfilled	처리에 성공하면 이행 상태fulfilled가 됩니다.
rejected	처리에 성공하지 못하면 거부 상태rejected가 됩니다.

앞에서 살펴보았던 pizza 프로미스를 예로 들면 다음과 같이 상태가 바뀌고 그때마다 반환되는 결괏값이 달라집니다.

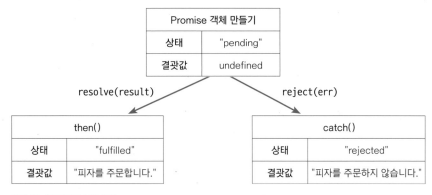

그림 13-13 프로미스의 상태

프로미스는 fulfilled 상태인지, reject 상태인지에 따라 '피자를 주문합니다.' 또는 '피자를 주문하지 않습니다.'라는 결괏값을 넘겨줍니다. 따라서 이 결괏값을 이해하기 쉽게 result나 err 같은 변수 이름으로 받아서 사용합니다. 프로미스 자체에 두 가지 결괏값이 있는 것이 아니므로 혼동하지 마세요.

Do it! 실습 ▶ 커피 주문하고 완료하는 프로미스 만들기

준비 13\promise-ex.html 결과 13\promise-ex-result.hml, 13\js\promise-ex-result.js

콜백 함수를 공부할 때 만들었던 소스를 가져와서 프로미스 형태로 만들어 보겠습니다. 다음은 특별한 동작을 위한 프로그램이 아니라 프로미스를 만들고 사용하는 과정을 익히기 위한 예제입니다.

> **먼저 생각해 보세요!**
> - 프로미스 제작 코드와 소비 코드를 어떻게 작성할까요? ☐
> - 프로미스 제작 코드
>   - 사용자에게 어떻게 주문을 받을까요? ☐
>   - 성공했을 때와 실패했을 때 어떻게 처리할까요? ☐
> - 프로미스 소비 코드
>   - 주문에 성공했을 때 실행할 함수를 어떻게 작성할까요? ☐
>   - 실패했을 때 실행할 함수를 어떻게 작성할까요? ☐

01 13\js 폴더에 promise-ex.js 파일을 만들고 13\promise-ex.html 문서에 연결합니다.

```
<script src="js/promise-ex.js"></script>
```

02 먼저 프로미스 객체를 만들어 보겠습니다. 아직 무엇을 할지 소스는 입력하지 말고 order 프로미스만 만들고 저장합니다.

```
const order = new Promise((resolve, reject) => {

});
```

03 라이브 서버로 13\promise-ex.html 문서를 열고 콘솔 창을 연 후 order를 입력하세요. Promise 앞에 있는 ▶을 클릭하면 order는 Promise 객체이고 아직 프로미스만 만들어져 있어서 현재 상태가 pending인 것을 알 수 있습니다. 그리고 아직 반환할 값이 없으므로 결괏값은 undefined입니다. 아직 콘솔 창과 웹 브라우저 창을 닫지 마세요.

```
order
```

04 편집기로 되돌아와서 프로미스 소스를 작성해 보겠습니다. 커피를 주문하고 커피가 완성될 때까지 약간 시간이 걸리므로 3초 후에 resolve() 함수를 호출하도록 작성했습니다. 그리고 프롬프트 창에 아무것도 입력하지 않거나 [취소] 버튼을 클릭했을 때는 reject() 함수를 호출합니다.

```
const order = new Promise((resolve, reject) => {
  let coffee = prompt("어떤 커피를 주문하시겠습니까?", "아메리카노");
  if(coffee != null && coffee != "") {
    document.querySelector(".start").innerText = `${coffee} 주문 접수`;
    setTimeout(() => {
      resolve(coffee);
    }, 3000);
  } else {
    reject("커피를 주문하지 않았습니다.");
  }
});
```

05 프로미스 소스를 저장하고 다시 웹 브라우저 창으로 되돌아와서 프롬프트 창에 원하는 커피 메뉴를 입력한 후 Enter를 누릅니다. 여기에서는 기본값 '아메리카노'를 사용하겠습니다.

06 화면에 '아메리카노 주문 접수'라는 텍스트가 나타납니다. 그러면 현재 order 프로미스의 상태를 확인해 볼까요? 콘솔 창에 order라고 입력하세요. 프로미스에서 if 문에 있는 resolve() 함수가 실행되었으므로 프로미스의 현재 상태는 fulfilled이고 프로미스의 결괏값은 프롬프트 창에서 받은 입력 내용입니다. resolve를 실행하면 프로미스가 fulfilled 상태가 된다는 것을 기억하세요.

07 여기에서 하나 더 기억해 둘 것이 있습니다. 즉, 프로미스에서 then()을 실행했을 때 반환되는 값은 프로미스라는 것입니다. 이것은 앞으로 공부할 프로미스 체이닝에서 중요한 개념이므로 직접 확인해 보겠습니다. 콘솔 창에 다음의 소스를 입력하면 프로미스가 반환될 것입니다.

```
order.then()
```

08 이제 프로미스를 만들었으니 then()과 catch() 메서드를 통해 프로미스를 소비할 차례입니다. 다음의 소스에서와 같이 display() 함수와 showErr() 함수를 따로 정의한 후 then과 catch로 연결했습니다.

자, 그러면 소스에 대해 좀 더 살펴볼까요? then() 메서드를 실행하면 order 프로미스를 반환하는데, then(display)라고 하면 반환된 order 프로미스의 결괏값(result)이 display로 넘겨집니다. 이와 마찬가지로 catch() 메서드를 실행하면 order 프로미스가 반환되고, catch(showErr)이면 반환된 프로미스의 결괏값(err)이 showErr로 넘겨집니다.

```
function display(result) {
  document.querySelector(".end").innerText = `${result} 준비 완료 `;
  document.querySelector(".end").classList.add("active");
  document.querySelector(".start").classList.add("done");
}

function showErr(err) {
  console.log(err);
}

order
  .then(display)
  .catch(showErr);
```

09 스크립트 소스를 저장한 후 다시 웹 브라우저 창으로 되돌아가면 텍스트 '아메리카노 주문 접수'가 표시되고 3초 후에 텍스트 '아메리카노 준비 완료'가 나타납니다.

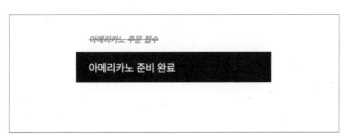

10 웹 브라우저 창을 새로 고침하고 [취소] 버튼을 클릭하면 화면에 '커피를 주문하지 않았습니다.'라고 나타납니다. 콘솔 창에 **order**를 입력해서 나타난 상태와 결괏값을 살펴보세요. 프롬프트 창에서 값을 가져오지 못했을 때, 즉 실패했을 때 reject() 함수가 실행되는데, 이 때 프로미스의 상태는 rejected이고 결괏값은 reject() 함수에 넘겨준 err 값입니다.

콜백 함수로 여러 단계 연결하기

앞에서 간단하게 프로미스의 동작 방법을 살펴보았습니다. 하지만 프로그램은 이렇게 간단하지 않고 몇 가지 함수를 계속 연결해서 사용하는 경우가 많습니다. 여러 단계를 연결할 때 콜백 함수나 프로미스를 사용할 수 있는데, 먼저 콜백 함수를 사용하는 방법부터 살펴보겠습니다. 예를 들어 피자를 만들 때 피자 도우를 준비하고 토핑을 올린 후 굽는 과정을 생각해 보겠습니다. 각 단계마다 소요 시간이 다르므로 여기에서는 setTimeout()을 사용해서 실행 시간을 지정하겠습니다. 먼저 콜백 함수를 사용해서 다음과 같이 작성할 수 있습니다.

😀 소스는 이 방법 외에도 다양한 방법으로 작성할 수 있습니다.

| 콜백 함수로 여러 단계 연결하기 | 13\pizza-1.html, 13\js\pizza-1.js |

```javascript
const step1 = (callback) => {
  setTimeout(() => {
    console.log('피자 도우 준비');
    callback();
  }, 2000);
}

const step2 = (callback) => {
  setTimeout(() => {
    console.log('토핑 완료');
    callback();
  }, 1000);
}
const step3 = (callback) => {
  setTimeout(() => {
```

```
        console.log('굽기 완료');
        callback();
    }, 2000);
}

console.log("피자를 주문합니다.");
step1(function() {
    step2(function() {
        step3(function() {
            console.log("피자가 준비되었습니다.");
        });
    });
});
```

위의 소스에서 실제로 실행되는 부분은 console.log() 이후의 소스입니다. 먼저 '피자를 주문합니다.'가 표시된 후 2초 후에 step1() 함수가 끝나면 1초 후에 step2() 함수가 실행됩니다. 그리고 다시 2초 후에 step3() 함수가 실행된 후 마지막에는 '피자가 준비되었습니다.'가 표시됩니다.

```
console.log("피자를 주문합니다.");
step1(function() {
    step2(function() {
        step3(function() {
            console.log("피자가 준비되었습니다.");
        });
    });
});
```

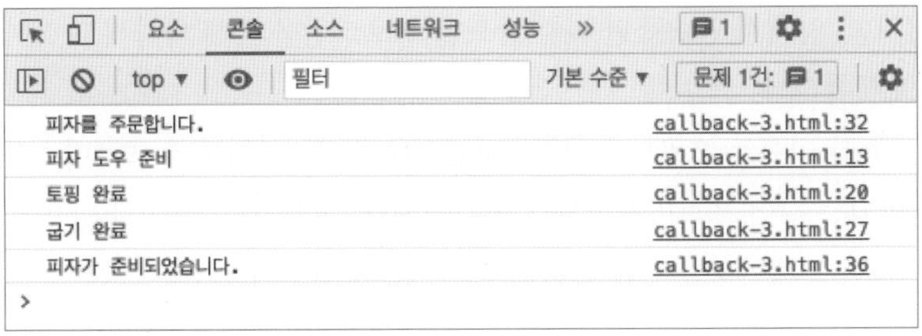

그림 13-14 콜백 함수로 단계가 연결된 피자를 만드는 프로그램

프로미스 체이닝

비동기 작업을 순차적으로 처리해야 할 때 콜백 함수를 사용하면 간단하지만, 잘못 사용할 경우 콜백 지옥에 빠질 수 있다고 앞에서 공부했습니다. 그렇다면 프로미스는 어떨까요?

프로미스는 resolve와 reject을 사용해서 성공과 실패에 대한 동작을 명확하게 구별할 수 있고, 함수에 계속해서 함수를 포함시키지 않으므로 콜백 지옥을 벗어날 수 있는 좋은 방법입니다.

예를 들어 A, B, C 작업은 각각 비동기 작업이어서 실행 시간이 서로 다르다고 가정해 보겠습니다. 그리고 A 작업이 끝날 때까지 기다렸다가 B 작업을 하고, 다시 B 작업이 끝날 때까지 기다렸다가 C 작업을 해야 한다면 프로미스를 반환해서 작업을 순차적으로 처리할 수 있습니다. A 작업이 끝난 후 B 작업을 하려면 A 프로미스를 만든 후 B 프로미스로 넘겨주면 됩니다. 그리고 B 프로미스를 다시 C 프로미스에게 넘겨줍니다. 다음과 같이 `.then()`으로 계속 연결해서 사용하면 되죠.

```
A.then(B).then(C)
```

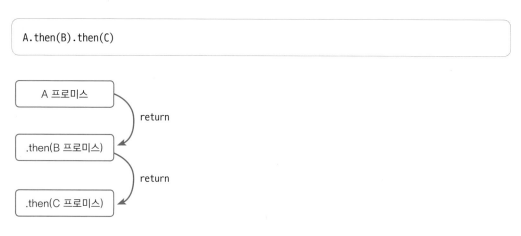

그림 13-15 프로미스 체이닝

이렇게 then() 메서드를 사용해서 여러 개의 프로미스를 연결하는 것을 '프로미스 체이닝 promise chaining'이라고 합니다. then() 메서드가 프로미스와 프로미스를 연결하는 사슬(체인)이 되는 셈이죠. 복잡해 보이지만, 앞에서 연습했던 피자 만드는 프로그램을 통해 하나씩 따라하면서 프로미스를 연결해 보겠습니다.

프로미스에서 체이닝이 가능한 이유는 프로미스에서 then() 메서드를 실행하면 프로미스가 반환되기 때문입니다. 반환되는 값이 프로미스이므로 여기에 then() 메서드나 catch() 메서드를 연결할 수 있어요. 프로미스 체이닝은 실습을 통해 확인해 보겠습니다.

준비 13\pizza-2.html 결과 13\pizza-2-result.html, 13\js\pizza-2-result.js

프로미스 체이닝이 가능한 것은 then() 메서드에서 프로미스를 반환하기 때문입니다. 그렇다면 정말 then() 메서드가 프로미스를 반환하는지 살펴보겠습니다.

01 js 폴더에 pizza-2.js 파일을 만들고 pizza-2.html 문서에 연결합니다.

13\pizza-2.html

```html
<script src="js/pizza-2.js"></script>
```

02 pizza-2.js 파일에 pizza() 함수를 만들어 보겠습니다. 이 함수는 return 문을 사용해서 프로미스를 반환합니다. 이 프로미스에서는 resolve만 실행하는데, '피자를 주문합니다.'라는 값을 실행할 때 넘겨주겠습니다.

13\js\pizza-2.js

```javascript
const pizza = () => {
  return new Promise((resolve, reject) => {
    resolve("피자를 주문합니다.");
  });
};
```

03 소스를 저장한 후 웹 브라우저 창에서 열고 콘솔 창에 pizza()라고 입력한 후 앞에서 만든 pizza() 함수를 실행해 보세요. pizza() 함수를 실행하면 프로미스를 반환한다는 것을 알 수 있습니다. 즉, pizza() 함수를 실행하면 프로미스가 만들어집니다.

```
pizza()
```

```
┌───┬──┐  요소  콘솔  Recorder ⏺  소스  네트워크  성능  메모리  »        ▤1  ✿  ⋮  ×
│▷ ⊘│ top ▼  ⊙  필터                                기본 수준 ▼  문제 1건: ▤1  ✿
> pizza()
⟵ ▼ Promise {<fulfilled>: '피자를 주문합니다.'} ⓘ
     ▶ [[Prototype]]: Promise
       [[PromiseState]]: "fulfilled"
       [[PromiseResult]]: "피자를 주문합니다."
> |
```

04 이제 프로미스 소비 소스를 작성해 보겠습니다. 13\pizza-2.js 파일에 다음 소스를 추가합니다. pizza() 함수를 통해 프로미스를 만들고 resolve를 처리하기 위해 then() 메서드를 연결한 것이죠. 이때 result 변수에는 어떤 값이 담겼을까요? 네, 맞습니다. 프로미스의 resolve() 메서드에서 넘겨준 '피자를 주문합니다.'라는 텍스트가 then() 메서드의 result 변수로 넘겨집니다. then() 메서드에서는 넘겨받은 값 result를 사용해서 step1() 함수를 실행합니다.

13\js\pizza-2.js

```javascript
const pizza = () => {
  return new Promise((resolve, reject) => {
    resolve("피자를 주문합니다.");
  });
};


pizza().then(result => step1(result));
```

05 step1() 함수도 정의해야 합니다. step1() 함수의 message 변수에는 then() 메서드에 넘겨준 '피자를 주문합니다.'라는 값이 들어 있을 것입니다. step1() 함수에서 하는 일은 넘겨받은 값을 콘솔 창에 표시하는 것입니다.

😀 step1() 함수를 정의하는 소스는 어디에 두어도 상관없지만, 주로 함수를 사용하는 소스의 앞에 작성합니다.

13\js\pizza-2.js

```javascript
const pizza = () => {
  return new Promise((resolve, reject) => {
    resolve("피자를 주문합니다.");
  });
};

const step1 = (message) => {
  console.log(message);
};


pizza().then(result => step1(result));
```

06 그렇다면 then() 메서드를 실행했을 때 프로미스가 반환되는지 확인해 보겠습니다. 콘솔 창에 다음과 같이 입력해 보세요. step1() 함수가 실행되므로 콘솔 창에 '피자를 주문합니다.'가 표시되면서 then() 메서드를 실행한 결과는 프로미스라는 것을 알 수 있습니다.

Do it! 실습 ▶ **프로미스 체이닝으로 프로미스 연결하기**

준비 13\pizza-3.html 결과 13\pizza-3-result.html, 13\js\pizza-3-result.js

then() 메서드를 사용하면 프로미스의 resolve에서 넘겨받은 값을 실행할 수 있고, 그 결과는 다시 프로미스가 됩니다. 즉, then() 메서드의 결과에 다시 then() 메서드를 사용할 수 있죠. 이번에는 프로미스가 어떻게 연결되는지 실습을 따라해 보면서 살펴보겠습니다.

01 js 폴더에 pizza-3.js 파일을 만들고 pizza-3.html 문서에 연결합니다.

13\pizza-3.html
`<script src="js/pizza-3.js"></script>`

02 피자를 만드는 과정은 한 단계가 아니므로 각 단계를 프로미스로 구성해 보겠습니다. 단계마다 이전 단계가 완료되어야만 진행되므로 프로미스를 연결해야 합니다.

pizza-3.js 파일에 다음과 같이 소스 코드를 작성합니다. 여기에서는 step1부터 step3까지 함수를 만드는데, 함수에서 넘겨받은 메시지를 표시하고 새로운 프로미스를 만들어서 반환하고 있습니다. 함수마다 걸리는 시간은 3초, 1초, 2초와 같이 서로 다르죠? 하지만 순서대로 처리해야 하므로 프로미스 소비 코드에서 then을 사용해 프로미스를 연결했습니다.

13\js\pizza-3.js

```
const pizza = () => {
  return new Promise((resolve, reject) => {
      resolve("피자를 주문합니다.");
  });
};

const step1 = (message) => {
  console.log(message);
  return new Promise((resolve, reject) => {
    setTimeout(() => {
      resolve("피자 도우 준비");
    }, 3000);
  });
};

const step2 = (message) => {
```

```
    console.log(message);
    return new Promise((resolve, reject) => {
      setTimeout(() => {
        resolve("토핑 완료");
      }, 1000);
    });
  };

  const step3 = (message) => {
    console.log(message);
    return new Promise((resolve, reject) => {
      setTimeout(() => {
        resolve("굽기 완료");
      }, 2000);
    });
  };

  pizza()
    .then(result => step1(result))  // pizza() 함수가 성공하면 step1() 함수를 실행합니다.
    .then(result => step2(result))  // step1() 함수가 성공하면 step2() 함수를 실행합니다.
    .then(result => step3(result))  // step2() 함수가 성공하면 step3() 함수를 실행합니다.
    .then(result => console.log(result))  // step3()가 성공하면 '굽기 완료'를 표시합니다.
    .then(() => {
      console.log("피자가 준비되었습니다.");
    });
```

03 위의 소스에서 프로미스 소비 코드를 간단히 그림으로 그리면 다음과 같습니다.

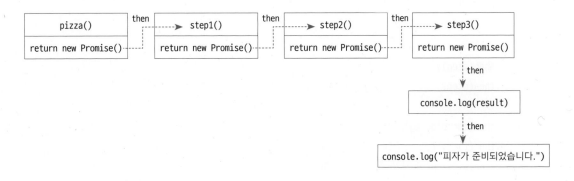

웹 브라우저 창에서 콘솔 창을 확인해 보세요. 각 프로미스에서 시간 차이가 나지만, 프로미스가 서로 연결되면서 순서대로 표시됩니다.

프로미스 소비 코드 줄여서 작성하기

프로미스를 소비하는 소스 코드를 좀 더 자세히 살펴볼게요. 첫 번째 then() 함수를 살펴보면 이전 프로미스의 result 값을 받아서 step1() 함수의 인자로 넘겨주고 있습니다.

```
pizza()
  .then(result => step1(result))
```

자바스크립트에서는 이 소스를 좀 더 간단하게 다음과 같이 작성해도 됩니다.

```
pizza()
  .then(step1)
```

위의 소비 코드 부분을 다음과 같이 줄여서 사용할 수 있습니다. 이 책에서는 줄여서 사용하지 않지만, 혹시 다른 자바스크립트 소스에서 이런 프로미스 소비 코드를 만났을 때 result 값이 생략되었다고 생각하세요.

```
pizza()
  .then(step1)
  .then(step2)
  .then(step3)
  .then(console.log)
  .then(() => {
    console.log("피자가 준비되었습니다.");
  });
```

13-3 fetch API

앞에서 서버에 있는 JSON 파일을 가져올 때 **XMLHttpRequest** 객체를 사용했던 것을 기억하나요? **XMLHttpRequest**를 통해 자료를 주고받은 방법은 자바스크립트 초기 버전에서부터 지금까지 사용하고 있습니다. 하지만 자바스크립트가 계속 발전하면서 모던 자바스크립트에서 **XMLHttpRequest**를 대신할 fetch API가 등장했습니다.

프로미스를 반환하는 fetch

fetch는 앞에서 살펴보았던 AJAX처럼 서버로 요청을 보내거나 자료를 받아오는 방법이지만 프로미스를 반환한다는 게 가장 중요한 차이점입니다. '프로미스'라고 하면 **then**과 **catch**가 떠오르나요? 그렇다면 **fetch**는 거의 다 공부한 것입니다. 먼저 **fetch**를 사용할 때는 다음과 같이 가져올 자료의 위치를 지정하고 추가 옵션이 있으면 함께 지정합니다.

> **기본형** fetch(*위치*, *옵션*)

- **위치**: 자료가 있는 URL이나 파일 이름을 입력합니다.
- **옵션**: GET이나 POST 같은 요청 방식^{method}을 지정합니다. 따로 지정하지 않으면 GET 메서드를 사용해서 서버로부터 값을 가져오고 이외에도 매개변수가 필요할 경우에는 매개변수를 넣을 수 있습니다.

자, 그러면 직접 **fetch**를 사용해 볼까요? 여기에서는 앞에서 **XMLHttpRequest**를 사용해 가져왔던 student-2.json을 **fetch**로 가져와 보겠습니다.

VS Code에서 13\fetch.html 문서를 열고 라이브 서버를 사용해서 웹 브라우저 창에 문서를 표시합니다. 이때 윈도우 탐색기에서 직접 13\fetch.html 문서를 열면 안 된다는 것을 꼭 기억하세요. 그리고 콘솔 창을 열고 다음과 같이 입력합니다.

```
fetch('student-2.json')
```

프로미스가 반환되는 것을 확인할 수 있습니다.

그림 13-16 프로미스를 반환하는 fetch()

그렇다면 then을 사용할 수 있겠죠? 콘솔 창에 다음 소스를 입력해 보세요. 프로미스의 결괏값이 담겨 있는 Response라는 객체가 나타납니다.

```
fetch('student-2.json').then(console.log)
```

```
   요소   콘솔   소스   네트워크   성능   메모리   애플리케이션   보안   Lighthouse                        □1  ⚙  ⋮
▶  ⊘   top ▼  ◉   필터                                                         기본 수준 ▼ │ 문제 1건: □1
> fetch('student-2.json')
<  ▶ Promise {<pending>}
> fetch('student-2.json').then(console.log)
<  ▶ Promise {<pending>}
  ▼ Response {type: 'basic', url: 'http://127.0.0.1:5500/13/student-2.json', redirected: false, status: 200, ok: true, …} ⓘ
      body: (...)
      bodyUsed: false
    ▶ headers: Headers {}
      ok: true
      redirected: false
      status: 200
      statusText: "OK"
      type: "basic"
      url: "http://127.0.0.1:5500/13/student-2.json"
    ▶ [[Prototype]]: Response
>
```

그림 13-17 fetch에 성공했을 때 반환되는 Response 객체

Response 객체에는 지정한 파일을 가져오는 데 성공했을 때 반환되는 값이 들어 있습니다. Response를 펼쳐 보면 여러 개의 프로퍼티가 있는데, 자료를 성공적으로 가져왔는지의 여부를 확인하려면 status 값이 200인지, 또는 ok 값이 true인지 체크합니다.

fetch로 파일 가져오기

'12장. HTTP 통신과 JSON'에서 살펴보았던 XMLHttpRequest를 사용해서 JSON 자료를 가져왔던 것을 기억해 보겠습니다. 파일을 가져온 후 if 문으로 조건을 체크하고 해당 조건에 맞을 경우에는 render() 함수를 실행하도록 했지요?

```javascript
let xhr = new XMLHttpRequest();
xhr.open("GET", "student-2.json");
xhr.send();

xhr.onreadystatechange = function () {
  if (xhr.readyState == 4 && xhr.status == 200 ) {
    let students = JSON.parse(xhr.responseText);
    renderHTML(students);
  }
}

function renderHTML(contents) {
  let output = "";
  for (let content of contents) {
    output += `
      <h2>${content.name}</h2>
      <ul>
        <li>전공 : ${content.major}</li>
        <li>학년 : ${content.grade}</li>
      </ul>
      <hr>
    `;
  }
  document.getElementById("result").innerHTML = output;
}
```

위의 소스를 fetch를 사용해서 고치면 어떻게 될까요? fetch를 사용할 경우에는 따로 if 문이 없습니다. then() 함수를 연결하면서 이미 자료를 성공적으로 가져왔다는 전제가 생겼기 때문이죠. 그리고 render() 함수를 따로 선언하지 않고 then() 함수에서 필요한 명령을 실행하고 있습니다.

XMLHttpRequest 대신 fetch를 사용하면 프로미스로 동작하므로 소스를 읽기 쉬울 뿐만 아니라 비동기를 쉽게 처리할 수 있습니다. 13\js\fetch.js 파일에 다음과 같이 작성해 보세요.

```javascript
fetch('student-2.json')              // ❶ json 파일을 읽어옵니다.
.then(response => response.json())   // ❷ json 파일을 객체로 변환합니다.
.then(json => {                      // ❸ 객체를 출력합니다.
  let output = '';
  json.forEach(student => {
    output += `
      <h2>${student.name}</h2>
      <ul>
        <li>전공 : ${student.major}</li>
        <li>학년 : ${student.grade}</li>
      </ul>
      <hr>
    `;
  });
  document.querySelector('#result').innerHTML = output;
})
.catch(error => console.log(error)); // ❹ 오류가 발생하면 오류를 보여 줍니다.
```

이제 13\fetch.html 문서에 fetch.js 파일을 연결하고 웹 브라우저 창에서 확인해 보세요. 결과는 13\fetch-result.html 문서에서 확인할 수 있습니다.

```html
<body>
  <div id="container">
    <h1>수강생 명단</h1>

    <div id="result"></div>
  </div>

  <script src="js/fetch.js"></script>
</body>
```

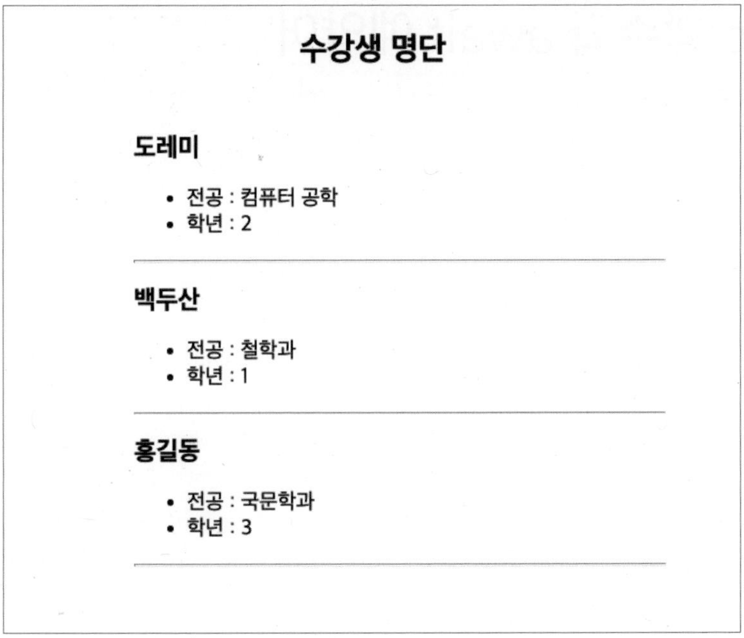
수강생 명단
도레미
• 전공 : 컴퓨터 공학
• 학년 : 2
백두산
• 전공 : 철학과
• 학년 : 1
홍길동
• 전공 : 국문학과
• 학년 : 3

그림 13-18 fetch를 사용해 수강생 명단이 있는 JSON 파일 가져오기

고쌤의 한마디!

JSON 파일을 열 때 오류가 나요!

JSON 파일은 서버에서 가져와야 하는 파일이므로 13\fetch.html이나 13\fetch-result.html은 VS Code의 라이브 서버에서 확인하세요.

13-4 async 함수와 await 예약어

프로미스는 콜백 지옥이 생기지 않도록 소스를 읽기 쉽게 바꾼 것입니다. 그런데 프로미스 체이닝은 프로미스를 계속 연결해서 사용하므로 콜백 지옥처럼 소스가 복잡해질 수도 있습니다. 이런 문제를 줄이기 위해 에크마스크립트 2017부터 async 함수와 await 예약어가 등장했습니다.

async 함수

함수를 선언할 때 async라는 예약어를 함께 사용하면 그 함수 안에 있는 명령을 비동기적으로 실행할 수 있습니다.　　　　　　　　　　😀 async는 'asynchronous'의 줄임말입니다.

> 기본형 `async function() { ... }`

먼저 async 예약어를 붙인 함수가 일반 함수와 어떻게 다른지부터 살펴보겠습니다. 예를 들어 13\hello-1.html 문서를 웹 브라우저 창에서 열고 콘솔 창을 보면 Hello라고 표시됩니다. 이것은 13\js\ hello-1.js 파일에서 콘솔 창에 Hello라고 표시하는 함수를 정의했기 때문입니다.

콘솔 창에 메시지 표시하는 일반 함수	13\hello-1.html, 13\js\hello-1.js

```
function displayHello() {
  console.log("Hello");
}
displayHello();
```

콘솔 창에 다음과 같이 입력해도 반환되는 값은 똑같습니다. 콘솔 창에 Hello가 표시됩니다.

```
displayHello()
```

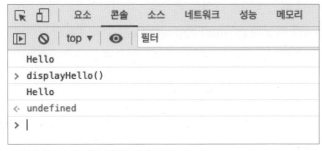

그림 13-19 콘솔 창에 메시지 표시하기

이 함수를 수정해서 function 앞에 async라는 예약어를 붙여 보겠습니다. 그리고 다시 콘솔 창에서 확인하면 이번에도 텍스트 Hello가 나타납니다.

async 예약어를 붙인 함수로 정의하기	13\hello-2.html, 13\js\hello-2.js

```javascript
async function displayHello() {
  console.log("Hello");
}
displayHello();
```

콘솔 창에 다음의 소스를 같이 입력해서 displayHello() 함수가 무엇을 반환하는지 살펴보세요. 프로미스를 반환하지요? 이와 같이 async 예약어를 붙인 함수로 정의한 함수는 프로미스를 반환합니다.

그림 13-20 프로미스를 반환하는 async 함수

async 예약어를 붙인 비동기 함수가 프로미스를 반환하므로 이 특징을 사용해서 프로미스를 좀 더 간단하게 표현할 수 있습니다.

사용자가 좋아하는 주제를 지정하면 Hello와 함께 주제를 화면에 표시하는 프로그램을 프로미스를 사용해서 만들어 보겠습니다. 13\hello-3.html 문서에 연결된 13\js\hello-3.js 파일에는 whatsYourFavorite() 함수와 displaySubject() 함수가 있습니다. 이 중에서

whatsYourFavorite() 함수는 resolve일 때 사용자가 무엇을 좋아하는지 프로미스로 반환하고, displaySubject() 함수는 resolve일 때 whatsYourFavorite() 함수의 결과를 받아서 'Hello,' 문자열과 함께 프로미스로 반환합니다. 그리고 최종적으로 두 함수를 프로미스 체인으로 연결해서 실행하면 콘솔 창에 'Hello, Javascript'가 표시됩니다.

프로미스 체이닝   13\hello-3.html, 13\js\hello-3.js

```html
<script>
  function whatsYourFavorite() {
    let fav = "Javascript";
    return new Promise((resolve, reject) => resolve(fav));
  }

  function displaySubject(subject) {
    return new Promise((resolve, reject) => resolve(`Hello, ${subject}`));
  }

  whatsYourFavorite()
  .then(displaySubject)  // .then(response => displaySubject(response))
  .then(console.log);    // .then(result => console.log(result));
</script>
```

그림 13-21 프로미스 체이닝을 사용해 실행하기

앞에서 사용했던 whatsYourFavorite() 함수는 async 예약어를 사용하면 다음과 같이 변경할 수 있습니다. 프로미스가 훨씬 간단해졌지요?

async로 프로미스 연결하기   13\hello-4.html, 13\js\hello-4.js

```javascript
async function whatsYourFavorite() {
  let fav = "Javascript";
  return fav;
}
```

```
async function displaySubject(subject) {
  return `Hello, ${subject}`;
}

whatsYourFavorite()
  .then(displaySubject)
  .then(console.log);
```

await 예약어

프로미스를 계속 연결하면서 실행할 경우 연달아 then을 사용합니다. 간단한 소스이면 문제가 없지만, 프로미스 체이닝이 너무 길어지면 소스를 이해하기 쉽지 않죠. 이럴 때 await 예약어를 사용하면 이전 프로미스 결과를 받아서 다음 프로미스로 연결해 주는 과정을 좀 더 쉽게 알아볼 수 있습니다. 모든 프로미스 체이닝을 async와 await로 바꿀 필요는 없습니다. 프로미스를 연결해서 실행할 때 이런 방법도 있다는 것만 알아 두세요.

await 예약어는 자바스크립트에서 비동기 코드를 실행할 때 유용한데, await는 async 함수에서만 사용할 수 있습니다. 즉, async는 프로미스를 반환할 때도 사용할 수도 있고, await 예약어와 함께 사용해서 비동기 방식을 처리할 수도 있습니다.

앞에서 살펴본 'Hello, Javascript' 예제를 한 번 더 사용해 보겠습니다. whatsYourFavorite() 함수와 displaySubject() 함수가 시간이 많이 걸리는 함수라고 가정해 보겠습니다. whats YourFavorite() 함수가 끝난 후에야 해당 결과를 받아서 displaySubject()가 실행되도록 해야 하는데, 이때 await를 사용합니다. '이 함수가 끝날 때까지 기다려!'라고 표시하는 것이죠. await는 async 함수에서만 사용할 수 있으므로 async init() 함수를 따로 만든 후에는 그 안에서 await를 사용해 프로미스의 실행 순서를 지정하면 됩니다.

다음 예제에서는 whatsYourFavorite() 함수가 실행 시간이 얼마가 걸리든 그 실행이 끝난 후에 반환값을 response로 받습니다. 그리고 displaySubject() 함수에서는 넘겨받은 response를 사용해 함수를 실행하는데, 실행이 다 끝난 후에야 결괏값을 result로 받고 마지막으로 result 값을 콘솔 창에 표시합니다.

```
async function whatsYourFavorite() {
  let fav = "Javascript";
  return fav;
}

async function displaySubject(subject) {
  return `Hello, ${subject}`;
}

async function init() {
  const response = await whatsYourFavorite();   ❶
  const result = await displaySubject(response);   ❷
  console.log(result);   ❸
}

init();
```

❶ whatsYourFavorite() 함수의 실행이 끝날 때까지 기다린 후 결괏값을 response에 저장합니다.
❷ response 값을 사용해 displaySubject() 함수를 실행하고 끝나면 결괏값을 result에 저장합니다.
❸ result를 표시합니다.

지금까지 살펴본 것처럼 자바스크립트에서 비동기 프로그래밍을 하려면 콜백 함수나 프로미스를 사용할 수 있습니다. 또한 프로미스를 사용할 때도 async, await를 사용할 수 있고요. 이렇게 사용할 수 있는 방법이 많은데, 어떤 것을 선택할지는 만들려고 하는 프로그램에 따라 달라집니다. 작은 규모의 프로그램이면 어떤 것을 사용해도 상관없지만, 팀 프로젝트이면 팀에서 논의를 거쳐 결정해야 합니다. 그래서 이전 방법인 콜백 함수부터 가장 최근 방법인 async, await까지 기본적인 사용법을 익혀 두는 것이 좋습니다.

Do it! 실습 ▶ 서버에서 회원 정보 가져와 표시하기 1

준비 13\user-json.html   결과 13\user-json-result.html, 13\js\user-json-result.js

JSON과 프로미스에 대해 공부했으니 이 두 가지를 이용해 서버에서 JSON 형태로 저장된 사용자 정보를 가져온 후 웹 브라우저 창에 표시하는 방법을 알아보겠습니다.

- JSON 형식의 공개된 자료를 가져와서 사용하려면 어떻게 해야 할까요? ☐
- fetch를 사용할까요, async나 await를 사용할까요? ☐
- 서버에서 가져올 때 시간이 얼마나 걸릴지 알 수 없으므로 비동기로 ☐
  처리하려면 어떻게 해야 할까요?

01 테스트용 JSON 자료를 제공하는 사이트가 많지만, 여기에서는 JSON Placeholder 사이트를 이용해 보겠습니다. 'jsonplaceholder.typicode.com'에 접속한 후 아래쪽 화면으로 이동하면 다양한 자료를 볼 수 있는데, 사용자 정보를 가져오기 위해 [/users]를 클릭합니다.

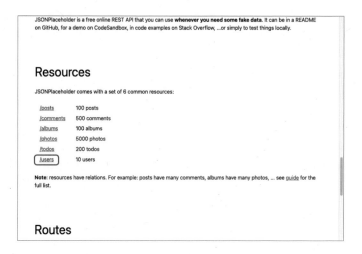

JSONPlaceholder is a free online REST API that you can use whenever you need some fake data. It can be in a README on GitHub, for a demo on CodeSandbox, in code examples on Stack Overflow, ...or simply to test things locally.

Resources

JSONPlaceholder comes with a set of 6 common resources:

/posts	100 posts
/comments	500 comments
/albums	100 albums
/photos	5000 photos
/todos	200 todos
/users	10 users

Note: resources have relations. For example: posts have many comments, albums have many photos, ... see guide for the full list.

Routes

02 10명의 사용자 정보가 들어 있는 JSON 자료가 보이고 `id`와 `name`, `username` 등 여러 가지 속성이 있습니다. 이 화면에서 주소 표시줄에 있는 주소를 복사하세요.

03 VS Code에서 13\js 폴더에 user-json.js 파일을 만들고 13\user-json.html 문서에 연결합니다.

13\user-json.html

```
<script src="js/user-json.js"></script>
```

04 fetch를 사용해 자료 가져오기

이제부터는 13\js\user-json.js 파일에 소스를 작성합니다. 가장 먼저 앞에서 복사했던 JSON 자료 주소를 이용해서 자료를 가져오겠습니다. fetch 문을 사용해서 가져오고 각 단계에서 처리에 성공하면 then을 사용해서 다음 동작을 지정합니다.

13\js\user-json.js

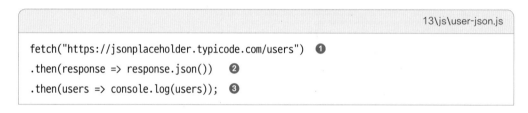

❶ 지정한 위치에서 자료를 가져오고 처리 결과는 ❷의 response로 넘깁니다.
❷ 성공적으로 가져왔으면 결괏값 response를 객체로 변환하고 처리 결과는 ❸의 users로 넘깁니다.
❸ 성공적으로 변환했으면 콘솔 창에 결괏값 users를 표시합니다.

05 user-json.js 파일을 저장하고 13\user-json.html 문서를 웹 브라우저 창에서 열어 보세요. 그리고 콘솔 창에서 서버에서 가져온 사용자 자료가 배열 형태로 정리되었는지 확인합니다.

06 async와 await 사용하기

방금 작성한 소스를 async와 await로 작성할 수 있어요. VS Code에 열려 있는 13\js\user-json.js 파일로 되돌아와서 앞에서 입력했던 소스를 모두 선택한 후 `Ctrl`+`/`나 `Command`+`/`를 눌러 주석으로 바꿉니다.

```
user-json.js — js-examples
user-json.js  ×
13 > js > user-json.js
  1   // fetch("https://jsonplaceholder.typicode.com/users")
  2   // .then(response => response.json())
  3   // .then(users => console.log(users));
```

07 주석의 아래쪽에 다음과 같이 입력해 보세요. 비동기로 처리할 명령을 묶어 놓은 `init()`이라는 async 함수를 만들고 그 안에 **await**를 사용해서 어떤 작업이 끝날 때까지 기다릴지 지정합니다. 이제 최종으로 `init()` 함수만 실행하면 되겠죠? 이 소스를 사용해도 콘솔 창에는 같은 결과가 나타납니다.

```
                                                            13\user-json.js

async function init() {
  const response = await fetch("https://jsonplaceholder.typicode.com/users");   ❶
  const users = await response.json();   ❷
  console.log(users);   ❸
}
init();   ❹
```

❶ 서버에서 자료 가져오기^{fetch}가 끝나면 결괏값을 `response`에 저장합니다.

❷ `response.json()`의 실행이 끝나면 결괏값을 `users`에 저장합니다.

❸ 최종 결과물인 `users`를 콘솔 창에 표시합니다.

❹ `init()` 함수를 실행합니다.

준비 앞에서 저장한 13\user-json.html, 13\js\user-json.js 결과 13\user-json-result.html, 13\js\user-json-result.js

서버에서 자료를 가져오는 데 성공했으면 가져온 자료에서 필요한 부분만 꺼내어 화면에 표시해 보겠습니다.

> **먼저 생각해 보세요!**
> - name과 username, email 중 무엇을 표시할까요? ☐
> - 이름과 아이디, 이메일 정보를 표 형태로 표시해 볼까요? ☐
> - 표에 적용할 스타일을 만들어 볼까요? ☐

01 앞에서 작성한 13\js\user-json.js 파일의 소스를 다시 한번 살펴보면 서버에서 가져온 자료를 객체로 변환한 후 그대로 콘솔 창에 표시했습니다. 콘솔 창에서 객체를 열어 보면 다양한 정보가 있는데, 여기에서는 name과 username, email 정보만 가져오겠습니다.

13\js\user-json.js

```
async function init() {
  const response = await fetch("https://jsonplaceholder.typicode.com/users");
  const users = await response.json();
  console.log(users);
}


init();
```

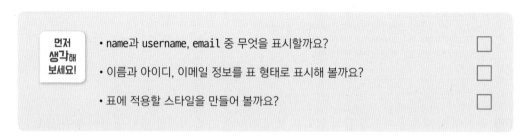

02 먼저 init() 함수에서 console.log(users)라는 소스를 삭제한 후 display(users)를 추가합니다. display() 함수는 우리가 필요한 정보만 표시하는 함수입니다.

13\js\user-json.js

```javascript
async function init() {
  const response = await fetch("https://jsonplaceholder.typicode.com/users");
  const users = await response.json();
  console.log(users);
  display(users);
}
```

03 init() 함수 다음에 새로운 display() 함수를 만들어 보겠습니다. 가져온 정보를 표시할 영역은 <div id="result"></div>이므로 이 부분을 가져와서 result로 저장합니다. 그리고 users에 forEach 문을 사용해 각 요소에서 name과 username, email을 가져옵니다. 가져온 정보는 먼저 목록 형태로 표시해 볼게요.

😀 소스에서 forEach 문 대신 for(let user of users) { ... }처럼 for 문을 사용해도 됩니다.

13\js\user-json.js

```javascript
async function init() {
        ⋮
}

function display(users) {
  const result = document.querySelector("#result");
  let string = "";
  users.forEach(user => {
    string += `<ul><li>${user.name}</li>
              <li>${user.username}</li>
              <li>${user.email}</li></ul>`;
  });
  result.innerHTML = string;
}

init();
```

04 웹 브라우저 창에서 13\user-json. html 문서를 확인하면 각 사용자의 정보가 목록 형태로 나타날 것입니다.

- Leanne Graham
- Bret
- Sincere@april.biz

- Ervin Howell
- Antonette
- Shanna@melissa.tv

- Clementine Bauch
- Samantha
- Nathan@yesenia.net

- Patricia Lebsack
- Karianne
- Julianne.OConner@kory.org

- Chelsey Dietrich
- Kamren
- Lucio_Hettinger@annie.ca

- Mrs. Dennis Schulist
- Leopoldo_Corkery
- Karley_Dach@jasper.info

- Kurtis Weissnat
- Elwyn.Skiles
- Telly.Hoeger@billy.biz

- Nicholas Runolfsdottir V
- Maxime_Nienow
- Sherwood@rosamond.me

05 display() 함수가 정상적으로 동작하는지 확인했으면 사용자 정보를 표 형태로 표시해 보겠습니다. 표 안에 어떻게 표시할지 먼저 머릿속에 그려 보거나 종이에 간단하게 스케치해 보세요. 그러면 표 태그를 훨씬 쉽게 사용할 수 있어요.

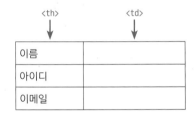

06 다시 VS Code로 되돌아온 후 앞에서 입력했던 소스 중 `forEach` 문에 있는 `string` 부분의 소스를 주석 처리하거나 삭제하고 목록 태그 대신 표 태그를 사용해서 문자열을 만듭니다.

13\js\user-json.js

```
function display(users) {
  const result = document.querySelector("#result");
  let string = "";
  users.forEach(user => {
    string += `<table><tr><th>이름</th><td>${user.name}</td></tr>
                <tr><th>아이디</th><td>${user.username}</td></tr>
                <tr><th>이메일</th><td>${user.email}</td></tr></table>`;
  });
  result.innerHTML = string;
}
init();
```

07 여기까지 작성한 후 웹 브라우저 창에서 확인하면 표 형태이지만, 테두리가 없고 깔끔해 보이지 않죠? 이제 표를 꾸미는 CSS를 추가해 보겠습니다.

```
이름    Leanne Graham
아이디  Bret
이메일  Sincere@april.biz
이름    Ervin Howell
아이디  Antonette
이메일  Shanna@melissa.tv
이름    Clementine Bauch
아이디  Samantha
이메일  Nathan@yesenia.net
이름    Patricia Lebsack
아이디  Karianne
이메일  Julianne.OConner@kory.org
이름    Chelsey Dietrich
아이디  Kamren
이메일  Lucio_Hettinger@annie.ca
이름    Mrs. Dennis Schulist
아이디  Leopoldo_Corkery
이메일  Karley_Dach@jasper.info
이름    Kurtis Weissnat
아이디  Elwyn.Skiles
이메일  Telly.Hoeger@billy.biz
이름    Nicholas Runolfsdottir V
아이디  Maxime_Nienow
이메일  Sherwood@rosamond.me
이름    Glenna Reichert
아이디  Delphine
```

08 VS Code로 되돌아와서 13\user-json.html 문서의 `</head>` 태그 앞에 다음 소스를 작성합니다.

☺ 따로 css 폴더를 만들고 외부 스크립트 파일로 저장한 후 링크해도 됩니다.

13\user-json.html

```
        ⋮
<style>
  table {
    display:inline-block;
    width:300px;
    margin:10px;
  }
  table, td, th {
    border:1px solid #ccc;
    border-collapse:collapse;
  }
  th {
    width:80px;
  }
  td {
    width:210px;
    padding:10px 20px;
  }
</style>
</head>
```

09 웹 브라우저 창에서 가져온 정보가 보기 좋게 표 형태로 나타나는지 확인합니다. 이와 같이 자바스크립트로 원하는 정보를 정확하게 가져올 수 있다면 CSS를 사용해 다양한 형태로 표시할 수 있습니다.

회원 정보

이름	Leanne Graham
아이디	Bret
이메일	Sincere@april.biz

이름	Ervin Howell
아이디	Antonette
이메일	Shanna@melissa.tv

이름	Clementine Bauch
아이디	Samantha
이메일	Nathan@yesenia.net

이름	Patricia Lebsack
아이디	Karianne
이메일	Julianne.OConner@kory.org

이름	Chelsey Dietrich
아이디	Kamren
이메일	Lucio_Hettinger@annie.ca

이름	Mrs. Dennis Schulist
아이디	Leopoldo_Corkery
이메일	Karley_Dach@jasper.info

이름	Kurtis Weissnat
아이디	Elwyn.Skiles
이메일	Telly.Hoeger@billy.biz

이름	Nicholas Runolfsdottir V
아이디	Maxime_Nienow
이메일	Sherwood@rosamond.me

이름	Glenna Reichert
아이디	Delphine
이메일	Chaim_McDermott@dana.io

이름	Clementina DuBuque
아이디	Moriah.Stanton
이메일	Rey.Padberg@karina.biz

마무리 문제 1

준비 13\quiz-1.html 정답 13\solution-1.html, 13\js\solution-1.js

다음 사이트에는 영문으로 된 명언이 JSON 형식으로 저장되어 있습니다.

dummyjson.com/quotes

이들 명언을 무작위로 가져와서 화면에 보여 주는 프로그램을 작성하기 위해 **마무리 문제 1**과 **마무리 문제 2**로 나누었습니다. 먼저 위의 사이트에서 JSON 데이터를 가져온 후 콘솔 창에 결과를 표시해 보세요. 가져온 데이터가 어떤 구조로 이루어져 있는지 살펴보는 것이 목표입니다.

🚩 길라잡이

- `fetch`와 `then`, `catch`를 사용해서 URL에서 자료를 가져옵니다.
- 가져온 데이터에 어떤 값이 어떤 구조로 저장되어 있는지 확인하고 그중에서 명언과 말한 사람 정보를 가져오는 방법을 생각합니다.

마무리 문제 2

준비 13\quiz-2.html 정답 13\solution-2.html, 13\js\solution-2.js

마무리 문제 1에서 명언 데이터를 가져오는 데 성공했으면 그중에서 1개의 명언만 가져와서 문서의 #result 영역에 명언 내용과 말한 사람을 표시해 보세요. 이때 명언 내용은 #result 영역에 있는 .quote 영역에, 말한 사람은 .author 영역에 표시하세요.

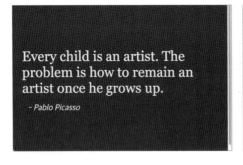

☞ 길라잡이

- **마무리 문제 1**에서 한 번에 몇 개의 명언을 가져오는지 확인했으면 1과 그 숫자 사이의 값을 무작위로 추출합니다.
- 무작위 수를 사용해서 명언을 가져온 후 명언 부분과 말한 사람 이름을 나눠서 화면 영역에 표시합니다.

캔버스로 웹 브라우저 창에 그림 그리기

캔버스는 웹에서 직접 그림을 그리거나 표시할 수 있도록 HTML5에 도입된 그래픽 요소입니다. 자바스크립트 프로그래밍만 할 수 있다면 누구나 쉽게 캔버스를 이용해 그래픽 요소를 제어할 수 있죠. '다섯째마당'에서는 캔버스로 웹에 도형을 그리는 방법부터 애니메이션을 보여 주는 방법까지 알아보겠습니다.

14 캔버스로 도형, 텍스트, 이미지 그리기

15 캔버스로 그래픽 요소 다루기

16 캔버스에서 애니메이션 실행하기

14

캔버스로
도형, 텍스트, 이미지 그리기

웹 문서에 이미지를 삽입할 때 `<img>`나 `<picture>` 태그는 이미 완성된 이미지 파일을 문서에 보여 주는 태그입니다. 반면 `<canvas>` 태그는 문서에 직접 그림을 그리는 그래픽 태그로, 흔히 '캔버스'라고 부릅니다. 웹에 그림을 그릴 수 있게 해 주는 기능은 Canvas API에 모두 모여 있죠. 이번 장에서는 캔버스를 사용해서 기본적인 도형과 텍스트, 그리고 이미지를 그리는 방법을 알아보겠습니다.

`</>`

14-1 캔버스 알아보기

캔버스^{canvas}는 코딩만으로 웹 문서에 그림을 그릴 수 있도록 HTML5에 처음 도입된 기능입니다. 소스를 코딩하는 것만으로 어떻게 그림을 그릴 수 있을까요? 먼저 캔버스로 그림을 그리기 위해 알아야 할 기본 개념을 살펴보겠습니다.

캔버스란

HTML에서 `<canvas>` 태그와 함께 Canvas API를 사용하여 웹 문서.화면에 자유롭게 도형이나 직선을 그리는 기능을 간단히 '캔버스'라고 부릅니다. Canvas API에는 사각형을 그리는 함수, 색을 칠하는 함수, 곡선을 그리는 함수 등을 비롯해 선의 굵기나 색상 속성처럼 필요한 기능이 미리 만들어져 있어서 자바스크립트를 이용해 얼마든지 자유롭게 사용할 수 있습니다. 즉, 자바스크립트와 Canvas API만 있으면 웹 브라우저 창을 스케치북처럼 사용하면서 그림을 그릴 수 있습니다.

> 😀 Canvas API에서 API라는 용어가 낯선가요? API에 대해서는 '여섯째마당. API 활용하기'에서 자세히 설명할 것이므로 여기서 Canvas API는 웹에서 그래픽을 그릴 수 있도록 미리 만들어져 있는 프로그램 정도로 이해하세요.

캔버스를 사용한 예시 살펴보기

다음은 자바스크립트와 캔버스를 사용하여 온라인에서 그림을 그릴 수 있는 온라인 그래픽 도구 사이트(viliusle.github.io/miniPaint)입니다.

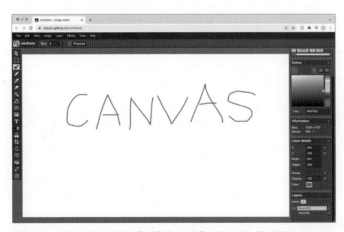

그림 14-1 자바스크립트와 캔버스를 사용해서 그림을 그릴 수 있는 웹 사이트
(viliusle.github.io/miniPaint)

다음은 캔버스를 사용해 만든 게임 사이트(www.pirateslovedaisies.com)입니다. 이외에도 검색 사이트에서 'canvas'와 'game'이라는 키워드로 검색하면 사람들이 캔버스를 공부하면서 만든 간단한 게임을 많이 찾아볼 수 있습니다.

그림 14-2 캔버스를 사용해 만든 게임(www.pirateslovedaisies.com)

캔버스의 특징

Canvas API를 이용하면 2차원 화면에 한 픽셀(px)씩 그림을 그릴 수 있어서 그래픽을 세밀하게 제어할 수 있습니다. 그래서 UI^User Interface나 차트와 같은 그래픽보다 게임 캐릭터나 배경 이미지처럼 세밀한 제어가 필요한 그래픽 화면을 만들 때 주로 사용합니다. 또한 Canvas API는 오디오나 비디오를 포함할 수도 있고, 자유로운 그래픽 편집도 가능하므로 사용자의 동작에 반응하여 다양한 효과를 연출할 수 있습니다.

웹 문서에 캔버스 만들기

Canvas API를 사용해 웹 문서에서 그림을 그릴 수 있게 하려면 가장 먼저 웹 문서에서 어느 부분이 캔버스 영역인지 알려 주어야 합니다. 이때 <canvas> 태그를 사용합니다.

<canvas> 태그

<canvas> 태그는 웹 페이지에서 그래픽을 제어할 수 있는 캔버스 영역을 지정합니다. 캔버스 영역에서는 그림을 그릴 수 있을 뿐만 아니라 이미지나 동영상을 불러와서 조작할 수도 있습니다. <canvas> 태그만 사용하면 웹 브라우저 창에서 기본으로 지정한 크기만큼 만들어지고, width와 height 속성을 사용하면 캔버스 크기를 직접 지정할 수 있습니다. 이렇게 캔버스 크기를 지정하면 해당 범위 안에서 그래픽을 만들고 표시할 수 있어요.

```
<canvas></canvas>
<canvas width="너비" height="높이"></canvas>
```

다음은 <canvas> 태그를 사용해서 크기를 지정했을 때와 너비 400px, 높이 300px로 크기를 지정했을 때를 비교한 예제입니다. 캔버스 영역을 만들어도 실제로 웹 브라우저 창에서는 다른 요소와 구별되지 않지만, 여기에서는 캔버스 영역을 구별할 수 있도록 테두리를 추가했습니다.

캔버스 영역 지정하기	14\canvas-1.html

```
<div>
  <h2>크기를 지정하지 않을 때</h2>
  <canvas></canvas>
</div>
<div>
  <h2>크기를 지정했을 때 400*300</h2>
  <canvas width="400" height="300"></canvas>
</div>
```

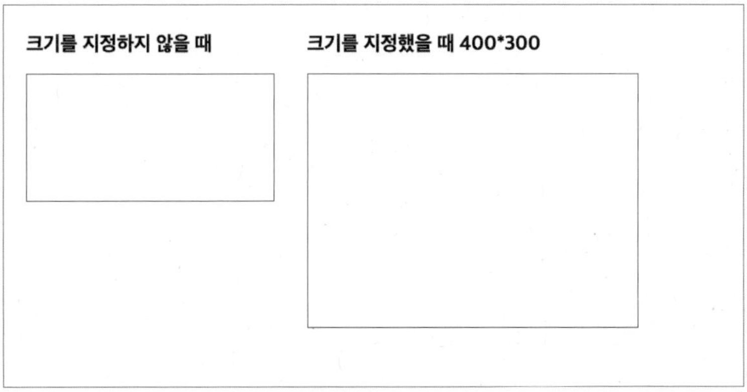

크기를 지정하지 않을 때

크기를 지정했을 때 400*300

그림 14-3 캔버스 영역 지정하기

화면 전체를 캔버스로 사용하는 방법

앞의 예제에서 살펴본 것처럼 <canvas> 태그 안에 캔버스의 크기를 지정할 수 있습니다. 하지만 화면 전체를 캔버스로 사용하려면 열려 있는 웹 브라우저 창의 너비와 높이에 맞게 캔버스의 너비와 높이를 지정해야 합니다. 이렇게 하려면 자바스크립트 소스에서 window 객체의 innerWidth와 innerHeight 값을 캔버스의 너비와 높이로 지정해야 합니다.

그런데 이렇게만 지정하면 웹 브라우저 창에는 margin 기본값이 있으므로 웹 브라우저 창의 테두리와 캔버스 영역 사이에 약간의 여백과 스크롤 막대가 생깁니다. 그러므로 웹 브라우저 창의 기본 여백을 없애기 위해 스타일 시트에서 문서 전체의 margin 기본값을 0으로 지정하고 문서 전체의 스타일에 overflow:hidden을 추가해서 스크롤 막대를 없애야 합니다.

화면 전체를 캔버스로 사용하기	14\canvas-2.html

```
<style>
  body {
    margin:0;          // 여백margin의 기본값을 없앱니다.
    overflow:hidden;   // 스크롤 막대를 없앱니다.
  }
  canvas {
    background-color:#ccc;
  }
</style>
```

	14\js\canvas-2.js

```
const canvas = document.querySelector('canvas');


canvas.width = window.innerWidth;
canvas.height = window.innerHeight;
```

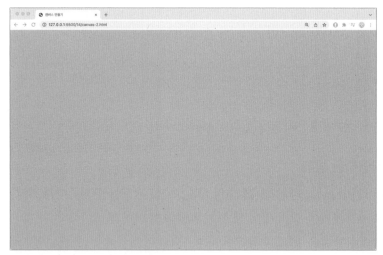

그림 14-4 화면 전체를 캔버스로 사용하기

getContext( ) 메서드로 렌더링 콘텍스트 만들기

웹 문서에 캔버스 요소를 추가했지만, 아직은 영역만 만든 것이어서 캔버스 안은 비어 있습니다. 이제부터 캔버스에서 무엇인가를 그리려면 렌더링 콘텍스트^{rendering context}를 만들고 자바스크립트를 사용해서 렌더링 콘텍스트를 조작해야 합니다.

프로그래밍에서 콘텍스트^{context}는 자주 보는 용어인데, 막상 설명하기는 까다롭습니다. 간단히 설명하자면 콘텍스트는 프로그램에서 무언가를 호출하고 응답할 수 있도록 환경을 만드는 것입니다. 처음부터 준비하고 기다리는 게 아니라 콘텍스트를 만드는 순간부터 환경이 갖춰집니다. 예를 들어 캔버스에서 간단한 그림을 그리려면 캔버스에 렌더링 콘텍스트를 만드는 순간부터 선을 그리거나 색을 채워 넣을 수 있게 됩니다. 그래서 Canvas API를 사용하려면 캔버스를 만들고 렌더링 콘텍스트를 만드는 것까지가 기본 동작입니다.

캔버스에서 렌더링 콘텍스트를 만드는 메서드는 getContext() 메서드입니다. 캔버스에서는 2차원 콘텍스트만 다룹니다.

😀 3차원 렌더링 콘텍스트를 다루려면 WebGL을 사용해야 합니다.

> **기본형** canvas.getContext("2d")

다음은 ctx라는 2차원 콘텍스트를 만든 후 ctx에 있는 속성을 사용해 사각형을 그리는 예제입니다. 사각형을 그리는 방법은 곧 배울 것이므로 캔버스를 이런 방식으로 사용한다는 정도만 이해해 두세요.

2차원 콘텍스트 만들기　　　　　　　　　14\canvas-3.html, 14\js\canvas-3.js

```
const canvas = document.querySelector('canvas');  // 캔버스 영역을 가져옵니다.
const ctx = canvas.getContext("2d");  // 2차원 콘텍스트를 생성합니다.

ctx.fillStyle = "rgb(200,0,0)";
ctx.fillRect(10, 10, 50, 100);'
```

캔버스에서 좌표 이해하기

캔버스에서 그래픽을 그리거나 기존의 그래픽 또는 동영상을 불러와서 조작할 경우 좌푯값이 기준이 됩니다. 캔버스 영역의 왼쪽 위 구석을 원점(0, 0)으로 해서 오른쪽으로 갈수록 x 좌푯값이, 아래쪽으로 갈수록 y 좌푯값이 점점 더 커집니다.

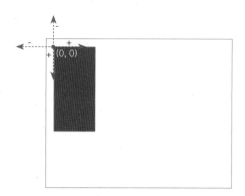

그림 14-5 캔버스의 좌표

캔버스에서 각도 이해하기

원이나 호를 그릴 때는 각도를 사용해서 경로를 그리므로 캔버스에서 각도를 어떻게 지정하는지 알고 있어야 합니다. 캔버스에서는 가로 축의 오른쪽을 기준으로 시계 방향으로 각도를 측정합니다. 각도의 값은 도^{degree}(°)로 표기하지 않고 라디안^{radian}값으로 표기합니다. 1라디안은 180°이고 Math.PI / 180로 표기합니다. [그림 14-6]에서 0°는 한 바퀴 돌아오면 360°이므로 Math.PI × 2가 됩니다.

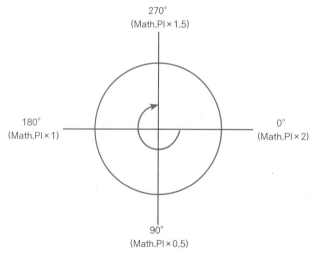

그림 14-6 캔버스에서 각도 계산하기

라디안값을 계산할 때는 다음과 같은 계산식을 사용하므로 잘 기억해 두세요.

```
radians = (Math.PI / 180) * degree
```

예를 들어 60°를 자바스크립트를 이용해 라디안으로 표현하려면 (Math.PI / 180) × 60이고 45°는 (Math.PI / 180) × 45라고 계산하면 됩니다. 프로그램에 라디안을 계산한 값을 입력하는 것이 아니라 이렇게 식으로 작성하면 프로그램에서 자동으로 값을 계산해 사용합니다. 또한 (Math.PI / 180) × -90처럼 음수인 각도를 사용할 수도 있습니다. 각돗값에서 음수는 시계 반대 방향을 나타내므로 (Math.PI / 180) × -90은 (Math.PI / 180) × 270과 같은 각도를 가리킵니다.

 75°를 라디안으로 바꾸는 식을 작성해 보세요.

정답 예 (Math.PI / 180) × 75

14-2 캔버스에 기본 도형 그리기

캔버스의 가장 기본적인 기능은 웹 문서에서 직접 도형을 그리는 것입니다. 그런데 캔버스에서 기본으로 제공하는 도형은 사각형뿐이므로 삼각형이나 원을 비롯한 다른 도형은 경로를 이용해서 직접 그려야 합니다. 이번에는 사각형을 비롯해서 몇 가지 기본 도형을 그리는 방법을 알아보겠습니다.

사각형 그리기

Canvas API에서는 사각형을 그릴 때 필요한 메서드와 속성을 제공하므로 몇 줄의 소스만으로도 쉽게 사각형을 그릴 수 있습니다.

사각형을 그리는 메서드

캔버스에서는 색을 칠한 사각형과 테두리만 있는 사각형, 지정한 크기만큼 삭제하는 사각형을 그리는 세 가지 메서드를 제공합니다.

표 14-1 사각형을 그리는 메서드

메서드	기능
fillRect(x, y, width, height)	· (x, y) 위치부터 시작해서 지정한 너비와 높이만큼 색이 채워진 사각형을 그립니다. · 색상을 지정하지 않으면 검은색으로 채웁니다.
strokeRect(x, y, width, height)	· (x, y) 위치부터 시작해서 지정한 너비와 높이만큼 테두리만 있는 사각형을 그립니다. · 선 색을 지정하지 않으면 검은색 선을 사용합니다.
clearRect(x, y, width, height)	(x, y) 위치부터 시작해서 지정한 너비와 높이만큼 사각형 영역을 지웁니다.

채우기 색과 선 색 지정하기

사각형뿐만 아니라 앞으로 여러 가지 도형을 그릴 것인데, Canvas API에는 다양한 도형에 채울 색이나 선 색을 지정하는 속성이 준비되어 있습니다. 이때 색상값은 색상 이름이나 rgb/rgba, 16진숫값 등을 모두 사용할 수 있습니다.

표 14-2 도형의 채우기 색과 선 색을 지정하는 속성

속성	기능
fillStyle = "색상"	도형을 채우는 색상을 지정합니다.
strokeStyle = "색상"	도형의 선 색상을 지정합니다.

채우기 색이나 선 색은 스타일을 지정하면 해당 소스의 뒤에 오는 모든 도형에 똑같이 적용됩니다. 만약 도형마다 다른 색을 채우거나 다른 선 색을 사용하려면 도형을 그리기 전에 스타일을 각각 다르게 지정해야 합니다.

다음은 사각형을 그리는 세 가지 메서드를 이용해 3개의 사각형을 그린 예제입니다. 여기에서 마지막 흰색으로 보이는 사각형은 흰색을 채운 것이 아니라 정해진 크기만큼 흰색으로 지운 것입니다.

기본적인 사각형 그리기 　　　　　　　　　　　　　　14\canvas-4.html, 14\js\canvas-4.js

```
const canvas = document.querySelector('canvas');
const ctx = canvas.getContext("2d");

❶ ctx.fillStyle = "rgb(200, 0, 0)";
❷ ctx.storkeStyle = "black";
❸ ctx.fillRect(10, 10, 200, 100);
❹ ctx.strokeRect(10, 10, 200, 100);

❺ ctx.fillStyle = "blue";
❻ ctx.fillRect(50, 50, 120, 100);

❼ ctx.clearRect(70, 80, 80, 45);
```

---

❶ 도형의 채우기 색을 rgb(200, 0, 0)으로 지정합니다(채우기 색 - 빨강).

❷ 도형의 선 색을 black으로 지정합니다(선 색 - 검정).

❸ (10, 10)을 시작점으로 너비와 높이가 각각 200px, 100px인 사각형을 그립니다(채우기 색 - 빨강).

❹ (10, 10)을 시작점으로 너비와 높이가 각각 200px, 100px인 사각형을 그립니다(테두리 색 - 검정).

❺ 도형의 채우기 색을 blue로 지정합니다(채우기 색 - 파랑).

❻ (50, 50)을 시작점으로 너비와 높이가 각각 120px, 100px인 사각형을 그립니다(채우기 색 - 파랑).

❼ (70, 80)을 시작점으로 너비와 높이가 각각 80px, 45px만큼 영역을 지우는데, 지운 부분은 문서의 배경이 표시됩니다.

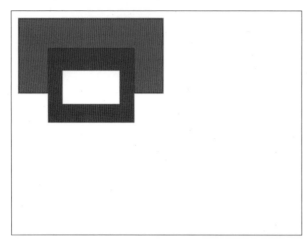

그림 14-7 기본적인 사각형 그리기

 복습하기 방금 살펴본 canvas-4.js 소스를 수정해서 파란색 사각형을 반투명한 색으로 채워 보세요. 반투명한 색을 지정하려면 rgba( ) 표기 방법을 사용하세요.

정답 14\canvas-4-2.html, 14\js\canvas-4-2.js

삼각형 그리기

캔버스에서 사각형을 제외한 삼각형이나 원 같은 도형은 별도의 메서드를 제공하지 않으므로 경로 그리기를 이용해 직접 도형을 그려야 합니다. 경로를 이용해 도형을 그리는 경우에는 다음의 단계를 거치세요.

❶ beginPath( ) 메서드를 이용해 경로가 시작되는 것을 알립니다.
❷ 원하는 경로를 그립니다. 경로를 그리는 메서드는 Canvas API에서 제공하므로 경로에 따라 사용하는 메서드가 달라집니다.
❸ closePath( ) 메서드를 이용해서 경로의 시작점부터 끝나는 점까지 선을 그립니다. 이 메서드는 옵션이므로 도형을 채울 경우에는 사용하지 않아도 됩니다.
❹ stroke( ) 메서드로 테두리를 그리거나 fill( ) 메서드로 도형을 채웁니다.

이제부터 경로를 그릴 때 사용하는 메서드를 하나씩 알아보겠습니다.

경로 그리기의 시작과 끝을 나타내는 beginPath(), closePath() 메서드

경로를 그리려면 이제부터 경로를 만들겠다고 알려야 하는데, 이때 beginPath( ) 메서드를 사용합니다. 그리고 경로 그리기가 끝났다고 알릴 때는 closePath( ) 메서드를 사용합니다.

경로 그리기를 시작하려면 반드시 beginPath() 메서드로 시작해야 합니다. 원하는 경로를 다 그렸는데 시작 위치와 끝나는 위치가 같다면 저절로 닫힌 도형이 되므로 따로 closePath()를 사용하지 않아도 됩니다. 하지만 그렇지 않을 경우에는 closePath()를 붙여야 합니다.

> **기본형** beginPath()
> closePath()

직선 경로를 만드는 lineTo() 메서드

lineTo() 메서드는 시작점에서부터 (x, y) 위치까지 직선 경로를 만드는 메서드입니다. 단, 이 메서드는 두 위치 사이에 직선 경로를 만들기만 할 뿐 경로를 화면에 보여 주지 않습니다.

> **기본형** lineTo(x, y)

경로를 그리는 stroke() 메서드와 경로를 채우는 fill() 메서드

경로를 만들었으면 stroke() 메서드를 실행해야 경로가 화면에 나타납니다. 만약 경로를 사용해서 닫힌 공간을 만들었으면 fill() 메서드를 사용해서 그 공간에 색을 채울 수 있습니다.

> **기본형** stroke()
> fill()

위치를 옮기는 moveTo() 메서드

경로를 사용해서 도형을 만드는 것은 경로와 경로를 서로 연결하는 과정입니다. 예를 들어 삼각형을 만든다면 3개의 직선 경로를 연결해야 합니다. 캔버스에서 경로를 그릴 때 moveTo() 메서드의 역할은 매우 중요합니다. moveTo() 메서드는 이름에서 짐작할 수 있듯이 경로를 그릴 때 시작점을 옮기는 역할을 합니다.

> **기본형** moveTo(x, y)

moveTo() 메서드는 (x, y) 위치로 시작점을 옮깁니다. 캔버스를 처음 만들면 시작점은 원점 (0, 0)이 됩니다. 경로를 그릴 때도 moveTo() 메서드를 이용해서 원하는 위치로 시작점을 옮겨 놓고 거기에서부터 경로를 만들기 시작합니다.

경로를 그리기 위해 매우 많은 메서드가 사용되죠? 이 메서드를 사용해서 시작점을 (50, 50)으로 지정한 후 (200, 200)까지 직선을 그린다면 다음과 같이 작성할 수 있습니다.

캔버스에 직선 그리기   14\canvas-5.html, 14\js\canvas-5.js

```
const canvas = document.querySelector('canvas');
const ctx = canvas.getContext("2d");

ctx.beginPath();          // 경로를 시작합니다.
ctx.moveTo(50, 50);       // 경로가 시작되는 위치를 지정합니다.
ctx.lineTo(200, 200);     // (200, 200)까지 경로를 만듭니다.
ctx.stroke();             // 만든 경로를 선으로 그립니다.
```

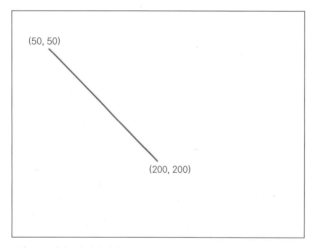

그림 14-8 캔버스에 직선 그리기

 복습하기 방금 살펴본 canvas-5.js 파일에 (350, 50)부터 (200, 200)까지 빨간색 선을 그리는 소스를 추가해 보세요.

정답 14\canvas-5-2.html, 14\js\canvas-5-2.js

경로를 그리는 메서드로 삼각형 완성하기

앞의 예제에서는 간단히 직선을 그렸지만, 이번에는 도형을 그려 보겠습니다. 처음에 그린 직선의 끝점은 다음 직선의 시작점이 되고 그 직선의 끝점은 다시 다음 직선의 시작점이 됩니다. 이와 같은 방식으로 직선을 연결해서 도형을 그립니다.

다음은 moveTo() 메서드와 lineTo() 메서드를 이용해서 2개의 삼각형을 그리는 예제입니다. 첫 번째 삼각형은 (50, 50)에서 (150, 100)으로 경로를 만들고 다시 (150, 100)에서 (50, 150)으로 경로를 만듭니다. 이어서 (50, 150)에서 시작점 (50, 50)으로 경로를 만들 수도 있지만, closePath() 메서드를 사용해서 (50, 150)에서 시작점 (50, 50)으로 닫힌 도형을 만들면 자동으로 경로가 만들어집니다. 경로를 만든 후에는 stroke() 메서드를 사용해서 선을 그립니다. 두 번째 삼각형은 fillStyle 속성을 사용해서 채워 넣을 색상을 지정한 후 fill() 메서드를 사용해서 도형을 채웠습니다.

캔버스에 삼각형 그리기　　　　　　　　　　　　　　　14\canvas-6.html, 14\js\canvas-6.js

```javascript
const canvas = document.querySelector('canvas');
const ctx = canvas.getContext("2d");

ctx.beginPath();          // 경로를 시작합니다.
ctx.moveTo(50, 50);       // 시작점을 (50, 50) 위치로 이동합니다.
ctx.lineTo(150, 100);     // 시작점에서 (150, 100)까지 경로를 만듭니다.
ctx.lineTo(50, 150);      // 이전 경로의 끝점에서 (50, 150)까지 경로를 만듭니다.
ctx.closePath();          // 경로를 닫습니다(닫힌 도형).
ctx.stroke();             // 지금까지 만든 경로를 선으로 그립니다.

ctx.beginPath();          // 경로를 시작합니다.
ctx.moveTo(150, 100);     // 시작점을 (150, 100) 위치로 이동합니다.
ctx.lineTo(250, 50);      // 시작점에서 (250, 50)까지 직선 경로를 만듭니다.
ctx.lineTo(250, 150);     // 이전 경로의 끝점에서 (250, 150)까지 직선을 그립니다.
ctx.closePath();          // 경로를 닫습니다(닫힌 도형).
ctx.fillStyle = 'rgb(0, 200, 0)';   // 채우기 색을 지정합니다.
ctx.fill();               // 만든(닫힌) 도형에 색을 채웁니다.
```

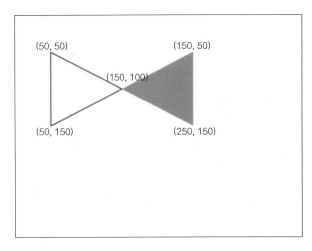

그림 14-9 캔버스에 삼각형 그리기

 복습하기 방금 살펴본 canvas-6.js 소스에서 오른쪽 삼각형에 테두리를 추가해 보세요.

정답 14\canvas-6-2.html, 14\canvas-6-2.js

원이나 호 그리기

원이나 호를 그릴 때는 **arc()** 메서드를 사용합니다. 반시계 방향이든, 시계 방향이든 0°에서 시작하여 360°까지 그리면 원이 되고, 일부분만 그리면 호가 됩니다. 호는 각도나 방향에 따라 다른 형태로 그려집니다.

> **기본형** arc(x, y, r, startAngle, endAngle [, counterClockwise])

- x, y: 원의 중점
- r: 원의 반지름
- startAngle: 원이나 호의 시작점을 라디안으로 표시합니다.
- endAngle: 원이나 호의 끝점을 라디안으로 표시합니다.
- counterClockwise: 반시계 방향으로 그릴지의 여부를 참true이나 거짓false으로 지정하고 따로 지정하지 않으면 true로 인식합니다. 즉, 반시계 방향으로 그립니다.

원 그리기

원을 그릴 경우 원점을 정한 후 시작 각도는 0°로, 끝나는 각도는 Math.PI×2로 지정합니다. 원은 경로를 한 바퀴 도는 형태이므로 counterClockwise 값은 true나 false 중 어떤 것을 사용해도 상관없습니다.

다음은 (200, 150)을 중점으로 반지름 100인 원을 그리는 예제입니다. arc() 메서드를 사용해서 0~360°까지 반시계 방향으로 그리고 원을 채울 색과 선 색의 스타일도 지정했습니다.

원 그리고 색 채우기	14\arc-1.html, 14\js\arc-1.js

```javascript
const canvas = document.querySelector('canvas');
const ctx = canvas.getContext("2d");


ctx.fillStyle = "yellow";       // 채우기 색상
ctx.strokeStyle = "red";        // 선 색상


ctx.beginPath()
ctx.arc(200, 150, 100, 0, Math.PI * 2, true);      // 0~360°까지 경로를 만듭니다.
ctx.closePath();    // 경로를 닫습니다.
ctx.fill();         // 색상을 채웁니다.
ctx.stroke();       // 선을 그립니다.
```

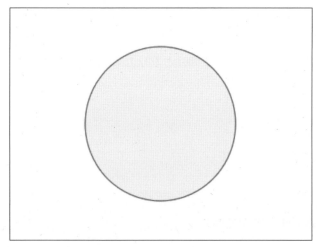

그림 14-10 원 그리고 색 채우기

반원과 호 그리기

반원은 0~180°, 또는 90~270°처럼 시작 각도와 끝나는 각도의 차이가 180°만 되면 그릴 수 있습니다. 그리고 anticlockwise의 값이 true인지, false인지에 따라 시작 각도에서 끝 각도로 가는 경로의 방향이 정해지므로 방향에 따라 반대 방향의 반원이 그려지죠. 이 부분만 주의하면 쉽게 반원을 그릴 수 있습니다.

호는 원 둘레의 일부분을 그리는 것으로, 시작하는 각도와 끝나는 각도를 지정한 후 회전 방향이 시계 방향인지, 반시계 방향인지만 지정하면 됩니다. 이때 시작 각도와 끝나는 각도가 같아도 회전 방향에 따라 다른 모양의 호가 그려집니다.

반원과 호 그리기	14\arc-2.html, 14\js\arc-2.js

```
const canvas = document.querySelector('canvas');
const ctx = canvas.getContext("2d");

// 반원 채우기
ctx.fillStyle = "red";
ctx.beginPath()
ctx.arc(120, 100, 50, 0, (Math.PI / 180 ) * 180, true);     // 반시계 방향
ctx.arc(280, 100, 50, 0, (Math.PI / 180 ) * 180, false);    // 시계 방향
ctx.fill();

// 선으로 반원 그리기
ctx.beginPath();
ctx.arc(120, 200, 50, (Math.PI / 180) * 90, (Math.PI / 180) * 270, false);
ctx.closePath();
ctx.stroke();

// 선으로 호 그리기
ctx.strokeStyle = "blue";
ctx.moveTo(200, 100);
ctx.beginPath();
ctx.arc(200, 200, 50, 0, (Math.PI / 180) * 60, false);
ctx.stroke();
```

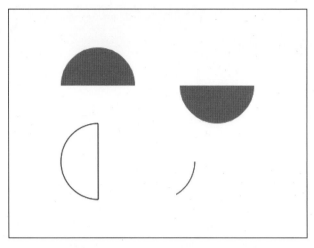

그림 14-11 반원과 호 그리기

 반지름의 길이가 50인 왼쪽 반원을 그려 보세요.

정답 14\arc-3.html, 14\js\arc-3.js

타원 그리기

캔버스에는 타원을 그릴 수 있는 ellipse() 메서드가 따로 준비되어 있습니다. 타원은 가로 반지름과 세로 반지름의 길이를 따로 지정하므로 arc() 메서드 기본형과 조금 다릅니다.

> **기본형**   ellipse(x, y, radiusX, radiusY, rotation, startAngle, endAngle [,counterClockwise])

- x, y: 타원의 중점
- radiusX: 타원의 가로 반지름
- radiusY: 타원의 세로 반지름
- rotation: 타원의 회전 크기. 라디안값으로 지정합니다.
- startAngle: 타원의 시작점을 라디안으로 표시합니다.
- endAngle: 타원의 끝점을 라디안으로 표시합니다.
- counterClockwise: 반시계 방향으로 그릴지의 여부를 참[true]이나 거짓[false]으로 지정합니다. 따로 지정하지 않으면 true로 인식합니다.

다음은 2개의 타원을 그리는 예제입니다. 2개의 타원 모두 가로 지름은 80, 세로 지름은 50이지만, 두 번째 타원은 −30°만큼 회전시켰습니다.

```
const canvas = document.querySelector('canvas');
const ctx = canvas.getContext("2d");

ctx.strokeStyle = "red";
ctx.beginPath();
ctx.ellipse(200, 70, 80, 50, 0, 0, Math.PI * 2);
ctx.stroke();

ctx.strokeStyle = "blue";
ctx.beginPath();
ctx.ellipse(150, 200, 80, 50, (Math.PI / 180) * -30, 0, Math.PI * 2);    // -30° 회전
ctx.stroke();
```

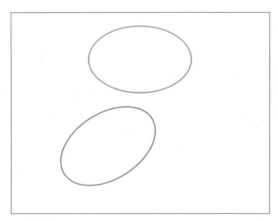

그림 14-12 타원 그리기

원을 변형해서 타원 그리기

ellipse() 메서드를 사용해서 타원을 그릴 수도 있지만, 원을 그린 후에 가로와 세로 크기를
조절해서 타원으로 만들 수도 있습니다. 캔버스에서 크기를 변형할 때는 scale() 메서드를
사용합니다. 매개변수 x는 가로로 지정하고 y는 세로로 얼마나 늘리거나 줄일지 지정합니다.

기본형   scale(x, y)

예를 들어 다음은 2개의 원을 그린 상태에서 가로 길이는 그대로 두고 세로 길이를 70% 정도 줄이기 위해 scale() 메서드를 사용한 예제입니다. scale() 메서드가 계속 적용되므로 2개 의 원을 동시에 타원 형태로 바꿔서 보여 줍니다. 이번 예제에서는 ctx.scale(1, 0.7)을 뺐 을 때와 추가했을 때 어떻게 달라지는지 비교해 보세요.

원을 변형해서 타원 그리기   14\ellipse-2.html, 14\js\ellipse-2.js

```
const canvas = document.querySelector('canvas');
const ctx = canvas.getContext("2d");

ctx.strokeStyle = "blue";
ctx.scale(1, 0.7);    // 가로 길이는 그대로 유지하고 세로 길이는 축소합니다.
ctx.beginPath()
ctx.arc(200, 150, 80, 0, Math.PI * 2, true);    // 바깥쪽 원
ctx.stroke();

ctx.beginPath()
ctx.arc(200, 150, 30, 0, Math.PI * 2, false);    // 안쪽 원
ctx.stroke();
ctx.closePath();
```

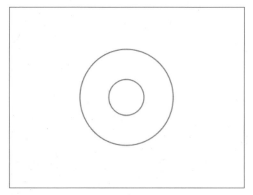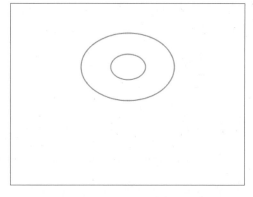

그림 14-13 scale() 메서드를 사용해서 타원으로 변형하기

 복습하기 반지름의 길이가 50인 원을 그리고 가로 길이를 0.7로 축소해서 가로로 긴 타원을 그려 보세요.

정답 14\ellipse-3.html, 14\js\ellipse-3.js

곡선 그리기

캔버스에서 곡선을 그릴 때는 베지에 곡선^{Bezier Curves}을 이용합니다. 베지에 곡선은 수학뿐만 아니라 제조업 등 다양한 분야에서 사용하는 곡선으로, 조절점을 이용해서 부드러운 곡선을 그릴 수 있습니다.

2차 베지에 곡선

베지에 곡선을 그릴 때는 현재 좌표에서 끝점 좌표 (x, y) 사이에 경로를 그리는데, 조절점을 통해 경로를 구부러지게 해서 곡선의 형태를 만듭니다. 이때 조절점이 1개이면 '2차 베지에 곡선^{Quadratic Bezier}', 조절점이 2개이면 '3차 베지에 곡선^{Cubic Bezier}'이라고 합니다.

> **기본형** quadraticCurveTo(cpx, cpy, x, y)

- cpx, cpy: 조절점 좌표
- x, y: 곡선이 끝나는 점의 좌표

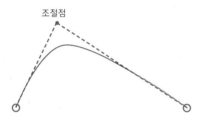

그림 14-14 2차 베지에 곡선

다음은 moveTo() 메서드를 이용해 (50, 200) 위치로 이동한 후 조절점이 (200, 50)이고 끝점이 (350, 200)인 곡선을 그리는 예제입니다.

1개의 조절점을 사용해서 곡선 그리기　　　　　14\curve-1.html, 14\js\curve-1.js

```
const canvas = document.querySelector('canvas');
const ctx = canvas.getContext("2d");


ctx.beginPath();
ctx.moveTo(50, 200);  // 곡선의 시작 위치
ctx.quadraticCurveTo(200, 50, 350, 200);  // 시작 위치부터 (350, 200)까지 곡선 만들기
ctx.stroke();
```

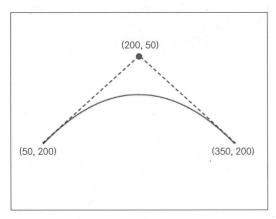

그림 14-15 조절점이 1개인 베지에 곡선 그리기

다음은 quadraticCurveTo() 메서드를 이용해 물결 형태의 곡선을 만드는 예제입니다.

😀 처음부터 정확하게 조절점을 지정하여 곡선을 그리기 어려우므로 결과 화면을 보면서 조금씩 조절하세요.

베지에 곡선을 활용해서 물결 그리기	14\curve-2.html, 14\js\curve-2.js

```javascript
const canvas = document.querySelector('canvas');
const ctx = canvas.getContext("2d");

ctx.beginPath();
ctx.moveTo(50, 100);
ctx.quadraticCurveTo(100, 50, 150, 100);
ctx.quadraticCurveTo(200, 150, 250, 100);
ctx.quadraticCurveTo(300, 50, 350, 100);
ctx.stroke();
```

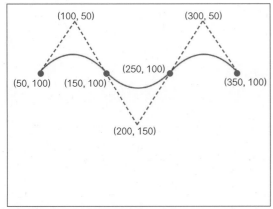

그림 14-16 베지에 곡선으로 물결 그리기

3차 베지에 곡선

2개의 조절점을 사용해서 그리는 곡선을 '3차 베지에 곡선'이라고 합니다.

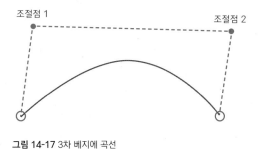

그림 14-17 3차 베지에 곡선

캔버스에서는 bezierCurveTo() 메서드를 사용해서 3차 베지에 곡선을 그릴 수 있습니다.

> **기본형**   `bezierCurveTo(cp1x, cp1y, cp2x, cp2y, x, y)`

- cp1x, cp1y: 첫 번째 조절점 좌표
- cp2x, cp2y: 두 번째 조절점 좌표
- x, y: 곡선이 끝나는 점의 좌표

다음은 좌표 (50, 100)부터 시작하여 (350, 100)까지 곡선을 그리는 예제로, 2개의 조절점
(90, 250)과 (310, 10)에서 곡선을 조절합니다.

2개의 조절점을 사용해서 곡선 그리기	14\curve-3.html, 14\js\curve-3.js

```javascript
const canvas = document.querySelector('canvas');
const ctx = canvas.getContext("2d");

ctx.beginPath();
ctx.moveTo(50, 100);    // 곡선의 시작 위치
ctx.bezierCurveTo(90, 250, 310, 10, 350, 100);
ctx.strokeStyle = "green";
ctx.stroke();
```

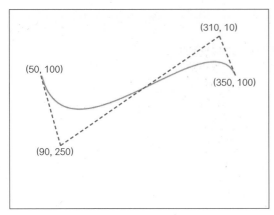

(310, 10)

(50, 100)

(350, 100)

(90, 250)

그림 14-18 2개의 조절점을 사용해서 곡선 그리기

Path2D 객체 사용하기

캔버스는 온라인 게임처럼 복잡한 그래픽이 필요한 곳에서 자주 사용합니다. 그려야 할 경로도 많이 복잡할 뿐만 아니라 같은 경로를 반복해서 사용해야 할 경우도 있습니다. 그래서 캔버스에는 같은 경로를 반복하지 않기 위해 경로를 저장해 두는 Path2D 객체가 있습니다. 이 객체를 사용하면 복잡한 경로를 변수로 저장한 후 필요한 곳에서 사용할 수 있죠.

자바스크립트에서 객체를 사용하려면 가장 먼저 인스턴스 객체를 만들어야 합니다. 이때 new 예약어를 사용해서 빈 객체를 만든 후에 경로를 지정할 수도 있고, 객체 안에 직접 경로를 만들 수도 있습니다. 이들 방법 중에서 빈 객체를 만든 후에 경로를 지정하는 방법을 주로 사용합니다.

> 기본형   new Path2D()
> new Path2D(*경로*)

Path2D 객체를 만든 후에는 앞에서 공부했던 메서드를 그대로 사용할 수 있습니다. 예를 들어 다음의 예제에서는 삼각형을 그리는 triangle 객체와 원을 그리는 circle 객체를 만든 후 각각 경로를 지정했습니다. 그리고 마지막에 stroke()나 fill() 메서드를 사용해 선을 그리거나 도형에 채울 때 어떤 객체를 사용할지 소괄호 안에 지정하면 됩니다.

```javascript
const canvas = document.querySelector('canvas');
const ctx = canvas.getContext("2d");

let triangle = new Path2D();      // 삼각형 경로 객체
triangle.moveTo(100, 100);
triangle.lineTo(300, 100);
triangle.lineTo(200, 260);
triangle.closePath();

let circle = new Path2D();        // 원 경로 객체
circle.arc(200, 155, 50, 0, Math.PI * 2);

ctx.fillStyle = "green";
ctx.stroke(triangle);
ctx.fill(circle);
```

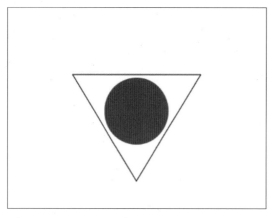

그림 14-19 Path2D 객체를 사용해 도형 그리기

준비 14\frog.html 결과 14\frog-result.html, 14\js\frog-result.js

캔버스에서 기본적인 도형을 그리는 방법을 배웠으니 이것을 조금 응용해서 귀여운 개구리 얼굴을 그려 보겠습니다. 타원과 원을 그릴 줄 알면 누구나 할 수 있습니다. 그리고 캔버스로 그린 그래픽을 이미지 파일로 저장하는 방법까지 알아보겠습니다.

> **먼저 생각해 보세요!**
> - 개구리 얼굴을 그릴 때 어떤 도형을 사용할까요? ☐
> - 개구리 얼굴을 자연스러운 타원형으로 만들려면 어떻게 해야 할까요? ☐

01 14\js 폴더에 frog.js 파일을 만들고 14\frog.html 문서에 연결합니다. 14\frog.html 문서에는 가로 400px, 세로 300 px 크기의 캔버스 영역이 만들어져 있습니다.

```
                                                              14\frog.html
<body>
  <canvas width="400" height="300"></canvas>

  <script src="js/frog.js"></script>
</body>
```

02 가장 먼저 캔버스 영역을 가져와서 2차원 콘텍스트를 만들어 보겠습니다. 이제부터 소스는 14\js\frog.js 파일에 입력합니다.

```
                                                            14\js\frog.js
const canvas = document.querySelector('canvas');
const ctx = canvas.getContext("2d");
```

03 개구리 얼굴이 완전히 원형이 아니라 살짝 타원형이어서 타원 형태로 그려야 합니다. 여기에서는 ellipse() 메서드 대신 arc() 메서드를 사용해서 얼굴을 그리고 scale() 메서드로 세로 방향으로 살짝 크기를 줄여 보겠습니다. 앞에서 작성한 소스의 뒤에 다음과 같이 입력해 보세요.

😊 ellipse() 메서드를 사용해서 그려도 되지만, 얼굴, 눈, 눈동자를 따로 타원으로 그리면 원을 변형했을 때처럼 자연스럽지 않을 수 있으므로 한번 시도해 보세요.

```
ctx.scale(1, 0.7);    // 세로 길이 줄이기

// 얼굴
ctx.fillStyle = "green";
ctx.strokeStyle = "black";
ctx.beginPath();
ctx.arc(150, 150, 80, 0, Math.PI * 2, false);
ctx.fill();
```

04 웹 브라우저 창에서 초록색 타원을 확인합니다. 편집기의 오른쪽에 웹 브라우저 창을 열어 놓으면 이제부터 입력하는 소스에 따라 웹 브라우저 창에 어떻게 표시되는지 확인하면서 작성할 수 있습니다.

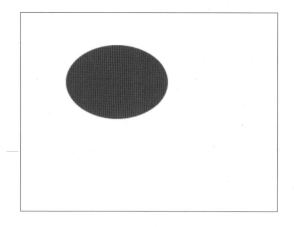

05 이제 눈은 흰색으로 채우고 테두리는 초록색으로 그린 후 눈동자는 검은색으로 칠합니다.

```
// 눈
ctx.beginPath();
ctx.arc(120, 80, 20, 0, Math.PI * 2, false);
ctx.fillStyle = "white";
ctx.strokeStyle = "green";
ctx.fill();
ctx.stroke();

// 눈동자
ctx.beginPath();
```

```
ctx.arc(120, 80, 5, 0, Math.PI * 2, false);
ctx.fillStyle = "black";
ctx.fill();
```

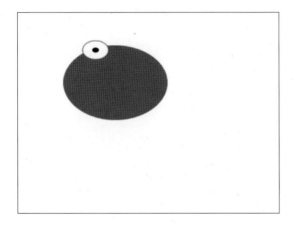

06 오른쪽 눈과 눈동자는 x축 좌푯값만 바꾸면 왼쪽 눈과 눈동자를 그리는 소스와 같습니다. 앞의 소스에서 오른쪽 눈동자와 관련된 소스만 추가하면 되므로 오른쪽 눈동자의 x 좌푯값을 180으로 지정합니다.

```
// 눈
ctx.beginPath();
ctx.arc(120, 80, 20, 0, Math.PI * 2, false);
ctx.moveTo(200, 80);
ctx.arc(180, 80, 20, 0, Math.PI * 2, false);
ctx.fillStyle = "white";
ctx.strokeStyle = "green";
ctx.fill();
ctx.stroke();

// 눈동자
ctx.beginPath();
ctx.arc(120, 80, 5, 0, Math.PI * 2, false);
ctx.moveTo(200, 80);
ctx.arc(180, 80, 5, 0, Math.PI * 2, false);
ctx.fillStyle = "black";
ctx.fill();
```

07 이번에는 입을 그려 보겠습니다. 0°~180°까지 반원을 그리면 되는데, 반원의 방향이 아래쪽이어야 하므로 시계 방향으로 그려야 합니다.

😊 소스에서 lineWidth 속성은 선의 굵기를 지정하는데, 이 속성은 '15장. 캔버스로 그래픽 요소 다루기'에서 자세히 설명하겠습니다.

```
// 입
ctx.beginPath();
ctx.arc(150, 150, 50 , 0, (Math.PI / 180) * 180, false);
ctx.strokeStyle = "black";
ctx.lineWidth = 3;    // 선 굵기
ctx.stroke();
```

08 이렇게 몇 가지 도형으로 간단히 개구리 얼굴을 그려 보았는데, 캔버스에 그린 그림은 웹 브라우저 창에 바로 저장할 수 있습니다. 이미지 부분에서 마우스 오른쪽 버튼을 클릭하고 바로가기 메뉴에서 [이미지를 다른 이름으로 저장]을 선택하세요.

09 원하는 폴더에 원하는 이름으로 저장하면 캔버스에서 그린 이미지를 일반적인 이미지 파일 형태로 저장할 수 있습니다.

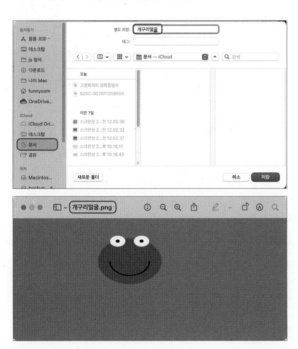

14-3 캔버스에 텍스트 그리기

캔버스에서는 도형뿐만 아니라 텍스트를 그릴 수도 있습니다. 텍스트를 키보드로 입력하는 것이 아니라 화면에 그리는 것이므로 캔버스에 그린 텍스트는 일반 텍스트처럼 마우스로 드래그해서 선택할 수 없습니다. 여기에서는 캔버스에 간단히 텍스트를 그리고 글꼴이나 크기를 지정하는 방법을 살펴보겠습니다.

텍스트를 그리는 메서드

캔버스에는 도형뿐만 아니라 텍스트를 그리는 메서드와 속성도 준비되어 있습니다. 캔버스에 텍스트를 그릴 때는 다음 두 가지 메서드를 사용합니다. 이들 메서드는 텍스트를 채우는지, 또는 선만 그리는지에 따라 구분됩니다.

> **기본형**
> ```
> fillText(text, x, y [,maxWidth])
> strokeText(text, x, y [,maxWidth]
> ```

- text: 캔버스에 그릴 텍스트입니다.
- x, y: 텍스트를 표시할 좌표입니다.
- maxWidth: 텍스트를 표시할 최대 너비를 지정하고 옵션이므로 필요할 때만 사용합니다. 이 값을 지정했을 때 텍스트의 전체 너비가 이 값보다 커지면 글꼴 너비를 더 좁게 조정하거나 전체 너비에 맞추어 글꼴 크기를 줄입니다.

다음은 fillText() 메서드와 strokeText() 메서드를 사용해서 텍스트를 화면에 그리는 예제입니다. 결과 화면을 보면 글자가 크게 표시됩니다.

캔버스에 텍스트 그리기	14\text-1.html, 14\js\text-1.js

```
ctx.fillText("HELLO", 50, 70);
ctx.strokeText("HELLO", 50, 150);
```

그림 14-20 캔버스에 텍스트 그리기

글꼴 및 글자 스타일 지정하기 — font 속성

캔버스에서 텍스트의 글꼴이나 글자 크기를 지정하려면 font 속성을 사용합니다. 예를 들어 40px의 Arial체라면 다음과 같이 표시합니다. 이때 글자 크기와 글꼴 이름은 쉼표 없이 공백으로 구분한다는 점에 주의하세요.

```
ctx.font = "40px Arial";
```

😀 Nanum Myengjo처럼 두 단어로 이루어진 글꼴은 ctx.font = "40px 'Nanum Myeongjo'"처럼 큰따옴표 안에 작은따옴표로 다시 묶어야 합니다.

다음은 글꼴과 크기를 지정한 후 fillText() 메서드와 strokeText() 메서드를 사용해 텍스트를 그리는 예제입니다.

| 글꼴과 글자 크기를 지정한 텍스트 그리기 | 14\text-1.html, 14\js\text-1.js |

```
ctx.font = "60px Arial";
ctx.fillText("HELLO", 50, 70);
ctx.strokeText("HELLO", 50, 150);
```

만약 텍스트를 이탤릭체나 굵게 표시하려면 font 속성값에 italic이나 bold를 추가해야 합니다.

```
const canvas = document.querySelector('canvas');
const ctx = canvas.getContext("2d");


ctx.font = "italic 60px serif";          // 기울임꼴, 60px, 세리프체
ctx.fillText("Javascript", 50, 70);
ctx.font = "bold 60px sans-serif";       // 굵은 글꼴, 60px, 산세리프체
ctx.fillText("Javascript", 50, 150);
```

Javascript

Javascript

그림 14-21 글꼴 스타일을 다양하게 조절해서 텍스트 그리기

😊 ctx.font = "italic 60px serif"에서 큰따옴표 안의 값은 순서와 상관없이 작성합니다.

 위의 소스를 조금 수정해서 글자색은 yellow로, 글자의 테두리는 red로 지정한 후 그려 보세요.

정답   14\text-3.html, 14\js\text-3.js

14-4 캔버스에 이미지 표시하기

이번에는 캔버스에 이미지를 표시하는 방법을 알아보겠습니다. 이 작업은 일은 단순히 URL이나 경로만 알려 주는 것이 아니므로 몇 가지 과정을 더 거쳐야 합니다.

이미지 표시하기

캔버스에 이미지를 삽입하려면 이미지를 가져오는 과정과 가져온 이미지를 캔버스에 그리는 과정이 필요합니다.

이미지 가져오기

캔버스에 이미지를 넣으려면 먼저 이미지 객체를 만들고 해당 이미지에 파일 경로를 지정한 후 메서드를 사용해서 캔버스에 그려야 합니다. 예를 들어 spring.jpg 파일을 캔버스에 넣으려면 다음과 같이 이미지 객체를 만들고 객체의 src 프로퍼티를 이용해서 이미지 파일을 지정합니다.

```
let img = new Image();        // 새로운 이미지 객체를 만듭니다.
img.src = "spring.jpg";       // 이미지 객체에 파일 경로를 지정합니다.
```

이미지 그리기

이미지를 가져왔으면 이것을 캔버스에 그려야 합니다. 가져온 이미지를 캔버스에 표시할 때는 drawImage() 메서드를 사용하는데, 어떤 옵션을 사용하느냐에 따라 다양한 형태로 이미지를 표시할 수 있습니다. 가장 기본적인 사용법은 이미지를 원래의 크기대로 삽입하는 것입니다.

> 기본형   drawImage(image, dx, dy)

- image: 캔버스에 표시할 이미지 객체를 지정합니다.
- dx, dy: 캔버스의 왼쪽 위 모서리로부터 얼마나 떨어져서 이미지를 표시할지 지정합니다. (0, 0)이면 캔버스의 왼쪽 위 모서리부터 이미지를 그리기 시작합니다.

앞에서 도형을 그릴 때 객체를 만들어서 사용했지요? 도형을 그릴 때는 도형 객체의 메서드이므로 다음 소스처럼 객체 이름 뒤에 바로 메서드를 연결해서 사용했습니다.

```
let triangle = new Path2D();
triangle.moveTo(100, 100);
```

하지만 drawnImage() 메서드는 이미지 객체의 메서드가 아니라 콘텍스트의 메서드입니다. 캔버스를 불러오면서 이미지 객체 안에 이미지를 그려야 하므로 ctx.onload처럼 load 이벤트와 함께 함수를 실행합니다.

다음은 웹 문서를 불러오자마자 images/cat.jpg 이미지를 캔버스에 삽입하는 예제입니다. 캔버스 크기보다 이미지가 더 크므로 이미지의 일부분이 잘려서 보이지 않습니다.

원래 크기대로 이미지 그리기	14\img-1.html, 14\js\img-1.js

```
const canvas = document.querySelector('canvas');
const ctx = canvas.getContext("2d");

let img = new Image();
img.onload = function() {
  ctx.drawImage(img, 0, 0);
}
img.src = "images/cat.jpg";
```

그림 14-22 캔버스에 이미지 그리기

이미지 크기 조절하기

drawCanvas() 메서드를 사용해서 이미지를 표시할 때 원래 이미지 크기보다 크게, 또는 작게 표시할 수 있습니다. 이 경우에는 단순히 이미지를 그릴 때와 비교해서 매개변수가 달라집니다.

> **기본형** drawImage(image, dx, dy, dw, dh)

- image: 캔버스에 표시할 이미지 객체를 지정합니다.
- dx, dy: 캔버스의 왼쪽 위 모서리로부터 얼마나 떨어져서 이미지를 표시할지 지정합니다.
- dw, dh: 캔버스에 표시할 이미지 크기를 지정합니다.

이미지 크기를 직접 지정할 수도 있고, 캔버스 너비와 높이에 맞추어 지정할 수도 있습니다. 다음은 이미지 크기를 가로 300px, 세로 200px로 지정한 소스입니다.

```
ctx.drawImage(img, 0, 0, 300, 200);   // 이미지 크기를 지정합니다.
```

그림 14-23 이미지 크기를 지정해서 그리기

캔버스 크기에 딱 맞추고 싶으면 이미지 크기를 canvas.width와 canvas.height로 지정합니다.

```
ctx.drawImage(img, 0, 0, canvas.width, canvas.height);   // 캔버스 크기에 맞게 지정합니다.
```

그림 14-24 이미지를 캔버스 크기에 맞춰 그리기

이미지의 일부분만 표시하기

이미지의 일부분만 캔버스에 표시하려면 원래 이미지에서 잘라내서 캔버스에 표시할 수도 있고, 캔버스에 표시한 이미지에서 불필요한 부분을 가리는 방식으로 표시할 수도 있습니다.

원래 이미지에서 잘라내기

큰 이미지에서 일부분만 오려내어 사용할 때도 drawImage() 메서드를 이용해서 해결할 수 있습니다. 단, 이 경우에는 매개변수가 많아지므로 먼저 사용하는 매개변수에 대해서 이해하고 시작해야 합니다. 매개변수 중 s가 붙는 것은 소스 이미지source image와, d가 붙는 것은 이미지를 붙여 넣은 캔버스와 관련된 것입니다.

> 기본형 drawImage(image, sx, sy, sw, sh, dx, dy, dw, dh)

- image: 캔버스에 표시할 이미지 객체를 지정합니다.
- sx, sy: 원래 이미지에서 자를 영역이 왼쪽 위 모서리로부터의 가로와 세로로 얼마나 떨어져 있는지(오프셋) 지정합니다.
- sw, sh: 원래 이미지에서 잘라 낼 너비와 높이입니다.
- dx, dy: 잘라 낸 이미지를 캔버스의 왼쪽 위 모서리에서 가로와 세로로 얼마나 떨어지게 표시할지 지정합니다.
- dw, dh: 캔버스에 표시할 너비와 높이입니다.

다음 그림을 보면 좀 더 쉽게 이해할 수 있을 것입니다.

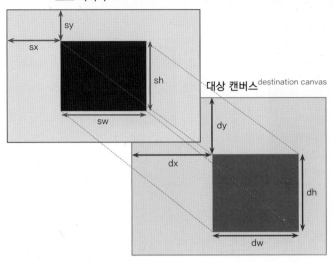

그림 14-25 이미지의 일부분만 그릴 때 사용하는 drawImage() 메서드의 매개변수

예를 들어 앞에서 사용했던 images/cat.jpg 사진을 일부분만 잘라서 다음과 같이 표시할 수 있습니다. 소스 이미지의 (100, 50) 위치에서부터 가로 280px, 세로 350px만큼 잘라 낸 후 캔버스에서 (160, 100) 위치에서부터 너비 140px, 높이 175px 크기로 표시합니다.

이미지의 일부분만 화면에 그리기   14\img-2.html, 14\js\img-2.js

```javascript
let img = new Image();
img.onload = function() {
  ctx.drawImage(img, 100, 50, 280, 350, 160, 100, 140, 175);
}
img.src = "images/cat.jpg";
```

그림 14-26 이미지의 일부분만 그리기

그림으로 그리면 이런 형태가 됩니다.

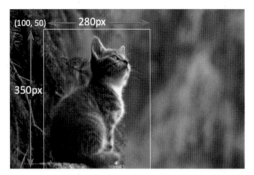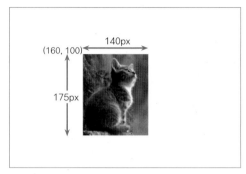

그림 14-27 원본 이미지(왼쪽)와 캔버스에 그려진 이미지(오른쪽)

이미지 클리핑하기

클리핑^{clipping}이란, 경로를 그려 놓고 경로 밖의 부분은 감춰버리는 것입니다. 이미지를 클리핑할 경우 클리핑 경로를 그려 놓고 clip() 메서드를 실행하면 그려 놓은 경로만큼 클리핑됩니다.

> 기본형   `clip()`

예를 들어 다음과 같이 캔버스에 images/bird.jpg 사진을 표시해 보겠습니다. 이렇게 작성하면 이미지가 캔버스에 가득 차게 표시됩니다.

캔버스의 크기에 맞춰서 이미지 그리기   14\img-3.html, 14\js\img-3.js

```
let img = new Image();
img.onload = function() {
  ctx.drawImage(img, 0, 0, canvas.width, canvas.height);
}
img.src = "images/bird.jpg";
```

그림 14-28 캔버스의 크기에 맞춰서 이미지 그리기

이 상태에서 이미지의 다른 부분은 감추고 새가 있는 부분만 원형으로 클리핑하려면 기존 소스에 이어서 원 경로를 만든 후 클리핑합니다.

이미지를 원형으로 클리핑하기	14\img-3.html, 14\js\img-3.js

```
let img = new Image();
img.onload = function() {
  ctx.drawImage(img, 0, 0, canvas.width, canvas.height);
}
img.src = "images/bird.jpg";


ctx.beginPath();
ctx.arc(300, 200, 150, 0, Math.PI * 2, false);   // 원 경로를 만듭니다.
ctx.clip();     // 클리핑
```

그림 14-29 원형으로 클리핑한 이미지

마무리 문제 1

준비 14\quiz-1.html 정답 14\solution-1.html, 14\js\solution-1.js

캔버스의 선 그리기 기능을 사용해 웹 브라우저 창에
별을 그려 보세요. 그리고 테두리와 채우기를 사용해
여러 형태로 표시해 보세요.

길라잡이

• 소스를 코딩하기 전에 종이에 별을 그려 보고 좌표를 어떻게 지정해야 자연스러울지 먼저 생각합니다.
• stroke() 메서드를 사용해 경로를 그립니다.

마무리 문제 2

준비 14\quiz-2.html 정답 14\solution-2.html, 14\js\solution-2.js

화면에 14\images\cat.jpg 파일을 표시하고 타원 형
태로 클리핑해 보세요. 이때 이미지는 캔버스 크기(640
×400)에 가득 차게 표시하고 고양이만 보일 수 있게
클리핑하세요.

길라잡이

• ellipse() 메서드를 사용해 타원 경로를 그립니다.
• 타원의 중심 좌표와 반지름의 크기는 한 번에 결정할 수 없으므로 웹 브라우저 창에서 확인해 보면서 조절합니다.
• clip() 메서드를 사용해 경로를 따라 클리핑합니다.

15

캔버스로
그래픽 요소 다루기

- -

캔버스를 이용해서 도형을 그리거나 이미지와 텍스트를 삽입할 때 색이나 그림자 효과
등 스타일을 이용해 여러 가지 모습으로 꾸밀 수 있습니다. 또한 그래픽 객체들을 합성
하거나 변환시켜서 처음과 다른 효과를 연출할 수도 있습니다. 이번 장에서는 그래픽
편집 프로그램 없이 그래픽 객체를 꾸미는 다양한 방법을 알아봅니다. 또한 캔버스에서
애니메이션을 만들 때 주의할 점을 살펴보고 간단한 애니메이션을 만드는 방법도 배워
보겠습니다.

`</>`

15-1 다양한 그래픽 스타일 지정하기

'14장. 캔버스로 도형, 텍스트, 이미지 그리기'에서는 <canvas> 요소와 자바스크립트를 이용해서 화면에 도형을 그리는 방법을 알아보았습니다. 이번에는 도형에 색을 채우거나 테두리를 그릴 때 색상이나 스타일을 조절해서 좀 더 보기 좋게 도형을 표시해 보겠습니다.

색상 지정하기

도형에 색을 채우거나 테두리를 그릴 때 따로 색상을 지정하지 않으면 기본색인 검은색으로 채워지거나 테두리가 그려집니다. 하지만 fillStyle 속성을 이용하면 도형에 채워 넣을 색상을 지정할 수도 있고, strokeStyle 속성을 이용해 테두리 색상을 지정할 수도 있습니다.

> **기본형**
> ```
> fillStyle = color;      // 채우기 색상
> strokeStyle = color;    // 선 색상
> ```

fillColor와 strokeColor 속성의 값으로 사용하는 color는 CSS에서의 색상처럼 다양한 형태로 시정할 수 있습니다.

❶ **색상 이름:** red나 yellow처럼 색상 이름을 사용합니다. 색상 이름을 일일이 기억하기가 쉽지 않지만, 자주 사용하는 색상이면 이름으로 지정하는 게 편리할 수도 있습니다.

❷ **16진수:** 16진수는 0~9까지의 숫자와 a~f까지의 문자로 나타내는 숫자를 말합니다. 맨 앞에 #기호를 붙이고 앞에서부터 두 자리씩 묶어 빨강, 초록, 파랑의 양을 표시하는데, 각 색상이 하나도 섞이지 않았음을 표시하는 00에서부터 해당 색이 가득 섞여 있다는 것을 표시   😊 #ffffff처럼 두 자리씩 값이 같다면 간단하게 하는 ff까지 사용할 수 있습니다.   #fff로 표기할 수 있습니다.

❸ **rgb/rgba 값:** rgb는 'red, green, blue'의 약자로, rgb(255, 0, 0)처럼 세 자리 숫자로 표시합니다. 여기에 불투명도^{alpha}를 추가하면 rgba(255, 0, 0, 0.7)처럼 사용합니다. rgb 값도 앞의 숫자부터 빨강, 초록, 파랑의 양의 표시하는데, 0과 255 사이의 값으로 각 색상의 양을 조절할 수 있습니다.

투명도 조절하기

화면에 그린 도형은 globalAlpha 속성이나 rgba() 함수를 사용하여 투명도를 조절할 수 있습니다.

globalAlpha 속성

globlaAlpha 속성을 이용하면 캔버스에 그린 여러 개의 도형에 똑같은 투명도값을 적용할 수 있습니다.

> **기본형** globalAlpha = 값

사용할 수 있는 값은 0.0(완전 투명)에서 1.0(완전 불투명)까지이고 기본값은 1.0입니다. globalAlpha 속성으로 투명도를 설정하면 투명도를 설정한 이후에 그려지는 도형에는 같은 투명도가 적용됩니다. 따라서 캔버스에 도형이 많고 이 도형들의 투명도를 같게 지정하려면 globalAlpha 속성을 사용하는 것이 편리합니다.

전체 불투명도 조절하기	15\alpha-1.html, 15\js\alpha-1.js

```
ctx.globalAlpha = 0.3;     // 이후의 모든 도형에 투명도를 적용합니다.
ctx.fillStyle = "rgb(255, 0, 0)";
ctx.fillRect(50, 50, 100, 50);
ctx.fillStyle = "rgb(0, 0, 255)";
ctx.fillRect(150, 50, 100, 50);
ctx.fillStyle = "rgb(0, 255, 0)";
ctx.fillRect(250, 50, 100, 50);
ctx.fillStyle = "rgb(255, 255, 0)";
ctx.fillRect(350, 50, 100, 50);
```

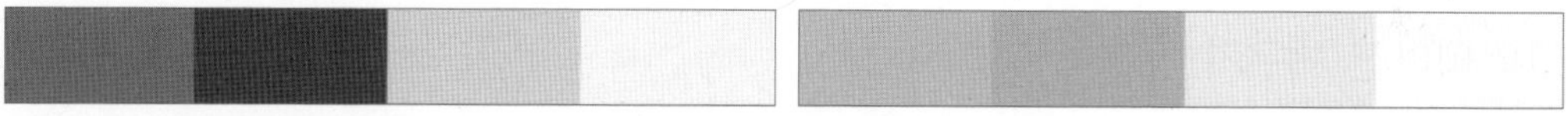

그림 15-1 불투명도를 조절하기 전(왼쪽)과 전체 도형에 불투명도를 적용한 후(오른쪽)

rgba() 메서드

각 도형의 불투명도를 따로 설정하려면 fillStyle이나 strokeStyle 속성에서 색상값을 지정할 때 rgba() 메서드로 색상과 함께 불투명도값을 추가할 수 있습니다. 여기서 rgba의 알파벳 r과 g, b는 각각 색상을 구성하는 red와 green, blue의 양을 나타내는 숫자이고 a는 불투명도를 뜻하는 alpha를 나타냅니다.

alpha의 값은 0.0~1.0까지 사용할 수 있는데, 1.0은 완전 불투명하고 0.0이면 완전 투명하므로 그 사이의 값 중에서 적절하게 조절하면서 사용할 수 있습니다. 이때 소수점 앞의 0을 생략해서 0.2를 .2로 표기할 수 있습니다. globalAlpha는 여러 개의 도형에 한꺼번에 같은 불투명도를 적용할 때, rgba()는 각 도형에 서로 다른 불투명도를 적용할 때 편리합니다.

다음은 파란색 사각형에 불투명도를 단계별로 다르게 지정해서 표시한 예제입니다.

rgba() 메서드를 사용해 각 도형의 불투명도 조절하기   15\alpha-2.html, 15\js\alpha-2.js

```
ctx.fillStyle = "rgb(0, 0, 255, .2)";      // 거의 투명하게 alpha 값을 지정합니다.
ctx.fillRect(50, 50, 60, 50);
ctx.fillStyle = "rgba(0, 0, 255, .4)";
ctx.fillRect(110, 50, 60, 50);
ctx.fillStyle = "rgba(0, 0, 255, .6)";
ctx.fillRect(170, 50, 60, 50);
ctx.fillStyle = "rgb(0, 0, 255, .8)";
ctx.fillRect(230, 50, 60, 50);
ctx.fillStyle = "rgb(0, 0, 255, 1)";       // 불투명하게 alpha 값을 지정합니다.
ctx.fillRect(290, 50, 60, 50);
```

그림 15-2 도형별로 불투명도를 다르게 적용하기

그러데이션 채우기

캔버스에 색상을 지정할 때 단색 외에 소스 코딩만으로 그러데이션을 적용할 수 있습니다. 이때 선형 그러데이션과 원형 그러데이션을 사용합니다.

선형 그러데이션 객체 만들기

도형에 그러데이션을 적용하려면 사용할 그러데이션 객체를 만들어야 합니다. 선형 그러데이션은 사각형 영역을 가지고 있으면서 가로 방향이나 세로 방향으로 그러데이션이 바뀝니다. 따라서 시작점(x1, y1)과 끝점(x2, y2)을 지정하여 사각 형태의 그러데이션 영역을 만들면 됩니다.

createLinearGradient(x1, y1, x2, y2)

다음과 같이 선언하는 선형 그러데이션 객체 **grad**는 (0, 0)에서 (0, 100)까지 사각형 영역을 갖는데, 너비값이 없고 높이값만 있으므로 위에서 아래로 색상이 변하는 그러데이션이 됩니다. 아직 그러데이션 색상을 지정하지 않았으므로 이 상태에서는 그러데이션이 적용되지 않습니다.

```
let grad = ctx.createLinearGradient(0, 0, 0, 100);
```

색 중지점에 색 할당하기

일단 그레이디언트^{gradient} 객체를 만들었으면 만들어 놓은 영역에 두 가지 이상의 색상을 지정해서 색상이 자연스럽게 섞여야 그러데이션 효과가 만들어집니다. **addColorStop()** 메서드를 이용하면 색상의 위치와 색상을 지정할 수 있습니다.

기본형 **addColorStop(position, color)**

이 메서드에서 **position**은 그러데이션 영역에서 색상의 위치를 상대적으로 표시하는 것으로, 0.0~1.0까지의 값을 사용할 수 있습니다. 시작 위치이면 0.0이고, 끝나는 부분이면 1.0이며, 그 사이의 위치는 두 숫자 사이의 값으로 표현합니다. 두 가지 색상을 지정하면 이들 사이의 중간 색상은 자동으로 계산하여 그러데이션을 만들어 줍니다. **color** 매개변수는 색상 이름이나 색상값 중에서 사용할 수 있습니다.

다음은 선형 그러데이션 객체 **linGrad**를 선언한 후 시작 색상과 끝 색상을 지정한 예제입니다. 하지만 그러데이션을 만들기만 했을 뿐 아직 적용하지 않았습니다.

선형 그러데이션의 색 중지점 만들기	15\grad-1.html, 15\js\grad-1.js

```
let linGrad = ctx.createLinearGradient(0, 0, 0, 200);
linGrad.addColorStop(0, "#000");        // 시작 위치에 검은색을 지정합니다.
linGrad.addColorStop(0.6, "#fff");      // 0.6 위치에 흰색을 지정합니다.
linGrad.addColorStop(1, "eee");         // 끝나는 위치에 회색을 지정합니다.
```

그러데이션 적용하기

자, 그러면 이제 그러데이션을 적용해 볼까요? 그러데이션을 만들었으면 `fillStyle` 속성이나 `stroke Style` 속성을 이용해 스타일에 적용할 수 있습니다.

다음은 앞에서 만든 `linGrad` 그러데이션을 사각형에 채워 넣는 예제입니다.

선형 그러데이션 적용하기	15\grad-1.html, 15\js\grad-1.js

```
let linGrad = ctx.createLinearGradient(0, 0, 0, 200);
linGrad.addColorStop(0, "#000");
linGrad.addColorStop(0.6, "#fff");
linGrad.addColorStop(1, "eee");

ctx.fillStyle = linGrad;
ctx.fillRect(0, 0, 100, 200);
```

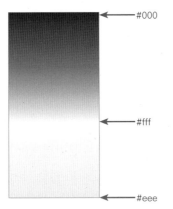

← #000

← #fff

← #eee

그림 15-3 도형에 선형 그러데이션 적용하기

원형 그러데이션 객체 만들기

원형 그러데이션은 안에서 밖으로, 또는 밖에서 안으로 원형으로 그러데이션이 바뀝니다. 마치 호수에 돌을 던졌을 때 동심원이 번져 나가는 것과 비슷하죠. 따라서 원형 그러데이션은 색상이 시작되는 원과 색상이 끝나는 원, 이렇게 2개의 원을 지정해야 합니다.

> 기본형 **createRadialGradient(x1, y1, r1, x2, y2, r2)**

시작 원은 (x1, y1)을 중점으로 하는 반지름 r1인 원이고, 끝나는 원은 (x2, y2)를 중점으로 하는 반지름 r2인 원입니다. 예를 들어 다음과 같은 `radGrad` 객체는 중심이 (55, 60)이고 반지름이 10인 시작 원과 중심이 (80, 80)이고 반지름이 100인 끝나는 원, 이렇게 2개의 원이 있고 그 사이에 둘 이상의 색상이 자연스럽게 혼합되는 그러데이션 객체입니다. 아직 색상은 지정하지 않았습니다.

바깥쪽 원

```
let radGrad = ctx.createRadialGradient(55, 60, 10, 80, 80, 100);
```

안쪽 원

원형 그러데이션 객체를 만들었으면 addColorStop() 메서드를 사용해서 그러데이션의 색상을 지정해야 합니다.

다음은 원을 그리고 흰색에서 주황색으로 바뀌는 원형 그러데이션 radGrad를 만든 후 fillStyle 속성을 사용해서 원에 그러데이션을 채운 예제입니다.

😊 원형 그러데이션은 다른 도형보다 원에 적용했을 때 가장 잘 어울립니다.

원형 그러데이션 만들고 적용하기	15\grad-2.html, 15\js\grad-2.js

```
let radGrad = ctx.createRadialGradient(55, 60, 10, 80, 90, 100);
radGrad.addColorStop(0, "white");       // 시작 위치에 흰색 원
radGrad.addColorStop(0.4, "yellow");    // 0.4 위치에 노란색 원
radGrad.addColorStop(1, "orange");      // 끝 위치에 주황색 원

ctx.fillStyle = radGrad;
ctx.arc(100, 100, 80, 0, Math.PI * 2, false);
ctx.fill();
```

그림 15-4 도형에 원형 그러데이션 적용하기

패턴 채우기

fillStyle 속성과 strokeStyle 속성에 색상이나 그러데이션 객체뿐만 아니라 패턴을 지정할 수 있습니다. 패턴을 채울 때도 패턴 객체를 만든 후 채우기 스타일이나 선 스타일에 모두 패턴 객체를 지정해서 사용하면 됩니다.

패턴 객체 만들기

패턴 객체를 만들 때는 createPattern() 메서드를 이용합니다.

> 기본형 **createPattern(image, type)**

- image: 패턴 이미지 파일의 경로. 이미지 객체를 만든 후 파일을 가져와서 사용합니다.
- type: 패턴 이미지의 반복 형태. 사용할 수 있는 값은 "repeat", "repeat-x", "repeat-y", "no-repeat" 입니다.

다음은 패턴으로 사용할 이미지(images/pattern.png)를 가져와서 **pattern**이라는 패턴 객체를 만든 후 패턴을 채운 사각형을 그리는 예제입니다.

패턴 만들고 적용하기	15\pattern.html, 15\js\pattern.js

```
let img = new Image();
img.onload = function() {
  let pattern = ctx.createPattern(img, "repeat");   // 패턴 객체를 만듭니다.
  ctx.fillStyle = pattern;          // 채우기 스타일을 패턴으로 지정합니다.
  ctx.fillRect(0, 0, 200, 200);     // 패턴을 채운 사각형을 그립니다.
}
img.src = "images/pattern.png";
```

`원래 이미지`

`캔버스 패턴`

그림 15-5 도형에 패턴 채우기

그림자 효과 추가하기

CSS에서 텍스트나 박스에 그림자 효과를 추가했던 것처럼 캔버스에서도 도형이나 텍스트에 그림자 효과를 추가할 수 있습니다.

다음은 캔버스에서 도형에 그림자를 추가할 때 사용할 수 있는 속성으로, CSS에서 box-shadow 속성이나 text-shadow 속성을 공부했으면 쉽게 이해할 수 있을 것입니다.

shadowOffsetX 속성

shadowOffsetX 속성은 도형이나 텍스트 등의 객체로부터 그림자가 수평 방향으로 얼마나 떨어져 있는지를 나타냅니다. 이 속성은 속성값이 양수이면 객체로부터 오른쪽 방향으로, 음수이면 왼쪽 방향으로 그림자가 생기고 기본값은 0입니다.

> 기본형   `ctx.shadowOffsetX = ` *거릿값*

shadowOffsetY 속성

shadowOffsetY 속성은 도형이나 텍스트 등의 객체로부터 그림자가 수직 방향으로 얼마나 떨어져 있는지를 나타냅니다. 이 속성은 속성값이 양수이면 객체로부터 아래쪽 방향으로, 음수이면 위쪽 방향으로 그림자가 생기고 기본값은 0입니다.

> 기본형   `ctx.shadowOffsetY = ` *거릿값*

shadowBlur 속성

shadowBlur 속성은 그림자가 얼마나 흐린지를 나타냅니다. 이 속성의 기본값은 0으로, 0일 때 그림자가 가장 진하고 숫자가 커질수록 그림자는 점점 흐려집니다.

> 기본형   `ctx.shadowBlur = ` *값*

shadowColor 속성

shadowColor 속성은 그림자 색상을 지정합니다. 이 속성의 기본값은 완전히 투명한 검은색입니다.

다음은 앞에서 원형 그러데이션을 채워 넣었던 도형에 그림자를 추가한 예제입니다.

도형에 그림자 효과 추가하기 15\shadow.html, 15\js\shadow.js

```
ctx.shadowColor = "#ccc";    // 그림자의 색
ctx.shadowOffsetX = 15;      // 그림자의 가로 오프셋
ctx.shadowOffsetY = 10;      // 그림자의 세로 오프셋
ctx.shadowBlur = 10;         // 그림자의 흐림 정도

let radGrad = ctx.createRadialGradient(55, 60, 10, 80, 90, 100);
      ⋮
```

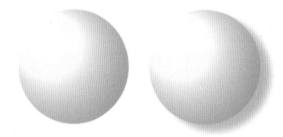

그림 15-6 그림자를 추가하기 전(왼쪽)과 추가한 후(오른쪽)

텍스트 선과 관련된 스타일 속성 살펴보기

앞에서 캔버스에 텍스트를 그리는 **strokeText()** 메서드와 **fillText()** 메서드에 대해 공부했습니다. 이번에는 텍스트를 그릴 때 선의 굵기나 선의 끝 모양 같은 스타일을 지정하는 속성에 대해 살펴보겠습니다.

선의 굵기 — lineWidth 속성

lineWidth 속성을 이용하면 선의 굵기를 조절할 수 있습니다. 이 속성에서 사용할 수 있는 값은 양수이고 기본값은 1.0입니다.

선의 끝 모양 ─ lineCap 속성

lineCap 속성을 이용하면 선의 양쪽 끝점을 어떻게 마무리할지 지정할 수 있습니다. 이 속성에서 선택할 수 있는 값은 butt와 round, square입니다. 다음 기본형에서 ||는 OR(또는)을 의미합니다.

> **기본형**   ctx.lineCap = butt || round || square

- butt: 기본값으로, 끝부분을 단면으로 처리합니다.
- round: 선 너비의 1/2을 반지름으로 하는 반원을 선의 양쪽 끝에 그립니다.
- square: 선의 양쪽 끝에 높이가 선 너비의 1/2인 사각형을 그립니다.

다음은 선의 굵기를 15로 지정한 후 선의 끝 모양을 다양한 형태로 표시한 예제입니다. lineCap을 round로 설정했을 때와 square로 설정했을 때 끝부분이 선 너비의 1/2만큼씩 확장된 것을 확인할 수 있습니다.

선의 굵기와 끝 모양 지정하기   15\line-1.html, 15\js\line-1.js

```
const lineCap = ['butt', 'round', 'square'];

ctx.strokeStyle = '#222';
for(let i = 0; i < lineCap.length; i++) {
  ctx.lineWidth = 15;
  ctx.lineCap = lineCap[i];
  ctx.beginPath();
  ctx.moveTo(50, 50 + i * 30);        // 시작 위치
  ctx.lineTo(350, 50 + i * 30);       // 끝 위치
  ctx.stroke();
}
```

그림 15-7 선의 끝 모양 지정하기

선과 선의 만남 — lineJoin 속성

lineJoin 속성은 2개의 선이 만날 때 선의 교차점을 어떻게 처리할 것인지를 지정합니다. 이 속성에서 사용할 수 있는 값은 round와 bevel, miter이고 기본값은 miter입니다.

> **기본형**   ctx.lineJoin = bevel ¦¦ miter ¦¦ round

- bevel: 두 선의 연결 부분을 칼로 자른 듯한 단면으로 만듭니다.
- miter: 연결한 흔적 없이 마치 처음부터 하나의 선이었던 것처럼 연결합니다.
- round: 선과 선이 만나는 부분을 둥글게 처리합니다.

다음은 lineJoin 속성을 사용해 선과 선의 교차점을 처리했을 때의 차이를 비교한 예제입니다.

선과 선의 교차점 지정하기   15\line-2.html, 15\js\line-2.js

```javascript
const canvas = document.querySelector('canvas');
const ctx = canvas.getContext('2d');
const lineJoin = ['bevel', 'miter', 'round'];

ctx.strokeStyle = '#222';
for (let i = 0; i < lineJoin.length; i++) {
  ctx.lineWidth = 20;
  ctx.lineJoin = lineJoin[i];
  ctx.beginPath();
  ctx.moveTo(60, 60 * i + 50);      // 시작 위치
  ctx.lineTo(100, 60 * i + 15);     // 교차하는 위치
  ctx.lineTo(140, 60 * i + 50);     // 끝 위치
  ctx.stroke();
}
```

그림 15-8 선과 선의 교차점 스타일 지정하기

선 연결 부분의 잘린 크기 ─ miterLimit 속성

lineJoin 속성에서 miter 유형을 선택하면 2개의 선이 연결된 부분에는 뾰족한 꼭지점이 생깁니다. 만약 선의 굵기나 다른 요인 때문에 이 꼭지점을 잘라내야 할 경우에는 miterLimit 속성을 이용해서 이 부분을 얼마나 잘라낼 것인지 결정할 수 있습니다. 이 속성의 기본값은 10입니다.

> **기본형**　ctx.miterLimit = *값*

Do it! 실습 ▶ 나만의 드로잉 앱 만들기

준비 15\drawing.html　결과 15\drawing-result.html, 15\js\drawing-result.js

캔버스에서 선을 그리는 방법과 스타일을 지정하는 방법까지 공부했으므로 선의 색상과 굵기를 지정할 수 있습니다. 이번에는 화면에 선을 그릴 수 있는 드로잉 앱을 만들어 보겠습니다. 이렇게 완성한 후 여기에 원이나 사각형을 추가로 그릴 수도 있습니다.

> **먼저 생각해 보세요!**
> • 사용자가 선택한 스타일값을 어떻게 가져올까요?　☐
> • 마우스를 클릭한 상태에서는 마우스가 움직이는 만큼 선을 그리고, 마우스 버튼에서 손을 떼었을 때 그리기를 멈추려면 어떻게 해야 할까요?　☐

01 직접 HTML 소스부터 작성하면 문서 구조를 파악하기 쉽지만, 여기에서는 이미 만들어 놓은 HTML 문서를 사용해 실습할 것이므로 먼저 문서 구조를 파악해야 합니다.

15\drawing.html 문서의 **\<body>** 태그와 **\</body>** 태그 사이에 작성된 소스를 살펴보겠습니다. 웹 문서는 크게 '툴바'와 '캔버스 영역'으로 나누었습니다. 그리고 툴바는 다시 두 영역으로 나누어서 색상과 선 굵기를 선택할 수 있는 input 요소 부분과 캔버스를 지우는 '지우기' 영역으로 구분했습니다.

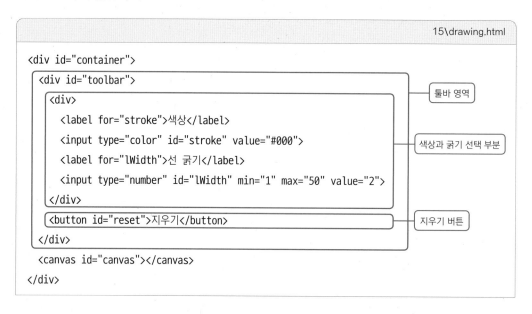

02 화면에서 위쪽에 툴바를 표시하고 각 요소를 보기 좋게 배치하기 위해 스타일을 적용해 보겠습니다. 스타일 정보는 15\css\drawing.css에 미리 만들어 두었으므로 15\drawing. html 문서에서 다음과 같이 외부 스타일 시트 파일을 연결합니다. 소스를 입력한 후 소스 편집 창에서 마우스 오른쪽 버튼을 클릭한 후 바로가기 메뉴에서 [Open with Live Server]를 선택합니다.

```
                                              15\drawing.html
<head>
  <meta charset="UTF-8">
          ⋮
  <link rel="stylesheet" href="css/drawing.css">
</head>
```

03 '색상' 항목은 type="color"를 사용했으므로 검은색 사각형을 클릭해서 색상표를 열고 원하는 색을 선택할 수 있습니다. '선 굵기' 항목은 type="number"를 사용했으므로 텍스트 필드에 직접 숫자를 입력할 수도 있고 텍스트 필드의 오른쪽에 있는 위아래 화살표⬍를 클릭해서 숫자를 조절할 수도 있습니다.

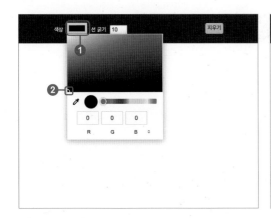

04 겉모습이 완성되었으므로 이제 스크립트 파일을 작성해 보겠습니다. 15\js 폴더에 drawing.js 파일을 만들고 15\drawing.html 문서에 연결합니다.

```
                                                              15\drawing.html

<body>
    ⋮
  <script src="js/drawing.js"></script>
</body>
```

05 HTML 소스를 여러분이 직접 생각하면서 작성한 것이 아니므로 문서 구조나 **id** 값이 잘 떠오르지 않을 것입니다. 그러므로 왼쪽에 HTML 소스를 열어 놓고 오른쪽에서 스크립트 소스를 작성하는 것을 추천합니다.

😊 VS Code 왼쪽 탐색 창에 있는 15\js\drawing.js 파일에서 마우스 오른쪽 버튼을 클릭하고 바로가기 메뉴에서 [측면에서 열기]를 선택하면 됩니다.

06 이제부터 작성하는 소스는 15\js\drawing.js 파일에 입력합니다. 가장 먼저 캔버스 영역과 툴바 영역을 가져와서 변수로 저장합니다. 그리고 캔버스 크기를 지정하는데, 캔버스 높이는 화면 높이에서 툴바 높이를 뺀 만큼 지정합니다.

15\js\drawing.js

```javascript
const canvas = document.querySelector("#canvas");
const toolbar = document.querySelector("#toolbar");

// 캔버스 너비와 높이. toolbar.offsetHeight는 툴바의 높이입니다.
canvas.width = window.innerWidth;
canvas.height = window.innerHeight - toolbar.offsetHeight;
```

07 그래픽을 그릴 때 필요한 변수를 생각해 보겠습니다. 마우스 커서를 사용해 그리기를 할 때는 event 객체의 clientX 값과 clientY 값을 사용해서 마우스 커서의 위치를 알아냅니다. clientX와 clientY는 웹 브라우저 창의 너비값과 높이값이죠. 여기에서는 웹 브라우저 창에서 툴바 크기를 뺀 만큼이 캔버스 크기이므로 마우스 커서 좌표를 사용할 때 캔버스가 왼쪽뿐만 아니라 위에서부터 얼마나 떨어져 있는지를 계산해야 합니다. 나중에 마우스 커서의 위치를 계산할 때 오프셋만큼 빼줄 것입니다.

15\js\drawing.js

```javascript
const canvasOffsetX = canvas.offsetLeft;    // 화면 왼쪽에서 얼마나 떨어졌는지 계산합니다.
const canvasOffsetY = canvas.offsetTop;     // 화면 위쪽에서 얼마나 떨어졌는지 계산합니다.
```

08 또 다른 변수도 필요합니다. 마우스 버튼을 클릭하고 움직이면 그리는 중이고, 마우스 버튼에서 손을 떼면 그리지 않으므로 현재 그리기 상태인지의 여부를 구별하는 `isDrawing` 변수가 필요합니다. 이 값은 true이거나 false겠죠? 그리고 어디서부터 선을 그릴 것인지 알려 주는 좌푯값 startX, startY 변수가 필요하고 기본 선 굵기값을 저장할 `lineWidth` 속성이 필요합니다.

```
                                                                        15\js\drawing.js
const ctx = canvas.getContext("2d");

let isDrawing = false;   // 드로잉 상태인지 확인합니다.
let startX;              // 그리기 시작하는 좌표, x
let startY;              // 그리기 시작하는 좌표, y
let lineWidth = 2;       // 선 굵기 기본값
```

09 툴바부터 살펴볼까요? 툴바에서 값이 변경(change)되었을 때 "id=stroke" 부분이 변경되었으면 선 색을 가져오고, "id=lwidth" 부분이 변경되었으면 선 굵기를 가져와서 값을 할당합니다. 그리고 [지우기] 버튼을 클릭(click)했을 때 "id=reset" 부분을 클릭한 게 맞으면 캔버스 너비와 높이만큼 사각형을 지웁니다.

```
                                                                        15\js\drawing.js
// 선 색과 선 굵기를 선택하면
toolbar.addEventListener("change", e => {
  if (e.target.id === "stroke") {
    ctx.strokeStyle = e.target.value;   // 선 색
  }
  if (e.target.id === "lWidth") {
    lineWidth = e.target.value;         // 선 굵기
  }
});

// [지우기] 버튼을 클릭하면 캔버스를 지웁니다.
toolbar.addEventListener("click", e => {
  if (e.target.id === "reset") {
    ctx.clearRect(0, 0, canvas.width, canvas.height);
  }
});
```

10 이제 마우스의 움직임에 따라 선을 그려 보겠습니다. 먼저 마우스 버튼을 클릭하면(mouse down) 그리기 시작한다는 뜻이므로 isDrawing을 true로 바꾸고 현재 좌푯값(클릭한 위치의 좌푯값)을 시작 좌표 startX와 startY로 지정합니다.

15\js\drawing.js

```javascript
canvas.addEventListener("mousedown", e => {
  isDrawing = true;
  startX = e.clientX;
  startY = e.clientY;
});
```

11 마우스를 움직이면(mousemove) 시작 좌표부터 현재 좌푯값까지 선을 그립니다. 이때 툴바 영역까지 그려지지 않도록 현재 좌표의 y 값을 캔버스의 위쪽 오프셋만큼 뺍니다.

15\js\drawing.js

```javascript
canvas.addEventListener("mousemove", (e) => {
  if (!isDrawing) return;
  ctx.lineWidth = lineWidth;
  ctx.lineCap = "round";
  ctx.lineTo(e.clientX, e.clientY - canvasOffsetY);
  ctx.stroke();
});
```

12 마우스를 움직이면서 선을 그리다가 마우스 버튼에서 손을 떼면(mouseup) 그리기를 끝 냅니다. isDrawing을 false 상태로 만들고 다른 경로를 시작할 수 있도록 beginPath() 메서 드를 실행합니다.

15\js\drawing.js

```javascript
canvas.addEventListener("mouseup", () => {
  isDrawing = false;
  ctx.beginPath();
});
```

13 이제 웹 브라우저 창에서 확인해 볼까요? 기본색은 검은색이고 기본 굵기는 2px입니다. 색상과 굵기를 원하는 값으로 바꾸면서 그려 보세요.

😊 화면에 그린 그림을 저장하려면 화면에서 마우스 오른쪽 버튼을 클릭하고 바로가기 메뉴에서 [이미지를 다른 이름으로 저장]을 선택합니다.

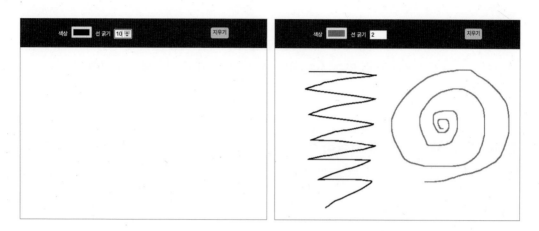

15-2 그래픽 요소 변형하기

Canvas API를 이용하면 도형이나 이미지를 단순히 그리는 것뿐만 아니라 위치를 옮기거나 회전시키고 크기를 조절할 수 있습니다. 이런 방법을 응용해서 애니메이션 등의 다양한 효과를 만들 수 있습니다.

캔버스의 콘텍스트 상태 저장하기

캔버스의 도형을 변형하거나 합성하는 방법을 배우기 전에 현재 캔버스 상태를 저장하는 메서드에 대해 알아 두어야 합니다. 캔버스에서 이동시키거나 회전시키는 동작은 캔버스 위에 있는 그래픽 요소를 변형시키는 것이 아니라 2D 콘텍스트를 옮기거나 회전시키는 일입니다. 2D 콘텍스트란, 캔버스를 사용할 수 있도록 맨 처음에 만드는 환경을 가리킵니다. 지금까지 사용했던 다음을 이용하면 바로 2D 콘텍스트를 만들 수 있습니다.

```
const ctx = canvas.getContext("2d");
```

그래픽 요소를 변형하려면 콘텍스트 상태를 저장한 후 변형하고 다시 원래 상태로 복구시키는 과정이 필요합니다. 정확한 개념은 아니지만, 콘텍스트를 현재의 캔버스 상태라고 생각하면 쉽게 이해할 수 있을 것입니다.

캔버스에서는 save() 메서드와 restore() 메서드를 사용해서 현재 상태를 저장하기도 하고 다시 가져오기도 합니다. 다음 기본형에서 보는 것처럼 save() 메서드와 restore() 메서드에는 매개변수가 없습니다.

> 기본형   save()
> restore()

save() 메서드를 사용하면 현재 상태를 캔버스에 적용된 여러 스타일이나 작업을 스택stack 형태로 저장할 수 있습니다. 스택은 저장 내용을 차곡차곡 위로 쌓는 특성을 가지고 있기 때문에 값을 추출할 때는 맨 나중에 저장된 값이 추출됩니다. 이렇게 저장해 놓은 값은 restore()

메서드를 사용해서 꺼내오는데, restore() 메서드가 실행되면 가장 최근의 드로잉 상태를 꺼내 옵니다.

캔버스를 저장하면 무엇이 저장될까

save() 메서드로 저장하거나 복구하는 캔버스 드로잉 상태에는 캔버스에 적용된 변형, strokeStyle과 fillStyle, globalAlpha, lineWidth, lineCap, lineJoin, miterLimit, shadowOffsetX, shadowOffsetY, shadowBlur, shadowColor 속성, 클리핑 경로 등이 저장됩니다.

위치 옮기기 — translate() 메서드

캔버스에서 가장 간단한 변형은 요소의 위치를 변경하는 것입니다. 여기에서 요소란, 캔버스에 그려진 도형이나 이미지, 텍스트 등을 가리킵니다. 캔버스에 있는 도형이나 이미지는 좌표를 정할 때 캔버스의 원점을 기준으로 하므로 이것을 옮기면 캔버스와 관련된 모든 요소도 그에 맞춰 위치가 바뀝니다.

translate() 메서드를 사용하면 원점의 위치를 옮겨서 그래픽 요소의 위치를 바꿀 수 있습니다. translate() 메서드는 이동할 좌표를 매개변수로 사용합니다. translate(x, y)는 원점의 위치를 (x, y)로 옮깁니다.

> **기본형**   translate(x, y)

• x: 왼쪽이나 오른쪽으로 옮길 크기
• y: 위쪽이나 아래쪽으로 옮길 크기

다음은 회색 사각형을 먼저 그린 후 translate() 메서드를 사용해서 원점을 이동하고 다시 검은색 사각형과 빨간색 사각형을 그린 예제입니다. 변형(여기에서는 translate)하기 전에 캔버스 상태를 저장하고 변형이 끝난 후에는 다시 캔버스 상태를 복구한다는 점에 주의하세요.

원점을 옮겨서 도형 그리기	15\translate.html, 15\js\translate.js

```
ctx.fillStyle = "#ccc";
ctx.fillRect(10, 10, 100, 100);

ctx.save();                    // 캔버스의 현재 드로잉 상태를 저장합니다.
ctx.translate(150, 150);       // 원점을 이동합니다.
ctx.fillStyle = "#222";
ctx.fillRect(10, 10, 100, 100);
ctx.fillStyle = "red";
ctx.fillRect(50, 50, 80, 20);
ctx.restore();                 // 캔버스의 드로잉 상태를 복구합니다.
```

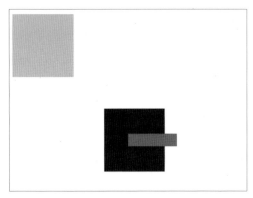

그림 15-9 원점을 옮겨서 도형 그리기

위의 소스를 좀 더 자세히 살펴볼까요? 첫 번째 사각형은 원점(0, 0)을 기준으로 `fillRect(10, 10, 100, 100)`을 사용해서 그립니다.

(0, 0)

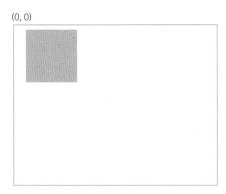

그림 15-10 원점을 기준으로 도형 그리기

여기에 translate(150, 150)을 사용하면 어떻게 될까요?

😀 변형 함수를 사용하기 전에 save() 메서드를 사용해서 지금까지의 캔버스 드로잉 상태를 반드시 저장하세요.

translate(150, 150)은 캔버스의 원점을 (0, 0)에서 (150, 150)으로 옮깁니다. 캔버스에서 변형은 그래픽 요소가 아니라 캔버스 자체가 변형된다는 것을 꼭 기억하세요. 그리고 나서 두 번째 사각형을 그리면 (150, 150)을 원점으로 해서 fillRect(10, 10, 100, 100)을 그립니다. 이것은 마치 (0, 0)을 원점으로 해서 fillRect(10, 10, 100, 100)을 그린 후에 가로와 세로로 150만큼씩 이동한 것처럼 보입니다. 그리고 아직 캔버스 상태를 복구하지 않은 채 빨간색 사각형을 그렸으므로 빨간색 사각형도 원점이 (150, 150)인 상태에서 그려집니다.

😀 빨간색 사각형을 그리기 전에 restore() 메서드를 통해 복구했으면 빨간색 사각형은 원점(0, 0)을 중심으로 그려집니다.

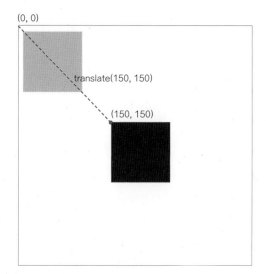
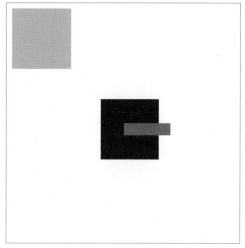

그림 15-11 원점을 옮긴 후 도형 그리기

회전시키기 — rotate() 메서드

rotate() 메서드를 사용하면 그래픽 요소를 회전시킬 수 있습니다. 그래픽 요소를 회전할 때는 캔버스의 원점을 기준으로 회전시킨다는 점에 주의해야 합니다. rotate() 메서드에 있는 매개변수 '각도'는 라디안값이고 시계 방향으로 회전합니다.

😀 각도값이 주어졌을 때 라디안값을 계산하려면 '각도 × (Math.PI/180)'을 계산합니다.

기본형 **rotate(*각도*)**

[그림 15-12]처럼 (150, 150) 위치에서 가로와 세로 100px인 회색 사각형을 그렸을 때 사각형을 회전시켜서 마름모 도형을 선으로 표시하려면 어떻게 해야 할까요?

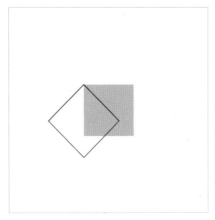

그림 15-12 사각형 회전 방법 생각해 보기

사각형을 회전시켜야 하므로 rotate() 메서드를 사용해야 하고 45° 회전시키면 될 것 같네요. 일단 다음과 같이 소스 코드를 작성합니다.

도형 회전시키기 1	15\rotate-1.html, 15\js\rotate-1.js

```
// 회색 사각형
ctx.fillStyle = "#ccc";
ctx.fillRect(150, 150, 100, 100);

// 마름모 사각형
ctx.rotate(45 * Math.PI / 180);        // 45도 회전
ctx.strokeRect(150, 150, 100, 100);    // 선으로 그리기
```

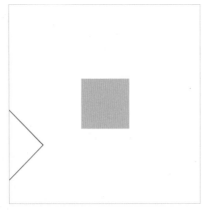

그림 15-13 사각형을 45° 회전시켰을 때

분명히 45° 회전시키고 (150, 150) 위치에서 사각형을 그렸는데, 왜 엉뚱한 결과가 나왔을까요? 앞에서 설명한 것처럼 rotate() 메서드는 원점을 기준으로 회전시키기 때문입니다. 앞의 소스에서 45° 회전시키면 현재의 원점, 즉 (0, 0)을 기준으로 회전시킵니다. 이 상태에서 strokeRect(150, 150, 100, 100)으로 지정했으므로 결과 화면처럼 가로와 세로로 150만큼씩 옮겨져서 표시됩니다.

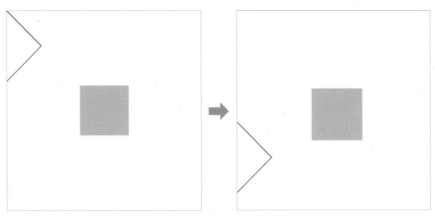

그림 15-14 45° 회전한 후(왼쪽) 다시 (150, 150) 위치에 그려진 도형(오른쪽)

자, 그렇다면 그래픽 요소를 회전시킬 때 가장 먼저 할 일은 무엇일까요? 바로 원점을 이동시키는 것입니다. 여기에서는 원점을 (150, 150)만큼 옮긴 후 회전시켜서 사각형을 그리고 이후에 오는 다른 도형들에게 영향을 주지 않기 위해 원점을 원래의 상태대로 되돌려 놓습니다.

😀 회전 변형한 후에 이전 상태로 되돌려 놓으려면 save() 메서드와 restore() 메서드를 적절히 사용해서 캔버스 상태를 복구시켜야 합니다.

도형 회전시키기 2	15\rotate-2.html, 15\js\rotate-2.js

```
// 회색 사각형
ctx.fillStyle = "#ccc";
ctx.fillRect(150, 150, 100, 100);

// 마름모 사각형
ctx.translate(150, 150);            // 원점을 이동합니다.
ctx.rotate(45 * Math.PI / 180);     // 45도 회전합니다.
ctx.strokeRect(0, 0, 100, 100);
ctx.translate(-150, -150);          // 원점으로 복귀합니다.
```

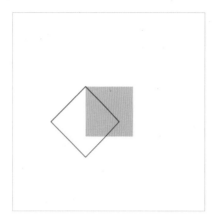

그림 15-15 원점을 이동한 후 회전시킨 도형

크기 조절하기 — scale() 메서드

scale()은 확대/축소에 사용하는 메서드로, 캔버스에서 도형이나 이미지를 크게, 또는 작게 표시할 수 있습니다.

> **기본형** scale(x, y)

여기에서 x는 가로 확대/축소 배율을, y는 세로 확대/축소 배율을 나타냅니다. 배율이 1보다 크면 확대되고 작으면 축소됩니다. 그리고 음수값을 사용하면 방향이 반대로 바뀝니다.

캔버스에서 크기 단위는 1px인데, 확대/축소 배율을 2로 하면 기본 단위 1px의 2배인 2px로 변경됩니다. scale(2, 2)로 지정해서 사각형을 그리면 이 사각형의 크기가 바뀌는 것이 아니라 크기를 나타내는 단위가 1px에서 2px로 바뀌면서 2배로 표시됩니다.

다음은 기본적인 회색 사각형을 그린 후 scale() 메서드를 사용해 가로로 3배, 세로로 2배 확대한 상태에서 선으로 사각형을 그린 예제입니다. 여기에서는 scale(3, 2)를 실행한 후를 주의 깊게 살펴보세요. (20, 70) 위치에 너비 100, 높이 50인 사각형을 그릴 때 사각형의 너비와 높이뿐만 아니라 (20, 70)이라는 시작 위치도 3배, 2배가 되어서 실제로 사각형이 그려지는 위치는 (60, 140)부터 시작해서 사각형을 그립니다. 그리고 계속 확대된 상태로 표시하지 않으려면 save() 메서드와 restore() 메서드를 사용해서 캔버스 상태를 복구해야 합니다.

```
// 기본 사각형
ctx.fillStyle = "#ccc";
❶ ctx.fillRect(50, 50, 100, 50);
ctx.save();

// 확대한 사각형
ctx.scale(3, 2);
❷ ctx.strokeRect(20, 70, 100, 50);    // strokeRect(60, 140, 300, 100)

ctx.restore();

❸ ctx.strokeRect(200, 50, 100, 50);  //
```

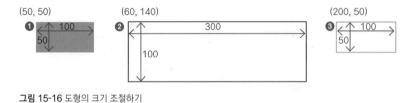

그림 15-16 도형의 크기 조절하기

Do it! 실습 ▶ 버튼을 클릭할 때마다 도형 회전시키기

준비 15\transform.html 결과 15\transform-result.html, 15\js\transform-result.js

앞에서 공부했던 변형 함수들을 사용해서 버튼을 클릭할 때마다 도형을 회전시키는 프로그램을 만들어 보겠습니다.

> **먼저 생각해 보세요!**
> • 회전시키기 위한 원점을 어떻게 지정할까요? ☐
> • 버튼에 click 이벤트가 발생했을 때 어떤 동작을 해야 할까요? ☐

01 15\js 폴더에 transform.js 파일을 만들고 15\transform.html 문서에 연결합니다.

15\transform.html

```
<body>
  <button>회전시키기</button>
  <canvas width="400" height="400"></canvas>

  <script src="js/transform.js"></script>
</body>
```

02 이제부터는 transform.js 파일에 소스를 작성해 보겠습니다. 먼저 캔버스 콘텍스트를 만들고 기본적인 사각형을 그립니다.

15\js\transform.js

```
const canvas = document.querySelector('canvas');
const ctx = canvas.getContext("2d");

ctx.fillStyle = "#ccc";    // 채우기 색
ctx.fillRect(200, 200, 100, 100);
```

03 15\transform.html 문서에서 마우스 오른쪽 버튼을 클릭하고 [Open with Live Server]를 선택한 후 웹 브라우저 창에서 회색 사각형이 그려졌는지 확인합니다.

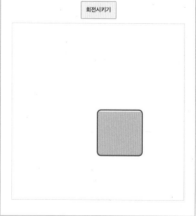

04 [회전시키기] 버튼을 클릭했을 때 사각형을 30° 회전시켜 보겠습니다. 우선 버튼 요소를 가져와서 **button**으로 저장해야 합니다. 그리고 회전시키려면 원점을 옮겨야 하는데, 회색 사각형의 시작 위치 (200, 200)으로 옮길 것입니다. 이 시작 위치를 **origin**이라는 변수에 저장하고 이 값을 가져와서 사용하겠습니다.

다음 소스에서는 회전할 때마다 원점을 제자리로 되돌려 놓는 것이 불필요하다고 생각할 수도 있습니다. 이 소스는 아주 단순한 예제일 뿐이고, 일반적인 프로그램에서는 변형 함수들이 많이 사용됩니다. 그래서 다른 함수에 영향을 주지 않기 위해 캔버스를 변형한 후에는 항상 제자리에 가져다 놓아야 합니다.

```
15\js\transform.js

const canvas = document.querySelector('canvas');
const ctx = canvas.getContext("2d");
const button = document.querySelector("button");
const origin = {x:200, y:200};          // 옮길 원점 좌표

ctx.fillStyle = "#ccc";
ctx.fillRect(origin.x, origin.y, 100, 100);

button.onclick = function() {
  ctx.translate(origin.x, origin.y);      // 원점을 이동합니다.
  ctx.rotate(Math.PI / 180 * 30);         // 회전
  ctx.fillStyle = "red";
  ctx.fillRect(0, 0, 100, 100);           // 회전한 도형을 그립니다.
  ctx.translate(-origin.x, -origin.y);    // 원점으로 복구합니다.
}
```

05 다시 웹 브라우저 창에서 확인해 보세요. [회전시키기] 버튼을 클릭하면 현재 회색 사각형의 시작 위치를 원점으로 해서 30°만큼 회전하여 빨간색 사각형이 그려집니다. [회전시키기] 버튼을 클릭할 때마다 계속 30°씩 회전하면서 그려집니다.

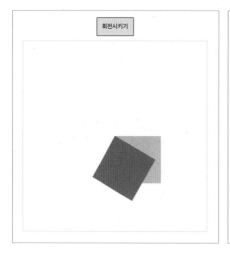 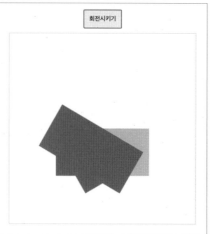

06 앞에서 작성한 소스를 좀 더 확장해 보겠습니다. [회전시키기] 버튼을 클릭할 때마다 회전하는 도형의 색상이 무작위로 바뀌도록 지정할 수 있습니다. 색상값을 만드는 randomRGB() 함수를 만든 후 함수의 반환값을 fillStyle 속성에 할당합니다. 그리고 아래쪽인 놓여 있는 도형들이 살짝 드러날 수 있도록 globalAlpha 값을 사용해서 불투명도를 조금 줄입니다. 다음은 완성된 소스입니다.

15\js\transform.js

```
const canvas = document.querySelector('canvas');
const ctx = canvas.getContext("2d");
const button = document.querySelector("button");
const origin = {x:200, y:200};
const alpha = 0.7;   // 불투명도값

ctx.fillStyle = "#ccc";
ctx.fillRect(origin.x, origin.y, 100, 100);

button.onclick = function() {
  let color = randomRGB();    // 무작위 색상을 가져옵니다.

  ctx.globalAlpha = alpha;    // 불투명도를 지정합니다.
  ctx.translate(origin.x, origin.y);     // 원점을 이동합니다.
  ctx.rotate(Math.PI / 180 * 30);        // 30도 회전시킵니다.
  ctx.fillStyle = color;                 // 무작위로 색상을 지정합니다.
  ctx.fillRect(0, 0, 100, 100);          // 회전한 도형을 그립니다.
```

```
    ctx.translate(-origin.x, -origin.y);    // 원점으로 복구합니다.
}

function randomRGB() {
  let red = Math.floor(Math.random() * 256);
  let green = Math.floor(Math.random() * 256);
  let blue = Math.floor(Math.random() * 256);
  return `rgb(${red}, ${green}, ${blue})`;
}
```

07 웹 브라우저 창에서 [회전시키기] 버튼을 클릭할 때마다 도형이 계속 30°씩 회전하면서 그려지고 도형의 채우기 색상도 무작위로 만들어집니다.

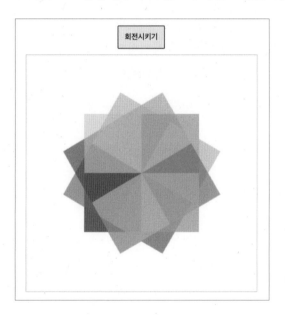

15-3 그래픽 요소 합성하기

캔버스 위에 여러 개의 그래픽 요소를 그리면 소스의 순서에 따라 자동으로 겹쳐집니다. 하지만 globalCompositeOperation 속성을 사용하면 겹쳐지는 요소들을 다양한 형태로 표시할 수 있습니다.

소스의 작성 순서에 따라 겹쳐지는 그래픽 요소

2개 이상의 캔버스 그래픽을 겹쳐 그리면 소스에서 나중에 그린 그래픽이 이전 그래픽 위에 그려집니다. 즉, 소스의 작성 순서에 따라 나중에 작성한 소스의 도형이 위에 겹쳐집니다.

다음은 회색 사각형을 먼저 그리고 이어서 검은색 원을 그리는 예제입니다. 원을 그리는 소스가 사각형을 그리는 소스보다 나중에 오므로 검은색 원이 회색 사각형 위에 그려집니다.

도형 위에 다른 도형 겹치기	15\composite-1.html, 15\js\composite-1.js

```
ctx.fillStyle = "#ccc";
ctx.fillRect(100, 50, 100, 100);    // 회색 사각형


ctx.fillStyle = "#222";
ctx.beginPath();
ctx.arc(180, 120, 50, 0, Math.PI * 2, false);    // 검은색 원
ctx.fill();
```

그림 15-17 소스 순서에 따라 겹쳐지는 도형

겹쳐진 그래픽 요소 합성하기 — globalCompositeOperation 속성

2개 이상의 그래픽 요소가 겹쳐져 있으면 globalCompositeOperation 속성을 이용해서 여러 형태로 합성해서 표시할 수 있습니다. 이 속성에 익숙해지면 원하는 효과를 만들기 위해 다양한 그래픽 요소를 합성해서 사용할 수 있습니다.

> **기본형**   globalCompositeOperation = type

type에 사용할 수 있는 값은 아주 많습니다. type에 사용하는 값 중에는 source-over나 destination-over처럼 'source'라는 용어와 'destination'이라는 용어가 나옵니다. 이 중에서 destination은 먼저 그린 도형을, source는 나중에 그린 도형을 가리킵니다. 그러므로 앞의 소스에서는 회색 도형이 destination이고 검은색 도형이 source가 됩니다.

15\js\composite-2.js 문서에는 기본값인 globalCompositeOperation = "source-over" 속성이 적용되어 있는데, 이 속성은 새로 그리는 도형의 앞에 작성해야 합니다. 앞으로 나오는 속성값을 이 소스에서 수정해 보면서 결과가 어떻게 달라지는지 확인해 보세요.

---

globalCompositeOperation 값 살펴보기   15\composite-2.html, 15\js\composite-2.js

```
// destination
ctx.fillStyle = "#eee";
ctx.fillRect(100, 50, 100, 100);
ctx.strokeRect(100, 50, 100, 100);

ctx.globalCompositeOperation = "source-over";
                               "이 부분을 바꿔 가면서 결과를 확인해 보세요."
// source
ctx.fillStyle = "#222";
ctx.fillRect(130, 80, 100, 100);
```

"source-over"

source로 시작하는 값은 source 그래픽 요소를 그리기 위한 값입니다. 기본값은 **source-over** 값으로, source를 destination 위에(over) 그립니다.

😊 회색 사각형은 destination, 검은색 원은 source입니다.

```
ctx.globalCompositeOperation = "source-over"
```

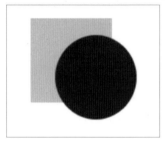

그림 15-18 globalCompositeOperation = "source-over"일 때

"source-in"

source-in 값은 source를 그리면서 destination 그래픽과 겹쳐진 부분만 그리고 나머지는 투명하게 처리합니다.

```
ctx.globalCompositeOperation = "source-in"
```

그림 15-19 globalCompositeOperation = "source-in"일 때

"source-out"

source-out 값은 source 요소를 그리면서 destination 그래픽과 겹쳐지지 않는 부분만 그립니다.

```
ctx.globalCompositeOperation = "source-out"
```

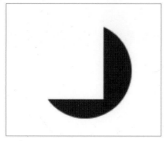

그림 15-20 globalCompositeOperation = "source-out"일 때

"source-atop"

source-atop 값은 source 요소를 그리면서 destination 그래픽과 겹쳐진 부분을 그리고 destination은 불투명하게 처리합니다.

```
ctx.globalCompositeOperation = "source-atop"
```

그림 15-21 globalCompositeOperation = "source-atop"일 때

"destination-over"

destination-로 시작하는 값은 destination 요소(소스에서 먼저 작성한 그래픽 요소)를 그리기 위한 값입니다. destination을 source보다 위에 그립니다.

```
ctx.globalCompositeOperation = "destination-over"
```

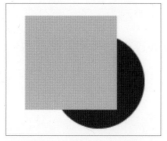

그림 15-22 globalCompositeOperation = "destination-over"일 때

"destination-in"

destination-in 값은 destination 요소를 그리면서 source와 겹쳐진 부분만 그리고 나머지는 투명하게 처리합니다.

```
ctx.globalCompositeOperation = "destination-in"
```

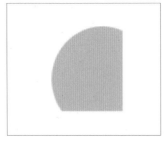

그림 15-23 globalCompositeOperation = "destination-in"일 때

"destination-out"

destination-out 값은 destination 그래픽 요소를 기준으로 그립니다. destination 요소를 그리면서 source와 겹쳐지지 않는 부분만 그립니다.

```
ctx.globalCompositeOperation = "destination-out"
```

그림 15-24 globalCompositeOperation = "destination-out"일 때

"destination-atop"

destination-atop 값은 destination 그래픽 요소를 기준으로 source와 겹쳐진 부분을 그린 후 source 부분은 불투명하게 처리합니다.

```
ctx.globalCompositeOperation = "destination-atop"
```

그림 15-25 globalCompositeOperation = "destination-atop"일 때

"lighter"

lighter 값은 먼저 그린 그래픽과 나중에 그린 그래픽을 모두 표시합니다. 이때 겹쳐진 부분은 두 그래픽의 색상값이 합쳐지면서 결정됩니다.

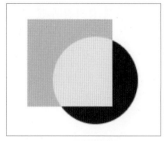

그림 15-26 globalCompositeOperation = "lighter"일 때

"darken"

darken 값은 먼저 그린 그래픽과 나중에 그린 그래픽을 모두 표시합니다. 이때 겹쳐친 부분은 두 그래픽의 색상값의 차이로 결정됩니다. 이 예제에서는 회색과 검은색을 사용했으므로 차이가 없는 것처럼 보이지만, 두 도형의 색상을 다른 값으로 바꿔 보면 차이를 알 수 있습니다.

그림 15-27 globalCompositeOperation = "darken"일 때

"copy"

copy 값은 나중에 그린 그래픽만 표시합니다.

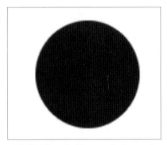

그림 15-28 globalCompositeOperation = "copy"일 때

"xor"

xor 값은 먼저 그린 그래픽과 나중에 그린 그래픽을 모두 표시합니다. 이때 겹쳐진 부분은 투명하게 만들어서 아무것도 표시하지 않습니다.

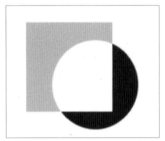

그림 15-29 globalCompositeOperation = "xor"일 때

이외에도 type에서 사용할 수 있는 값이 있는데, 자세한 것은 MDN 문서의 Compositing and clipping(developer.mozilla.org/en-US/docs/Web/API/Canvas_API/Tutorial/Compositing)을 참고하세요.

마무리 문제 1

준비 15\quiz-1.html 정답 15\solution-1.html, 15\js\solution-1.js

미리 만들어져 있는 캔버스에 다음과 같은 조건을 가진 텍스트를 표시해 보세요.

📋 길라잡이

- 글꼴은 sans-serif, 두께는 300px, 굵게 지정합니다.
- 텍스트는 (100, 320) 좌표에 그립니다.

마무리 문제 2

준비 15\quiz-2.html, 15\js\quiz-2.js 정답 15\solution-2.html, 15\js\solution-2.js

마무리 문제 1에서 만든 텍스트에 이미지를 채우려고 합니다. 이미지를 표시하고 텍스트와 이미지를 합성해야 하는데, 텍스트와 이미지 요소의 겹쳐지는 부분만 화면에 표시해 보세요. 15\quiz-2.html 문서에는 텍스트를 그리는 자바스크립트 소스(15\js\quiz-2.js)가 미리 연결되어 있으므로 이 소스에 필요한 부분을 추가하세요.

📋 길라잡이

- 15\images\text-bg.jpg 이미지를 가져와서 화면에 그립니다. 이때 이미지 크기는 캔버스 크기와 같아야 합니다.
- 그래픽 요소를 합성하는 여러 가지 방법 중 source 그래픽을 기준으로 destination 그래픽과 겹쳐지는 부분만 그리도록 선택합니다

16

캔버스에서
애니메이션 실행하기

캔버스에서는 여러 개의 도형을 자유롭게 그릴 수도 있고, 이미지를 가져올 수도 있습니다. 하지만 이 정도로는 캔버스의 능력을 전부 사용했다고 말할 수 없습니다. 캔버스에 자바스크립트 프로그래밍을 더하면 다양한 도형을 한꺼번에 화면에 그릴 수도 있고, 도형을 이리저리 움직이는 것도 가능합니다. 이것을 활용해서 간단한 게임을 만들기도 하죠. 이 장에서는 객체를 사용해서 여러 개의 도형을 한꺼번에는 그리는 방법부터 이 것을 활용해서 도형에 애니메이션을 적용하는 방법까지 알아보겠습니다.

</>

16-1 객체를 사용해 도형 그리기

앞에서 캔버스의 콘텍스트를 사용해 기본 도형을 그리는 방법에 대해 알아보았습니다. 그렇다면 캔버스에 여러 개의 도형을 그리고, 이들 도형을 움직이게 하려면 어떻게 해야 할까요? 도형 특성을 가진 객체를 만들고 이 객체를 활용하면 좀 더 편리합니다.

객체로 여러 개의 원 그리기

캔버스에 여러 개의 원을 그리기 위해 원과 관련된 객체를 만들고 필요한 만큼 객체의 인스턴스를 만들어서 화면에 그릴 수 있습니다. 여기에서는 캔버스 크기를 화면의 너비와 높이에 맞출 것입니다.

객체 만들기

앞에서 생성자 함수를 사용해 객체를 만드는 방법을 설명했는데, 이번에도 생성자 함수로 Circle이라는 객체를 만들어 보겠습니다. 원을 그릴 때 필요한 원의 중점 좌표, 반지름, 채우기 색상과 관련된 속성을 지정하고 캔버스의 arc() 메서드를 사용해 원을 그리는 함수도 draw() 메서드로 만들 것입니다. 이렇게 객체를 만들면 원의 중점과 반지름의 크기, 색상만 지정해서도 다양한 크기와 색을 가진 원을 간단하게 그릴 수 있습니다.

Circle 객체 만들기 16\object-1.html, 16\js\object-1.js

```
<script>
  const canvas = document.querySelector("canvas");
  const ctx = canvas.getContext("2d");

  canvas.width = window.innerWidth;     // 캔버스 너비
  canvas.height = window.innerHeight;   // 캔버스 높이

  function Circle(x, y, radius, color) {
    this.x = x;      // 중점 좌표 x
    this.y = y;      // 중점 좌표 y
    this.radius = radius;     // 반지름
```

```
    this.color = color;      // 채우기 색

    // 원을 그리는 draw 메서드
    this.draw = function() {
      ctx.beginPath();
      ctx.fillStyle = this.color;
      ctx.arc(this.x, this.y, this.radius, 0, Math.PI * 2, false);
      ctx.fill();
    }
  }
</script>
```

인스턴스를 만들고 화면에 그리기

Circle 객체를 만들었으면 이제 필요한 만큼 인스턴스를 만들 수 있습니다. 또한 draw() 메서 드를 사용해서 얼마든지 원하는 크기와 색상을 가진 원을 그릴 수도 있습니다. 여기에서는 circleOne과 circleTwo를 만들고 화면에 표시해 보겠습니다.

Circle 객체의 인스턴스 만들기	16\object-1.html, 16\js\object-1.js

```
            ⋮
const circleOne = new Circle(100, 100, 50, "red");
const circleTwo = new Circle(200, 200, 20, "blue");
circleOne.draw();
circleTwo.draw();
```

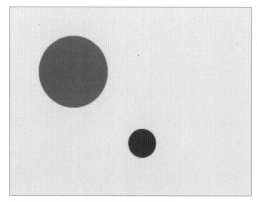

그림 16-1 인스턴스 객체를 사용해 원 그리기

이렇게 그리려고 하는 그래픽 요소를 객체로 만들어 놓으면 얼마든지 반복해서 도형을 그릴 수 있습니다.

 복습하기 앞의 소스에서 만든 Circle 객체를 사용해 몇 가지 인스턴스를 더 만들어서 화면에 그려 보세요.

정답 16\mycircle.html, 16\js\mycircle.js

Do it! 실습 ▶ **무작위로 여러 개의 도형 그리기**

준비 16\object-2.html 결과 16\object-2-result.html, 16\js\object-2-result.js

앞에서 Circle 객체를 만든 후에 몇 개의 인스턴스를 만들어 보았는데, 캔버스에 원을 바로 그리는 것이 훨씬 쉬웠을 것입니다. 이번에는 좀 더 확장해서 화면에 10개, 20개의 원을 그려 보겠습니다. 이때 원의 중점과 크기, 채우기 색상을 모두 무작위로 선택하도록 할 것입니다.

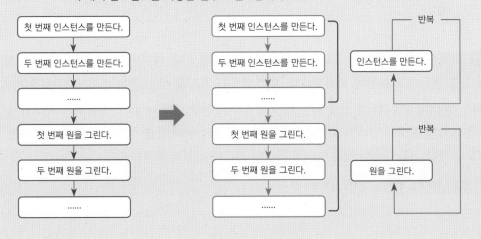

---

01 16\js 폴더에 object-2.js 파일을 만들고 16\object-2.html 문서에 연결합니다.

02 16\js\object-2.js 파일에 앞에서 공부했던 Circle 객체를 만드는 소스를 작성합니다.

16\js\object-2.js

```
const canvas = document.querySelector("canvas");
const ctx = canvas.getContext("2d");

canvas.width = window.innerWidth;
canvas.height = window.innerHeight;

function Circle(x, y, radius, color) {
  this.x = x;
  this.y = y;
  this.radius = radius;
  this.color = color;

  this.draw = function() {
    ctx.beginPath();
    ctx.fillStyle = this.color;
    ctx.arc(this.x, this.y, this.radius, 0, Math.PI * 2, false);
    ctx.fill();
  }
}
```

03 이제부터 인스턴스를 만드는 반복문을 작성할 것인데, 여기에서는 무작위로 20개 정도의 원을 만든다고 가정해 보겠습니다. 인스턴스를 저장할 objs라는 변수도 함께 정의하고 Math.random() 메서드를 사용해서 원의 원점과 반지름, 색상을 모두 무작위로 지정합니다. 또한 objs에 제대로 인스턴스가 들어갔는지 확인하기 위해 콘솔 창에서 objs를 확인하는 소스도 추가합니다. 다음 소스를 앞에서 작성한 소스에 이어서 작성하세요.

😊 원의 개수를 따로 변수로 지정해서 사용해도 됩니다.

```
const objs = [];          // 인스턴스를 저장할 변수
for (let i = 0; i < 20; i++) {
  const radius = radius = Math.floor((Math.random() * 50)) + 10;     // 반지름
  const x = Math.random() * (canvas.width - radius * 2) + radius;     // 원점 x 좌표
  const y = Math.random() * (canvas.height - radius * 2) + radius;  // 원점 y 좌표
  const color = `rgb(${Math.random() * 255}, ${Math.random() * 255}, ${Math.random() *
255})`;  // 색상
  objs.push(new Circle(x, y, radius, color));          // objs에 인스턴스를 추가합니다.
}
console.log(objs);
```

😊 (Math.random() * 50) + 10은 반지름의 최소 크기를 10으로 지정합니다.

04 웹 브라우저 창에서 16\object-2.html 문서를 확인해 보면 아직 아무것도 그려져 있지 않습니다. 콘솔 창을 열고 **objs** 배열에 20개의 인스턴스가 저장되었는지만 확인하세요.

05 인스턴스를 만들었으면 화면에 그리면 되겠죠? **objs** 배열에 있는 요소의 개수만큼 반복해서 draw() 메서드를 실행합니다. 이것은 이전 소스의 다음에 이어서 작성하고 앞에서 작성했던 **console.log()** 소스 부분은 주석 처리하세요.

```
// console.log(objs);

for (let i = 0; i < objs.length; i++) {
  objs[i].draw();
}
```

06 웹 브라우저 창에서 위치와 색상이 다른 20개의 원이 그려졌는지 확인합니다. [새로 고침] 버튼(⟳)을 클릭할 때마다 화면에 그려지는 원의 크기와 색상, 위치가 달라지는 것도 확인할 수 있어요.

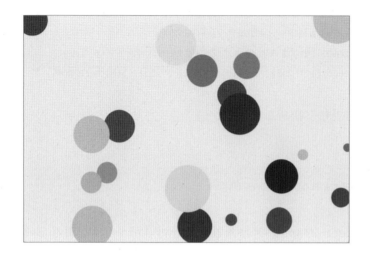

16-2 애니메이션 효과 추가하기

캔버스에 그래픽 요소를 그렸으면 자바스크립트를 사용해 그래픽 요소를 움직이게 만들 수 있습니다. 애니메이션을 통해 그래픽 요소를 움직일 경우에는 움직일 때마다 캔버스에 그래픽 요소를 새로 그려 주어야 한다는 것에 주의하세요. 이것만 기억하면 간단한 애니메이션은 쉽게 만들 수 있습니다.

그래픽 요소 옮기기

먼저 캔버스에서 그래픽 요소를 옮기는 방법을 생각해 보겠습니다. 그래픽 요소의 위치를 옮기려면 좌표를 조절해서 그래픽을 다시 그려야 합니다. 예를 들어 오른쪽으로 움직이려면 x 좌푯값을 일정하게 커지게 만드는 것이지요.

좌표 옮기기

원의 x 좌푯값이 계속 바뀌거나 y 좌푯값이 계속 달라져야 한다면 원점 좌표가 특정한 값이 아니라 변수여야 합니다. 그래서 다음과 같이 circle이라는 변수를 따로 만들고 그 안에 원점 좌표나 원의 반지름 크기, 원의 채우기 색의 값을 저장합니다. 원을 그릴 때는 circle 변수의 좌푯값과 반지름을 가져와서 사용하세요.

😊 여기에서 dx 값과 dy 값은 한 번에 옮길 픽셀(px) 크기이므로 원이 움직이는 속도라고 할 수 있습니다.

```
const circle = {
  x: 100,
  y: 100,
  radius: 30,
  dx: 4,      // 가로로 움직일 크기(x축 이동 속도)
  dy: 4,      // 세로로 움직일 크기(y축 이동 속도)
  color: "#222"
}
```

원을 그리는 drawCircle() 함수도 정의합니다.

```
function drawCircle() {
  ctx.beginPath();
  ctx.arc(circle.x, circle.y, circle.radius, 0, Math.PI * 2, false);
  ctx.fillStyle = circle.color;
  ctx.fill();
  }
```

이제 circle이라는 객체에서 정의한 dx 크기만큼씩 움직이도록 move() 함수를 정의합니다.
원이 계속 움직여야 한다면 원을 그리고 위치를 옮기는 과정을 반복해야 합니다. 그런데 이
소스는 위치를 한 번만 옮깁니다. 아직 반복 과정이 없네요.

```
function move() {
  drawCircle();
  circle.x += circle.dx;   // circle.x = circle.x + circle.dx
}
```

window.RequestAnimationFrame() 메서드

애니메이션은 한 위치에서 다른 위치로 옮겨가면서 그래픽 요소를 계속 화면에 그려야 합니
다. 즉, 좌표를 옮기고 그래픽 요소를 그리는 함수를 반복합니다.

이전에는 캔버스에서 같은 동작을 반복하기 위해 setInterval() 메서드나 setTimeout() 메
서드를 사용했습니다. 하지만 최근에는 반복 애니메이션을 위한 requestAnimationFrame()
메서드가 생겨서 더욱 쉽게 애니메이션을 만들 수 있습니다.

> 기본형   **requestAnimationFrame(콜백)**

😀 콜백callback은 함수의 매개변수로 사용할 수 있는 함수를 가리킵니다.

requestAnimationFrame() 메서드에 반복할 함수를 지정하면 함수가 계속 반복됩니다. 기존의
move() 함수 부분을 다음과 같이 지정하세요.

```
function move() {
  drawCircle();
  circle.x += circle.dx;
  requestAnimationFrame(move);    // move 함수를 반복합니다.
}
```

지금까지 공부한 것을 사용해 캔버스에 원을 그리고 가로로 4px씩 움직이는 애니메이션 소
스를 다음과 같이 작성할 수 있습니다.

가로로 특정 크기만큼 원 움직이기	16\move-1.html, 16\js\move-1.js

```
const canvas = document.querySelector("canvas");
const ctx = canvas.getContext("2d");

canvas.width = window.innerWidth;      // 캔버스 너비
canvas.height = window.innerHeight;    // 캔버스 높이

const circle = {
  x: 100,
  y: 100,
  radius: 30,
  dx: 4,      // 가로로 움직일 크기(x축 이동 속도)
  dy: 4,      // 세로로 움직일 크기(y축 이동 속도)
  color: "#222"
}

function drawCircle() {
  ctx.beginPath();
  ctx.arc(circle.x, circle.y, circle.radius, 0, Math.PI * 2, false);
  ctx.fillStyle = circle.color;
  ctx.fill();
}

function move() {
  drawCircle();
  circle.x += circle.dx;              // circle.x = circle.x + circle.dx
  requestAnimationFrame(move);        // move 함수를 반복합니다.
}

move();
```

웹 브라우저 창에서 확인해 볼까요? (50, 50) 위치에 있던 원이 (54, 50), (58, 50), ⋯⋯과 같은 방식으로 원점 좌표가 바뀌면서 움직일 것입니다.

그림 16-2 원점 좌표가 바뀌면서 움직이는 원

 원을 수직으로 이동해 보세요.

정답 16\move-2.html, 16\js\move-2.js

다양한 애니메이션 만들기

앞에서 만들었던 소스를 실행하면 원이 가로로 이동합니다. 이때 이동 과정이 한꺼번에 그려지므로 마치 직선처럼 보입니다. 그리고 끝나는 위치가 정해져 있지 않아서 끝없이 가로로 그려집니다.

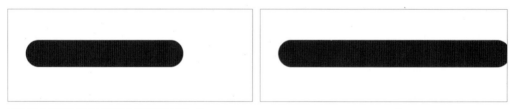

그림 16-3 끝없이 가로로 그려져서 직선처럼 보이는 원

이런 형태의 애니메이션이 필요한 경우도 있지만, 원래 그래픽 형태를 그대로 유지하는 애니메이션이 더 많이 필요합니다. 그렇다면 그래픽 요소의 형태를 유지하면서 애니메이션을 구현하려면 어떻게 해야 할까요? 앞에서 그래픽 요소의 위치를 옮길 때 캔버스와 도형이 한 덩어리이므로 translate() 메서드로 캔버스의 원점을 옮기는 방식을 사용했습니다.

애니메이션을 구현할 때도 마찬가지입니다. 만약 A라는 곳에서 B라는 곳으로 도형을 움직이려면 캔버스에서 A라는 위치에 도형을 그린 후 캔버스를 모두 지우고 다시 B라는 곳에서 도형을 그립니다. 만약 A → B → C라는 순서로 움직인다면 A 위치에서 도형을 그리고, 캔버스를 지운 후 B에서 도형을 그리고, 다시 캔버스를 지운 후 C에서 도형을 그리는 과정을 거치죠. 이것을 정리해 보면 다음과 같습니다.

❶ 시작 위치에서 도형을 그립니다.

❷ 캔버스를 지웁니다. 보통 `clearRect()` 메서드를 사용해 캔버스 크기만큼 지웁니다.

❸ 저장해야 할 스타일이 있으면 `save()` 메서드를 사용해 캔버스 상태를 저장합니다.

❹ 새로운 위치에 도형을 그립니다.

❺ 저장한 캔버스 상태가 있으면 저장한 상태를 복구합니다.

Do it! 실습 ▶ 왔다 갔다 움직이는 원 만들기

준비 16\animation-1.html 결과 16\animation-1-result.html, 16\animation-1-result.js

앞에서 연습했던 소스를 사용해서 실습해 보겠습니다. 이번에는 원의 모양을 유지하면서 방향만 바뀌는 애니메이션입니다. 좌표를 옮기고 도형을 그린 후에는 캔버스를 지워야 한다는 것을 꼭 기억하세요.

`01` 16\js 폴더에 animation.js 파일을 만들고 16\animation-1.html 문서에 연결합니다.

`02` js\animation-1.js 파일에 가장 기본적인 원을 그리는 소스를 작성해 보겠습니다. 원의 좌표를 변수로 사용할 것이므로 `circle`이라는 객체로 만듭니다. 웹 브라우저 창에서 16\animation-1.html 문서를 확인하면 검은색 원이 그려집니다.

16\js\animation-1.js

```
const canvas = document.querySelector("canvas");
const ctx = canvas.getContext("2d");

canvas.width = window.innerWidth;
canvas.height = window.innerHeight;

const circle = {
  x: 100,
  y: 100,
  radius: 30,
  dx: 4,
  dy: 4,
  color: "#222"
}
```

```
function drawCircle() {
  ctx.beginPath();
  ctx.arc(circle.x, circle.y, circle.radius, 0, Math.PI * 2, false);
  ctx.fillStyle = circle.color;
  ctx.fill();
}


drawCircle();
```

03 이 원이 가로로 이동하는 애니메이션을 만들 것인데, 이렇게 하려면 위치를 옮기고 캔버스를 지운 후에 원을 그려야 합니다. 여기에서는 move() 함수로 정의하고 이 move() 함수를 계속 반복해야 하므로 requestAnimationFrame()을 사용합니다. 앞에서 마지막 줄에 있던 drawCircle() 소스는 삭제하거나 주석 처리하세요.

😊 원을 어느 정도씩 옮길지는 circle 객체의 dx로 지정했습니다.

03\even.html

```
// drawCircle();
function move() {
  ctx.clearRect(0, 0, canvas.width, canvas.height);
  drawCircle();

  circle.x += circle.dx;    // circle.x = circle.x + circle.dx

  requestAnimationFrame(move);
}

move();
```

04 웹 브라우저 창에서 원이 오른쪽 방향으로 움직이는 것을 확인합니다. 그런데 계속 가로로 움직이다가 결국에는 캔버스 영역을 벗어나 버립니다. 여기에서는 원이 움직이다가 캔버스 영역의 왼쪽 끝이나 오른쪽 끝에 닿으면 반대 방향으로 움직이게 지정해 보겠습니다.

05 그렇다면 원이 언제 방향을 바꿔야 할까요? 원점 x 좌표에 반지름을 더한 값이 오른쪽 끝에 닿을 때와 원점 x 좌표에서 반지름을 뺀 값이 0보다 작을 때입니다.

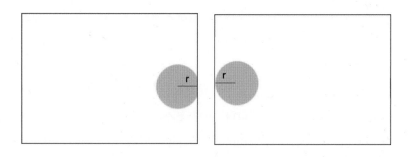

이것을 반영해서 다음과 같이 **move()** 함수 부분의 소스를 수정합니다.

😊 여기에서는 가로로 움직이므로 x 좌푯값만 고려했습니다.

16\js\animation-1.js

```javascript
function move() {
  ctx.clearRect(0, 0, canvas.width, canvas.height);
  drawCircle();

  circle.x += circle.dx;   // circle.x = circle.x + circle.dx

  if ((circle.x + circle.radius > canvas.width) || (circle.x - circle.radius < 0)) {
    circle.dx = -circle.dx;
  }
                원점 x 좌표에 반지름을 더한 값이 오른쪽 벽에 닿을 때        원점 x 좌표에서 반지름을 뺀 값이 0보다 작을 때

  requestAnimationFrame(move);
}
```

06 웹 브라우저 창에서 캔버스 영역에 있는 원이 좌우로 왔다 갔다 하는 애니메이션을 확인합니다.

준비 16\animation-2.html, 16\js\animation-2.js 결과 16\animation-2-result.html, 16\js\animation-2-result.js

Do it! 실습 ▶ 궤적이 남는 애니메이션 만들기

앞에서 연습했던 소스를 사용해서 가로 방향뿐만 아니라 캔버스에서 자유롭게 움직이게 만들고, 원이 움직일 때마다 궤적이 남는 애니메이션을 만들어 보겠습니다.

01 16\animation-2.html 문서에 js\animation-2.js 파일이 미리 연결되어 있는데, 이들 2개의 파일은 바로 앞에서 실습했던 소스와 같습니다. 현재 소스는 좌우로만 움직이므로 자유롭게 여러 방향으로 움직일 수 있도록 16\js\animation-2.js 파일에 있는 **move()** 함수를 수정합니다. 즉, **dy**만큼 y축으로 이동한 후 캔버스의 가장자리에 닿으면 되돌아올 수 있도록 소스를 추가합니다.

```
                                                      16\js\animation-2.js

function move() {
  ctx.clearRect(0, 0, canvas.width, canvas.height);
  drawCircle();

  circle.x += circle.dx;    // circle.x = circle.x + circle.dx
  circle.y += circle.dy;    // circle.x = circle.x + circle.dx

  if (circle.x + circle.radius > canvas.width || circle.x - circle.radius < 0) {
    circle.dx = -circle.dx;
  }
  if (circle.y + circle.radius > canvas.height || circle.y - circle.radius < 0) {
    circle.dy = -circle.dy;
  }

  requestAnimationFrame(move);
}
```

02 웹 브라우저 창에서 캔버스 영역에 있는 원이 자유롭게 움직이는지 확인합니다.

03 이제 원이 움직일 때마다 끌리는 자국(궤적)이 남도록 지정해 보겠습니다. 원이 움직이는 것은 좌표를 옮길 때마다 원을 그리고 캔버스를 지우는 과정을 반복하기 때문입니다. 그런데 캔버스를 지울 때 완전히 흰색으로 지우는 것이 아니라 약간 불투명도가 있는 색으로 지우면 어떨까요? 이전에 그렸던 원이 살짝 비치면서 이것이 마치 끌리는 자국처럼 보일 것입니다. 위의 소스에서 clearRect() 부분을 약간 불투명한 사각형으로 캔버스를 채우는 fillRect()로 바꿉니다.

16\js\animate-2.js

```
function move() {
  ctx.fillStyle = 'rgba(255, 255, 255, 0.3)';        // 캔버스를 채울 색. 약간 불투명합니다.
  ctx.fillRect(0, 0, canvas.width, canvas.height);  // 지정한 색으로 캔버스를 채웁니다.
  drawCircle();

  circle.x += circle.dx;   // circle.x = circle.x + circle.dx
  circle.y += circle.dy;   // circle.x = circle.x + circle.dx
}
```

04 웹 브라우저 창에서 원이 움직일 때마다 끌리면서 궤적이 남는 효과가 표시되는지 확인합니다.

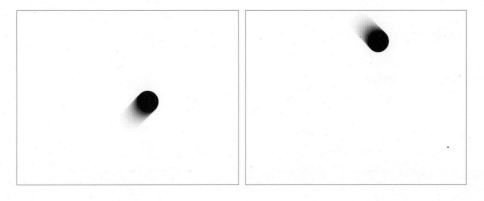

준비 16\animation-3.html, 16\js\animation-3.js 결과 16\animation-3-result.html, 16\js\animation-3-result.js

앞에서 객체를 사용해 여러 개의 원을 한꺼번에 화면에 그려 봤지요? 이번에는 여러 개의 원이 무작위로 움직이도록 지정해 보겠습니다. 방금 연습했던 애니메이션 만들기를 생각하면서 따라해 보세요.

01 16\animation-3.html 문서에는 이미 animation-3.js 파일이 연결되어 있습니다. 웹 브라우저 창에서 16\animation-3.html 문서를 확인하면 무작위로 20개의 원이 그려져 있을 것입니다.

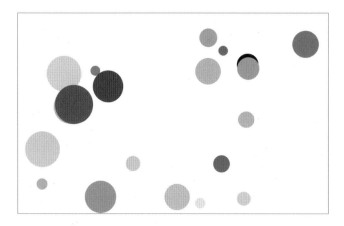

02 애니메이션을 실행하는 update() 함수를 만든다면 어떤 식으로 진행할지 잠깐 생각해 보겠습니다. 먼저 캔버스를 지우고 objs 배열에 저장된 20개의 원에 각각 애니메이션을 적용해야 합니다.

```
function update() {
  // 캔버스 지우기
  // for() {
  // objs의 각 요소마다 애니메이션 실행하기
  // }
  requestAnimationFrame(update);
}

update()
```

03 기존의 16\js\animation-3.js 파일의 마지막에 있는 원 그리기 for 문을 삭제하고 앞에서 생각했던 것처럼 update() 함수를 작성한 후 update() 함수를 실행합니다. update() 함수에서 obj.animate()처럼 아직 만들지 않은 메서드를 실행하고 있으므로 화면에 아무것도 그려지지 않습니다.

16\js\animation-3.js

```
    ⋮
for (let i = 0; i < objs.length; i++) {          ── 기존의 소스 삭제
  objs[i].draw();
}

function update() {
  ctx.clearRect(0, 0, canvas.width, canvas.height);
  for (let i = 0; i < objs.length; i++) {
    let obj = objs[i];
    obj.animate();
  }
  requestAnimationFrame(update);
}

update();
```

04 각 원이 어느 정도씩 이동할지 dx 변수와 dy 변수를 사용해서 지정해야 하는데, 이 값도 무작위로 지정해 보고 dx 값과 dy 값을 사용해서 이동하는 animate() 메서드도 만들어 보겠습니다. animate() 메서드 안에 앞에서 삭제했던 원을 그리는 소스가 들어가므로 이미 만들어 놓은 Circle 객체에 이 소스를 추가합니다.

16\js\animation-3.js

```
function Circle(x, y, radius, color) {
  this.x = x;
  this.y = y;
  this.radius = radius;
  this.color = color;

  this.dx = Math.floor(Math.random() * 4) + 1;
  this.dy = Math.floor(Math.random() * 4) + 1;
```

```
this.draw = function() {
  ctx.beginPath();
  ctx.fillStyle = this.color;
  ctx.arc(this.x, this.y, this.radius, 0, Math.PI * 2, false);
  ctx.fill();
}

this.animate = function() {
  this.x += this.dx;
  this.y += this.dy;

  if (this.x + this.radius > canvas.width || this.x - this.radius < 0) {
    this.dx = -this.dx;
  }
  if (this.y + this.radius > canvas.height || this.y - this.radius < 0) {
    this.dy = -this.dy;
  }

  this.draw();
}
}
```

05 웹 브라우저 창에서 크기와 색상이 다른 20개의 원이 이리저리 자유롭게 움직이는지 확인합니다. [새로 고침] 버튼(ⓒ)을 클릭할 때마다 원의 크기나 색상이 달라지는 것도 볼 수 있습니다.

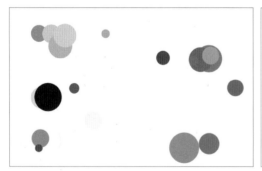

마무리 문제 1

준비 16\quiz-1.html 정답 16\solution-1.html, 16\js\solution-1.js

캔버스에 여러 개의 사각형을 따로 그리지 않고 객체를 사용하려고 합니다. 사각형 객체 Rect를 정의한 후 해당 객체를 사용해서 2개의 사각형을 그려 보세요.

☞ 길라잡이

• 사각형을 그릴 때 필요한 요소가 무엇인지 생각해 보고 객체의 프로퍼티로 정의합니다.

• 사각형을 그리는 함수도 객체의 메서드로 정의합니다. 이때 메서드 이름은 편리한 이름으로 지정합니다.

• new 예약어를 사용해서 2개의 사각형을 그립니다.

• 객체의 메서드를 사용해서 2개의 사각형을 그립니다.

마무리 문제 2

준비 16\quiz-2.html 정답 16\solution-2.html, 16\js\solution-2.js

마무리 문제 1에서 객체를 사용해 2개의 사각형을 만들었으면 이들 객체가 캔버스 안에서 자유롭게 움직이는 애니메이션을 작성해 보세요. 이때 사각형 객체가 캔버스의 가장자리에 닿으면 반대 방향으로 이동해야 합니다.

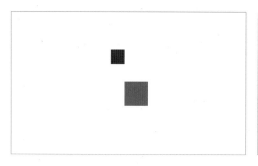 

📖 길라잡이

- 객체에 도형이 움직이는 거리와 관련된 프로퍼티를 정의합니다. 여기에서는 1~10 사이의 무작위값을 사용합니다.
- 객체에 애니메이션을 위한 메서드를 정의합니다. 이 메서드에서 사각형 객체가 캔버스의 가장자리에 닿았는지 꼭 확인합니다.
- '캔버스 삭제' → '애니메이션 메서드 실행' 과정을 반복하는 함수를 정의하고 실행합니다.

API 활용하기

'여섯째마당'에서는 API가 무엇인지와 HTML에서 기본적으로 제공하는 웹 API 사용법을 알아보겠습니다. 또한 포털 사이트에서 제공하는 API와 '공공데이터포털'에서 제공하는 API까지 활용하는 방법도 함께 살펴보겠습니다.

17

웹 API 활용하기

차세대 웹 표준 언어로 등장한 HTML 새 버전(이전의 HTML5)은 기존의 마크업mark-up
기능뿐만 아니라 누구나 가져와서 사용할 수 있는 다양한 API를 함께 제공합니다. 앞에
서 공부했던 캔버스 기능도 Canvas API를 사용한 것이지요. HTML에 포함된 API는
자바스크립트만 알면 누구나 쉽게 가져와서 사용할 수 있습니다. 이 장에서는 HTML
에서 제공하는 API 중 '웹 스토리지 API'와 '지오로케이션 API'를 활용하는 방법을
알아보겠습니다.

</>

17-1 API 알아보기

프로그래밍을 배우기 시작하면서 API에 대한 이야기를 자주 듣지요? 먼저 API가 무엇인지부터 알아보겠습니다.

API란

API는 'Application Programming Interface'의 약자로, 글자 그대로 해석해 보면 '애플리케이션 프로그래밍을 위한 인터페이스'입니다. '애플리케이션'과 '프로그래밍', 그리고 '인터페이스'를 따로 보면 무슨 뜻인지 알 것 같은데, 함께 묶어 놓으니 꽤 어려워 보이네요. 여기서 '애플리케이션'과 '프로그래밍'이라는 단어는 감이 잡힐 테니 '인터페이스'에 대해 생각해 보겠습니다.

그림 17-1 Canvas API의 작동 과정

인터페이스interface는 두 가지 시스템 사이의 경계라고 할 수 있습니다. 웹 사이트나 스마트 기기 화면에서 정보를 찾아보기 쉽게 메뉴나 화면 요소들을 배치해 놓은 것을 '사용자 인터페이스UI; User Interface'라고 합니다. 여기에서 인터페이스는 웹과 사용자 사이, 또는 스마트폰 기기와 사용자 사이에서 사용자를 도와 주기 위한 체계를 가리키는 말입니다. 이와 같은 방식으로 프로그램과 프로그램 사이에도 인터페이스가 있습니다.

자, 그러면 앞에서 공부했던 Canvas API를 예로 들어 볼까요? 프로그램을 직접 작성해서 웹 브라우저 창에 직선을 그리려면 시작 위치와 끝 위치를 지정하고 두 점 사이의 픽셀을 모두 채워야 합니다. 만약 사각형을 그리면 이런 과정을 4번 반복해야겠죠? 하지만 Canvas API를 알고 있으면 fillRect()나 strokeRect()라는 함수 하나로 간단히 처리할 수 있습니다. fill Rect() 함수나 strokeRect() 함수에게 간단히 시작점과 크기만 알려 주면 되죠. 도형 그리기 프로그램을 작성하면서 사용자와 컴퓨터 사이에 '캔버스'라고 하는 인터페이스를 둔 것입니다.

또 다른 API의 예로 날씨 애플리케이션을 만들 때 사용하는 날씨 정보 API가 있습니다. 날씨 정보를 제공하는 API는 기상청을 비롯해 여러 업체에서 공개하고 있으므로 해당 API의 사용 법만 알면 누구나 날씨 정보 앱을 만들 수 있습니다. 날씨가 궁금한 지역과 날짜만 입력하면 원하는 정보를 즉시 가져올 수 있으므로 이것을 여러 형태로 애플리케이션 화면에 보여 주면 됩니다.

다시 정리하면 API는 '애플리케이션에서 프로그램을 작성할 때 하나의 프로그램과 다른 프로그램 사이에 쉽게 정보를 주고받을 수 있게 도와 주는 인터페이스'라고 생각하면 됩니다.

공개 API

API 중에서 누구나 사용할 수 있게 만든 것을 '공개 API', 또는 '오픈 API'라고 부릅니다. 공개 API를 사용하면 포털 사이트의 지도 기능이나 인증 기능을 자신의 사이트로 가져와서 넣을 수도 있고, 정부에서 제공하는 각종 자료와 기능을 가져와서 사용할 수도 있습니다.

요즘은 많은 API가 공개되어 있어서 누구나 무료로 사용할 수 있습니다. 우리 주변에도 API가 많죠. 예를 들어 웹 사이트에서 기존에 가지고 있던 네이버나 카카오 회원 정보를 사용해서 회원 가입과 로그인을 함께 처리할 수 있습니다.

그림 17-2 다른 사이트의 로그인 API를 활용한 웹 사이트의 로그인 화면

이것은 네이버나 카카오에서 회사의 사용자 정보로 로그인이 가능한 API를 공개하고 있어서 개발자라면 누구나 신청해서 사용할 수 있기 때문입니다.

그림 17-3 Naver Developers의 네이버 로그인 API

NAVER Developers(developers.naver.com/main)나 Kakao Developers(developers.kakao.com)에 들어가 보면 매우 다양한 API를 확인할 수 있습니다.

그림 17-4 Kakao Developers

이외에도 수많은 사이트에서 자신들의 프로그램을 API 형태로 공개하고 있으므로 공식 문서를 참고해서 API를 활용할 수 있습니다.

그림 17-5 Google Developers

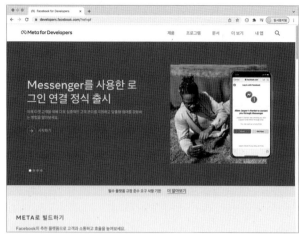

그림 17-6 Meta for Developers

공공기관의 데이터나 API를 제공하는 '공공데이터포털' 사이트도 있습니다. 이 사이트는 정부에서 운영하고 있어서 신뢰도가 높고, 자료가 매우 다양하며, 필요하면 언제든지 신청해서 사용할 수 있습니다.

그림 17-7 '공공데이터포털' 사이트의 공개 API

웹 API

이제부터 HTML에서 기본으로 제공하는 API를 살펴보겠습니다. HTML의 최신 버전인 HTML5가 처음 발표되었을 때 다양한 API를 제공한다는 사실 때문에 수많은 사람들이 환영했습니다. 자바스크립트만 알고 있으면 웹 API를 사용해서 누구나 애플리케이션을 만들 수 있기 때문이죠.

HTML에서 제공하는 API를 통틀어 '웹 API'라고 하는데, 처음에 발표했던 API 외에도 새로운 API가 계속 추가되고 있습니다. Web API 사이트에 접속해 보면 웹 API 전체 목록을 볼 수 있습니다.

😎 목록 중에서 🗑가 붙은 것은 폐기되어 더 이상 개발하지 않는 API입니다. 그리고 ⚠가 붙은 것은 아직 완성되지 않은 API로, 웹 브라우저에 따라 지원되지 않을 수도 있습니다.

그림 17-8 웹 API 목록(developer.mozilla.org/ko/docs/Web/API)

여기에 있는 웹 API 중에서 필요한 기능이 있을 경우 해당 API 문서를 찾아보고 사용하면 됩니다. 만약 사용자의 위치를 추적하는 프로그램을 작성하는 중이라면 현재 위치를 알려 주는 지오로케이션 API^{Geolocation API}를 사용할 수 있습니다. 위의 목록 중에서 'Geolocation API'를 클릭하면 API에 대한 설명과 함께 어떤 프로퍼티와 메서드가 있는지, 메서드는 어떻게 사용하는지 예제를 보면서 학습할 수 있습니다.

이 책에서는 웹 API 중에서 기본적으로 알아야 할 몇 가지 API에 대해서 살펴볼 것입니다.

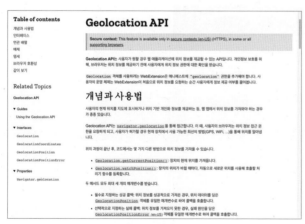

그림 17-9 Geolocation API의 상세 설명 페이지

17-2 웹 스토리지 API

자바스크립트를 사용할 때 자주 만들어 보는 할 일 목록^{to do list} 프로그램은 사용자가 화면에
입력한 내용을 어딘가에 저장해 두어야 나중에 다시 불러와서 확인할 수 있습니다. 할 일 목
록에서 입력한 내용은 주로 웹 브라우저 자체에 저장해 두었다가 가져오는데, 이때 사용하는
웹 브라우저 저장 공간을 '웹 스토리지^{web storage}'라고 합니다.

쿠키와 웹 스토리지

웹 스토리지 API가 등장하기 전부터 웹 브라우저에는 '쿠키^{cookie}'라는 공간이 있어서 인터넷
사용을 위한 정보를 저장하고 있었습니다. 쿠키란, 사용자가 웹 사이트에 접속해서 웹 사이트
를 서핑하는 동안 사용자 컴퓨터에 저장되는 텍스트 파일을 가리킵니다. 사용자가 사이트에
접속하면 저장해 놓은 쿠키 정보를 활용해서 좀 더 간편하게 사이트를 사용할 수 있게 하죠.
쿠키를 한번 살펴볼까요? 웹 브라우저 창에 'easyspub.co.kr'을 입력해서 이지스퍼블리싱
사이트로 접속합니다. 웹 개발자 도구 창을 열고 [애플리케이션] 탭을 클릭한 후 '쿠키' 항목
의 앞에 있는 ▼을 클릭해 보세요. 이지스퍼블리싱 사이트 주소를 클릭하면 오른쪽에 사이트
에서 사용하는 쿠키 정보가 나타납니다. 이것은 사이트에서 필요하다고 생각하는 사용자 관
련 정보를 텍스트 형태로 저장해 놓은 것입니다.

그림 17-10 사이트를 서핑할 때 저장되는 쿠키 정보

쿠키 정보는 사용자 컴퓨터의 하드디스크에 텍스트 파일 형태로 최대 300개까지 저장됩니다. 각 도메인당 50개까지 저장할 수 있고, 한 파일의 최대 크기는 4,096byte(약 4kbyte)입니다.

쿠키에는 웹 사이트뿐만 아니라 접속했던 개인의 정보가 저장되므로 사생활을 침해할 수 있습니다. 사이트 간에 교차 스크립트 같은 기법을 통해 쿠키를 악용할 수도 있고, 보안 문제가 발생할 수도 있습니다. 또한 같은 사이트에서 2개 이상의 탭을 열면 둘 이상의 트랜잭션을 추적하기 어렵다는 단점도 있고, 파일 크기가 작아서 복잡한 데이터는 저장할 수 없습니다. 이런 상황에서 웹 브라우저 창에 직접 데이터를 저장하기 위해 웹 스토리지가 새로 등장했습니다.

쿠키와 마찬가지로 웹 스토리지의 데이터도 웹 사이트와 관련된 정보를 저장합니다. 쿠키와 다른 점은 사용자가 일부러 스토리지 정보를 서버로 전송하지 않는 이상 서버에서 사용자 PC로 들어와 스토리지 정보를 읽어가지 못한다는 것입니다. 쿠키 정보는 사이트에서 사용자 정보를 가져가지만 스토리지 정보는 그렇지 않죠. 그리고 웹 스토리지는 도메인당 2~10MB(보통 5MB)의 데이터를 저장할 수 있는데, 이것은 쿠키에 비해 아주 큰 용량입니다.

웹 스토리지의 구성

웹 스토리지는 저장하는 데이터의 형태에 따라 '세션 스토리지session storage'와 '로컬 스토리지local storage'로 나뉩니다.

세션 스토리지

웹 브라우저 창(또는 탭)을 여는 순간부터 닫을 때까지를 하나의 세션session이라고 합니다. 세션 스토리지는 세션 동안만 데이터를 기억하고 있다가 세션이 끝나면, 즉 웹 브라우저 창이나 탭이 닫히면 데이터를 모두 지워버립니다.

로컬 스토리지

로컬 스토리지는 세션 스토리지와 달리 세션이 끝나도 계속해서 데이터를 보관하는 스토리지입니다. 로컬 스토리지를 이용하면 웹 브라우저 창을 닫았다가 다시 열어도 저장된 데이터를 확인할 수 있습니다.

예를 들어 네이버 뉴스(news.naver.com) 페이지에 접속한 후 애플리케이션 창을 열고 '로컬 스토리지'와 '세션 스토리지'의 하위에 있는 여러 주소를 클릭해 보세요. 그러면 해당 페이지에서 사용하고 있는 로컬 스토리지 정보와 세션 스토리지 정보가 보일 것입니다. 다음 그림에서 보이는 것처럼 웹 스토리지는 '키'와 '값'으로 구성되고, 필요하면 '키' 값을 사용해 스토리지 안의 정보를 검색할 수 있습니다.

그림 17-11 '키'와 '값'을 사용해 스토리지 안의 정보를 검색할 수 있습니다.

이 상태에서 콘솔 창으로 이동한 후 다음과 같이 입력해 보세요.

```
localStorage
```

Storage 객체가 보이죠? 즉, 로컬 스토리지나 세션 스토리지는 Storage 객체에서 다루고 있다는 뜻입니다. 그리고 Storage 객체 앞의 ▼을 클릭하면 현재 객체에 담겨 있는 정보를 확인할 수 있죠. 현재는 1개의 자료만 담겨 있고, 해당 자료의 키는 ls이며, 값은 자료 키의 오른쪽에 있습니다. 또한 length를 사용해서 자료의 개수도 확인할 수 있습니다.

그림 17-12 웹 스토리지 정보를 담고 있는 Storage 객체

Storage 객체의 프로퍼티와 메서드

앞에서 살펴본 것처럼 세션 스토리지와 로컬 스토리지는 Storage 객체 형태로 저장됩니다. Storage 객체는 sessionStorage 객체와 localStorage 객체를 합쳐서 부르는 용어입니다. sessionStorage 객체와 localStorage 객체에서 사용하는 프로퍼티와 메서드는 같으므로 여기에서는 함께 설명합니다.

length 프로퍼티

length 프로퍼티를 이용하면 스토리지에 몇 개의 키/값 쌍이 있는지 확인할 수 있습니다.

setItem() 메서드

스토리지에 자료를 저장할 때는 setItem() 메서드를 사용해서 저장합니다. 주어진 키에 키/값 쌍이 있는지 확인하고, 키/값 쌍이 없으면 해당 키^{key}를 만들고 여기에 값^{value}을 저장합니다. 그리고 setItem() 메서드에서 지정한 키가 이미 스토리지에 있다면 기존 값을 새로운 값으로 업데이트합니다.

> 기본형   setItem(*키*, *값*)

웹 스토리지의 자료는 JSON 형식을 사용합니다. 따라서 스토리지에 자료를 저장할 때는 JSON.stringify()를 사용해서 JSON으로 변환한 후 저장합니다.

😀 JSON.stringify()가 기억나지 않는다면 12-2절을 참고하세요.

getItem() 메서드

스토리지에 자료가 저장되어 있으면 getItem() 메서드를 사용해서 지정한 키에 해당하는 현재 값을 가져올 수 있습니다. 만약 주어진 키에 해당하는 항목이 없으면 null을 반환합니다.

> 기본형   getItem(*키*)

스토리지의 자료는 JSON 형식이므로 스토리지에서 가져온 JSON.parse()를 사용해 객체로 변환해서 사용합니다.

😀 JSON.parse()가 기억나지 않는다면 12-2절을 참고하세요.

key() 메서드

key() 메서드는 스토리지에 있는 키를 반환합니다. 스토리지에 키가 여러 개라면 key() 메서드에서 위치를 지정하고, 해당 위치에 있는 키를 가져옵니다. 😀 키의 위치는 0부터 시작합니다.

> 기본형   `key()`
>   `key(위치)`

removeItem() 메서드

removeItem() 메서드는 키 이름을 지정하면 스토리지에서 해당 키를 삭제합니다. 만약 지정한 키에 해당하는 항목이 없으면 아무것도 하지 않습니다.

> 기본형   `removeItem(키)`

clear() 메서드

clear() 메서드는 모든 키/값 쌍을 삭제합니다. 만약 스토리지에 항목이 전혀 없으면 아무것도 하지 않습니다.

> 기본형   `clear()`

Do it! 실습 ▶ 웹 스토리지 다루기

준비 17\storage.html 결과 17\storage-result.html, 17\js\storage-result.js

앞에서 살펴본 메서드를 사용해서 웹 스토리지에 원하는 자료를 저장하는 방법과 로컬 스토리지에 새로운 값을 추가하는 방법, 그리고 특정 요소만 삭제하는 방법을 알아봅니다. 세션 스토리지와 로컬 스토리지의 사용법은 같고, 웹 스토리지에서 로컬 스토리지를 많이 사용하므로 여기에서는 로컬 스토리지를 중심으로 설명합니다.

로컬 스토리지에 저장하기

01 17\js 폴더에 storage.js 파일을 만들고 17\storage.html 문서에 연결합니다.

```
<script src="js/storage.js"></script>
```

02 students라는 배열을 만들고 이 배열을 로컬 스토리지에 저장해 보겠습니다. 특정 값을 로컬 스토리지에 저장하려면 먼저 JSON 형식으로 바꾼 후에 저장해야 합니다.

😊 세션 스토리지에 저장하려면 sessionStorage.setItem()을 사용합니다.

```
let students = ["Kim", "Lee", "Park"];
console.log(`현재 students : ${students}`);
// 스토리지에 students 키로 배열을 저장합니다.
localStorage.setItem("students", JSON.stringify(students));
```

로컬 스토리지에 키와 값 저장 | 키 | 값(JSON 형식으로 바꾼 students)

03 VS Code에서 17\storage.html 문서를 라이브 서버로 열고 웹 개발자 도구 창에서 [애플리케이션 → 로컬 스토리지]를 선택합니다. 그리고 라이브 서버 주소를 선택하여 로컬 스토리지에 students 배열의 내용이 저장되었는지 확인합니다.

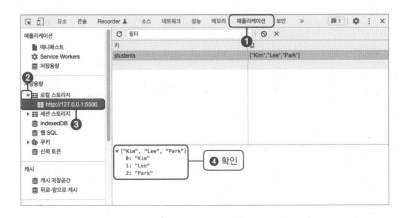

04 로컬 스토리지에 저장된 **students** 키에 새로운 값 **Choi**를 추가하려고 합니다. 로컬 스토리지에 새 값을 추가하려면 로컬 스토리지에 있는 값을 가져와서 **localData** 변수에 저장하고 **localData**에 새 값을 추가한 후 다시 **localData**를 로컬 스토리지에 저장해야 합니다.

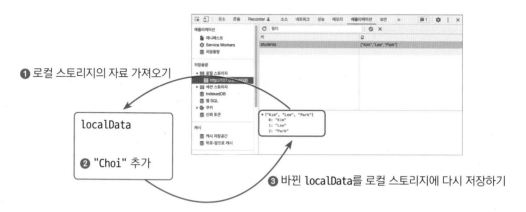

이것을 소스로 작성해서 저장합니다. **localData**는 JSON.parse()를 사용해서 배열 형태로 바꾸고 여기에 push() 메서드로 새로운 값을 추가합니다.

```
17\js\storage.js

// 로컬 스토리지에 저장합니다.
let students = ["Kim", "Lee", "Park"];
localStorage.setItem("students", JSON.stringify(students));
// 스토리지에 students 키로 배열을 저장합니다.

// 로컬 스토리지에서 가져온 후 추가하고 저장합니다.
let localData;
if(localStorage.getItem("students") === null) {  // 스토리지에 students 키가 있는지 확인합니다.
  localData = [];
} else {
  localData = JSON.parse(localStorage.getItem("students"));
// 스토리지의 값을 localData로 저장합니다.
}
localData.push("Choi");    // localData에 Choi를 추가합니다.
localStorage.setItem("students", JSON.stringify(localData));
// 스토리지에 localData를 저장합니다.
console.log(`추가 후 students : ${localData}`);    // 스토리지에 저장된 값을 표시합니다.
```

05 다시 웹 개발자 도구 창에서 로컬 스토리지를 확인하면 나중에 추가한 Choi라는 값도 students 키의 값으로 저장되어 있습니다.

06 소스에서 console.log() 메서드를 사용했으므로 콘솔 창에서도 확인할 수 있습니다.

로컬 스토리지에서 특정 값 삭제하기

07 이번에는 students 키에 저장된 값 중에서 Lee라는 값을 삭제해 보겠습니다. 현재 로컬 스토리지에는 students 값이 배열 형태로 저장되어 있는데, 배열에서 특정 값의 위치를 가져올 때는 indexOf() 메서드를 사용합니다. 그리고 splice() 메서드를 사용해서 인덱스의 위치부터 1개의 값을 삭제한 후 다시 로컬 스토리지에 저장합니다.

17\js\storage.js

```
// 로컬 스토리지에서 특정 값을 삭제합니다.
const indexOfValue = localData.indexOf("Lee");    // 인덱스 탐색
localData.splice(indexOfValue, 1);  // 인덱스에 해당하는 값부터 1개를 삭제합니다.
localStorage.setItem("students", JSON.stringify(localData));
console.log(`삭제 후 students : ${localData}`);
```

08 다시 웹 브라우저 창에서 Lee 값이 삭제된 상태로 로컬 스토리지에 저장되었는지 확인합니다.

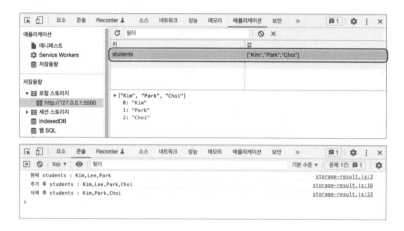

09 로컬 스토리지는 웹 브라우저 창을 닫아도 계속 남아 있으므로 더 이상 로컬 스토리지에 저장할 필요가 없으면 removeItem() 메서드나 clear() 메서드를 사용해서 삭제할 수 있습니다. removeItem() 메서드는 특정 키를 지정해서 해당 키와 값만 삭제하고 clear() 메서드는 로컬 스토리지 전체를 지우는데, 여기에서는 removeItem() 메서드를 사용해서 방금 만든 students 키를 삭제하세요.

17\js\storage.js

```
// 로컬 스토리지에서 특정 키를 삭제합니다.
localStorage.removeItem("students");
```

10 웹 브라우저 창에서 조금 전까지 students 키가 담겨 있던 로컬 스토리지가 비어 있는 것을 확인할 수 있습니다.

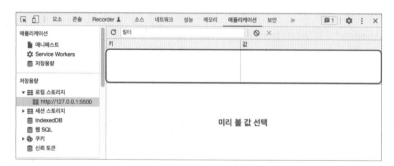

Do it! 실습 로컬 스토리지를 활용해 할 일 목록 프로그램 만들기

준비 17\todo.html 결과 17\todo-result.html, 17\js\todo-result.js

자바스크립트뿐만 아니라 프로그래밍 언어를 공부할 때 '할 일 목록 프로그램(투두리스트)' 만들기는 자주 등장하는 프로젝트 주제입니다. 여기에서는 간단한 할 일 목록^{to do list}을 만들면서 로컬 스토리지에 저장하는 방법도 함께 알아보겠습니다.

> **먼저 생각해 보세요!**
>
> - 할 일을 작성할 텍스트 필드와 '완료' 버튼, '삭제' 버튼을 화면에 어떻게 구성할까요? ☐
> - 텍스트 필드에 입력한 내용을 화면에 목록 형태로 표시하려면 어떻게 해야 할까요? ☐
> - 할 일을 완료했을 때, 즉 [완료] 버튼을 클릭했을 때 어떻게 표시할까요? ☐
> - 할 일을 삭제할 때, 즉 [삭제] 버튼을 클릭했을 때 어떻게 처리할까요? ☐

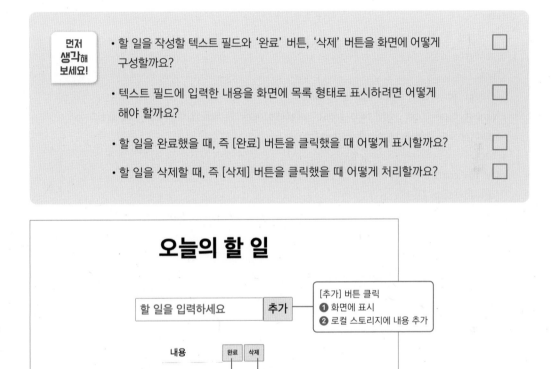

01 17\js 폴더에 todo.js 파일을 만들고 17\todo.html 문서에 연결합니다. 이 예제에서는 html 파일과 css 파일, js 파일을 왔다 갔다 하면서 작성하므로 어떤 파일에 입력하는 소스인지 확인하면서 진행하세요.

원하는 결과 화면 만들기

02 우선 17\todo.html 문서의 소스를 살펴보겠습니다. 사용자가 입력한 내용은 <ul>과 </ul> 사이에 들어갑니다. 새로운 노드를 만들면서 내용을 추가해야 하므로 어떤 방식으로 소스를 추가해야 할지 미리 테스트 소스를 작성해 보세요. 필요한 태그와 스타일 등을 결정하기 위한 것입니다.

17\todo.html

```
<header>
  <h1>오늘의 할 일</h1>
  </header>
  <form>
    <label for="todo-input">할 일</label>
    <input type="text" id="todo-input" placeholder="할 일을 입력하세요" required>
    <button id="add-button">추가</button>
  </form>
  <div id="container">
    <ul id="todo-list">
      // 이 부분은 결과 화면을 미리 예상해 보는 것이므로 확인한 후 삭제합니다.
      <div class="todo">
        <li class="todo-content">내용 </li>
        <button class="complete-button">완료</button>
        <button class="delete-button">삭제</button>
      </div>
    </ul>
  </div>
```

03 방금 추가한 소스가 화면에 제대로 표시되도록 스타일도 만들어야 합니다. 17\css\todo.css 파일을 열고 다음 소스를 추가한 후 웹 브라우저 창에서 원하는 형태로 표시되었는지 확인하세요.

17\css\todo.css

```
/* todo 항목 */
.todo {
  margin:0.5rem;
  font-size:1.2rem;
  display:flex;
```

```
    justify-content: space-between;
    align-items: center;
}

.todo .todo-content {
    flex:1;
    padding:0.5rem 1rem;
    border-bottom: 1px dotted #ccc;
}

.todo button {
    padding: 0.5rem;
    margin-right:0.2rem;
    font-size:0.8rem;
    cursor: pointer;
}

.completed {
    text-decoration: line-through;
    color: #d8d8d8;
    opacity: 0.5;
}
```

04 CSS 소스를 작성한 후 웹 브라우저 창에서 결과 화면이 원하는 형태로 표시되었는지 확인합니다. todo.html 문서로 되돌아와서 테스트용으로 입력했던 소스를 다른 곳에 기록해 두거나 머릿속에 암기하고 삭제합니다.

😀 테스트 코드를 주석 처리하면 새로운 li 요소를 추가할 때 오류가 발생하므로 주석 처리하지 말고 꼭 삭제하세요.

```
<header>
  <h1>오늘의 할 일</h1>
  </header>
  <form>
    <label for="user-input">할 일</label>
    <input type="text" id="user-input" class="todo-input" placeholder="할 일을 입력하세
    요" required>
    <button id="add-button">추가</button>
  </form>
  <div id="container">
    <ul id="todo-list">
      <div class="todo">
        <li class="todo-content">내용 </li>
        <button class="complete-button">완료</button>
        <button class="delete-button">삭제</button>
      </div>
    </ul>
  </div>
```

입력한 내용 추가하기

05 VS Code에서 왼쪽에는 todo.html 문서를, 오른쪽에는 js\todo.js 파일을 열어 놓습니다. HTML 소스에서 **id** 값과 **class** 값을 참고하면서 작성할 것입니다. 텍스트 필드와 [추가] 버튼, 할 일 목록이 표시될 영역을 가져와서 **click** 이벤트를 연결해 보겠습니다. 가장 먼저 [추가] 버튼을 클릭하면 **addTodo** 함수가 실행되도록 작성합니다.

```javascript
// 웹 요소 가져오기
const todoInput = document.querySelector('#todo-input');   // 사용자 입력
const addButton = document.querySelector('#add-button');   // [추가] 버튼
const todoList = document.querySelector('#todo-list');     // 할 일 목록

// 이벤트 처리
addButton.addEventListener('click', addTodo);
```

06 이제 [추가] 버튼을 클릭했을 때 실행할 **addTodo** 함수를 만들어 볼 것인데, 텍스트 필드에 입력한 내용뿐만 아니라 [완료] 버튼과 [삭제] 버튼도 함께 표시해야 합니다. 그래서 하나의 내용을 표시할 때마다 **\<li>**와 **\<button>**을 하나의 덩어리로 묶어서 보여 주어야 합니다. 이때 폼에서 버튼을 클릭하면 기본적으로 새로운 화면을 가져오므로 기본 동작을 취소해야 한다는 것에 주의하세요.

😊 다음 소스 중 테스트 코드와 관련된 주석은 소스 작성에 도움을 주기 위해 추가한 것이므로 여러분은 작성하지 않아도 됩니다.

17\js\todo.js

```javascript
// 함수
function addTodo(e) {
  e.preventDefault();    // 기본 동작을 취소합니다.

  // 만들었던 테스트 코드. 이 부분은 참고만 하고 입력하지 마세요.
  // <div class="todo">
  //   <li class="todo-content">내용 </li>
  //   <button class="complete-button">완료</button>
  //   <button class="delete-button">삭제</button>
  // </div>

  // 새로운 내용을 추가합니다.
  const newDiv = document.createElement('div');
  newDiv.classList.add('todo');
  const newTodo = document.createElement('li');
  newTodo.innerText = todoInput.value;
  newTodo.classList.add('todo-content');
  newDiv.appendChild(newTodo);

  // 내용의 오른쪽에 버튼을 추가합니다.
  const completeButton = document.createElement('button');
  completeButton.innerText = '완료';
  completeButton.classList.add('complete-button');
  newDiv.appendChild(completeButton);

  const deleteButton = document.createElement('button');
  deleteButton.innerText = '삭제';
  deleteButton.classList.add('delete-button');
```

```
  newDiv.appendChild(deleteButton);

  todoList.appendChild(newDiv);
  todoInput.value = "";    // 입력 창 초기화
}
```

07 웹 브라우저 창에서 입력한 내용이 제대로 표시되는지 확인하세요. 혹시 제대로 동작하지 않으면 콘솔 창에 나타나는 오류 메시지를 확인해서 소스를 수정합니다.

로컬 스토리지에 입력한 내용 저장하기

08 화면에는 입력한 내용이 잘 보이므로 입력한 할 일 내용을 로컬 스토리지에 저장하는 함수도 만들어 봅시다. 로컬 스토리지에 [완료] 버튼이나 [삭제] 버튼은 저장하지 않고 사용자가 텍스트 필드에 입력한 내용만 저장하면 됩니다. 기존 소스에 saveToLocal() 함수를 실행하는 부분을 추가한 후 saveToLocal() 함수도 추가합니다.

17\js\todo.js

```
function addTodo(e) {
        ⋮
  newTodo.classList.add('todo-content');
  newDiv.appendChild(newTodo);   // 새로운 내용을 추가합니다.

  saveToLocal(todoInput.value);   // 로컬 스토리지에 저장합니다.
        ⋮
}
function saveToLocal(todo) {
```

```
    let todos;
    if (localStorage.getItem('todos') === null) {
      todos = [];
    } else {
      todos = JSON.parse(localStorage.getItem('todos'));
    }

    todos.push(todo);
    localStorage.setItem('todos', JSON.stringify(todos));
  }
```

09 웹 브라우저 창에서 확인해 볼까요? 몇 가지 내용을 추가한 후 로컬 스토리지를 살펴보세요.

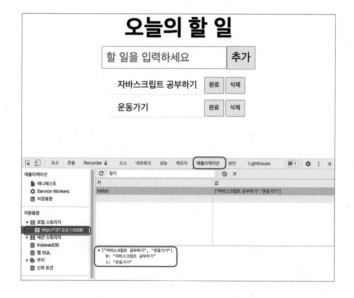

로컬 스토리지의 내용 가져와서 화면에 표시하기

10 웹 브라우저 창에서 [새로 고침] 버튼을 클릭해 보세요. 로컬 스토리지에는 내용이 있는데, 화면에는 표시되지 않는군요. 로컬 스토리지에 제대로 저장되는 것을 확인했으므로 로컬 스토리지의 내용을 가져와서 화면에 표시하는 함수를 작성해 보겠습니다.

앞에서 작성한 소스는 로컬 스토리지에 할 일 목록이 없다고 전제하고 입력하는 내용만 저장했습니다. 하지만 이미 저장된 할 일 목록에 새로운 할 일을 추가할 수도 있습니다. 그래서 할

일 목록에서 내용을 추가하기 전에 일단 스토리지에 자료가 있는지 확인한 후 내용이 있으면 가져와서 화면에 보여 주어야 합니다. 그리고 새로 추가된 내용을 다시 로컬 스토리지에 추가합니다.

로컬 스토리지에 있는 내용은 웹 내용이 모두 로드된 후에 가져와야 합니다. 기존 소스에서 이벤트 처리 부분에 `DOMContentLoaded` 이벤트 리스너를 추가하세요.

17\js\todo.js

```javascript
// 이벤트 처리
document.addEventListener("DOMContentLoaded", getLocal);
addButton.addEventListener('click', addTodo);
```

11 앞에서 작성한 `saveToLocal()` 함수의 다음에 다음과 같이 로컬 스토리지에 있는 값을 가져와서 화면에 표시하는 `getLocal()` 함수를 작성합니다.

😀 addTodo() 함수의 소스와 중복되는 소스가 많으므로 이 부분만 따로 displayTodo()와 같은 함수로 묶어도 됩니다.

17\js\todo.js

```javascript
function getLocal() {
  let todos;
  if (localStorage.getItem('todos') === null) {
    todos = [];
  } else {
    todos = JSON.parse(localStorage.getItem('todos'));
    // 스토리지에서 todos 값을 가져옵니다.
  }
  todos.forEach(function(todo) {     // todos 요소마다 반복합니다.
    const newDiv = document.createElement('div');
    newDiv.classList.add('todo');
    const newTodo = document.createElement('li');
    newTodo.innerText = todo;   // 로컬 스토리지의 값을 표시합니다.
    newTodo.classList.add('todo-content');
    newDiv.appendChild(newTodo);

    const completeButton = document.createElement('button');
    completeButton.innerText = '완료';
    completeButton.classList.add('complete-button');
    newDiv.appendChild(completeButton);
```

```
      const deleteButton = document.createElement('button');
      deleteButton.innerText = '삭제';
      deleteButton.classList.add('delete-button');
      newDiv.appendChild(deleteButton);

      todoList.appendChild(newDiv);

      todoInput.value = "";
  });
}
```

12 다시 웹 브라우저 창을 열고 새로 고침했을 때 로컬 스토리지에 있는 내용이 제대로 표시되는지 살펴보세요. 몇 가지 항목을 더 추가하면서 테스트해 보는 것도 좋습니다.

버튼을 클릭했을 때의 동작 정의하기

13 이제 [완료] 버튼이나 [삭제] 버튼을 클릭했을 때 실행할 함수를 만들어 볼게요. [완료] 버튼과 [삭제] 버튼은 할 일 목록에 포함되어 있으므로 할 일 목록에 click 이벤트 리스너를 정의합니다. 그리고 [완료] 버튼인지, [삭제] 버튼인지에 따라 실행할 manageTodo() 함수를 연결합니다.

17\js\todo.js

```
// 이벤트 처리
document.addEventListener("DOMContentLoaded", getLocal);
addButton.addEventListener('click', addTodo);
todoList.addEventListener('click', manageTodo);
```

14 [완료] 버튼이나 [삭제] 버튼을 클릭했을 때 처리할 대상은 버튼이 아니라 버튼의 부모 요소입니다.

```
<div class="todo">─── ❷ 버튼의 부모 요소에 확인 표시하거나 삭제
  <li class="todo-content">내용 </li>
  <button class="complete-button">완료</button>┐
  <button class="delete-button">삭제</button>  ├─ ❶ 둘 중의 어떤 버튼이든지 클릭하면
</div>
```

[완료] 버튼을 클릭하면 미리 만들어 놓은 '.completed' 스타일을 토글할 것이고, [삭제] 버튼을 클릭하면 로컬 스토리지의 todos 값 중에서 해당하는 값만 삭제할 것입니다. 기존 함수를 선언하는 소스의 다음에 manageTodo() 함수를 선언합니다.

17\js\todo.js

```javascript
function manageTodo(e) {
  const whichButton = e.target.classList[0];   // 클릭한 부분의 class명을 가져옵니다.
  if(whichButton === 'complete-button') {    // [완료] 버튼이면
    const todo = e.target.parentElement;
    todo.children[0].classList.toggle('completed');
    // 내용 부분에 .completed 클래스를 토글합니다.
  } else if(whichButton === 'delete-button') {  // [삭제] 버튼이면
    const todo = e.target.parentElement;   // [삭제] 버튼의 부모 요소를 todo에 할당합니다.
    removeLocal(todo );    // [삭제] 버튼의 부모 요소를 삭제합니다.
  }
}
```

15 앞의 소스에서 [삭제] 버튼을 클릭했을 때 removeLocal(todo)를 실행하도록 작성했습니다. todo를 인자로 넘겨주는데, todo의 내용 부분만 로컬 스토리지에서 삭제할 것입니다. 그렇다면 todo에서 내용만 꺼낼 경우에는 어떻게 해야 할까요? 먼저 getItem()을 사용해서 todo에 어떤 내용이 담겨 있는지부터 확인해야 합니다. 다음과 같이 removeLocal() 함수를 작성하고 콘솔 창에 todo를 표시하세요.

```
function removeLocal(todo) {
  let todos;      // 로컬 스토리지에서 가져온 할 일들
  if (localStorage.getItem('todos') === null) {
    todos = [];
  } else {
    todos = JSON.parse(localStorage.getItem('todos'));
  }

  console.log(todo);
}
```

16 todo 인자에는 `<div>` 태그로 묶은 내용과 2개의 버튼이 모두 포함되어 있습니다. 즉 todo에는 3개의 자식 요소가 있죠. 여기에서 내용 부분만 가져오려면 todo의 자식 요소 중 첫 번째 요소(`<li class="todo-content"> ... </li>`)의 innerText 값을 가져오면 됩니다.

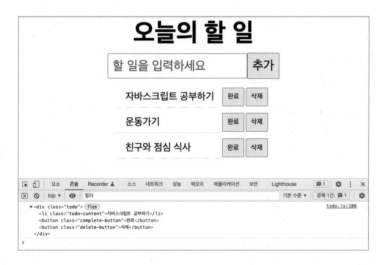

17 다시 VS Code로 되돌아와서 removeLocal() 함수에서 console.log(todo) 소스를 삭제합니다. 로컬 스토리지에서 [삭제] 버튼을 클릭하여 할 일을 삭제해 보겠습니다. 먼저 로컬 스토리지에서 몇 번째 값을 삭제할지 알아내기 위해 index 변수를 만듭니다. 로컬 스토리지에는 할 일 내용만 저장되므로 화면에서 [삭제] 버튼을 클릭한 부분의 내용이 로컬 스토리지에서 몇 번째인지 확인하면 됩니다.

```
function removeLocal(todo) {
  let todos;
  if (localStorage.getItem('todos') === null) {
    todos = [];
  } else {
    todos = JSON.parse(localStorage.getItem('todos'));
  }
  console.log(todo);
  const index = todos.indexOf(todo.children[0].innerText);   // 삭제할 할 일의 인덱스
  console.log(index);   // 인덱스 확인하기
}
```

todos에서 소괄호 안의 내용이 몇 번째 인덱스인가?

todos에서 내용 부분

18 웹 브라우저 창에서 [삭제] 버튼을 클릭합니다. 예를 들어 첫 번째 항목의 [삭제] 버튼을 클릭하면 콘솔 창에는 0이, 세 번째 항목의 [삭제] 버튼을 클릭하면 2가 표시됩니다. 즉, 로컬 스토리지에서 몇 번째 값을 삭제해야 할지 알 수 있습니다.

19 removeLocal() 함수를 마무리해 보겠습니다. 앞에서 작성했던 console.log(index) 소스는 삭제하거나 주석 처리하고 splice() 메서드를 사용해서 인덱스 위치에 있는 요소를 삭제한 후 변경된 todos를 다시 로컬 스토리지에 저장합니다.

```
                                                              17\js\todo.js

function removeLocal(todo) {
  let todos;
  if (localStorage.getItem('todos') === null) {
    todos = [];
  } else {
    todos = JSON.parse(localStorage.getItem('todos'));
  }
  const index = todos.indexOf(todo.children[0].innerText);   // 삭제할 할 일의 인덱스
  console.log(index);
  todos.splice(index, 1);   // index 번째 요소를 삭제합니다.
  localStorage.setItem('todos', JSON.stringify(todos));   // 변경된 todos를 저장합니다.
}
```

20 마지막으로 [삭제] 버튼을 클릭했을 때 로컬 스토리지에서 해당 내용이 삭제되면서 화면에서도 사라져야 하는 과정이 남았네요. 앞에서 작성한 manageTodo() 함수의 마지막에 todo를 화면에서 제거하는 소스를 추가합니다.

```
                                                              17\js\todo.js

function manageTodo(e) {
  const whichButton = e.target.classList[0];  // 클릭한 부분의 class명을 가져옵니다.
  if(whichButton === 'complete-button') {
    const todo = e.target.parentElement;
    todo.children[0].classList.toggle('completed');
    // 내용 부분에 .completed 클래스를 토글합니다.
  } else if(whichButton === 'delete-button') {
    const todo = e.target.parentElement;
    removeLocal(todo);
    todo.remove();
  }
}
```

21 이제 원하는 내용을 입력하면서 로컬 스토리지에 저장되는지, [완료] 버튼이나 [삭제] 버튼을 클릭했을 때 제대로 동작하는지 확인해 보세요.

17-3 지오로케이션 API

지오로케이션^{geolocation} API는 PC용 웹 브라우저나 모바일 장치에서 현재의 위치 정보를 파악할 수 있게 해 주는 인터페이스입니다. 이것을 이용하면 위치 정보를 활용하여 가장 가까운 식당을 찾거나 사용자의 이동을 쉽게 추적할 수 있습니다.

위치 정보 서비스 알아보기

모바일 기기를 많이 사용하면서 사용자 위치를 기반으로 하는 서비스도 계속 증가하고 있습니다. 사용자의 현재 위치를 알 수 있으면 기존의 지도 서비스와 연결해 지도 위에 위치를 표시하거나, 근처의 배달 가능 맛집을 찾는 것이 가능합니다. 그리고 자전거를 타고 10km를 달리거나 동네 주변을 5km씩 달려도 단순히 시간만 표시하는 것이 아니라 사용자의 위치를 추적해서 보여 줄 수 있습니다.

그림 17-13 위치 정보 서비스를 사용한 배달 앱

하지만 이런 위치 정보를 악용하면 본인의 의사와 상관없이 자신의 위치가 추적될 수 있어서 개인의 사생활을 침해할 수도 있습니다. 그래서 사용자 위치 정보는 무조건 사용하는 것이 아니라 사용자가 동의해야만 사용할 수 있습니다.

그림 17-14 위치 정보를 사용하려면 사용자의 동의가 필요하다.

http 프로토콜과 지오로케이션 API

사용자의 위치 정보는 민감해서 위치 정보를 개발에 사용할 때는 신중하게 다루어야 합니다. 그래서 크롬을 비롯해서 파이어폭스, 사파리 등의 모던 웹 브라우저에서는 http 프로토콜을 사용하는 사이트에서 지오로케이션 API를 사용할 수 없게 하고 있습니다. 만약 http 프로토콜을 사용한다면 오류가 발생하죠. 그래서 지오로케이션 API로 사용자 위치 정보를 다루는 프로그램이면 반드시 보안이 갖춰진 https 프로토콜 환경에서만 사용해야 합니다.

geolocation 객체

프로그램에서 위치 추적 기능을 작성하려면 복잡한 소스가 필요합니다. 하지만 지오로케이션 API를 사용하면 간단히 위치를 알아내고 움직이는 사용자의 위치까지 추적할 수 있습니다. 지오로케이션 API를 실행하는 메서드들은 `window.navigator` 객체의 자식 객체인 `geolocation` 객체에 포함되어 있습니다.

사용자의 현재 위치 확인하기 — getCurrentPosition() 메서드

사용자의 현재 위치를 알아내려면 `geolocation` 객체에서 `getCurrentPoition()` 메서드를 호출합니다. 이 메서드에서는 하드웨어 장치에게 사용자 위치를 알려 주기 위해 최신 정보를 요청합니다. 그리고 위치를 찾았을 때 실행할 콜백 함수와 오류가 발생했을 때 처리할 콜백 함수를 지정합니다.

> **기본형** `getCurrentPosition(successCallback[, errorCallback, options])`

- successCallback: 메서드를 실행해서 위치를 성공적으로 가져왔을 때 실행할 콜백 함수입니다.
- errorCallback: 메서드를 실행해서 위치를 가져오지 못했을 때 실행할 콜백 함수. 필수 항목은 아닙니다.
- options: 위치 확인에 걸리는 시간 제한이나 정확도를 높게 할 것인지에 대한 여부 등 위치 정보를 확인할 때 사용하는 옵션. 필수 항목은 아닙니다.

getCurrentPosition() 메서드나 앞으로 공부할 watchPosition() 메서드에서는 세 번째 매개변수를 사용해서 옵션을 지정할 수 있습니다. 옵션에서는 다음 세 가지 프로퍼티를 사용할 수 있습니다.

표 17-1 getCurrentPosition() 메서드에서 사용할 수 있는 옵션(프로퍼티)

프로퍼티	기능
enableHighAccuracy	· 위치 정보의 정확도를 높일 것인지의 여부를 지정합니다. · 사용 가능한 값은 true와 false이고 기본값은 false입니다.
maximumAge	· 위치 정보의 유효 기간을 지정하고 단위는 ms(밀리초)입니다. · 지정한 기간이 지나면 새로운 위치 정보를 가져옵니다. · 0으로 지정하면 항상 새로운 위치 정보를 확인합니다. · 기본값은 infinity(무한)입니다.
timeout	· 위치 정보를 확인하는 데 걸리는 시간을 제한합니다. · 단위는 ms(밀리초)입니다. · 제한 시간 안에 위치 정보를 확인할 수 없으면 오류가 발생합니다.

위치 정보 저장하기 — position 객체

getCurrentPosition() 메서드를 사용해서 사용자의 현재 위치를 가져오면 해당 정보는 position 객체에 저장됩니다. position 객체에는 주소 정보나 경도/위도 같은 좌표 정보, 가져온 시간 등이 저장됩니다. position 객체의 프로퍼티는 모두 읽기 전용입니다.

표 17 -2 자주 사용하는 position 객체의 프로퍼티

프로퍼티	기능
address.country	주소 중 국가
address.city	주소 중 시
address.postalCode	주소 중 우편번호
address.street	주소 중 거리 이름
coords.latitude	위치의 경도. degree로 표시
coords.longitude	위치의 위도. degree로 표시
coords.speed	이동 중일 경우 사용자의 움직이는 속도. m/s로 표시
timestamp	위치 정보를 가져온 시간

다음은 [위치 정보 가져오기] 버튼을 클릭했을 때 getCurrentPosition() 메서드를 사용해서 현재 위치 정보를 가져오는 예제입니다. 지오로케이션 API를 사용할 경우에는 가장 먼저 웹

브라우저에서 `navigator.location` 객체를 지원하는지 체크해야 합니다. 이 예제에서는
`getCurrentPosition()` 메서드를 실행한 후 위칫값을 가져올 수 있으면 성공 콜백 함수인
`showPosition()` 함수를 실행하고, 오류가 발생하면 오류 콜백 함수인 `errorPosition()` 함수
를 실행하도록 지정했습니다.

17\geo-1.html

```html
<button id="getLocation">위치 정보 가져오기</button>
  <div id="result"></div>

  <script>
    const getLocation = document.getElementById('getLocation');
    getLocation.addEventListener('click', function(e) {
      e.preventDefault();
      if (navigator.geolocation) {    // 지오로케이션의 지원 여부를 체크합니다.
        navigator.geolocation.getCurrentPosition(showPosition, errorPosition);
      } else {
        alert('지오로케이션을 지원하지 않습니다.');
      }
    });

    function showPosition(position) {
      document.querySelector("#result").innerHTML = `
      <b>위도:</b> ${position.coords.latitude}, <b>경도:</b> ${position.coords.longitude}
      `;
    };

    function errorPosition(err) {
      alert(err.message);
    }
  </script>
```

그림 17-15 현재 위치의 위도와 경도 정보 가져오기

😊 위의 소스를 라이브 서버로 확인했을 때 권한 요청 창이 나타나면 [허용] 버튼을 클릭합니다.

지정한 시간마다 위치 확인하기 — watchPosition() 메서드

getCurrentPosition() 메서드는 현재 위치를 단 한 번만 가져오는 메서드입니다. 계속 움직이면서 현재의 위치를 파악해야 할 경우에는 watchPosition() 메서드를 사용할 수 있습니다. watchPosition() 메서드는 clearWatch() 메서드를 이용해서 위치 확인을 종료할 때까지 지정한 시간마다 계속 현재 위치를 확인합니다. watchPosition() 메서드의 반환값은 정수입니다.

> **기본형** `watchPosition(successCallback[, errorCallback, options])`

- successCallback: 메서드를 실행해서 위치를 성공적으로 가져왔을 때 실행할 콜백 함수입니다.
- errorCallback: 메서드를 실행해서 위치를 가져오지 못했을 때 실행할 콜백 함수. 필수 항목은 아닙니다.
- options: 위치 확인에 걸리는 시간 제한이나 정확도를 높게 할 것인지에 대한 여부 등 위치 정보를 확인할 때 사용할 옵션. 필수 항목은 아닙니다.

watchPosition() 메서드를 종료하려면 watchPosition() 메서드에서 반환한 값을 사용해 clearWatch() 메서드를 실행합니다. 다음 기본형에서 id는 watchPostion() 메서드에서 반환된 값입니다.

> **기본형** `clearWatch(id)`

다음은 정확도를 높이고(true), 위치 정보를 확인하기 위한 제한 시간을 5,000밀리초로 하며(timeout: 5000), 바뀐 위칫값을 곧바로 확인하도록(maximumAge: 0) 옵션을 지정한 예제입니다. PC용 웹 브라우저는 위치가 변하지 않으므로 SSL 인증이 있는 웹 사이트(https://로 시작하는 사이트)에 업로드한 후 모바일 기기로 움직이면서 확인하면 위도값과 경도값이 움직이는 것에 따라 다르게 표시됩니다.

모바일 기기의 경우 계속 위치를 추적하다 보면 배터리가 빨리 소모됩니다. 따라서 clearWatch() 메서드를 사용해 특정 버튼을 클릭하거나 지정한 시간이 넘으면 위치 추적을 멈출 수 있게 하는 것이 좋습니다.

다음은 5분(300,000밀리초)이 지나면 위치 추적을 멈추게 하는 예제입니다.

```
<button id="getLocation">위치 정보 가져오기</button>
  <div id="result"></div>

  <script>
    const getLocation = document.getElementById('getLocation');
    getLocation.addEventListener('click', function(e) {
      e.preventDefault();
      if (navigator.geolocation) {
        navigator.geolocation.getCurrentPosition(showPosition, errorPosition);

        const options = {
          enableHighAccuracy: true,
          timeout: 5000,
          maximumAge: 0
        };

        let watchId = navigator.geolocation.watchPosition(showPosition, errorPosition,
        options);

        setTimeout(function() {
          navigator.geolocation.clearWatch(watchId);
        }, 30000);

      } else {
        alert('지오로케이션을 지원하지 않습니다.');
      }
    });

    function showPosition(position) {
      document.querySelector("#result").innerHTML = `
      <b>위도:</b> ${position.coords.latitude}, <b>경도:</b> ${position.coords.longitude}
      `;
    };

    function errorPosition(err) {
      alert(err.message);
    }
  </script>
```

18

공개 API 활용하기

앞에서 살펴본 웹 API뿐만 아니라 여러 사이트에서 자신이 사용하는 프로그램을 공개 API 형태로 제공하고 있습니다. 예를 들어 포털 사이트에서는 자신의 서비스를 사용할 수 있는 공개 API를 제공해서 더욱 많은 사용자를 확보할 수 있게 되었죠. 여러 사이트 에서 볼 수 있는 '네이버로 로그인하기'나 '카카오 계정으로 로그인하기' 등의 기능은 해당 사이트에서 제공하는 로그인 API를 활용한 것입니다. API마다 사용 방법을 개발 문서로 제공하고 있으므로 참고해서 API를 사용해 보세요.

</>

18-1 공개 API 알아보기

이번에는 공개 API의 동작 원리와 어디에서 찾을 수 있는지, 어떻게 활용하는지에 대해 알아보겠습니다.

공개 API의 동작 원리

'17장. 웹 API'에서 웹 API에 대해 공부하면서 API가 어떤 것인지 약간 감을 잡았을 것입니다. 웹 API는 HTML 명세 안에 포함된 것이어서 쉽게 가져와서 쓸 수 있습니다. 하지만 이제부터 설명할 공개 API는 각 사이트(서비스)에서 자신들이 사용하는 프로그램이나 데이터의 소스를 공개한 것입니다. 예를 들어 시내 버스 운행 정보 자료를 가져와서 시내 버스 안내 애플리케이션을 만들기도 하고, 날씨 정보 API를 활용하 😀 공개 API는 오픈 API라고도 부릅니다.
여 나만의 날씨 애플리케이션을 만들 수도 있습니다.

공개 API를 간단히 그림으로 그려 보면 다음과 같습니다. 각 사이트에서 제공하는 API는 서버에 있어서 API를 사용한다는 것은 서버에 접속해서 필요한 데이터를 가져온다는 것입니다. 그래서 API를 사용하려면 API 사용을 신청한 후에 인증키를 받아서 사용합니다. 일부 API는 인증 없이 사용할 수도 있어요. 개발자마다 개별 인증키를 받는데, 해당 인증키를 통해 정상적인 경로로 API에 접근한 후 그 API의 함수나 속성을 사용할 수 있습니다.

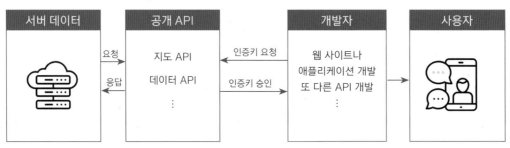

그림 18-1 공개 API의 동작 방법

공개 API를 사용하는 이유

그렇다면 왜 공개 API를 사용할까요? 아무래도 미리 만들어져 있는 서비스이므로 이것을 가져와서 사용한다면 개발에 걸리는 시간을 줄일 수 있을 것입니다. 그리고 이미 검증된 프로그램이 공개되었으므로 더욱 안정적인 프로그램을 만들 수 있습니다.

그렇다면 API를 사용하는 쪽에만 유리한 것일까요? API를 공개 제공하는 쪽에도 많은 장점이 있습니다. 예를 들어 특정 포털 사이트를 통해서 회원 가입과 로그인을 한꺼번에 할 수 있다면 사용자 입장에서는 번거로운 회원 가입 과정을 줄일 수 있습니다. 또한 API를 제공한 포털 사이트에서는 회원이 해당 포털 사이트를 더욱 자주 사용하게 되면서 그만큼 회원의 충성도가 높아집니다. 이와 같이 공개 API를 제공하는 입장에서도 장점이 있고, 사용하는 개발자 입장에서도 편리하므로 서로 도움이 되는 것이죠.

공개 API는 어디에 있을까

요즘에는 공개되어 있는 API가 정말 많고 활용 분야도 매우 광범위합니다. 그렇다면 이런 공개 API는 어디에서 찾아야 할까요?

대형 서비스의 개발자 지원 사이트

공개 API를 찾을 때 가장 쉽게 접근할 수 있는 곳은 바로 대형 서비스를 제공하는 곳입니다. 예를 들어 네이버나 카카오와 같은 포털 사이트나 메타(이전의 페이스북), 구글 같은 곳이지요. 이곳에는 해당 서비스와 관련된 API를 공개하므로 서비스와 연관된 프로그램을 개발할 때 많은 도움이 됩니다. 네이버나 카카오와 같은 사이트에서 '전체 서비스 보기'를 선택하면 공개 API와 관련된 메뉴를 찾을 수 있습니다.

그림 18-2 다음 사이트와 네이버 사이트에서 공개 API 정보 찾기

그 외의 사이트에서도 사이트맵이나 메뉴를 찾아보면 '개발자' 또는 'Developer' 같은 링크가 있습니다.

서비스 업체	사이트 이름	URL
구글	Google Developers	developers.google.com
네이버	Naver Developers	developers.naver.com
메타	Meta for Developers	developers.facebook.com
카카오	Kakao Developers	developers.kakao.com

그림 18-3 구글과 메타의 개발자 사이트

깃허브

깃허브^{github}는 개발자들이 작성한 수많은 소스가 저장되어 있는 온라인 저장소입니다. 대부분의 공개 API 소스도 깃허브를 통해 공유되고 있고 개발자들의 의견을 모아서 공개 소스를 더욱 업그레이드하고 있습니다.

깃허브에도 공개 API를 모아 놓은 저장소가 있습니다. 예를 들어 github.com/public-apis/public-apis에 접속하면 분야별로 공개 API가 링크되고 있습니다. 알파벳 순으로 정렬되어 있어서 찾기도 쉽고, 인증이 필요한지의 여부뿐만 아니라 https 프로토콜만 사용해야 하는지 등도 한눈에 확인할 수 있습니다.

그림 18-4 분야별로 링크되어 있는 공개 API

18-2 지도 API 사용하기

공개 API에서 자주 사용하는 것 중의 하나가 바로 지도 API입니다. 지도 API는 국내 포털 사이트인 네이버와 카카오에서 제공하거나, 해외 사이트인 구글^{Google}에서 제공합니다. 각 API마다 약간씩 다르지만, 사용 방법이 비슷하므로 이번에는 예제 소스가 많은 Kakao Maps API(이하 카카오맵 API)의 사용 방법에 대해 알아보겠습니다.

Do it! 실습 ▶ 카카오맵 API를 사용하기 위한 API 키 받기

대부분의 공개 API에서는 사용자의 인증을 위해 API 키를 발급하고, 사용자는 자신의 API 키를 사용해서 공개 API에 접근합니다. 사용자가 해당 API를 사용해서 어떤 프로젝트를 만들지에 따라 프로젝트마다 API 키를 신청한 후 발급받는데, API 키 발급은 무료입니다. 카카오 개발자센터에서는 API 키를 '앱 키'라고 부릅니다.

01 웹 브라우저 창의 주소 표시줄에 'apis.map.kakao.com'을 입력해서 Kakao Maps API에 접속하고 화면의 오른쪽 위에 있는 [APP KEY 발급]을 클릭합니다.

02 카카오 개발자 페이지로 연결되면 카카오 계정으로 로그인하고 회원 가입을 진행합니다. 그리고 화면 위에 있는 [내 애플리케이션]을 클릭합니다.

애플리케이션 추가하기

03 API는 만들려고 하는 애플리케이션마다 앱 키를 따로 발급해야 하므로 여기에서도 새로운 애플리케이션을 등록해야 합니다. 화면의 맨 위에 있는 [애플리케이션 추가하기]를 클릭하고 애플리케이션의 이름과 사업자명을 입력한 후 [저장] 버튼을 클릭합니다. 개인 용도이면 사업자 이름에 자신의 이름이나 아이디를 입력해도 됩니다.

😊 정식 애플리케이션을 제작할 경우에는 앱 이미지와 사업자명을 정확히 입력하세요.

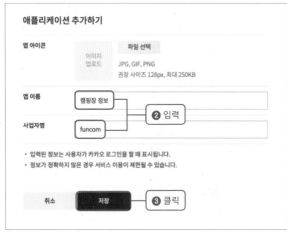

04 애플리케이션 목록에 방금 추가한 애플리케이션이 나타나면 클릭하세요.

앱 키 확인하기

05 사용할 수 있는 앱 키가 나타나는데, 이 중에서 'JavaScript 키'를 사용할 것입니다. 이 키를 따로 복사해서 저장해도 되고 필요할 때마다 현재 화면으로 찾아온 후 복사해서 사용해도 됩니다.

플랫폼 설정하기

06 이제 API를 어떤 플랫폼에서 사용할지 선택해야 합니다. 먼저 '앱 키'의 아래쪽에 있는 '플랫폼' 항목에서 [플랫폼 설정하기] 링크를 클릭하세요. 세 가지 플랫폼을 선택할 수 있는데, 지금 만드는 앱은 웹에서 사용할 것이므로 [Web 플랫폼 등록]을 클릭합니다.

07 웹 플랫폼이면 사이트 도메인을 작성해야 합니다. 여기에서는 따로 사이트를 운영하는 것이 아니라 로컬 호스트에서 학습용으로 사용할 것이므로 도메인 입력란에 'http://127.0.0.1'처럼 로컬 호스트 주소를 입력하고 [저장] 버튼을 클릭합니다. 이제 앱 키 등록이 끝났습니다.

공개 API는 서버를 통해 사용자를 확인합니다. 그래서 '사이트 도메인'에 라이브 서버 주소를 입력했습니다. 제대로 동작하게 하려면 'https://'로 시작하는 주소를 가진 서버에 업로드 후 그 사이트의 도메인을 입력하면 됩니다.

좌표를 사용해 지도에 표시하기

카카오맵 API 사이트에는 상황에 따라 활용할 수 있는 예제 소스가 많습니다. 여기에서는 웹 사이트에서 API를 사용할 것이므로 카카오맵 API 사이트(apis.map.kakao.com)에 접속한 후 [Web]을 클릭합니다.

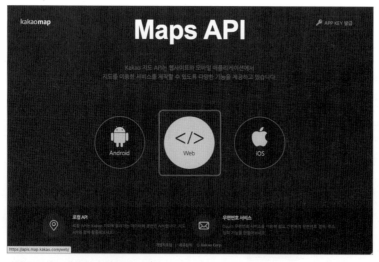

그림 18-5 [Web] 플랫폼 선택하기

카카오맵 API와 관련된 다양한 정보가 나타납니다. 왼쪽 메뉴에서 [Guide]를 클릭하면 API를 사용하기 위한 기본 정보를 확인할 수 있습니다.

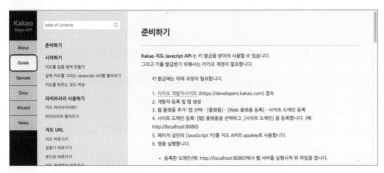

그림 18-6 API 사용을 위한 기본 정보

가이드에 있던 내용을 예제로 확인해 보겠습니다. 왼쪽 메뉴에서 [Sample]을 클릭하면 가장 먼저 '지도 생성하기' 소스가 나타납니다. 이중에서 [Javascript + HTML] 탭을 열어 보세요. `<div>` 태그를 사용해서 지도가 들어갈 영역을 만들어 주는데, 기본적으로 `id="map"`을 사용합니다. 여기에서는 지도 영역의 크기를 `<div>` 태그에 인라인 스타일로 지정했지만, 따로 CSS 파일에서 정의해도 됩니다. 그리고 자바스크립트에서는 `kakao.maps.LatLng()` 메서드 안에 위도값과 경도값만 지정하면 곧바로 지도를 만들어 줍니다. 그렇다면 이 소스를 그대로 복사해서 위도값과 경도값만 바꾸면 원하는 위치를 지도에 표시할 수 있겠죠?

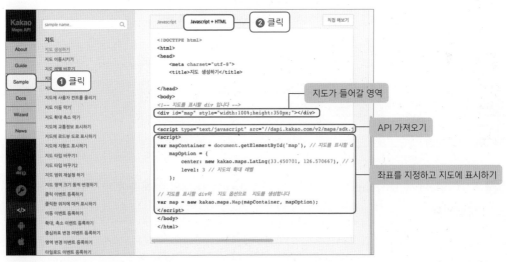

그림 18-7 지도를 만드는 예제 소스

준비 18\map-1.html 결과 18\map-1-result.html

이번에는 카카오맵 API의 예제 소스를 참고하면서 간단한 지도를 만들어 봅시다. 여기에서는 이지스퍼블리싱 출판사의 위도값과 경도값을 사용해서 카카오 지도에 회사의 위치를 표시해 보겠습니다.

기본 지도 표시하기

01 웹 브라우저 창의 주소 표시줄에 'apis.map.kakao.com/web/sample'을 입력해서 카카오맵 API의 예제 페이지에 접속합니다. 왼쪽 메뉴에서 [지도 생성하기]를 클릭한 후 오른쪽에 표시된 소스 중에서 [Javascript + HTML] 탭을 클릭합니다. 소스 중 **<body>**와 **</body>** 사이의 소스만 선택한 후 Ctrl + C 또는 Command + C를 눌러 복사합니다.

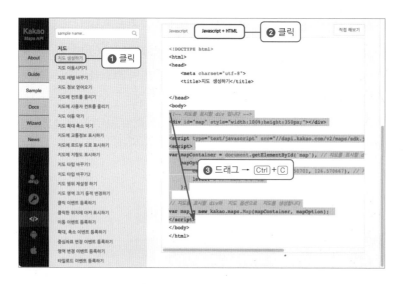

02 VS Code에서 18\map-1.html 문서를 열고 **<h1>** 태그의 아래쪽에 방금 복사한 소스를 붙여 넣습니다.

18\map-1.html

```
<body>
    <h1>위치 표시하기</h1>
```

```
<!-- 지도를 표시할 div입니다. -->
<div id="map" style="width:100%;height:350px;"></div>

<script type="text/javascript" src="//dapi.kakao.com/v2/maps/sdk.js?appkey=발급받은
APP KEY를 사용하세요"></script>
<script>
var mapContainer = document.getElementById('map'),  // 지도를 표시할 div
    mapOption = {
        center: new kakao.maps.LatLng(33.450701, 126.570667),  // 지도의 중심 좌표
        level: 3  // 지도의 확대 레벨
    };

// 지도를 표시할 div와 지도 옵션으로 지도를 생성합니다.
var map = new kakao.maps.Map(mapContainer, mapOption);
</script>
</body>
</html>
```

03 각자 자신의 앱 키를 사용해야 하므로 이 상태에서는 아직 API 소스를 사용할 수 없습니다. 카카오맵 API 소스가 있던 화면의 왼쪽 아래에 있는 를 클릭한 후 로그인하여 애플리케이션 목록으로 이동합니다. 그리고 미리 만들어 둔 애플리케이션 이름을 클릭해서 자바스크립트의 키 부분을 복사합니다.

04 다시 VS Code로 되돌아와서 첫 번째 `<script>` 소스 부분에서 '발급받은 APP KEY를 사용하세요.'를 삭제하고 복사한 앱 키를 입력합니다. 기본 지도 만들기는 끝났으므로 예제 소스를 복사해서 붙여 넣고 자신의 앱 키만 입력하면 됩니다.

수정 전

```
<script type="text/javascript" src="//dapi.kakao.com/v2/maps/sdk.js?appkey=발급받은 APP
KEY를 사용하세요"></script>
```

수정 후

```
<script type="text/javascript" src="//dapi.kakao.com/v2/maps/sdk.js?appkey=6672843fad829
f9ffcc08b18edcd43fc"></script>
```

---

05 웹 브라우저 창에서 기본 위치인 카카오 회사가 지도에 표시되었는지 확인합니다.

이지스퍼블리싱 회사 위치로 지도 바꾸기

06 VS Code로 되돌아와서 지도 영역의 높이를 550px로 바꾸고 지도에 표시할 좌표도 이지스퍼블리싱 회사의 좌표로 바꿔 보겠습니다. 여기에서는 좌표를 별도의 변수로 저장해서 사용하기 위해 다음과 같이 소스를 수정하세요.

18\map-1.html

```
<body>
  <h1>위치 표시하기</h1>

  <!-- 지도를 표시할 div입니다. -->
```

```
<div id="map" style="width:100%;height:550px;"></div>

<script type="text/javascript" src="//dapi.kakao.com/v2/maps/sdk.js?appkey=6672843fad8
29f9ffcc08b18edcd43fc"></script>
<script>
// 이지스퍼블리싱의 좌표
const lat = 37.55684;    // 위도
const lng = 126.91404;   // 경도

var mapContainer = document.getElementById('map'), // 지도를 표시할 div
    mapOption = {
        center: new kakao.maps.LatLng(lat, lng), // 지도의 중심 좌표
        level: 3 // 지도의 확대 레벨
    };

// 지도를 표시할 div와 지도 옵션으로 지도를 생성합니다.
var map = new kakao.maps.Map(mapContainer, mapOption);
</script>
</body>
</html>
```

지도에 마커 표시하기

07 단순히 지도만 보여 주는 것이 아니라 정확히 어디인지 마커로 표시하면 좋겠지요? 카카오맵 API 예제 소스 중에서 [마커 생성하기] 메뉴를 클릭합니다. 오른쪽의 예제 소스 중에서 [Javascript] 탭을 클릭하면 이미 작성했던 지도 소스 외에 마커 부분의 소스만 더 추가된 것을 확인할 수 있습니다. '// 마커가 표시될 위치입니다.'부터 시작해서 마지막 주석 이전까지 선택한 후 복사합니다.

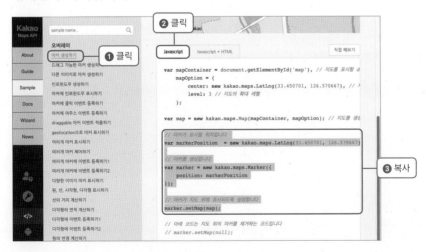

08 VS Code로 되돌아와서 **</script>** 태그 앞에 복사한 소스를 붙여 넣습니다.

```
                          ⋮
    // 지도를 표시할 div와 지도 옵션으로 지도를 생성합니다.
    var map = new kakao.maps.Map(mapContainer, mapOption);

    // 마커가 표시될 위치입니다.
    var markerPosition  = new kakao.maps.LatLng(33.450701, 126.570667);

    // 마커를 생성합니다.
    var marker = new kakao.maps.Marker({
        position: markerPosition
    });

    // 마커가 지도 위에 표시되도록 설정합니다.
    marker.setMap(map);
    </script>
</body>
```

18\map-1.html

09 입력한 소스 중에서 기존의 카카오 좌표를 새로운 좌표로 수정합니다.

수정 전

```
// 마커가 표시될 위치입니다.
var markerPosition  = new kakao.maps.LatLng(33.450701, 126.570667);
```

수정 후

```
// 마커가 표시될 위치입니다.
var markerPosition  = new kakao.maps.LatLng(lat, lng);
```

😀 특정 위치의 위도값과 경도값을 찾는 방법은 검색 사이트에서 '위도 경도 찾기'로 찾아보세요.

10 웹 브라우저 창에서 이지스퍼블리싱의 위치에 마커까지 표시되었는지 확인합니다. 물론 지도를 확대/축소하거나 드래그할 수도 있습니다.

클릭했을 때 인포윈도 표시하기

11 마지막으로 마커를 클릭했을 때 간단한 정보를 표시하는 방법도 알아보겠습니다. 카카오맵에서는 마커 부분을 클릭했을 때 나타나는 말풍선을 '인포윈도 info window'라고 합니다. 카카오맵 API 예제 소스에서 [마커에 클릭 이벤트 등록하기] 메뉴를 클릭합니다. 오른쪽의 예제 소스에서 〈Javascript〉 탭을 클릭하고 이미 작성했던 지도 소스 외에 '// 마커를 클릭했을 때 마커 위에 표시할 인포윈도우를 생성합니다.' 부분부터 끝까지 선택한 후 복사합니다.

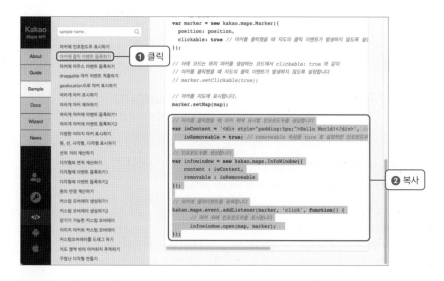

12 VS Code로 되돌아와서 이미 작성해 놓은 소스의 다음에, 즉 **</script>** 태그 앞에 복사한 소스를 붙여 넣습니다.

```
                                                                          18\map-1.html
                     ⋮
// 마커가 지도 위에 표시되도록 설정합니다.
  marker.setMap(map);

  // 마커를 클릭했을 때 마커 위에 표시할 인포윈도를 생성합니다.
  var iwContent = '<div style="padding:5px;">Hello World!</div>',
    // 인포윈도에 표시할 내용으로, HTML 문자열이나 document element가 가능합니다.
    iwRemoveable = true;
    // removeable 속성을 true로 설정하면 인포윈도를 닫을 수 있는 x 버튼이 표시됩니다.

  // 인포윈도를 생성합니다.
  var infowindow = new kakao.maps.InfoWindow({
    content : iwContent,
    removable : iwRemoveable
  });

  // 마커에 클릭 이벤트를 등록합니다.
  kakao.maps.event.addListener(marker, 'click', function() {
    // 마커 위에 인포윈도를 표시합니다.
    infowindow.open(map, marker);
  });
  </script>
</body>
```

13 인포윈도의 내용을 바꾸기 위해 기존의 내용을 다음과 같이 수정합니다.

수정 전

```
// 마커를 클릭했을 때 마커 위에 표시할 인포윈도를 생성합니다.
var iwContent = '<div style="padding:5px;">Hello World!</div>',
// 인포윈도에 표시할 내용으로, HTML 문자열이나 document element가 가능합니다.
    iwRemoveable = true;
    // removeable 속성을 true로 설정하면 인포윈도를 닫을 수 있는 x 버튼이 표시됩니다.
```

```
// 마커를 클릭했을 때 마커 위에 표시할 인포윈도를 생성합니다.
var iwContent = '<div style="padding:5px;font-size:0.9rem;"><a href="http://www.easyspub.
co.kr" style="color:blue;text-decoration:none;" target="_blank">이지스퍼블리싱</a></div>',
    // 인포윈도에 표시할 내용으로, HTML 문자열이나 document element가 가능합니다.
    iwRemoveable = true;
    // removeable 속성을 true로 설정하면 인포윈도를 닫을 수 있는 x 버튼이 표시됩니다.
```

14 마지막으로 웹 브라우저 창에서 마커 부분을 클릭해 방금 입력한 인포윈도의 내용이 표시되는지 확인합니다.

지도에 여러 개의 마커 표시하기

하나의 지도에 여러 개의 마커를 표시할 수도 있습니다. 이 책에서는 전국의 캠핑장 정보를 지도에 표시할 것인데, 이렇게 하려면 여러 개의 마커를 표시하는 방법을 알고 있어야 합니다. 카카오맵 API 예제 페이지에서 [여러개 마커 표시하기] 메뉴를 클릭하면 친절하게 소스를 제공합니다.

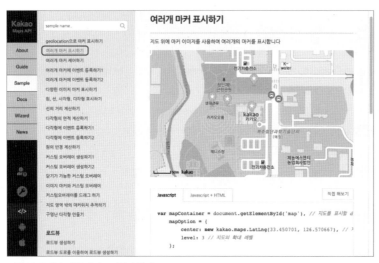

그림 18-8 여러 개의 마커 표시하기 예제 소스

[JavaScript] 탭을 클릭하면 여러 개의 마커를 표시하기 위해 각 마커의 이름과 위치가 배열 형태로 만들어진 것을 볼 수 있습니다.

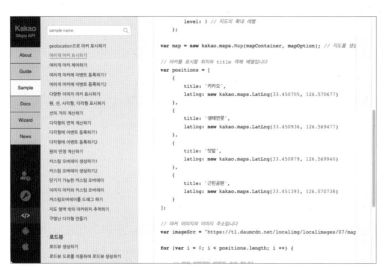

그림 18-9 마커의 이름과 위치를 배열 형태로 저장하기

다음은 이지스퍼블리싱 출판사의 좌표와 몇 가지 좌표를 추가해서 지도에 표시한 예제입니다. 여기에서는 마커에 마우스 포인터를 올려놓으면 인포윈도를 표시하고 마우스 포인터를 치우면 인포윈도가 사라지게 지정했습니다. 이벤트를 등록할 경우에는 클로저 형태로 사용해야 한다는 것에 주의하세요. 클로저는 함수에 매개변수로 넘겨줄 수 있는 함수를 가리킵니다.

```
<script>
  const lat = 37.55684;
  const lng = 126.91404;

  var mapContainer = document.getElementById('map'), // 지도를 표시할 div
    mapOption = {
      center: new kakao.maps.LatLng(lat, lng), // 지도의 중심 좌표 - 이지스퍼블리싱
      level: 3 // 지도의 확대 레벨
    };

  // 지도를 표시할 div와 지도 옵션으로 지도를 생성합니다.
  var map = new kakao.maps.Map(mapContainer, mapOption);

  var positions = [
    {
      title: '<div style="padding:5px;font-size:0.9rem;">이지스퍼블리싱</div>',
      latlng: new kakao.maps.LatLng(37.55684, 126.91404)
    },
    {
      title: '<div style="padding:5px;font-size:0.9rem;">테스트1</div>',
      latlng: new kakao.maps.LatLng(37.55834, 126.91302)
    },
    {
      title: '<div style="padding:5px;font-size:0.9rem;">테스트2</div>',
      latlng: new kakao.maps.LatLng(37.55483, 126.91276)
    },
    {
      title: '<div style="padding:5px;font-size:0.9rem;">테스트3</div>',
      latlng: new kakao.maps.LatLng(37.55744, 126.91860)
    }
  ];

  for(let i = 0; i < positions.length; i++) {
    // 마커를 생성합니다.
    var marker = new kakao.maps.Marker({
      map: map,
      position: positions[i].latlng
```

```
    });

    var infowindow = new kakao.maps.InfoWindow({
      content : positions[i].title    // 인포윈도에 표시할 내용
    });

    // 마커에 이벤트를 등록합니다.
    // 이벤트 리스너로는 클로저를 만들어서 등록합니다.
    // 클로저를 만들어 주지 않으면 마지막 마커에만 이벤트가 등록됩니다.

    // 마커에 마우스오버하면 makeOverListener()를 실행합니다.
    kakao.maps.event.addListener(marker, 'mouseover', makeOverListener(map, marker,
    infowindow));
    // 마커에서 마우스아웃하면 makeOutListener()를 실행합니다.
    kakao.maps.event.addListener(marker, 'mouseout', makeOutListener(infowindow));
  }

  // 인포윈도를 표시하는 클로저를 만드는 함수입니다.
  function makeOverListener(map, marker, infowindow) {
    return function() {
      infowindow.open(map, marker);
    };
  }

  // 인포윈도를 닫는 클로저를 만드는 함수입니다.
  function makeOutListener(infowindow) {
    return function() {
      infowindow.close();
    };
  }
</script>
```

그림 18-10 지도에 여러 개의 마커 표시하기

마커 클러스터러 사용하기

지도에 마커를 표시할 때 가까운 지역에 여러 개의 마커가 있으면 마커들끼리 겹쳐서 알아보기가 어렵습니다. 그래서 주변 마커들을 하나의 덩어리로 묶어 주는 클러스터링이 필요합니다. 대부분의 지도 API에서는 클러스터링 기능을 제공합니다.

카카오맵 API에서도 [마커 클러스터러 사용하기] 메뉴를 클릭하면 마커들을 클러스터링하는 방법을 볼 수 있습니다. 그리고 지도를 좀 더 확대하면 클러스터가 쪼개지면서 새로운 클러스터로 묶입니다.

그림 18-11 카카오맵 API에서 마커 클러스터링 사용하기

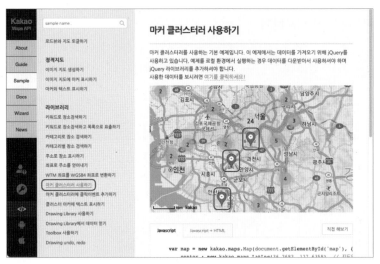

그림 18-12 마커 클러스터러를 사용한 기본 예제

마커 클러스터러를 사용할 때는 기본적으로 여러 개의 마커를 표시하는 소스에 소스만 약간 추가하면 됩니다.

자, 그러면 앞에서 살펴보았던 18\map-2.html 문서에 어떤 소스가 추가되는지 살펴보겠습니다. 마커 배열을 정의하기 전에 클러스터러를 먼저 정의합니다.

마커 클러스터러 정의하기	18\map-3.html

```
<script>
  const lat = 37.55684;
  const lng = 126.91404;

  var mapContainer = document.getElementById('map'), // 지도를 표시할 div
    mapOption = {
      center: new kakao.maps.LatLng(lat, lng), // 지도의 중심 좌표 - 이지스퍼블리싱
      level: 14 // 지도의 확대 레벨
    };

  // 지도를 표시할 div와 지도 옵션으로 지도를 생성합니다.
  var map = new kakao.maps.Map(mapContainer, mapOption);

  // 마커 클러스터러를 생성합니다.
  var clusterer = new kakao.maps.MarkerClusterer({
    map: map, // 마커들을 클러스터로 관리하고 표시할 지도 객체
```

```
    averageCenter: true, // 클러스터에 포함된 마커들의 평균 위치를 클러스터 마커의 위치로 설정
                         합니다.
    minLevel: 10 // 클러스터링할 최소 지도 레벨
});

var positions = [
  {
    title: '<div style="padding:5px;font-size:0.9rem;">이지스퍼블리싱</div>',
    latlng: new kakao.maps.LatLng(37.55684, 126.91404)
  },
  {
    title: '<div style="padding:5px;font-size:0.9rem;">테스트1</div>',
    latlng: new kakao.maps.LatLng(37.55834, 126.91302)
  },
  {
    title: '<div style="padding:5px;font-size:0.9rem;">테스트2</div>',
    latlng: new kakao.maps.LatLng(37.55483, 126.91276)
  },
  {
    title: '<div style="padding:5px;font-size:0.9rem;">테스트3</div>',
    latlng: new kakao.maps.LatLng(37.55744, 126.91860)
  }
];
```

그리고 마커들을 모아 둘 **markers** 변수를 만든 후 마커의 개수만큼 반복하면서 **markers** 변수
에 하나씩 추가합니다. 이후 소스는 앞에서 살펴본 여러 개의 마커를 표시하는 소스와 같고
맨 마지막에 클러스터러를 사용해 마커를 표시하는 소스를 추가합니다.

마커 클러스터러 사용하기   18\map-3.html

```
        ⋮
// 마커들을 모아 놓을 변수
var markers = [];

for(let i = 0; i < positions.length; i++) {
  // 마커를 생성합니다.
  var marker = new kakao.maps.Marker({
    map: map,
```

```
      position: positions[i].latlng
    });

    markers.push(marker);    // 마커를 배열에 추가합니다.

    var infowindow = new kakao.maps.InfoWindow( {
      content : positions[i].title    // 인포윈도에 표시할 내용
    });

    // 마커에 이벤트를 등록합니다.
    // 이벤트 리스너로는 클로저를 만들어 등록합니다.
    // 클로저를 만들어 주지 않으면 마지막 마커에만 이벤트가 등록됩니다.

    // 마커에 마우스오버하면 makeOverListener()를 실행합니다.
    kakao.maps.event.addListener(marker, 'mouseover', makeOverListener(map, marker,
    infowindow));
    // 마커에서 마우스아웃하면 makeOutListener()를 실행합니다.
    kakao.maps.event.addListener(marker, 'mouseout', makeOutListener(infowindow));
  }

  // 인포윈도를 표시하는 클로저를 만드는 함수입니다.
  function makeOverListener(map, marker, infowindow) {
    return function() {
      infowindow.open(map, marker);
    };
  }

  // 인포윈도를 닫는 클로저를 만드는 함수입니다.
  function makeOutListener(infowindow) {
    return function() {
      infowindow.close();
    };
  }

  clusterer.addMarkers(markers);
</script>
```

웹 브라우저 창에서 확인해 보면 클러스터러의 기본 지도 레벨이 10이므로 가장 축소된 상태에서 표시됩니다. 그리고 지도를 확대할수록 마커를 정확하게 확인할 수 있습니다. 지금은 마커가 4개뿐이어서 큰 차이를 못 느끼겠지만, 이후 지도에 캠핑장 정보를 표시해 보면 클러스터러가 얼마나 편리한지 알 수 있습니다.

그림 18-13 가장 축소한 상태일 때의 마커 클러스터러

그림 18-14 지도를 확대할수록 마커가 하나씩 표시된다.

18-3 '공공데이터포털' 사이트 활용하기

포털 사이트나 대형 서비스 사이트에서 제공하는 API 외에도 정부나 지방 자치 단체에서 가지고 있는 정보를 공유하는 '공공데이터포털' 사이트가 있습니다. 이곳에서는 공공 정보를 파일 형태뿐만 아니라 공개 API 형태로도 제공하므로 웹 사이트나 애플리케이션을 만들 때 매우 유용합니다.

'공공데이터포털' 사이트 살펴보기

'공공데이터포털(data.go.kr)'은 새로운 공공데이터를 계속 제공하는 사이트로, 정부에서 운영하고 있습니다. 공공데이터란, 공공기관이 만든 자료나 국민에게 개방하는 공적인 정보를 말하는데, 회원 가입한 후 신청하면 누구나 사용할 수 있습니다. 예를 들어 기상청에서 제공하는 날씨 정보나 미세먼지 정보를 사용해 애플리케이션을 만들 수도 있고, 대중 교통 정보를 활용해 버스 도착 알리미를 만들 수도 있죠.

'공공데이터포털' 사이트에서 제공하는 데이터는 매우 다양합니다. 웹 사이트의 첫 화면이나 [데이터 찾기 → 데이터 목록] 메뉴를 선택한 후 원하는 자료를 검색할 수 있습니다.

그림 18-15 데이터 목록

[데이터 찾기] 메뉴를 클릭한 후 [국가중점데이터]나 [이슈 및 추천데이터]를 선택해서 중요한 데이터만 골라 볼 수도 있습니다.

그림 18-16 국가중점데이터

공공데이터를 주제별로 분류해서 보려면 메뉴 중 [국가데이터맵]을 클릭합니다.

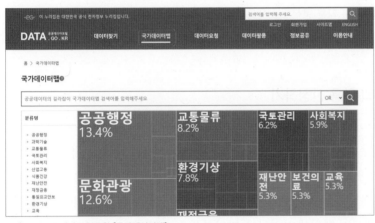

그림 18-17 주제별로 분류한 [국가데이터맵]

공공데이터의 종류

'공공데이터포털' 사이트에서 원하는 자료를 검색하면 검색 결과가 다양하게 표시됩니다. 필요에 따라 데이터를 다운로드해서 사용할 수도 있고, 공개 API를 연결해서 사용할 수도 있습니다. 공공데이터는 크게 '파일데이터'와 '오픈 API', '표준데이터셋'으로 나뉘어집니다.

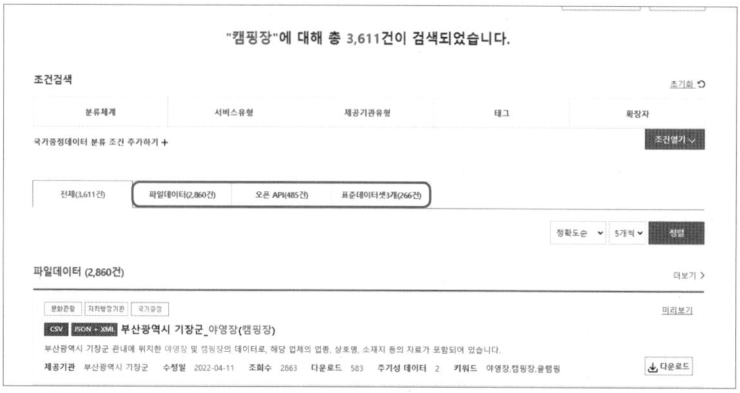

그림 18-18 공공데이터의 종류

- **파일데이터:** 말 그대로 파일 형태로 제공합니다. 주로 CSV 파일이나 JSON+XML 파일 형태로 제공하고, 사용자는 따로 로그인하지 않아도 즉시 다운로드해서 사용할 수 있습니다.
- **오픈 API:** 프로그래밍에 사용할 수 있도록 데이터를 표준화하고 공유하는 형태입니다. 서버에서 실시간으로 정보를 수정할 수 있으므로 항상 최신 정보로 유지된다는 장점이 있고 API 활용을 신청한 후에 사용할 수 있습니다.
- **표준데이터셋:** 공공기관마다 서로 다른 형식으로 제공하던 데이터를 한 가지 표준으로 통일해서 제공하는 데이터입니다.

Do it! 실습 ▶ 오픈 API의 활용 신청하기

이 책에서는 '공공데이터포털' 사이트에서 전국의 캠핑장 정보를 살펴보고 카카오맵 API를 함께 사용해서 지도 위에 캠핑장 위치를 표시해 볼 것입니다. 공공데이터를 사용하려면 먼저 '공공데이터포털' 사이트에 회원으로 가입해야 합니다. 여기에서는 회원 가입 과정을 생략하므로 실습을 따라하려면 반드시 회원에 가입한 후 따라하세요.

01 '공공데이터포털' 사이트에 로그인하고 시작 화면에서 '캠핑'을 검색합니다. 여기에서는 공개 API를 사용할 것이므로 검색 결과 중에서 [오픈 API] 탭을 찾은 후 '한국관광공사_고캠핑 정보 조회서비스_GW'를 클릭합니다.

😀 API를 검색한 후 API를 신청하기 위해 로그인하면 첫 화면으로 이동하므로 일단 로그인한 후 검색하는 것이 편리합니다.

02 API를 사용하려면 API 활용 신청을 해야 합니다. 오픈 API 상세 화면의 맨 위에 있는 [활용신청] 버튼을 클릭합니다.

03 '활용목적'을 입력합니다.

04 필요한 정보를 선택하는데, '기본 정보 목록 조회'만 선택해도 되고 나중에 활용하기 위해 모든 정보를 선택해도 됩니다. '이용허락범위' 항목에서 '동의합니다.'에 체크하고 [활용신청] 버튼을 클릭합니다.

05 신청이 완료되면서 '개발계정' 항목에 신청한 API가 나타나면 클릭합니다.

09 신청한 API마다 인증키가 발급되는데, '일반 인증키(Encoding)'에 있는 키를 사용하면 됩니다. 인증키를 편하게 쓰려면 복사해서 메모장이나 다른 문서에 저장해 두거나, 이 화면은 그대로 두고 새 브라우저 창으로 공공데이터포털 사이트를 열어 실습을 진행하세요.

07 인증키 아래 부분에는 '활용신청 상세기능정보'가 있습니다. 이 책에서는 관광공사의 API 중 '기본 정보 목록 조회' API를 사용할 것입니다. '기본 정보 목록 조회' 오른쪽의 [확인]을 클릭합니다.

08 API를 호출할 때 어떤 변수들이 사용되는지 예제가 나타납니다. 기본값이 입력되어 있죠? 이 상태에서 [미리보기]를 클릭해 보세요.

09 새로운 탭이 열리면서 서버의 응답이 어떻게 반환되는지 확인할 수 있습니다. 기본적으로 XML 형식으로 반환될 것입니다. 이 책에서는 반환값을 JSON 형식으로 지정할 것입니다.

```
This XML file does not appear to have any style information associated with it. The document tree is shown below.

▼<response>
 ▼<header>
    <resultCode>0000</resultCode>
    <resultMsg>OK</resultMsg>
  </header>
 ▼<body>
   ▼<items>
     ▼<item>
        <contentId>4</contentId>
        <facltNm>(주)디노알앤할팜크 지절</facltNm>
        <lineIntro>얼양 힐할파크를 일상 속 찾인 스트레스를 풀어보자</lineIntro>
        <intro>얼양 힐할파크는 얼양얼은 도심과 멀어져 숲과 자연에서 자유로이 쉴 수 있는 힐할파크다. 이곳은 기존 통신관광농원이라는 이름으로 1998년 농림부 !
        물과 환경을 발표 시설로 어느 조앙지에서도 느끼지 못한던 딱다른 휴식과 즐거움을 음시해 놀을 수 있다. 얼양 힐할파크는 대한민국에서 울제가라면 서려들 정도로 많은 힌의시설을 자랑한
        고 있는데 적절 동아이른 사일이안한 누구든 이용 가능한 실내 휴식공과 제수지사터가 있다. 또한 유구, 배드민턴 등 할께 쉬며 게임할 수 있는 옥구장이 잇으며 배드민턴은 무료 (오이웅이
        다. 이박에도 주말 행복란 하루를 보낼 마라탈 수 잇는 주말 북속서비스가 있다. 이곳은 '동물의 황국' 이라고 해도 과언이 아닐 정도로 다양한 동물들과 시간을 보낼 수 있는데
        미니울들에서는 토끼에게 먹이를 주고 만저보며 교감할 수 있다. 그리고 얼양온출테힘한이 잇어 자연, 공동과 진배을 수 잇으며 이용료는 무료다. 한려동물이 울입이 가능하므로 자신의 반
        려동물도 초대할 양을 수 잇다.</intro>
        <allar>2500</allar>
        <lmrncAt>Y</lmrncAt>
        <trsagntNo>2016-000004호</trsagntNo>
        <bizrno>171-29-00619</bizrno>
        <facltDivNm>민간</facltDivNm>
        <sangoDivNm>민영</sangoDivNm>
        <sgcDiv/>
        <sangoSttus>운영</sangoSttus>
        <hvofBgnde/>
        <hvofEndde/>
        <featureNm>활물이시설 잘 갖추어짐 실내 놀이방 실내 독서방 카라반 2동 글램핑 시설이 좋은편</featureNm>
        <induty>힐빈야깡장, 카라반, 글램핑</induty>
        <lctCl>3호수</lctCl>
        <sigunguNm>얼양군</sigunguNm>
        <zipcode>57371</zipcode>
        <addr1>전남 얼양군 봉산면 원금길 9-28</addr1>
        <addr2/>
        <mapX>126.9609528</mapX>
        <mapY>35.2714369</mapY>
        <direction/>
        <tel>061-389-5195</tel>
```

캠핑장 정보를 가지고 있는 오픈 API를 신청했으니 API를 어떻게 요청하는지 알아보고, 서버에서 어떤 값을 반환하는지도 살펴보겠습니다. 단, API마다 사용 방법이 다르다는 점을 기억해 두세요. 일부 API에서는 사용 방법을 문서로 제공하기 때문에 문서를 통해서 요청 변수와 응답 결과를 확인해야 합니다.

요청 변수 살펴보기

01 검색 창에 '캠핑'을 입력한 후 다시 '한국관광공사_고캠핑 정보 조회서비스_GW' 화면으로 이동합니다. 여기에는 관광공사에서 제공하는 여러 API가 목록으로 나열되어 있습니다. 이 책에서 사용할 '기본 정보 목록 조회'를 클릭합니다.

😀 API에 따라 '참고문서' 항목에 API에 대해 자세히 설명한 문서가 첨부되어 있는 경우도 있습니다.

02 API를 요청할 때 필요한 변수와 서버에서 넘겨주는 결과가 설명되어 있습니다. API를 요청하기 위해 [OpenAPI 실행 준비]를 클릭합니다.

03 요청 변수마다 간단한 설명이 있어서 용도에 맞게 입력하면 됩니다. 여기에서는 필수 항목과 JSON 형식 지정 항목만 입력하겠습니다.

API를 요청할 때 필수 항목인 MobileOS 부분에는 'ETC'를 입력하고, MobileApp 부분에는 적당한 애플리케이션 이름을 입력합니다. 여기에서는 'testAPP'이라고 입력하겠습니다. 그리고 serviceKey 부분에는 활용 신청 후에 받은 인증키를 입력합니다. 우리는 json 형식을 사용할 것이므로 _type 항목에 json을 입력합니다. 그리고 [OpenAPI 호출]을 클릭합니다.

04 변수를 입력한 바로 아래에 'Request URL'이 자동으로 생성됩니다. 우리가 API를 요청할 때 필요한 요청 주소입니다. 이 주소 안에 앞에서 입력한 요청 변수가 모두 포함되어 있죠. 이 주소를 선택해서 복사해서 메모장이나 기타 문서에 저장해 두세요.

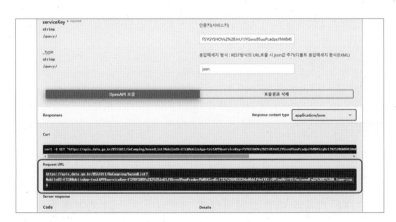

응답 결과 미리보기

05 Request URL 항목 아래에는 서버의 응답 코드가 나열되어 있는데, 응답 코드 200 항목을 보면 요청이 성공했을 때 서버에서 어떤 형태로 값을 반환하는지 알 수 있습니다.
응답 결과는 객체로 넘어오는데, "body" 객체 안에 있는 "items" 안의 "item" 객체에 각 캠핑장의 정보가 들어있습니다.

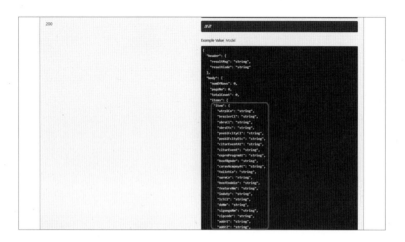

06 응답 결과에 있는 적혀 있는 변수들이 어떤 걸 가리키는지 궁금하시죠? 현재 화면에서 'Models'라는 부분이 데이터베이스의 자료 체계를 정리해 놓은 곳입니다. 여기에서는 '기본 정보 목록 조회'를 사용하고 있고, 응답 결과는 body 객체 안에 있는 "items" 객체, 그리고 그 안에 있는 "item"에 들어 있다고 했죠? "basedList_body"를 클릭한 후 "basedList_items"를 클릭합니다. 그리고 "basedList_item"을 클릭하면 각 캠핑장 정보가 들어 있는 변수를 볼 수 있습니다.

07 우리는 캠핑장 위치를 지도에 표시할 것이기 때문에 응답 정보 중에서 필요한 것은 캠핑장의 이름과 위도, 경도 값입니다. 객체의 어떤 프로퍼티에 저장되어 있는지 기억해 두세요. 캠핑장 이름은 facltNm에, 위도는 mapY에, 경도는 mapX에 저장되어 있습니다.

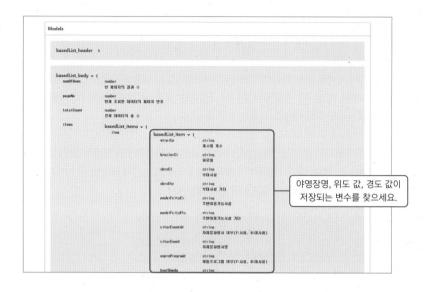

야영장명, 위도 값, 경도 값이
저장되는 변수를 찾으세요.

Do it! 실습 ▶ 오픈 API를 활용해 자료 가져오기

준비 18\camping-1.html 결과 18\camping-1-result.html

캠핑장 정보를 가져올 수 있는 요청 URL을 만들고 정상적으로 접속되는 것도 확인했으니 이제 본격적으로 사용해 보겠습니다. 먼저 fetch를 사용해서 서버에서 캠핑장 정보를 가져온 뒤 API에서 제공하는 정보가 어떤 형태로 이루어져 있는지 확인해 보겠습니다.

01 여러분의 인증키가 관광공사 서버에 제대로 등록되었는지 확인해 보겠습니다. 앞에서 복사해 놓은 요청 URL을 웹 브라우저 창에 붙여넣고 [Enter]를 입력해 보세요. 다음 화면과 같이 캠핑장 정보가 브라우저 화면에 나타난다면 이제부터 사용할 수 있습니다.

{"response": {"header":{"resultCode":"0000","resultMsg":"OK"},"body": {"items": {"item":[{"contentId":"4","faciltNm":"(주)디노담양힐링파크 지점","lineIntro":"담양 힐링파크에서 일상 속 쌓인 스트레스를 풀어보자","intro":"담양군 봉산면 기곡리에 위치한 힐링파크 담양점은 도심과 떨어져 조용히 숲과 자연에서 자유로이 쉴 수 있는 힐링파크다. 이곳은 기존 봉산관광농원이라는 이름으로 1998년 경립부 1등급 판정을 받은 시설로 어느 휴양지에서도 느끼지 못했던 색다른 휴식과 즐거움을 동시에 느낄 수 있다. 담양 힐링파크는 대한민국에서 물놀이라면 서러울 정도로 많은 편의시설을 자랑하고 있는데 핵을 좋아하는 사람이라면 누구든 이용 가능한 실내 독서실과 저수지낚시터가 있다. 또한 축구, 배드민턴 등 함께 뛰며 게임할 수 있는 족구장이 있으며 배드민턴은 무료 대여중이다. 이밖에도 주말 행복한 하루를 밤하늘을 보며 마감할 수 있는 주말 폭죽서비스가 있다. 이곳은 '동물의 왕국' 이라고 해도 과언이 아닐 정도로 다양한 동물들과 시간을 보낼 수 있는데 미니동물원에서는 토끼에게 먹이도 주고 만져보며 교감할 수 있다. 그리고 담양관측체험관이 있어 자연, 곤충과 친해질 수 있으며 이용료는 무료다. 반려동물이 출입이 가능하므로 자신의 반려동물과도 추억을 쌓을 수 있다.","allar":"2500","insrncAt":"Y","trsagntNo":"2016-0000048;","bizrno":"171-29-00619","faciltDivNm":"민간","mangeDivNm":"직영","mgcDiv":"","manageSttus":"운영","hvofBndde":"","hvofEndde":"","featureNm":"물놀이시설 잘 갖추어짐 실내 놀이방 실내 독서방 카라반 2동 글램핑 시설이 좋은 편","induty":"일반야영장,카라반,글램핑","lctCl":"호수","doNm":"전라남도","sigunguNm":"담양군","zipcode":"57371","addr1":"전남 담양군 봉산면 탄금길 9-26","addr2":"","mapX":"126.9609528","mapY":"35.2714369","direction":"","tel":"061-383-5155","homepage":"https://healingpark.modoo.at/","resveUrl":"https://healingpark.modoo.at/","resveCl":"전화","manageNmpr":"2","gnrlSiteCo":"2","autoSiteCo":"0","glampSiteCo":"22","caravSiteCo":"2","indvdlCaravSiteCo":"0","sitedStnc":"0","siteMg1Width":"4","siteMg2Width":"6","siteMg3Width":"0","siteMg1Vrtcl":"6","siteMg2Vrtcl":"7","siteMg3Vrtcl":"0","siteMg1Co":"13","siteMg2Co":"11","siteMg3Co":"0","siteBottomCl1":"0","siteBottomCl2":"0","siteBottomCl3":"24","siteBottomCl4":"0","siteBottomCl5":"0","tooltip":"","glampInnerFclty":"침대,에어컨,냉장고,유무선인터넷,난방기구,취사도구,내부화장실","caravInnerFclty":"침대,TV,에어컨,냉장고,유무선인터넷,난방기구,취사도구,내부화장실","prmisnDe":"2016-10-27","operPdCl":"봄,여름,가을,겨울","operDeCl":"평일+주말","trlerAcmpnyAt":"N","caravAcmpnyAt":"N","toiletCo":"4","swrmCo":"3","etrplCo":"2","brazierCl":"개별","sbrsCl":"전기,무선인터넷,장작판매,온수,트림풀린,물놀이장,놀이터,산책로,운동시설,마트,편의점","sbrsEtc":"","posblFcltyCl":"운동장,강/물놀이,놈어춘체험시설","posblFcltyEtc":"","clturEventAt":"N","clturEvent":"","exprnProgrmAt":"Y","exprnProgrm":"금붕어잡기체험","extshrCo":"20","frprvtWrppCo":"2","frprvtSandCo":"1","fireSensorCo":"24","themaEnvrnCl":"낚시,여름물놀이","eqpmnLendCl":"","animalCmgCl":"불가

브라우저 화면에 캠핑장 정보가 나오지 않아요

API를 요청했을 때 서버에 즉시 인증키가 등록되는 API도 있고, 일정 시간마다 인증키를 모아서 등록하는 API도 있습니다. 관광공사 API의 경우에는 일정 시간마다 등록되기 때문에, 요청 URL을 만들더라도 즉시 사용할 수 있는 것은 아닙니다.

호출 URL을 브라우저 창에 입력했을 때 아래 화면과 같이 'SERVICE_KEY_IS_NOT_REGISTERED_ERROR'라는 문구가 보인다면 아직 등록되지 않은 상태이니 시간이 조금 지난 뒤 다시 확인해 보시기 바랍니다. 계속 오류가 날 경우 [공공데이터포털 → 정보공유 → 문의하기] 게시판에 문의하거나 관광공사 TourAPI 사이트(https://api.visitkorea.or.kr/)에서 [소통광장 → Q&A]에 문의해 보세요.

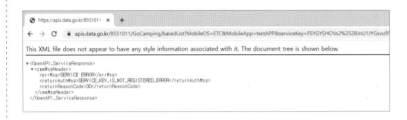

---

[02] VS Code에서 18\camping-1.html을 열면 아직 아무 내용도 없는 빈 문서입니다. **<script>**와 **</script>** 태그를 입력한 후 그 안에 방금 복사한 URL 주소를 붙여넣고 **url**이라는 변수로 저장합니다.

```
                                                              18\camping-1.html
<body>
  <script>
    // 서버에서 가져오기
    const url = https://apis.data.go.kr/B551011/GoCamping/basedList?MobileOS=ETC&Mobile
App=testAPP&serviceKey=FSYGYSHOVs2%252BJnU1JYGsvu95uuPcadpsYhM84SzqBz17%252BOWXXCO4eHbh
LP4efKKIz8PLby06tf93i5ajseadFg%253D%253D&_type=json';

  </script>
</body>
```

[03]. **fetch**를 사용해 **url**로부터 자료를 가져옵니다. 응답 결과는 **body** 객체의 **items** 객체, 그리고 그 안에 있는 **item** 객체에 담겨있다고 했습니다. 그 자료를 가져와 **data** 변수에 저장하겠습니다.

```
<script>
  ⋮
  fetch(url)
  .then(res => res.json())    // json 파일을 객체로 변환
  .then(json => {
    const data = json.response.body.items.item;  // 객체에서 실제 내용만 data로 저장
    console.log(data);
  });
</script>
```

04 웹 브라우저에서 콘솔 창을 열어보세요. 230개의 캠핑장 정보를 한꺼번에 가져올 수 있습니다. 단계별로 하나씩 열어보면 각 객체에 캠핑장 정보가 들어있는 것을 볼 수 있습니다.

```
                                                         camping-1.html:18
(230) [{…}, {…}, {…}, {…}, {…}, {…}, {…}, {…}, {…}, {…}, {…}, {…}, {…}, {…},
{…}, {…}, {…}, {…}, {…}, {…}, {…}, {…}, {…}, {…}, {…}, {…}, {…}, {…}, {…},
{…}, {…}, {…}, {…}, {…}, {…}, {…}, {…}, {…}, {…}, {…}, {…}, {…}, {…}, {…},
▼{…}, {…}, {…}, {…}, {…}, {…}, {…}, {…}, {…}, {…}, {…}, {…}, {…}, {…}, {…},
{…}, {…}, {…}, {…}, {…}, {…}, {…}, {…}, {…}, {…}, {…}, {…}, {…}, {…}, {…},
{…}, {…}, {…}, {…}, {…}, {…}, {…}, {…}, {…}, {…}, {…}, {…}, {…}, {…}, {…},
{…}, {…}, {…}, {…}, {…}, {…}, {…}, {…}, {…}, {…}, {…}, …] ℹ
▼[0 … 99]
  ▼0:
      addr1: "전남 담양군 봉산면 탄금길 9-26"
      addr2: ""
      allar: "2500"
      animalCmgCl: "불가능"
      autoSiteCo: "0"
      bizrno: "171-29-00619"
      brazierCl: "개별"
      caravAcmpnyAt: "N"
      caravInnerFclty: "침대,TV,에어컨,냉장고,유무선인터넷,난방기구,취사도구,내부화ｅ
      caravSiteCo: "2"
      clturEvent: ""
      clturEventAt: "N"
```

Do it! 실습 ▶ 지도에 전국 캠핑장 표시하기

준비 18\camping-2.html 결과 18\camping-2-result.html

한국관광공사의 API를 사용해서 캠핑장 정보를 가져오는 것까지 성공했습니다. 배열에 각 캠핑장 정보가 객체 형태로 저장되어 있는데, 그중에서 캠핑장 이름과 위도값, 경도값만 가져와서 지도에 표시해 보겠습니다.

01 전국의 캠핑자 수가 많으므로 지도 위에 클러스터로 묶어서 표시하려고 하는데, 앞에서 학습했던 클러스터러 예제 소스를 그대로 가져와서 사용해 보겠습니다. VS Code에서 18\map-3. html 문서를 열고 **<body>~</body>** 태그 사이의 소스 중 맨 위의 **<h1>** 부분만 제외하고 선택해서 복사합니다.

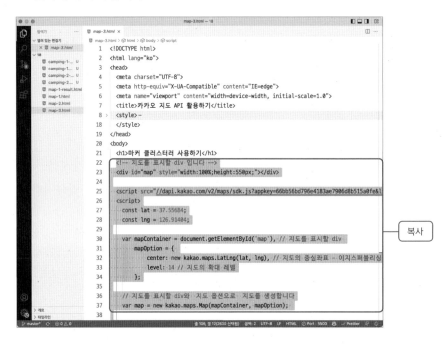

02 18\camping-2.html 문서를 열고 **<h1>** 태그 다음에 붙여 넣습니다.

03 복사한 소스를 살펴보면 **positions**라는 변수에 마커의 이름과 위치가 저장되어 있습니다. 여기서는 서버에서 가져온 자료 중 캠핑장 마커의 이름과 위치를 사용해야 하므로 **positions** 변수 부분을 삭제한 후 그 자리에 다음과 같이 추가합니다. 이때 기존의 모든 소스는 서버에서 자료를 가져온 후에 실행되어야 한다는 것에 주의하세요. 그래서 fetch 문은 소스의 맨 마지막에서 끝나야 하고 `</script>` 태그의 앞에 fetch 문을 닫는 `});` 소스를 붙인다는 것을 꼭 기억하세요.

😊 이 소스는 18\camping-1.html 문서에서 만들었던 소스입니다.

18\camping-2.html

```
var positions = [
    {
      title: '<div style="padding:5px;font-size:0.9rem;">이지스퍼블리싱</div>',
      latlng: new kakao.maps.LatLng(37.55684, 126.91404)
    },
    {
      title: '<div style="padding:5px;font-size:0.9rem;">테스트1</div>',
      latlng: new kakao.maps.LatLng(37.55834, 126.91302)
    },
    {
      title: '<div style="padding:5px;font-size:0.9rem;">테스트2</div>',
      latlng: new kakao.maps.LatLng(37.55483, 126.91276)
    },
    {
      title: '<div style="padding:5px;font-size:0.9rem;">테스트3</div>',
      latlng: new kakao.maps.LatLng(37.55744, 126.91860)
    }
  ];

  // 마커들을 모아 놓을 변수
  var markers = [];
```

18\camping-2.html

```
  // 서버에서 가져오기
  const url = https://apis.data.go.kr/B551011/GoCamping/basedList?MobileOS=ETC&Mobile
App=testAPP&serviceKey=FSYGYSHOVs2%252BJnU1JYGsvu95uuPcadpsYhM84SzqBz17%252BOWXXCO4eHbh
LP4efKKIz8PLbyO6tf93i5ajseadFg%253D%253D&_type=json';

  fetch(url)
```

```
    .then(res => res.json())
    .then(json => {
      const data = json.response.body.items.item;

      // 마커들을 모아 놓을 변수
      var markers = [];

         ⋮

      clusterer.addMarkers(markers);
    });  // fetch 끝
</script>
```

04 이제 서버에서 가져온 자료를 사용해서 마커를 만들 차례입니다. 기존 소스에서는 positions 를 순회하면서 마커를 만들었지만, 이 소스를 삭제하고 서버에서 가져온 data를 사용해 마커를 만듭니다. 인포윈도에 표시할 캠핑장 이름은 data[i].facltNm에, 마커를 표시할 캠핑장 위치는 data[i].mapY와 data[i].mapX에 있습니다.

18\camping-2.html

```
// 마커들을 모아 놓을 변수
var markers = [];

for(let i = 0; i < positions.length; i++) {
  // 마커를 생성합니다.
  var marker = new kakao.maps.Marker({
    map: map,
    position: positions[i].latlng
  });

  markers.push(marker);   // 마커를 배열에 추가합니다.

  var infowindow = new kakao.maps.InfoWindow( {
    content : positions[i].title   // 인포윈도에 표시할 내용
  });
```

```
// 마커들을 모아 놓을 변수
var markers = [];

for(let i = 0; i < data.length; i++) {
  // 마커를 생성합니다.
  var marker = new kakao.maps.Marker({
    map: map,
    position: new kakao.maps.LatLng(data[i].mapY, data[i].mapX)
  });

  markers.push(marker);    // 배열에 마커를 추가합니다.

  var infowindow = new kakao.maps.InfoWindow( {
    content : data[i].facltNm;    // 인포윈도에 표시할 내용
  });
```

05 이제 웹 브라우저 창에서 확인해 볼까요? 오픈 API를 사용하므로 인터넷에 연결된 상태여야 확인할 수 있고 인터넷 속도에 따라 클러스터를 표시하는 데 시간이 걸릴 수 있습니다. 지도를 확대하거나 축소하면서 캠핑장을 찾아보고 마커를 클릭하면 캠핑장 이름이 나타나는지도 확인합니다.

😊 여기에서는 인포윈도에 간단히 이름만 표시하지만 캠핑장 사이트를 연결할 수도 있고, 인포윈도에 CSS를 적용할 수도 있습니다.

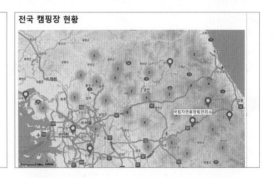

한글

Web Programming Course
웹 프로그래밍 코스 | 웹 기술의 기본은 HTML, CSS, 자바스크립트!
기초 단계를 독파한 후 응용 단계로 넘어가세요!

기초 단계

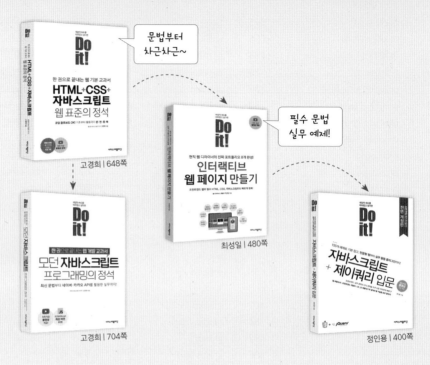

문법부터 차근차근~

필수 문법 실무 예제!

한 권으로 끝내는 웹 기본 교과서
HTML+CSS+ 자바스크립트
웹 표준의 정석
고경희 | 648쪽

현직 웹 디자이너의 진짜 포트폴리오 6개 완성!
인터랙티브 웹 페이지 만들기
최성일 | 480쪽

한 권으로 끝내는 웹 개발 교과서
모던 자바스크립트
프로그래밍의 정석
고경희 | 704쪽

자바스크립트+ 제이쿼리 입문
정인용 | 400쪽

응용 단계

반응형 웹 페이지 만들기
김운아 | 344쪽

클론 코딩 줌 ZOOM
니꼴라스, 강윤호 | 296쪽

클론 코딩 영화 평점 웹서비스
니꼴라스, 김형태 | 248쪽

클론 코딩 트위터
니꼴라스, 김준혁 | 256쪽

나는 어떤 코스가 적합할까?

A 웹 퍼블리셔가 되고 싶은 사람

- Do it! HTML+CSS+자바스크립트 웹 표준의 정석
- Do it! 인터랙티브 웹 만들기
- Do it! 자바스크립트+제이쿼리 입문
- Do it! 반응형 웹 페이지 만들기
- Do it! 웹 사이트 기획 입문

B 웹 개발자가 되고 싶은 사람

- Do it! HTML+CSS+자바스크립트 웹 표준의 정석
- Do it! 모던 자바스크립트 프로그래밍의 정석
- Do it! 클론 코딩 줌
- Do it! 클론 코딩 영화 평점 웹서비스 만들기
- Do it! 클론 코딩 트위터
- Do it! 리액트 프로그래밍 정석

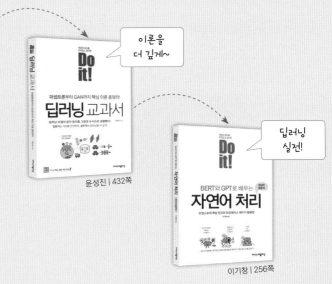

Application Programming Course
앱 프로그래밍 코스

자바, 코틀린, 스위프트로 시작하는 앱 프로그래밍!
나만의 앱을 만들어 보세요!

**기초
단계**

김동형 | 856쪽

황영덕 | 680쪽

송호정, 이범근 | 704쪽

정재곤 | 800쪽

강성윤 | 712쪽

**응용
단계**

조준수 | 500쪽

전예홍 | 856쪽

김응석 | 576쪽

나는 어떤
코스가
적합할까?

A 빠르게 앱을 만들고 싶은 사람

- Do it! 안드로이드 앱 프로그래밍
  — 개정 8판
- Do it! 깡샘의 안드로이드 앱
  프로그래밍 with 코틀린 — 개정판
- Do it! 스위프트로 아이폰 앱 만들기
  입문 — 개정 6판
- Do it! 플러터 앱 프로그래밍 — 개정판

B 앱 개발 실력을 더 키우고 싶은 사람

- Do it! 자바 완전 정복
- Do it! 코틀린 프로그래밍
- Do it! 리액트 네이티브 앱 프로그래밍
- Do it! 프로그레시브 웹앱 만들기